고대 유대교 역사
마카비 시대부터 미쉬나 까지

샤이 J. 코헨 著
황승일 譯

고대 유대교 역사
마카비 시대부터 미쉬나까지
From the Maccabees to the Mishnah

1994년 도서출판 은성
초판발행: 1994년 7월 20일
2쇄발행: 2004년 8월 30일
지은이: 샤이 J. 코헨
옮긴이: 황승일
발행처:도서출판 은성
등록:1974년 12월 9일 제9-66호
ⓒ1995년 도서출판 은성
주소: 서울 강동구 성내동 538-9
전화:(02) 477-4404
팩스:(02) 477-4405

출판 및 판매에 관한 모든 권한은 본 출판사가 소유하고 있습니다. 출판사의 사전 서면 허락없이 상업적인 목적으로 번역, 재제작, 인용, 촬영, 녹음 등을 할 수 없음을 알려드립니다.

Printed in Korea
ISBN 89-7236-117-8 33230

Originaly published in English under the title: *From the Maccabees to the Mishnah* by Shaye D. Cohen.
Published by Westminster John Knox press, in U. S. A. in 1987.
All rights to this book, not specially assigned herein, are reserved by the copyrights owner.

From the Maccabees to the Mishnah

Shaye J. D. Cohen

Eunsung Publications
Under the Translation Lisence from The Westminster Press

목차

총서 편집자 서언　8
저자 서언　10
제1장. 고대 유대교: 연대 설정과 정의　13
　연대 설정　14
　시대 구분과 전망　21
　유배 이전 시대 이스라엘부터 제2성전 시대 유대교까지　25
　통일성과 다양성　30

제2장. 유대인과 이방인　34
　정치적 문제: 이방의 지배　34
　　마카비 반란　39
　　로마인들에 항거한 반란　40
　　기원후 115-117년 전쟁과 132-135년 전쟁　42
　　결론　45
　문화적 문제: 유대교와 헬레니즘　46
　　"헬레니즘", "헬레니즘화", "헬레니즘 유대교"　47
　　유대교와 헬레니즘 문화　50
　　결론　61
　사회적 문제: 유대인과 이방인　62
　　반-유대교와 "반-셈족주의"　63
　　친-유대교　68
　결론　82

제3장. 유대인의 "종교": 관습과 신앙　85
　서론: "종교"에 대한 정의　85
　관습　89
　　하나님 예배　89
　　의식 준수　105
　　의식, 윤리, 율법의 "멍에"　108
　　"율법주의"　111
　신앙　113
　　하나님의 왕권　114
　　보상과 형벌　125
　　구속　139
　결론　146

제4장. 공동체와 제도　151
　서론　151
　이스라엘 본토의 공공 제도　152
　　성전　154
　　산헤드린　156
　디아스포라의 공공 제도　158
　회당　162
　사설 기관　168
　　종파　170
　　직업 길드　174
　　학교　175

결론 179

5. 종파와 표준 182
서론 : 정의와 용어 182
　"종파"와 "이단" 183
　유대교 종파의 핵심적 요점 187
　"정통적"과 "표준적" 197
페르시아 시대의 원시-종파주의 201
　에스라와 느헤미야 202
　"잡혀갔다 돌아온 사람들"과 느헤미야 205
　이사야 65장 208
바리새인, 사두개인, 엣세네파 211
　그리스어로 씌어진 자료: 요세푸스 211
　그리스어로 씌어진 자료: 신약성서 216
　히브리어로 씌어진 자료: 쿰란 두루마리 221
　히브리어로 씌어진 자료: 랍비 문헌 226
　바리새인, 사두개인, 엣세네파의 이름 233
요약: 페르시아 시대부터 바리새인, 사두개인, 엣세네파까지 234
다른 종파 및 집단들 240
　"제4의 철학", 시카리와 열심당 240
　기독교인 244
　사마리아인 247
　테라퓨타인 250
결론 251

6. 정경화 작업과 그 의미 254
서론 254
"정경" 그리고 "정경적" 259
성서 정경의 역사 267
　토라 267
　예언서 271
　성문서 272
　삼부로 구성된 정경 274
　선별 기준 278

결론 281
　　정경화 작업의 의미 282
　　　예언의 변형 286
　　　성서 해석 295
　　결론 313

7. 랍비 유대교의 출현 315
　　"랍비들"과 "랍비 시대" 316
　　제2성전 시대 유대교에서 랍비 유대교로 317
　　　이방인들과의 관계 318
　　　랍비 종교 320
　　　사회와 제도 325
　　　종파주의의 종언 330
　　　정경과 문헌 336
　　결론 340

연구를 위한 추천 도서 341
전문 용어 해설 354
색인 389

총서 편집자 서언

초기 로마 제국의 수많은 종교 전승, 제의, 그리고 운동 가운데 단지 두 종교만 스스로를 변형시켜 로마 제국보다 더 오래 살아남았고 또 우리 시대에까지 존재하고 있다. 주목할 만한 일은 두 종교가 모두 유대교의 두 종파에 그 기원을 두고 있다는 사실이다. 그 종파들이 로마 시대의 종교 가운데 가장 강력하거나 가장 돋보이는 것도 아니었다. 이 두 종교가 랍비 유대교와 기독교이다. 이 책은 유대교 역사 가운데 특별히 풍요로운 시대, "마카비 시대부터 미쉬나까지"의 350년을 탐구한다. 이 시대에 우리 자신의 역사에 있어서 그토록 중요하고 또 서로에 대해 많은 문제를 갖고 있는 두 종교가 탄생되었다.

Library of Early Christianity 총서(叢書)에 헬레니즘 시대와 로마 시대의 유대교 역사를 다루는 책이 포함되어야 한다는 것은 너무도 당연하다. 그렇게 자명하게 드러나지 않은 것은 이 책이, 과거에 발간된 비슷한 시리즈의 많은 책들과는 달리, 유대교 역사를 기독교 역사에 대한 보완물 혹은 준비 작업에 불과한 것으로 다루지 않는다는 점이다. 기독교 형성 초기의 역사는 고대 유대교 역사의 한 부분이다. 그리고 두 역사가 모두 그리스-로마 문화사의 한 부분이다.

나는 초기 유대교에 대한 우리의 이해에 지적인 혁명이 일어났다고—혹은 지금도 일어나고 있다고— 말하는 것이 결코 과장이 아니라고 생각한다. 사해 두루마리와 같이 놀라운 것들을 새로 발견하고 고대 세계에서 유대교 예술품들이 방대한 양으로 존재했다는 것을 알게 된 것이 고대 유대교에 대한 우리의 그림을 다시 그려보는 극적인 계기가 되었다. 이보다 더 중요한 것은 새로 발견된 것이나 이미 오래 전부터 친숙한 것이나, 자료들을 연구하는 데 인접 학문간의 공동 연구의 싹이 트고 있다는 사실이다. 그리고 다양한 방법을 사용한 것이 이 책의 특별한 장점이다. 흔히 따로 구분되는 영역에서 행해진 방대한 범위의 학문적 연구 결과들을 종합한 것이 코헨(Shaye Cohen)의 업적이다. 이 시리즈의 구도를 유지하기 위해 코헨은 이와 같이 새로운 연구 결과를 제시하는 데 흔히 사용되는 학술서에 필요한 논증이나 문헌정보를 피해야 했다. 그럼에도 불구하고, 초보자나 전문가나 이 책을 통해 그가 얼마나 박식하며 자신의 지식을 얼마나 신선하게 제시하는지 느끼게 될 것이다.

Wayne A. Meeks, 총 편집인

저자 서언

학생들이나 여러 비전문가들이 이 책에 접근할 수 있도록, 나는 문헌 정보를 최소한도로 줄여 제시했다. 인용한 자료들은 모두, 그리고 내가 참고한 것으로 모호한 텍스트들은 대부분 그 논거(論據)를 밝혔다. 그러나 색인이 잘 되어 있거나 영어로 쉽게 접할 수 있는 자료들(특히, 필로나 요세푸스의 저작들), 혹은 연구 도서 목록으로 제시한 현대의 문헌에서 쉽게 찾아볼 수 있는 자료들에 대해서는 대개 논거를 밝히지 않았다. 이 일에 약간 일관성이 없을 때도 있었다는 점을 시인한다. 그리고 참고문헌을 제대로 제시하지 못해 불편해 하는 독자들에게 사과한다. 나는 꼭 필요하다고 느낄 때 가끔 달리 번역한 것을 제외하고는, RSV 성서[표준 새번역], Loeb Classical Library의 요세푸스 번역(Henry St. J. Thackeray, Ralph Marcus, Allen Wikgren, Louis H. Feldman이 Harvard University Press에서 9권으로 번역, 1926-1965)에서 인용했다. 내가 사용한 다른 번역들은 "연구를 위한 참고 문헌"에 수록해 놓았다. 타낙에서 인용한 것들은 히브리 장절 구분을 따랐다.

이 책을 쓰는 일은 생각보다 훨씬 더 어렵고 고통스러웠다. 나는 충고와 격려에 대해 여러 친구들에게 감사한다. Wayne Meeks 교수는 원고 전체를 읽고 도움이 되는 제안을 많이 하고, 내 문장이나 사상이 명쾌해지게 하고, 크고 작은 실수로부터 나를 구해 주었다.

제3장은 니켈스부르그(George W. E. Nickelsburg) 교수, 고든(Leonard Gordon) 랍비, 아트슨(Bradley Artson)의 제안과 비평에 따라 말할 수 없을 정도로 많이 개선되었다. 제6장도 콜린스(John J. Collins) 교수의 제안과 비평에 따라 비슷하게 개선되었다. 지그문트(Stefanie Siegmund) 부인은 제1장의 생각들을 정리하는 데 도움을 주었다. 제2장부터 제5장까지는 은사이신 모튼 스미스(Morton Smith) 교수의 세심한 지적에 따라 그 정확도가 크게 증가되었다. 이 모든 친우들에게 깊이 감사드린다. 그리고 그들의 제안을 이 책 속에 포함시키지 않았다면, 비난할 것은 나의 완고함이다.

랍비 전설(바빌로니아 탈무드, *Shabbat* 31a)에 따르면, 어떤 사람이 죽은 다음에 천상 법정에 섰을 때 "너는 정직하게 장사했느냐? 토라를 연구하기 위해 시간을 따로 냈느냐? 가족을 부양했느냐?"라는 물음을 받았다. 나의 부친은 이 모든 물음에 긍정적으로 답할 수 있는 방식으로 사셨다. 사업을 하시면서 부친은 남들로부터 신뢰를 받는 말을 하는 사람이라는 좋은 평을 들었다. 아침마다 일터로 가시기 전에 또 저녁마다 주무시기 전에, 부친은 아끼시는 의자에 앉아 유대교 책을 연구하셨다. 아버님을 그리며, 아버님을 기억하기 위해 이 책을 아버님께 헌정한다.

S.J.D.C., 1986년 8월 28일

제1장
고대 유대교:
연대 설정 및 정의

　이 책의 목적은 고대 유대교를 해석하는 일이다. 곧 그 주요 사상을 밝히고, 두드러진 행태를 묘사하고, 통일된 패턴을 추적하고, 그것이 이스라엘의 종교 및 사회에 대해 어떠한 관계를 갖는지 살피는 일이다. 이 책의 내용은 연대적으로보다는 주제적으로 배열했다. 그러나 논증을 쉽게 따르기 위해 이 장 첫 단락에서 고대 유대교의 주요 사건들을 연대적으로 간략히 개괄하고, 셋째 단락에서 각장의 주요 주제를 개략적으로 밝힌다. 둘째 단락에서는 연대 구분의 난점과 전망에 대해 논의한다. 그리고 고대 유대교의 통일성과 다양성에 대해 간략히 논하는 것으로 결론을 지을 것이다.

연대 설정

기원전 587년에 유다 왕국의 많은 시민들이 바빌로니아로 유배되어 갔고, 이로써 유배 시대가 시작되었다(기원전[B.C.E.], 기원후[C.E.]라는 말은 그리스도 이전[B.C.; Before Christ], 주의 해[*Anno Domini*]와 대조적으로 종교적으로 중립적인 용어이다.). 기원전 587년에 예루살렘과 그 성전이 파괴됨으로써 왕국은 더 이상 존립하지 않게 되었다.

기원전 539년 페르시아인들이 바빌로니아인들을 정복함으로써 유대인들은 정복자 고레스 대왕으로부터 고국으로 되돌아갈 수 있다는 허락을 받았다. 유대인들 가운데는 고레스의 제의를 이용한 사람들도 있다. 최소한 530년대와 520년대에 두 차례에 거쳐 바빌로니아의 유대인들이 유대 땅으로 되돌아갔다. 유배당하지 않았던 사람들로 이루어진 사회와의 복잡하고 고통스런 싸움을 겪고 난 뒤, 유대인들은 성전을 다시 짓고 기원전 516년 성전을 봉헌했다. 예레미야와 에스겔이 유배 초기에 활동했고, 제2 이사야와 그의 학파(사 40-66장을 기록한 무명의 저자들), 학개, 스가랴(슥 1-8장의 저자)가 유배 말기에 활동했다.

페르시아 시대는 기원전 539년(고레스 대왕의 바빌로니아 정복)부터 기원전 334년 혹은 333년(알렉산더 대왕의 페르시아 정복)까지 200년 동안만 지속되었다. 이 시대에 성취된 가장 중요한 일은, 성전 재건 이외에, 에스라(많은 학자들이 그 시기를 대략 30년 정도 더 늦게 잡기를 좋아하지만, 아마 기원전 458년)와 느헤미야(기원전 445년과 432년)의 활동이다. 에스라는 바빌로니아에서 귀환하는 또 다른 사람들을 이끌고 왔으며, 주로 제사장 계층과 귀족 계층 사이에서 이루어진 비유대인들과의 결혼을 취소시키려 했고, 사람들 앞에서 "모세의 가르침(토라)의 책"을 읽었다. 느헤미야는 좀더 다양한 경력을 가지고 있었는데, 예루살렘 성읍의 성벽을 수축하고 거기에 주민을 이주시키고, 가난한 사람들의 빚을 탕감하고, 여러 가지 종교적 개혁을 감행했다. 에스라와 느헤미야의 세대는 성서 역사가들이 다룬 마지막 세대이다. 말라기는 마지막 예언자였다(실제로 "말라기"는 인명이 아니라 "나의 사자" 혹은 모음을 약간 달리 붙여 읽으면 "그의 사자"라는 뜻을 가진 보통 명사일 것이다; 다시 말해 말라기書는 익명의 책이다). 그리고 말라기는 아마 에스라 및 느헤미야 직전에 살았을 것이다. 에스라와 느헤미야는 "성서" 및 "성서적 이스라엘"의 마지막을 나타낸다(다음 단락과 제6장을 보라).

알렉산더 대왕의 페르시아 정복으로 헬레니즘 시대가 열렸다. 알렉산더가 죽은 뒤 그의 제국은 장군들에 의해 분할되었다. 그 후 30년 동안 전쟁이 계속되었다. 마침내 전장이 정리되고(기원전 301년) 유대는(마케도니아 프톨레미 왕가의) 이집트 왕국에 속하게 되었다. 한 세기 후(기원전 200년) 유대는 시리아의 마케도니아 왕들(셀류커스 왕가)에 의해 정복되었다. 문화사의 영역에서 헬레니즘 시대가 수세기 동안, 아마 기원후 7세기에 아랍이 정복할 때까지, 계속되었다. 그러나 정치사의 전망에서 볼 때, 헬레니즘 시대는 훨씬 더 짧았다. 레반트(Levant: 지중해 동부 해안지대 국가들) 주민 대부분에게 있어서, 그것은 이집트와 시리아의 마케도니아 왕들의 지배가 기원전 1세기에 로마의 지배로 대체되었을 때 끝났다. 유대인들에게 있어서는 그것이 더 짧았다.

페르시아 시대와 헬레니즘 시대를 통하여 유대인들은 지배자들에 대해 묵묵히 따르는 태도를 견지했다. 유대인들이 그들을 지배하던 제국에 대해 중대한 소란을 일으킨 것 같지는 않다. 이러한 태도가 기원전 160년대에 극적으로 바뀌었다. 기원전 168-167년에 시리아의 셀류커스 왕 안티오쿠스 에피파네스가 성전을 모독하고 유대교를 박해했다. 성전 안에 제우스 제단을 세우고 모든 곳에서 유대인들로 하여금 토라의 율법을 어기게 했다. 유대교의 다양한 집단들이 왕에 항거하여 반란을 일으켰는데, 그 중 가장 잘 알려진 것이 하스모니아의 맛디아 씨족(clan), 그리고 맛디아의 아들 유다 마카비(그래서 전 왕조가 흔히 마카비 혹은 하스모니아 왕조라 불리운다)였다. 기원전 164년에 마카비 가문이 성전을 다시 정복하고 정화했다. 셀류커스 왕조의 통치가 끝난 것은 20년 뒤의 일이다.

헬레니즘 시대의 가장 두드러진 특징은 그 장엄한 종말이다. 그러나 사료(史料)가 별로 없지만 4세기와 3세기는 유대교 역사에 있어서 중요한 과도기로 나타난다. 이 두 세기에 해외 유대인들 혹은 "흩어진" 유대인들이 전 세계로 진출하게 되고, 성서의 "정경화 작업"이 시작되고, 현존하는 성서 이외의 문서들 가운데 가장 오래된 것들이 씌어졌고, 예언이 점차 "묵시문학"으로 변화되고, 성서의 전승을 배운 평신도들인 서기관(scribes) 계층이 출현한다. 성서의 몇몇 책(예를 들면, 요나서와 욥기)이 이 시대에 씌어졌다. 모두 가명으로 씌어졌지만, 그 수효에 있어서나 중요성에 있어서나 상당히 인상적이다. 성서 가운데 가장 늦게 기록된 다니엘書는 헬레니즘 시대 말기 안티오쿠스의 박해가 있던 암흑시대에 기록되었다.

마카비 시대는 기원전 164년의 승리로부터 163년 로마인들이 예루살렘에 진주할 때까지 1세기 가량 지속되었다. 자신들이 주권을 쥐고 있을 때 마카비家는 점점 그 권력을 강화하고 명망을 높였다. 셀류커스 제국에 대한 반란으로 시작하였지만 유다가 죽고 10년도 안되어 그의 동생이 안티오쿠스 에피파네스와 연관된 것으로 인해 대제사장이 되었다! 기원전 140년대와 130년대에 이르러서는 셀류커스 왕가가 마카비 정부의 독립을 인정하지 않을 수 없게 되었다. 유대교 정체(政體) 안에서 마카비家가 부상한 것은 매우 진기한 현상이었다. 그들은 보잘것없이 미미한 지방 제사장들로 시작하여 독립국가의 통치자인 대제사장과 왕이 되었다. 그들은 매우 적극적인 외교 정책을 펼쳐, 셀류커스 왕가에 반대하여 로마와 동맹을 맺으려 했고, 스스로 다윗이나 솔로몬 왕국보다 더 큰 왕국을 건설하려 했다.

그들이 권력에서 실추하게 된 것은 내부와 외부의 적에 의한 것이다. 요한 힐카누스(기원전 135-104년)와 알렉산더 야내우스(기원전 103-76년)의 통치시대에 많은 유대인들이 마카비 가문의 통치에 반대했다. 이러한 반대자들은 유대교를 파괴하려는 안티오쿠스의 기도를 지지한 "헬라주의자"나 "율법을 무시하는" 유대인들이 아니었다. 그들은 마카비 가문의 전제 정치를 충분히 경험한 충실한 유대인들이었다. 셀류커스 가문과 그 지역의 그리스 도시국가들은 마카비의 독립을 전적으로 인정한 적이 없다. 그러나 가장 잠재력이 큰 외부의 위협은 처음에는 우방 혹은 동맹국으로 등장한 국가로부터 왔다. 유대인들이 스스로 통치하면서 제대로 성공을 거두지 못한 것이 로마인들에게는 유리한 점이었다. 로마인들이 유대인들과의 동맹을 맺으려 했지만 동등한 관계에서의 동맹이 아니라 로마의 우위를 명백하게 인정하는 동맹이었다. 로마인들은 곧 마카비 왕가가 자신들의 제국적 이상에 쉽게 부합할 수 없는 "민족주의자"라는 것을 발견했다. 그래서 마카비 왕가는 밀려나고 새로운 왕조가 창시되었다.

새로운 왕조는 모든 것을 로마에 의존하고 있었으므로 로마를 전적으로 지지했다. 이 왕조의 창시자가 헤롯 대왕(기원전 37-4년)이었다. 헤롯은 유대인들뿐만 아니라 자기에게 복속된 모든 사람들의 왕이 되려고 했다. 그는 유대교 성읍 및 예루살렘 성전뿐만 아니라 이교 성읍과 성전들을 건립했다. 또 많은 요새를 세웠는데 그중에 가장 유명한 것이 마사다이다. 이러한 모든 일의 예산을 충당하기 위해 그는 과도한 세금을 부과했다. 또 자신의 통치에 대해 항상 불안해 했기 때문에 유대인 사회 안에서 명성으로나 지위로나 자기보다 더 낫다고 주장하는 귀족들을 수없이 많이 살해했다. 또 반란을 꾀한다고(때로는 적절하게) 의심하면서 자기의 부인들과 자녀도 많이 죽였다.

로마와 유대의 공존은 헤롯 대왕과 그의 손자 헤롯 아그립바 1세(기원후 41-44년)가 통치할 때 절정을 이루었다. 그러나 로마인들은 봉신을 통하여 유대인들을 통치하는 방식에서 로마의 행정관들을 통해 통치하는 방식으로 옮겨가고 있었다. 이 행정관은 총독(*procurator*) 혹은 장관(*prefect*)이라고 불리웠다. 이들은 가지각색의 사람들이었다. 그들은 대부분 백성에게 무엇이 필요한지 몰랐다. 그 가운데는 잔혹한 사람(특히, 본디오 빌라도)도 있었고, 부패한 사람도 있었다. 대부분은 무능했다. 실정이 거듭되고, 유대인과 이교도들 사이에 민족 전쟁이 일어나고, 유대인 정치 체제에 사회적 동요가 일고, 경제적 문제가 심각하게 되자 로마인들이 처음 예루살렘에 들어온 후 약 128년(기원전 63년부터 기원후 66년까지는 129년이 아니라 128년이다. 기원 0년이란 존재하지 않기 때문이다)이 흐른 기원후 66년 로마인들에 항거하는 전쟁이 발발했다.

갑자기 습격을 당한 로마인들은 처음에는 몇 차례 대대적인 패배를 겪어야 했다. 그러나 기원후 67년 여름 베스파시안이 시리아에서 갈릴리로 진군해 들어오면서 점차 주도면밀하게 재정복하기 시작했다. 기원후 68년에 이르러서는 예루살렘과 몇몇 고립된 요새들을 제외한 전 지역이 평정되었다. 베스파시안은 서두르지 않다가 예루살렘에 밀어닥쳤다. 유대인들은 자신들끼리의 권력 투쟁으로 서로 죽이고 있었다. 성읍이 포위되자 주민들은 굶주리게 되었다. 가장 중요한 것은 기원후 68년 6월 네로가 자살하여 로마에 권력의 공백이 생기자 베스파시안이 이 시기를 가장 유효하게 이용한 사실이다. 그는 자신의 카드를 적절하게 사용했고, 그 결과 기원후 69년

7월에 황제로 즉위하였고 그 해의 나머지 기간은 권력을 다지는 데 보냈다. 새로운 황제는 자신의 존재 가치를 증명할 승리가 필요했다. 베스파시안은 전쟁을 자신의 아들 티투스에게 맡겼다. 기원후 70년 여름, 예루살렘은 다시 함락되고 성전은 파괴되었다. 몇 차례 소탕 작전(유명한 것이 마사다의 정복[기원 73년 혹은 74년]이다)이 남아 있었지만 실제로 전쟁은 이미 끝났다. 이로써 제2성전 시대도 마감되었다.

66-70년의 전쟁은 로마인들에게 대항한 최초의 반란이었다. 그러나 그것으로 끝은 아니었다. 기원후 115-117년 이집트, 사이프러스, 키레네(오늘날의 리비아)의 유대인들이 로마에 항거하여 반란을 일으켰다. 이스라엘 본토 유대인들은 확연히 드러날 정도로 이 전쟁에 참여하지 않았다. 그리고 이 전쟁의 원인이나 과정도 불분명하다(같은 기간에 바빌로니아의 유대인들이 파르티아[고대 이란] 통치자들과 함께 그 나라에 침범한 로마에 항거하여 전쟁을 벌였다. 그러나 여러 가지 증거로 볼 때 이것은 전혀 별개의 전쟁이었으며 이 책에서 다룰 필요가 없다).

다른 주요한 반란은 바 코흐바의 반란(기원후 132-135년)이다. 이것은 때때로 "제2의 반란"이라고도 불리운다. 이 전쟁의 원인이나 결과 역시 매우 불분명하다. 그러나 모든 증거로 볼 때 115-117년과 132-135년의 전쟁은 중대한 사건이었고 심각한 결과를 초래했다. 115-117년의 전쟁은 로마 점령지에 있는 유대인 공동체 가운데 가장 크고 중요한 이집트 유대인들의 대량학살이라는 결과를 가져왔다. 바 코흐바 전쟁은 당시에 "아엘리아 카피톨리나"라는 이름 아래 재건된 예루살렘 성읍의 이교화라는 결과를 초래했고 국가의 명칭도 유대(Judea)에서 팔레스틴(Palestine)으로 바뀌는 결과를 가져왔다.

제2성전 시대 후반부, 즉 마카비 가문의 부상(기원전 160년대)부터 성전 파괴(기원후 70년)에 이르는 시기는 유대교 역사에 있어서 또 하나의 풍부한 유산을 남긴 의미로운 시기였다. 이 시기는 종파(바리새인, 사두개인, 엣세네파, 쿰란 공동체, 기독교인, 시카리, 열심당 등등)와 종파 문학의 시대; 인간사에 대한 하나님의 통제, 악의 본질, 그리고 종말의 비밀에 대한 묵시문학과 다양한 사색의 시대; 회당의 성장, 전례 기도문과 성서 연구의 시대; 유대교 사상을 헬레니즘 문화로 포장하려 하며 그리스어로 많은 문헌을 산출한 해외, 특히 이집트, 유대교의 "황금시대"; 그리고 유대교가 해외의 다른 문화와 강렬하게 접촉하면서 어떤 영역에서는 유대교에 대한 증오를, 어떤 영역에서는 유대교에 대한 매혹을 자아낸 (그리하여 "개종자"와 "하나님을 두려워하는 사람들"이 나타나게 한) 시대였다.

유대인들에 대한 로마의 지배는 기원후 6세기와 7세기의 파르티아와 아랍을 정복하기까지(이 때에 이르러서는 로마 제국이 기독교화되고 비잔틴 문화를 형성했다) 계속되었다. 그러나 성전이 파괴된 이후 몇 세기 동안을 흔히 "랍비 시대"라고 부른다. 랍비라는 말은 "나의 선생님"이란 뜻이며 본래(프랑스어의 *monsieur*처럼) 경의를 표하는 호격의 형태이다. 기원후 1세기에 이르러 이 칭호는 대개 학생이 선생님을 부를 때 사용했다(요 1:38). 기원후 2세기에 이르러 이 단어의 의미가 변하기 시작했다. 그것은 "선생님" 혹은 권위있는 자리에 있는 사람을 지칭하는 일반적인 용어였다. 그러나 그것은 또한 2세기에서 6세기까지 이스라엘과 바빌로니아에서 방대하고 독특한 문헌을 창조해낸 사회의 일원을 지칭하는 전문 용어가 되었다. 이러한 문헌 중 가장 오래된 것은 기원후 200년 무렵 완성된 것으로 미쉬나이다. 미쉬나는 두 개의 방대한 주해(혹은 좀더 정확하게 말하면 주해라고 주장하는 책)의 주제가 되었다: 기원후 400년경에 완성된 이스라엘 본토의 탈무드(팔레스틴 탈무드 혹은 예루살렘 탈무드라고도 부른다)와 기원후 500년경 완성된(그러나 그 후 2, 3세기 동안 편집되지 않은) 바빌로니아 탈무드이다. 랍비들은 또한 성서 및 다른 책들에 대한 일련의 주해를 썼다. 이 책에서 "랍비들"과 "랍비 시대"란 기원후 2세기부터 6세기에 이르는 시기의 사회와 종교와 관련하여 언급한다.

시대 구분과 전망

고대 유대교의 정치적 배경에 근거한 시대 구분은 비교적 객관성이 있다. 페르시아인들, 헬레니즘 왕조, 마카비 왕조, 로마인들이 차례로 이스라엘 본토에 있는 유대인 국가를 통치한 것은 모든 역사가들이 받아들이는 "사실"이다. 이와 대조적으로 종교적 혹은 문화적 업적에 근거한 시대 구분은 어떤 경향성을 띠는 점이 없지 않다. 최소한 그것을 고대 유대교에 적용해 볼 때 그러하다. 따라서 그러한 시대 구분은 피하는 것이 가장 좋다. 이러한 경향은 유대교나 기독교에서, 혹은 고대 유대교를 해석하는 데 있어서 중요한 의미를 갖는 다른 신앙 체계에서도 찾아 볼 수 있다.

앞 단락 말미에서 "랍비 시대"에 대해 비교적 객관적인 정의를 내렸다. 제7장에서 논하겠지만 이 용어를 이렇게 제한적으로 사용하는 것도 주관적인 요소를 갖고 있다. 고대 랍비들이 창조한 유대교는 점차 유대교의 주된 형태가 되었고, 19세기까지 그러했다. 랍비들은 고대 유대교 역사의 "승리자들"이었다. 그러나 6세기 후반에 이르러서는 랍비들이 이전처럼 유력한 권위를 행사하지 못했다. 그리고 "랍비 시대"라는 개념이 랍비들의 적들(실패자들)을 미미한 존재로 만들고, 기원후 70년 이후에는 모든 유대인들이 랍비들을 자신들의 지도자로 받아들이고 랍비 유대교의 방식을 따른 것 같은 잘못된 인상을 줄 수도 있다. 이러한 친-랍비적 경향의 요소가 있음에도 불구하고, "랍비 시대"라는 표현은 유용하고 정당한 개념이다. 유대교 역사가들이 거의 배타적으로 문헌적 증거에 의존하는 한 2세기부터 6세기까지의 유대교에 관한 주된 문헌 증거가 랍비들의 것 외에는 없기 때문이다.

  랍비들의 주장을 받아들이면, 랍비 시대는 기원후 2세기보다 훨씬 이전에 시작된다. 랍비들은 자신들이 하나님이 모세에게 계시한 거룩한 전승의 담지자들이며 전 세대를 통하여 유대인 공동체를 이끈 지도자들의 직접적인 후계자들이라고 믿는다. 랍비들이 자신들 및 자신의 가르침을 정당화하는 이러한 믿음(혹은 "신화")에 따르면, 랍비 시대는 "우리의 랍비 모세"로부터 시작된다. 단지 유대인 근본주의자들만이 이러한 전망을 역사적으로 근거있는 것이라고 수용한다. 그러나 현대의 학자들, 특히 유대인 학자들도 이러한 전망의 영향을 받고 있다.

  최근까지 학자들은 규범적인 유대교에 대해 랍비 유대교(그리고 그 이전의 유대교)가 유대교에 대한 주된 그리고 진정한 표현인 것처럼 언급하는 데 주저하지 않았다. 학자들 가운데는 제2성전 시대를 랍비들의 관점에서 보면서 사회의 모든 중심적인 제도가 랍비들의 후원을 받고 있었다고 생각하며, 랍비 시대 초기의 여러 인물들이 많은 영향력을 행사했다고 주장하는 사람들이 아직도 많다. 그러나 이러한 믿음 가운데 어느 것도 역사적 증거로 증명될 수 있는 것이 없다. 그렇게 믿는 사람들에게는 랍비 유대교가 규범적 유대교이며, 랍비들이 항상 유대교 역사의 중심에 서 있었다. 그러나 역사가에게 있어서 "랍비들"과 "랍비 시대"는 기원후 70년 이후에야 의미있는 실체가 되었다. 이 문제에 대해서는 제5장과 제7장에서 다룰 것이다.

  기독교는 전혀 다른 전망을 갖고 시대를 달리 구분한다. 19세기

학자들, 특히 독일의 학자들은 "후기 유대교"(*Spätjudentum*)라는 용어를 에스라 이후 혹은 마카비 왕조 이후 유대인들의 종교와 사회를 일컫는 데 사용했다. 이 용어는 유대교를 경시하거나 경시하려는 의도로 사용되었다.

제2성전 시대 유대교는 정해진 시대의 종말을 향해 가까이 다가가고, 어떤 가치를 보존했든지, 기독교에게 모든 것을 양도하고 있었기 때문에 "후기" 유대교이다. "후기 유대교"는 생기없는 불모의 조직체로서 단지 기독교만이 채워줄 수 있는 영성이 유입되기만 헛되이 기다리고 있었다. 기독교가 탄생된 이후 "후기 유대교"는 그 중요성을 다 상실했고 학자들에 의해서나 기독교인들에 의해서나 모두 무시될 수 있었다. 유대교가 "후기 유대교" 시대 이후 1000년 동안 계속 번성하고 발전할 수 있었다는 사실에도 불구하고 이 용어는 그대로 쓰인다. 이 용어가 역사적 분석이 아니라 신학적 신앙 체계에서 나온 것이기 때문이다.

현대의 몇몇 저자들도 그 기원과 의미를 의식하지 못하고 계속해서 "후기 유대교"라는 용어를 사용한다. 그러나 최근 많은 학자들이 어떠한 경향도 갖지 않는 새로운 용어로 "초기 유대교"라는 용어를 사용하기 시작했다. 한때 "후기"라고 여겨졌던 것이 이제는 "초기"라는 말로 표현된다! "초기 유대교"에 "후기 유대교"의 반-유대교적 뉘앙스가 결여되어 있는 반면 연대적으로 불분명하기 때문에 이와 다른 좀더 정확한 표현을 쓸 필요가 있다.

기독교의 또 다른 유산은 "중간기"(intertestamental period)라는 용어이다. "신약성서"가 "구약성서"의 "끝"이기 때문에, 이 둘을 연결하는 시대는 "중간기"라는 명칭을 갖게 되었다. 이러한 전망이 반드시 그 주제에 대해 편향된 시각을 갖고 있다고 말할 수는 없다. 그러나 그것이 대개의 경우 편향성을 띠는 것은 "중간기 유대교"를 기독교 출현의 준비 기간으로 보기 때문이다. "예수 시대의 유대교" 혹은 "신약성서의 유대교적 배경"과 같은 제목을 붙인 책들은 흔히 명시적이든지 암시적이든지 "중간기 유대교"가 기독교를 탄생시켰을 때 "성취"되거나 "완성"되었다는 주장을 하려는 것을 그 목표로 한다. 그러나 고대 유대교는 그것이 초기 기독교의 모체(matrix)이기 때문만이 아니라 그 자체의 가치로 인해서도 연구할 필요가 있다. 기독교가 실제로 "구약성서"와 "중간기 유대교"의 성취인가 하는 물음은 역사가가 대답할 수 없는 문제이다.

유대교인이든 기독교인이든 많은 작가들이 모두 이 책이 다루는 부분을 그보다 앞선 시대인 "성서적 이스라엘 시대"와 대조하여 "성서 이후 유대교 시대"라고 부른다. 다음 단락에서 다루겠지만, "이스라엘"과 "유대교"가 대조되고 있음에 주목할 필요가 있다. 그러나 "성서적"(biblical)이라는 말은 오해를 불러 일으키기 쉽다. 기원후 1세기에 이르러서(제6장을 보라), "성서"가 페르시아 시대의 에스라 때에 이르러(기원전 5세기 중엽) 완성되었다고 고대의 많은 유대인들은 믿었다. 이러한 믿음이 옳다면, "성서적"과 "성서 이후" 사이의 구분은 간단하다: "성서적"인 무엇인가는 페르시아 이전 시대에 속하고, "성서 이후"의 무엇인가는 페르시아 이후 시대에 속한다. 그러나 이러한 믿음은 잘못된 것이다. 성서에는 페르시아 시대 이후에 기록된 책들도 많이 포함되어 있기 때문이다. 가장 두드러진 것이 다니엘서이다.

이와 같이 에녹이나 벤 시라에 대해 "성서 이후"라는 표제를 붙이면 이 책들이 기원전 3세기에 기록되었기 때문에 우리는 이러한 "성서 이후" 책들이 다니엘의 "성서적" 책에 앞선다는 이상한 결론에 직면한다(물론, 다니엘서도 성서 이후의 것으로 볼 수 있다. 그러나 그러한 표현은 다니엘서가 성서에 포함되어 있기 때문에 이상하게 보인다). 이와 같이 신앙인은 "성서적"이란 말을 연대를 나타내는 표지로 사용할 수 있지만, 역사가는 그렇게 할 수 없다.

유배 이전 시대 이스라엘부터 제2성전 시대 유대교까지

요세푸스는 제2성전의 재건을 묘사하면서 바빌로니아에서 돌아온 사람들을 "이스라엘 사람들"이라기보다는 "유대인들"(Jews) 혹은 "유다인들"(Judeans, 그리스어로는 *Ioudaioi*, 문자적 의미는 '유다 지파의 사람들'이란 뜻)로 불러야 한다는 데 주목했다(『유대 고대사』 11.5.7, @173). 요세푸스는 이름이 바뀐 것 이상의 의미를 두지 않았다. 그러나 이 변화는 매우 중요한 변화였다. 유배 이전 유다와 이스라엘 왕국들의 종교, 사회, 문화는 기원전 587년 성전이 파괴된 이후 시대의 것들과 중요한 면에서 매우 달랐다. 제2성전 시대에 생겨난 관습, 사상, 제도 등이 "유대교"라고 알려진 종교의 기초를 형성했고 지금도 형성하고 있다.

이스라엘 종교가 유대교와 어떻게 다른가? 물론 많은 면에 있어서는 다르지 않다. 두 종교 모두 세상을 창조하고 이스라엘 사람들/유대인들을 자기 백성으로 선택하고 그들과 계약관계에 들어간 유일하고 지고한 하나님에 대한 공통된 신앙; 이스라엘 땅, 거룩한 성읍 예루살렘, 그리고 성전에 대한 동일한 애정; 그리고 똑같은 종교력(sacred calendar)과 여러 가지 동일한 종교 행사를 통해 서로 연관되어 있다. 이러한 공통점들보다 더 중요한 것은 모든 시대의 유대인들이 항상 자신들을 유배 이전 이스라엘의 유산을 이어받은 계승자일 뿐만 아니라 지속자로 생각하고 있다는 사실이다. 기독교는 자신들이 참 이스라엘이라고 주장했다. 그러나 이 주장에는 "새로운"이라는 측면도 함께 강조되고 있다. 기독교는 새로운 창조, 새로운 계시, 새로운 계약("신약")의 산물이다. 근대 이전의 유대교는 결코 이 "새로운"이라는 의미를 발전시키지 않았다. 그리고 수많은 변화와 엄청난 격변에도 불구하고 제2성전 시대의 유대인을 유배 이전 시대 이스라엘과 연관시키는 것도 바로 이 연속성의 의미이다.

유배 이전 시대 이스라엘은 조상들의 땅에 살던 지파 사회였다. 지파의 일원이 되는 것, 그리고 지파의 일원이 됨으로서 갖는 권리(예를 들면, 자신의 땅에 대한 권리)는 오로지 출생에만 의존하는 것이었다. 이방인이 이스라엘 민족에 흡수될 수 있는 절차가 설정되어 있지 않다.

제2성전 시대 유대교는 이와 대조적으로 지파 사회가 아니었다. 유대인들이 바빌로니아에서 돌아왔을 때 그들은 지파(tribes)로서 돌아온 것이 아니라 씨족(clans)으로서 돌아왔다. 전체적인 지파 구조는 파괴되었다. 많은 유대인들이 이스라엘 땅으로 돌아오지 않고 바빌로니아에 머물렀다. 후대에 많은 유대인들은 이스라엘 땅을 떠나 지중해 분지에 흩어져 살았다. 이러한 변화의 결과로 유대교는 점차 자신을 국적(nationality)보다는 종교에 근거하여 정의하게 되었다. 이로써 이방인들도 "시민권"을 얻을 수 있도록 허락하는 개종(conversion)이라는 제도가 창출되었다. 종교로서의 유대교는 유대인과 비유대인 사이의 결혼을 금했다. 이것은 유배 이전 시대 이스라엘에서는 알려지지 않은 금령이다(제2장을 보라).

유배 이전 시대의 이스라엘은 성전에서 동물을 잡아 굽는 것으로 예배를 드렸다. 실제적인 예배는 대부분 평신도들이 아니라 제사장들이 수행했다. 제사장들만이 성전 내부 경내까지 들어갈 수 있었기 때문이다. (위태로운 때나 즐거운 때 어떻게 기도하는지 이스라엘 사람들이 잘 알고 있었지만) 기도는 성전에서든 다른 어떤 곳에서든 예배의 표준적인 요소가 아니었다. 성전이 건재하는 한 유대교는 제사 제의(cult)를 지속시켰지만, 또한 성서의 암송이나 연구뿐만 아니라 기도로 이루어진 새로운 전례도 만들어 냈다. 이런 식의 예배는 성전 의식(rituals)에 영향을 미쳤다. 그러나 유대교는 새로운 제도 속에서 특별한 장소를 마련할 필요를 느끼게 되었다. 그것이 회당이다.

제2성전 사대의 유대교도 유배 이전 시대 이스라엘에 알려지지 않았던 바, 개인이 드릴 수 있는 예배 방법을 개발했다. 하나님의 말씀은 항상 연구하고 명상해야 할 대상이다. 이러한 활동이 하나님이 기대하는 행동을 가르치기 때문만이 아니라 연구라는 행위 자체가 예배 행위로 간주되었기 때문이기도 하다. 연구 이외에 매일의 기도도 종교적 엘리트들이 수행한 신심의 한 부분이 되었다. 토라의 계명들도 잘 발전시키고 확장하여 개개인 유대인들에게 하나님에 대한 자신들의 신실함을 드러내는 기회를 제공하게 되었다(이 책 전체를 통하여 나는 종교의 민주화 혹은 개인화에 대해 언급할 것이다. 그러나 처음부터 나는 고대 유대교를 포함하여 그 어떤 고대 사회도 개인에게 현대 서구 사회와 똑같은 자유를 부여하고, 개인을 중요하게 생각하지 않았다고 주장한다. 현대 문화와 비교하여 고대 유대교는 전혀 개인주의적 사회가 아니었다. 그러나 유배 이전 시대 이스라엘에 비하면 개인에 대해 많이 강조하고 있다).

유배 이전 시대의 이스라엘과 제2성전 시대 유대교는 또 하나님이 정의를 펼치는 신정론(神政論)에 대한 이해에서 차이를 보인다. 하나님이 의인에게 상급을 내리고 악인에게 벌을 내린다는 데는 누구나 동의한다. 그러나 하나님의 인과응보 방식은 연구가 거듭된 주제이다. 유배 이전 시대 이스라엘은 하나님이 이 세상에서 정의가 이루어지게 한다고 믿었다. 의인과 악인이 항상 하나님의 주의를 끄는 것은 아니다. 하나님이 그들 대신 그들의 자손에게 상을 주거나 벌을 내릴 수 있기 때문이다(집단에 대한 강조). 제2성전 시대 유대교는 하나님이 단지 합당한 사람에게만 벌을 내리거나 축복을 내리며, 조상의 행위와는 무관하다고(개인에 대한 강조) 주장했다. 하나님이 문제를 항상 이 세상에서 다 해결하지 않는 것 같기 때문에, 다음 세계에서는 그렇게 해야 한다. 그러므로 제2성전 시대 유대교는 죽음 이후에 올, 혹은 마지막 때에 올 인과응보에 대한 복잡한 구도를 만들어냈다. 이러한 구도 가운데는 죽은 자들의 부활도 포함된다. 하나님이 개인들을 위해 정의를 다시 수립하듯이, 민족들의 멍에를 파괴하고 이스라엘 백성의 주권을 회복함으로써 국가에 대해서도 그렇게 한다. 예루살렘과 성전은 원래의 영광대로 회복될 것이며 하나님이 기름을 부은 분(Messiah)이 와서 의롭게 통치할 것이다. 이러한 모든 "종말론"적 교리들(즉, 마지막 때 혹은 궁극적 미래에 관한 교리들)은 제2성전 시대 유대교의 혁신적인 주장이다.

이 세상을 다스리는 하나님의 신비로운 방식에 대해 설명하는 새로운 이론들을 만들어 냈지만, 제2성전 시대 유대교의 몇몇 분파는 이 문제에 대해 해답을 구할 수 없는 것으로 생각했다. 그들은 하나님의 다스림에 대해 또 모든 선하고 참된 것에 대해 반대하는 수많은 초자연적 존재들이 있다고 주장함으로써 악이 횡행하고 있는 것을 설명했다. 선의 세력과 악의 세력 사이에 벌어지는 이 우주적 투쟁을 거울처럼 반영하는 것이 각 사람 내부에 있는 선한 영과 악한 영 사이의 싸움이다. 이러한 구도에서는 이원론적인 모습이 너무 두드러지게 나타나 이들이 유일신 신앙(오직 한 분 하나님에 대한 믿음)을 갖고 있는지 의심스러울 정도이다. 그러나 이러한 과격한 이원론적 구도를 전혀 모르는 유대인들조차도 온갖 종류의 천사와 영에 대한 믿음을 갖고 있었다.

제2성전 시대 유대교의 하나님은 유배 이전 시대 이스라엘의 하나님보다 훨씬 더 "초월적"이었다. 하나님은 세상을 다스리기 위해 중재자들이 필요했고, 사람들은 하나님에게 나아가기 위해 중재자들이 필요했다(이러한 신학적 발전에 대해서는 제3장에서 논한다).

유배 이전 시대의 이스라엘은 왕이 통치하고 예언자들의 인도를 받았다. 그러나 제2성전 시대의 유대교는 그렇지 않았다. 페르시아 시대 초기 다윗 왕국의 대표자는 유대의 통치자였다. 그러나 그의 통치 이후에는 다윗 왕국이, 종말론적 상상 속에서는 큰 영향을 미쳤으나 사회로부터 사라졌다. 랍비 시대에 이르러서야 자신을 다윗 가문의 후손으로 주장하는 사람들이 다시 공동체의 지도자로 나타난다. 제2성전 시대 유대교에서는 왕 대신에 제사장들이 세속의 권력을 행사했다. 마카비 시대에는 이들이 "왕"이라는 칭호도 보유했지만, 헤롯 대왕과 그 후손들에 의해 축출되었다. 그러나 대제사장이라는 직책은 유배 이전 시대 이스라엘보다 훨씬 더 두드러진 자리를 차지하고 있었다.

예언자들은 더 이상 유배 이전 시대에 누리던 명망과 권위를 누리지 못했다. 제2성전 시대 유대교에서는 예언자들이 묵시문학계 선견자들, 신비가, 치유자, 성인이 되었다. 새로운 형태의 권위를 가진 사람들이 나타나 고전적 예언자들의 자리를 차지했다. 이 사람들이 서기관들이다. 이들의 권위는 제사장과 같은 혈통이나 제도적 배경에서도, 예언자와 같은 카리스마적 능력이나 하나님과의 직접적인 접촉에서도 오지 않고, 다만 성서와 전통을 속속들이 잘 알고 있다는 사실에서 나왔다. 많은 종파들도 자신들이 더 잘 알고 있다고 하며 권위를 주장했다. 이들이 이렇게 자신들의 지식이 월등하다고 주장하며 공격한 대상은 대개 제사장 계층이었다.

제1성전은, 최소한 신명기 개혁 이후에는, 이스라엘 사람들이 하나님을 예배하던 유일한 장소였다. 제2성전도 예배의 유일한 장소라고 주장했지만, 심각한 도전을 받게 되었다. 기원전 2세기에 종파들이 우후죽순처럼 일어났고 기원후 70년 성전이 파괴된 후에야 사라졌다. 대부분의 종파들은 제사장들이 부패해 있으며 성전은 오염되어 있거나 혹은 최소한 성전이 주장하는 것만큼 그러한 배타성이나 중요성을 갖지 못한다고 주장했다. 각 종파는 자신들이 참된 성전이라고 또 참 제사장들을 따르는 사람들이라고 주장했다. 다른 조직들도 성전과 경쟁을 벌였지만 온건한 방식으로 벌였다. 이스라엘 본토와 해외를 막론하고 각지에 회당과 학교가 설립되었다. 성전이 파괴되고 난 뒤에는 이러한 회당이나 학교가 유대교의 예배와 경건의 중심지가 되었다(4장과 5장을 보라).

제2성전 시대 유대교는 "책 종교"이다. 유대인들은 "타낙"이라고 부르고 기독교인들은 "구약성서"라고 부르는 성서(Bible)가 그 중심에 놓여 있다. 유배 이전 시대 이스라엘은 성서가 형성된 토대를 마련했다. 그러나 "성서"를 창조하고, 그것이 씌어진 양피지조차 숭상하고, 그것을 해석하는 데 온 정력을 쏟은 것은 제2성전 시대 유대교이다. 이러한 과정을 일컬어 "정경화 작업"이라 부른다. 제2성전 시대의 유대인들은 자신들이 고전 이후 시대에 살고 있다고 생각했다. 그들은 선현들의 책을 연구했으며, 그들과 겨루려 하지 않았다. 대신 새로운 문학 장르와 새로운 표현 방법에 눈길을 돌렸다. 이스라엘 종교에서 유대교로 바뀌는 변천의 중심에 이러한 발전이 일어났다(6장을 보라).

통일성과 다양성

제2성전 시대 유대교는 복잡한 현상이다. 유대교는 페르시아 시대, 헬레니즘 시대, 마카비 시대, 로마 시대, 그리고 랍비 시대를 거치면서 극적인 변천을 거듭했다. 한 시대에 일반적으로 인정되는 것이 다른 시대에는 통하지 않을 수도 있다. 게다가 어떠한 때에도 유대인들은 매우 상이한 방식으로 신앙 생활을 했다. 기원후 1세기 이집트의 유대교 공동체는 그 생활과 믿음에 있어서 전혀 획일적이지 않았다. 그리고 이집트에서 유대교를 해석한 것이 반드시 그리스어를 사용하는 로마 세계의 다른 유대인 공동체(예를 들면 로마, 소아시아, 북 아프리카, 그리고 이스라엘 본토의 여러 지역)에서도 호의적으로 받아들여졌다고 생각할 아무런 이유가 없다. 본토 이스라엘의 유대교에는 수많은 종파들뿐만 아니라, 수많은 교사와 성인들이 있었다. 이들은 각자 많은 추종자들을 갖고 있었다. 팔레스틴에서 유대교를 해석한 것이 반드시 동방 전체에(예를 들면, 바빌로니아나 시리아 여러 지역) 히브리어나 아람어를 사용하는 유대인 공동체 안에서 호의적으로 받아들여졌다고 생각할 아무런 이유가 없다. 그렇게 다양하다면, 통일성이란 존재하는 것일까? 이러한 다양한 현상들을 한데 묶고 "유대교"라고 불리울 수 있게 하는 것은 무엇일까?

위에서 유배 이전 시대 이스라엘과 제2성전 시대 유대교 사이의 연관에 대해 논할 때 주목했듯이, 이 둘을 통합하는 가장 큰 잠재력은 자기 인식(self-perception) 혹은 자기 정의(self-definition)이다. 유대인들은 자신들을 유배 이전 시대 이스라엘 민족의 상속자 혹은 계승자로 간주해오고 있다. 유대인들은 또 언어, 관습, 이데올로기, 정치적 성향이 다름에도 불구하고, 세계 전체에 흩어져 있는 동료 유대인들에 대해 유대감을 갖고 있다. 그와 같은 느낌은 고금을 막론하고 소수 집단에 있어서는 표준적인 것이다. 유대인들이 서로에 대해 애착을 갖고 있기 때문에 이들과 정서가 다른 이방 관찰자들은 이들에 대해 나머지 인류를 미워한다고 비난했고 또 지금도 비난하고 있다(2장을 보라).

이러한 자기 인식은 특히 해외 유대 민족이 본토 이스라엘과 성전에 대해 갖는 관계에서 극명하게 드러난다. 마카비 가문은 해외 유대 민족의 지지를 얻어내려고 애쓰면서 어느 정도 조국에 대한 충성에 근거하여 자신들의 운동(campaign)을 펼쳤다. 그들은 일련의 서신을 통하여 해외 유대인들을 가르쳐 새로 시작된 하누카

(Hanukkah) 절기를 지키게 했다. 하누카는 기원전 164년 성전의 재정화(re-purification)를 기념하는 절기이다(마카비 하 1-2장). 마카비 상이 히브리어에서 그리스어로 번역된 것은, 또 에스더서가 예루살렘의 제사장에 의해 그리스어로 번역된 것은 마카비 통치 시대의 일이다. 바로 이 시대에 『아리스테아스書』의 저자가 어떻게 72명의 장로들이 예루살렘에서 이집트로 와 토라를 그리스어로 번역했는지 묘사한다. 마카비 왕가는 출애굽기 30:11-16을 모든 유대인들이 매년 예루살렘 성전에 반 세겔씩 봉헌해야 한다는 의미로 재해석했다.[1] 헤롯 대왕은 이 정책을 지속시켰다. 그는 해외 공동체 중 가장 큰 바빌론과 알렉산드리아 출신의 유대인들을 자기의 대제사장으로 임명했다. 소아시아 유대인들에게 로마인들에 맞서 자신들의 주장을 관철시킬 변호인이 필요할 때, 헤롯은 자기의 주고문관을 파견하여 그들의 이익을 잘 대변하도록 했다.

이러한 교섭이 민족적 유대감보다는 지원하려는 의지에 의해 촉발된 것이라 하더라도 해외 유대인들, 특히 이집트의 유대인들은 그러한 제의에 긍정적으로 반응했다. 그들은 막대한 양의 금전을 성전에 기부했고, 늦어도 헤롯 시대에 이르러서는 성전의 절기 의식을 목격하고 참여하기 위해 수천명씩 무리를 지어 예루살렘으로 몰려들었다. 예루살렘을 유대인들의 "모도"(母都 mother-city)로 묘사하는 필로(Philo)는 최소한 한번은 예루살렘 순례에 참여했다.[2] 사도행전은 세계 각처에서 온 유대인들을 예루살렘에서 볼 수 있었다고 한다(행 2:5-11).

팔레스틴 유대인들과 해외 유대인들이 상호간에 충절을 보이는 것은 정치적 의미도 있다. 기원전 2세기에는 이집트 여왕의 두 유대교 장교가 군대를 이끌고 가서 마카비가의 통치자를 공격하라는 명령을 거부한다. 그들은 같은 신앙을 가진 사람들과 싸우는 것은 불경스러운 일이기 때문이라고 했다. 게다가 그들은 이집트 여왕이 자신들의 모국을 공격하면 이집트의 유대인들이 여왕에게 반란을 일으킬 수도 있다고 경고한다. 마카비 가문의 마지막 통치자들이 자신들의 문제를 호소하기 위해 기원전 1세기 중엽 로마에 있을 때, 로마의 유대인들이 대규모로 모여들어 그들을 지지했다. 기원후 66-70년 전쟁 당시 어떤 해외 유대인들은 그 혁명을 지지하고 원조품을 보냈다. 이러한 사실은 기원후 3세기의 로마 역사가에 의해 밝혀졌는데, 그는 그 반란이 "유프라테스 강 건너(즉, 바빌론)에 있는 그리고 로마 제국 전역에 있는 그들의 동료 신앙인들"로부터 지원을 받았다고 기록했다.[3]

그래서 마치 공기역학 법칙으로 볼 때 나는 것이 불가능하다는 것을 알지 못하고 계속 날아다니는 호박벌처럼, 고대 유대인들은 자신들이 언어, 관습, 이데올로기, 정치적 성향에 의해 서로 격리되어 있다는 사실을 모른 채, 혹은 그러한 사실을 망각하고 자신들을 한 국가, 한 종교의 같은 시민들로 간주했다. 이 책에서 유대교가 지닌 종교적 표현의 다양성을 최소화하려고 하지는 않지만, 나의 목적은 다양성 안에서 통일성을 살피려는 것이다.

주(註)

1) 1. J. Liver, "The Half-Shekel Offering in Biblical and Post-Biblical Literature," *Harvard Theological Review* 56 (1963), 173-198.
2) Philo, *Against Flaccus* 7, §46과 *Embassy to Gaius* 36, §281 (母都); *On Providence* 2, §64 (순례).
3) Dio Cassius 66.4.3, in M. Stern, *Greek and Latin Authors on Jews and Judaism* II, no. 430, p. 373.

제2장
유대인과 이방인

　유대인과 유대교가 이방인과 이방 문화에 대해 갖는 관계는 세 가지 구분되면서도 상호 연관된 주제들로 이루어진 복잡한 문제이다: 정치적 문제(유대인들이 외국의 지배에 어느 정도까지 순응하는가?), 문화적 문제(유대인들이 이교의 사상과 관습을 어느 정도까지 수용하는가?), 사회적 문제(유대인들이 이방인들과 어느 정도까지 섞여 교류하는가?). 이러한 주제들 중에서 가장 쉬운 정치적 문제로부터 시작하여 차례차례 다룰 것이다.

정치적 문제: 이방의 지배

　기원전 587년 제1성전이 파괴되고 백성들이 바빌로니아로 유배당했을 때부터 기원후 1948년 현 이스라엘 국가가 건립될 때까지 해외에 거주하는 유대인들이나 이스라엘 본토에 사는 유대인들이나 모두 거의 언제나 외국의 지배 아래 살고 있었다. 유배 이전 시대에도 상당 기간 동안 북왕국은 정치적으로 아람과 앗시리아의 지배 아래 복속되어 있었고, 남왕국은 아람, 앗시리아, 이집트, 바빌로니아의 지배 아래 복속되어 있었다. 그러나 국가가 몰락하기 전에는 어느 때에도 두 나라가 왕을 잃거나 명목상의 독립을 상실한 적이 없다. 기원전 722년 북왕국이 붕괴되면서 "열 지파"는 궁극적으로 사라지기에 이르렀다(물론 사마리아인들이 나중에 자신들이 열 지파의 후손들이라고 주장하기는 했다. 아마도 이러한 주장이 옳은 것 같다). 그러나 남왕국이 붕괴되었을 때에는 유대인들이 사라지지 않았다. 그들은 고국으로 돌아와 성전을 재건하고 이전처럼 계속 존속하려고 노력했다. 그러나 그들에게는 왕도 없고 정치적 독립도 갖지 못했다.

　이러한 정치적 상황으로 말미암아 종교적 문제들이 제기되었다: 왜 하나님은 유대인들로 하여금 이방인에게 복속되게 하는가? 왜 하나님이 자신의 백성을 보호하지 않는가? 왜 유대인들이 아니라 이방인들이 현세의 권력을 쥐고 있는가? 이러한 문제들에 대한 대답은 다음 장에서 다룰 것이다. 여기서 우리의 주제는 이방의 통치에 복속하게 된 사실로 야기된 다음과 같은 정치적 문제들에 대한 유대인들의 반응이다: 유대인들은 정부에 대해 어떠한 관계를 맺어야 하는가? 정부를 지지해야 하는가, 반대해야 하는가, 아니면 중립적 자세를 취해야 하는가? 지지나 반대를 할 때 적극적으로 할 것인가 아니면 소극적으로 할 것인가?

　그 대답은 예레미야에 의해 주어졌다. 이 예언자는 예루살렘 주민들에게 그들이 바빌로니아 왕에게 반란을 일으키는 것은 하나님에 대해 반란을 일으키는 것이라고 경고했다. 예레미야는 항복하라고 권고했다. 느부갓네살은 성도(聖都) 예루살렘을 공격하면서 하나님의 뜻을 수행하고 있는 것이다. 유대인들이 하나님의 뜻을 비웃는 것은 어리석은 짓이다. 유대인들은 자신들이 지은 죄 때문에 벌을 받아 낭패를 당하게 되어 있다. 느부갓네살은 유대인들을 벌주는 하나님의 대리인일 뿐이다(렘 25장). 이러한 개념에서 예레미야는 예언자 이사야가 몇 세대 전에 사마리아의 몰락에 대해 내린 해석(사 10장)을 자기 시대에 옮겨 적용했다.

그러나 예레미야는 다른 해석을 추가하기도 했다. 이것은 이전의 예언자들이 표명하지 않은 새로운 개념이었다. 예루살렘의 몰락과 바빌론의 승리는 죄와 벌의 결과가 아니라 바꿀 수 없는 운명의 결과이다. 이유는 밝혀지지 않았지만 민족과 제국의 운명을 관장하는 하나님은 바빌로니아가 부상하고 유다 및 다른 나라들이 몰락하도록 정해 놓으셨다(렘 27:2-8). 바빌로니아 사람들이 지배하게 된 것은 일시적인 현상일 뿐이다. 예레미야 27장의 "세 세대"든 25:12과 29:10의 "70년"이든, 정해진 시간이 지나면, 바빌로니아 제국이 몰락하고 유대인들은 승리와 영광 속에 유배지로부터 돌아올 것이다. 이 책의 마지막 두 예언은 바빌로니아에 닥칠 재앙에 대한 환상들이다(렘 50장과 51장). 그 중간에는 유대인들이 하나님이 정해 놓은 것을 바꿀 수 없다. 그들로 하여금 정복자들을 지지하고 그들이 들어가 살고 있는 나라의 안녕을 위해 기도하게 하라(렘 29:5-7).

이 가운데 얼마 만큼이 기원전 590년대와 580년대의 암흑시기에 예레미야가 선포한 것이고, 얼마 만큼이 후대의 제자들이나 편집자들이 추가한 것인지 판명하기는 쉽지 않다. 그러나 그 기원이야 어떠하든 이러한 사상은 후대 유대교의 사상과 관습에 막대한 영향을 미쳤다. 다니엘서의 저자는 기원전 167년에 일어난 안티오쿠스 에피파네스의 성전 모독 사건의 의미를 이해하려고 했을 때, 예레미야의 예언, 특히 "70년"이라는 기간에 관한 예언에 의존했다(단 9:2). 로마인들에 의해 제2성전이 파괴된 것이 어떤 의미를 갖고 있는

지를 이해하기 위해서 『바룩 묵시록』의 저자, 요세푸스, 그리고 랍비들도 예레미야에게 눈을 돌렸다. 예레미야의 영향은 묵시문학에서 특히 두드러지게 나타난다. 다니엘서로부터 시작하여 이러한 텍스트들은 규칙적으로 예레미야 정치 신학의 두 가지 기본 요소를 결합한다: 유대인들이 지은 죄를 벌하기 위해 이방인들이 유대인들을 지배한다; 일련의 제국들이 그 정해진 과정을 거쳐 다스리다가 마침내 예정된 파멸의 날이 이를 때까지 이방인들은 계속 유대인들을 통치할 것이다.

예레미야의 예언은 또한 고대(그리고 중세와 근대) 유대인들의 정치적 행동에 대한 이데올로기적 배경을 제공한다. 페르시아의 고레스 대왕이 기원전 539년 바빌로니아를 정복하고 유대인들이 고국에 돌아가 성전을 재건하도록 허락하는 칙령을 내렸을 때(스 1:1-4), 바빌로니아에 머물러 있기로 선택한 유대인들이 많았다. 그들은 바빌로니아 생활에 적응했고 하나님이 그들을 구속(救贖)할 때까지 거기 남아 있을 준비가 되어 있었다.

본토 이스라엘로 돌아온 혹은 돌아올 준비를 하고 있던 유대인들은 이방 왕에 의해 선포된 해방이 바로 예레미야가 예언한 구속이었다고 한 익명의 예언자를 통하여 확신하게 되었다(사 45:1-13; 스 1:1도 보라). 앗시리아인과 바빌로니아인에 의해 고국을 떠나 유배당한 백성들 가운데 유대인들만이 선현들의 성전을 재건하기 위해 고국으로 돌아갔다. 이러한 유대인들에게 있어서 예레미야가 약속한 구속은 본국 귀환과 성전 제의의 재건으로 이루어지게 되어 있었다. 그들 가운데는 아마 왕권의 회복과 정치적 독립까지 희망한 사람들도 많았을 것이나 그러한 꿈은 이루어질 수 없는 것이었다. 바빌로니아에 남아 있던 유대인들은 후에 번영하게 된 해외 공동체의 모든 유대인들처럼 성전도 땅도 모두 포기할 준비가 되어 있었다. 그러면 두 공동체에 있어서 완전한 구속은 약속된 주님의 날을 기다려야 이루어지는 것이었다.

그 동안은 정부를 지지했다. 천 년이 넘게 고대 유대인들은 페르시아, 이집트와 시리아의 헬레니즘 국가, 로마인들, 그리고 이들의 뒤를 이어 기독교인들, 파르티아인(Parthians)들의 지배 아래 살았다. 누군가가 충동을 일으켜도 그들은 반란을 일으키는 법이 거의 없었다. 이러한 태도를 가장 잘 드러낸 예가 칼리굴라 통치 시대(기원후 37-41년) 유대인들의 역사이다. 로마의 총독이 온건하게 다룬 한 무리가 알렉산드리아에서 유대인들의 집과 재산을 파괴하고, 그 성읍의 유대인들이 정치력을 행사하는 데 위협을 가했다. 그러나 유대인들은 정부에 대해 반란을 일으키지 않고 자신들의 고충을 들어달라고 요청하기 위해 황제에게 대표단을 파견했다.

이러한 사건들이 일어나고 있을 때 칼리굴라의 지시에 따라 시리아의 총독은 예루살렘 성전 안에 황제의 동상을 세우려 했다. 성전을 모독하는 사건이 일어날지도 모를 위기에 직면하자, 유대의 유대인들은 군대를 통해 집단 자살을 하겠다고 위협했다. 이러한 유대인들이 내세우는 목적은 로마의 통치를 제거하려는 것이 아니라 개선하려는 것이었다. 고대 유대교의 역사를 보면, 어떤 논쟁을 해결하기 위해 혹은 어떤 호의를 베풀어 달라고 요청하기 위해 황제의 권한에 호소하는 예를 수없이 많이 발견하게 된다. 초대 기독교인들도 국가에 대해 똑같은 자세를 취했다(롬 13:1-7).

이 책에서 개괄한 시대에는 전체적인 패턴을 깨뜨리는 예외적인 사건이 오직 네 번 있었다: 안티오쿠스 에피파네스에 항거한 마카비의 반란(기원전 167-164년); 로마인들에 항거하여 이스라엘 본토 유대인들이 벌인 두 차례의 반란(제1차 반란은 기원후 66-73 혹은 74년, 제2차 반란은 기원후 132-135년); 그리고 로마의 통치에 항거한 이집트, 키레네, 사이프러스 유대인들의 반란(기원후 115-117년). 이제 이러한 반란들을 차례차례 살펴보겠다.

마카비 반란

마카비 반란은 종교적 자유를 얻으려는 투쟁으로 시작되었다. 안티오쿠스 왕이나 혹은 그의 권위 아래 통치하는 일단의 유대인들이 성전의 거룩한 경내에 이방 신의 조상(彫像)과 제단을 건립함으로써 성전을 모독하고 유대인들로 하여금 전통적인 종교적 관습(할례, 안식일 등)을 저버리도록 강요했다. 왕과 지지자들의 목적은 유대교를 세상의 다른 종교들과 구분짓게 하는 특별한 요소들을 모두 제거하려는 것이었다. 이 강요된 "헬레니즘화"(이 용어에 대해서는 아래를 보라)에 수반된 종교적 박해로 인해 마카비 가문의 유다와 그의 추종자들은 정부에 대해 반란을 일으키게 되었다. 이것은 유대인들이 처음으로 예레미야의 정치적 전통에서 이탈한 사건이었다. 이 사건은 정부가 처음으로 관용적인 종교 정책에서 이탈함으로써 촉발되었다.

고대 세계에서 종교적 박해란 희귀한 현상이었다. 메소포타미아와 지중해 유역의 다신론적 또 다민족적 제국들은 종교의 다양성과 제의의 다양성을 용인했다. 평화를 유지하고 세금을 거두어 들일 수 있는 한, 정부는 시민들의 종교 생활에 대해 별로 개의치 않았다. 많은 학자들이 세밀하게 연구함에도 불구하고 에피파네스가 박해하게 된 이유가 무엇인지는 수수께끼로 남아 있다. 그러나 실제로 박해가 있었고, 이 박해로 인해 일어난 전쟁은 종교적 자유를 얻기 위한 투쟁으로 기록된 역사상 첫 전쟁이었다.

이렇게 투쟁하는 동안 어느 시점에 이르러 유다와 그의 추종자들이 추구한 목표가 변했다. 유다는 더 이상 종교적 자유를 위해 싸우지 않고 정치적 독립을 위해 싸우고 있었다. 유다와 그의 뒤를 이은 유다의 형제들은 유대를 새로운 왕조의 통치 아래 자유롭고 독립된 나라로, 곧 마카비 가문이 다스리는 나라로 만들려고 노력했다. 성전을 되찾고 박해를 종결시킨 이후에도(기원전 164년) 그들은 전쟁을 멈추지 않았다. 어떤 유대인들은 이 전쟁의 초기 단계에 이들을 지원했지만, 둘째 셋째 국면으로 넘어가면서는 이들을 지지하지 않기도 했다. 이들은 종교적 자유를 위해서라면 통치자들과 싸울 준비가 되어 있었다. 그러나 마카비 가문이 왕조를 설립하고 독립국가를 창건하는 것을 지지할 준비는 되어 있지 않았다(마카비상 2:42; 7:13). 실제로 마카비 가문이 창건한 국가와 왕조는 모든 유대인들로부터 대대적인 지지를 받는 데는 성공하지 못했다.

이 전쟁에는 사회적 요인들도 크게 작용했다. 씨족(clan)의 족장인 마타디아와 그의 아들 마카비 가문의 유다는 지방 제사장들로서 변방으로부터 많은 지지를 이끌어냈고 예루살렘의 무사안일한 제사장들에 맞서 싸웠다. 마카비 가문은 "옛 보호자들"을 많이 축출하거나 죽였고 자신들과 같은 "새로운 사람들"을 등용하여 새로운 귀족들이 되게 했다.

로마인들에 항거한 반란(기원후 66-74년)

66-74년의 전쟁은 많은 면에 있어서 마카비의 반란과 비슷하지만, 또한 매우 다르다. 이 전쟁을 일으키고 파국적인 종말을 맞은 혁명가들은 다양한 집단으로 구성되어 있었다. 집단마다 나름의 지도자, 역사, 이데올로기를 갖고 있었다. 어떤 사람들은 지방의 지지를 받았고, 어떤 사람들은 예루살렘 성읍의 지지를 받았다. 제사장들도 있었고, 평신도들도 있었다. 부유한 사람들도 있었고, 가난한 사람들도 있었다. 사회주의적 혹은 유토피아적 목표를 가지고 부유한 사람들과 혈통상의 귀족들을 공격하는 데 온 정력을 쏟은 사람들도 있었다. 그런가 하면, 특히 제사장 가운데 전통적인 특권과 권력을 유지하고 확장하기 위해 싸운 사람들도 있었다. 또 로마인들에 대한 강렬한 증오, 그리고 이방인들이 성지를 오염시키는 일을 막으려는 열망이 동기가 되어 참여한 사람들도 있었다. 메시아가

곧 와서 이스라엘을 회복할 것이며 유대인들이 해야 할 일은 공이 굴러가게 하는 일뿐이라고 믿는 혁명가들도 많았다. 나머지 일은 하나님과 천군천사가 할 것이다. 우리는 혁명가들을 부추긴 메시아 이론들이 혁명가들 자신들만큼이나 수없이 다양했다고 생각할 수 있을 것이다. 열심당과 시카리(Sicarii)는 이러한 집단들 가운데 가장 잘 알려진 집단이다. 그러나 다른 집단들도 많았다(아래 제5장을 보라).

유대인들이 전쟁에서 패한 주요 이유 가운데 하나는 그들이 로마인들에 대항하여 통일된 전선을 구축할 수 없었다는 점이다. 그들은 적과 싸우기보다 서로를 죽이는 데 더 많은 시간을 보냈다. 그래서 마카비 혁명과 66-74년의 전쟁이 모두 부분적으로는 사회적 요인들에 의해 야기되었지만 에피파네스에 항거한 "전쟁당"(war party)은 네로에 항거하여 반란을 일으킨 "전쟁당"보다 훨씬 더 결속력이 강했다.

두 차례의 전쟁은 또 그 원인과 결과에 있어서도 매우 다르다. 66-74년의 전쟁은 성전 모독 사건이나 종교적 박해로 촉발되지 않았다. 그것은 로마 집정관들의 행정적 무능, 팔레스틴과 시리아에 있는 성읍들에 사는 유대인과 이교도 사이의 싸움, 황제를 위해 성전 제사를 중지한 일부 조급한 유대인들의 행동에 의해 야기되었다. 두 전쟁은 또 서로 매우 다른 결과를 가져왔다. 마카비 가문의 반란은 유대교가 시리아 헬레니즘의 한 가지 지역적 변종이 되고 이로써 유대교가 종언을 고하지 않도록 막았다. 66-74년의 전쟁은 유대교의 제도적 근거를 제거하고, 본토 이스라엘과 그 주민들을 처참하게 파멸시키고, 로마 제국 전역에 걸쳐 유대인의 지위가 위태로와지게 했다. 이 전쟁은 유대교의 존속 자체를 위협했다.

혁명가들의 눈으로 볼 때 로마의 통치는 에피파네스의 통치와 마찬가지로 억압적이고 참을 수 없는 것이었다. 그러나 많은 유대인들은 이러한 평가에 동의하지 않았고, 전쟁에 참여해도 초기의 혼란 국면에 있을 때만 참여했다. 로마인들과 싸우기 위해 모든 것을 포기하려는 농부들은 누구나 전쟁으로 인해 초래되는 불가피한 재앙을 당하지 않으려 했다. 이러한 유대인들은 로마인들이 예레미야의 정치적 전통으로부터 벗어나는 것을 정당화할 만한 일을 전혀 하지 않았다고 느꼈다. 로마인들에 맞서 싸우는 것은 아무리 좋게 평가해도 어리석은 짓이고 나쁘게 말하면 죄악이었다. 하나님이 메시아를 보내 이스라엘을 구속할 것이다. 그러나 이스라엘이 그 정해진 시간을 앞당기기 위해 할 수 있는 일은 아무것도 없다.

이러한 관점은 플라피우스 요세푸스가 유대 전쟁 및 그 이전 전쟁들에 관한 주된 역사적 자료인 그의 『유대 고대사』에서 발전시켰다. 똑같은 전망을 랍비 문헌에서는 라반 요하난 벤 자캐(Rabban Yohanan ben Zakkai)가 발전시켰다고 한다. 그는 예루살렘이 포위되었을 때 예루살렘을 떠나 베스파시안이 성전을 파괴하고 황제가 되기로 정해진 사람이라고 하며 그를 찬양했다고 한다.[1] 곧 황제가 될 사람과 만났을 때, 이 랍비는 이사야(10:34)의 예언을 인용했다: "레바논(레바논의 백향목으로 건조된 성전)이 전능하신 분(베스파시안) 앞에서 쓰러질 것이다." 이 랍비는 베스파시안에게 다음 구절의 예언이 메시아에 관한 예고로 시작된다는 것을 밝히지 않았다: "이새의 줄기에서 한 싹이 나리라." 베스파시안이 유대인 성서를 알았다면, 그는 이 랍비를 그렇게 친절하게 받아들이지 않았을 것이다.

기원후 115-117년 전쟁과 132-135년 전쟁

예레미야의 정치적 전통에서 이탈한 다른 두 예는 간략하게 다룰 수 있다. 그것이 방금 논의한 두 전쟁보다 더 중요하지 않기 때문이 아니라, 자료가 빈약하기 때문이다. 기원후 115-117년에 알렉산드리아, 이집트 변방, 사이프러스, 키레네(현대의 리비아 부분)의 유대인들이 로마에 맞서 싸웠다. 고고학적 증거에 의하면 이 전쟁은 유대인과 이방인들 모두에게 막대한 손실을 입힌 주된 소요였다. 고대 세계의 가장 크고 중요한 도시 중의 하나인 알렉산드리아의 유대인 공동체는 심각한 상처를 입었다. 이 전쟁도 그 원인이 무엇이었는지 잘 알 수 없지만 그 근본 원인은 분명히 그리스어를 사용하는 동방 성읍들에 사는 유대인과 이방인 사이의 정치적 긴장이었을 것이다. 이러한 긴장들이 기원후 1세기에 여러 차례 폭발되었다. 메시아 대망 사상도 중요한 역할을 했다.

똑같이 중요하면서도 모호성이 약간 덜한 것이 132-135년 전쟁이다. 115-117년 전쟁은 그리스어를 사용하는 해외 유대인들 일부가 일으킨 반란이었다. 본토 유대인들이 참여했다고 믿을 만한 증거는 없다. 이와 대조적으로 132-135년 전쟁은 본토 이스라엘의 반란이었고, 좀더 정확히 말하자면, 유대 지역의 반란이었다. 이 반란을 지휘한 사람이 바 코시바(Bar Kosiba)인데, 이 사람은 바 코흐바(Bar Kokhba "별의 아들")로 더 잘 알려져 있다. 이것은 그를 메시아로 받아들인 사람들이 그에게 붙여준 이름이다. 그의 동전에 자신을 "이스라엘의 군주(Nasi) 시몬"이라고 새겼다.

고대의 한 사가는 이 전쟁이 하드리안이 예루살렘을 이방 성읍으로 재건하려고 결정한 데서 야기되었다고 한다. "아엘리아 카피톨리나"라고 하드리안(姓이 아엘리아)과 쥬피터(수도의 신)를 기념하여 이름을 붙인 새로운 성읍의 주조 화폐는 이 성읍이 실제로 반란이 일어나기 전에 설립되었음을 보여준다. 그러나 반란이 그 성읍의 건설 때문에 일어났는가 하는 것은 단정적으로 말할 수 없는 문제이다. 또 다른 고대의 사가는 전쟁이 할례를 금했기 때문에 일어났다고 주장한다. 남성 성기를 거세하거나 손상시키는 것은 로마인들이 오래 전부터 금지해 왔다. 그러나 하드리안은 이러한 금지속에 할례를 포함시켰다. 이것은 한 걸음 더 나아간 것으로, 유대인들은 도저히 용납할 수 없다고 생각했다. 랍비 문헌을 보면 이 전쟁 기간과 그 이후에 로마인들은 다른 유대교 관습(쉐마의 낭송, 토라의 공적[公的] 연구, 안식일 준수)뿐만 아니라 할례를 금했다는 것을 알 수 있다. 그러나 이러한 박해가 전쟁의 원인이었는지 혹은 결과였는지 하는 것도 우리가 정확히 판단할 수 없는 중요한 문제이다. 어떻든, 사가들은 이 전쟁이 유대인들에 대한 로마의 행동에 의해 야기되었다고 하는 데 동의한다.[2] 랍비들이 생각할 때, 하드리안은 또 다른 에피파네스요, 유대교를 말살하려 한 또 한 사람의 이방 통치자였다. 그러나 하드리안의 동기가 무엇이었는지는 에피파네스의 동기와 마찬가지로 모호하다.

바 코흐바 전쟁은 또한 내부적 요인의 산물이기도 했다. 현대의 학자들은 기원전 66-74년 전쟁으로 인한 사회적, 경제적 압박에 초점을 두어왔다. 이 전쟁이 일어나자, 로마인들은 많은 토지를 징발하고, 그것을 자신의 지지자나 군인들에게 임대하거나 주었다. 이러한 과정에서 유대에는 토지를 상실한 농부들이 많이 생겨났고 바 코흐바를 열렬히 지지한 사람들이 바로 이러한 집단이다.

또 한 가지 중요한 요인은 바 코흐바의 메시아 사상이다. 여기에 대해서도 알려진 것이 거의 없다. 그러나 전쟁이 일어난 시기는 많은 것을 암시해 준다. 첫 성전이 파괴된 후 70년이 지났을 때 제2성전이 예레미야의 예언을 성취하면서 건립되었다. 유대인들은 장차 이 예언이 다시 성취된다는 것을 의심하지 않았다. 그러나 이미 60년이 흘러갔는데도 아무런 일이 일어나지 않았다.

기원후 130년대에 유대인들은 70년째 되는 해가 속히 도래할 것을 깊이 생각하면서 매우 들떠 있었음에 틀림없다. 바 코흐바의 몇몇 추종자들은 바 코흐바가 로마인들을 멸망시키고 성전을 재건함으로써 종말을 시작할 기름부음을 받은 구속자로 간주했다. 그의 승리에 비추어 우리는 기원후 2세기의 유대인들이 기원전 2세기의 다니엘과 다름없이 아나돗 예언자의 불분명한 말을 새로 집중적으로 연구하고 있었다고 생각할 수 있다.

결론

나는 이 개괄을 시작한 곳에서 끝맺으려고 한다. 곧 예레미야로 시작하여 예레미야로 마친다. 이러한 네 가지 예외적 현상에도 불구하고, 본토 이스라엘의 유대인과 해외 유대인들의 기본적인 정치적 자세는 반란이 아니라 적응이었다.

유대인들은 하나님이 그들을 구속하기에 적절하다고 간주할 때에 이르기까지 정부를 지지해야 한다. 이것이 기원전 6세기의 예레미야, 기원후 1세기'의 요세푸스, 그리고 기원후 2세기부터 12세기까지 이르는 랍비들의 가르침이었다. 이러한 충고는 고대 유대인들 거의 대부분이 수용하였다. 이것을 원칙적으로 거부한 것이 1세기의 시카리(Sicarii) 및 다른 여러 집단에 의해 이루어졌다. 그들의 행동이 66-74년의 전쟁에 막대한 영향을 미쳤다. 그러나 우리가 본 대로 이 전쟁은 서로 다른 여러 가지 요인에 의해 일어났고 여러 집단이 참여했다. 마카비의 반란과 바 코흐바의 반란은 최소한 부분적으로라도 지배 권력의 적대적 행동에 의해 야기되었다. 예레미야조차도 이러한 전쟁은 승인했을 것이다.

문화적 문제: 유대교와 헬레니즘

성서 시대로부터 근대에 이르기까지 유대인들은 자신을 독특한 집단으로 보아왔고 다른 사람들도 그렇게 보았다. 세계는 유대인과 "이방인들"(민족들)로 구성되어 있다. 하나님은 모든 민족 가운데서 유대인들을 선택했고 그들을 특별한 백성으로 삼았다. 그들만이 하나님의 토라를 갖고 있고 하나님의 뜻을 수행한다. 하나님은 민족들로 하여금 예배하도록 해, 달, 별들을 하늘에 두었으나, 이스라엘 민족들에게는 오직 참된 하나님 한 분만을 예배하도록 허용되었다(신 4장).

유대교의 "우리"와 이교(異敎)의 "그들" 사이에는 거룩한 것과 불경한 것을 구분하는 경계가 있다. 이 경계에 대한 정확한 윤곽을 명확히 그릴 수는 없지만 모든 시대를 통틀어 유대교 사상 가운데 특징적인 주제들 중의 하나가 "우리"와 "그들" 사이의 대조, 유대인과 이방인 사이의 대조, 유대교 사상과 이방 세계(이교이든지, 기독교이든지, 이슬람이든지) 사상 사이의 대조이다.

그리스인들도 계몽된 문화를 갖고 있는 "헬라 사람들"과 이방 민족의 구성원들인 "야만인들"을 비슷하게 구분했다. 그러나 유대인과 이방인 사이의 구분은 헬라인과 야만인 사이의 구분보다 훨씬 더 엄격한 것이었다. 야만인은 그리스의 언어와 문화를 사용함으로써 헬라인이 된다. 그러나 이방인은 "개종"을 통해서만 유대인이 된다. 즉 이교의 신을 부정하고 오직 유대인들의 하나님에게만 배타적으로 충성할 것을 인정함으로써 유대인이 된다.

유대인이 되고자 하는 이교도는 자신의 이교에 유대교를 추가하거나 자신의 이교적 습관에 유대교적 용어를 적용하는 것이 아니다. 이교 신앙과 관습을 유대교의 신앙과 관습으로 대체하는 것이다. 다신교는 타종교를 용인하지만, 유일신교는 그렇지 않다. 그러나 그토록 자랑스럽게 여기는 "비관용"에도 불구하고 유대교는 고대의 문화 생활과 사회 생활에 적극적으로 참여한다.

"헬레니즘," "헬레니즘화," "헬레니즘적 유대교"

현대 학자들은 "헬레니즘"이라는 용어를 두 가지 다른 방식으로 사용한다. 한 가지 용법에서는 "헬레니즘"이 알렉산더 대왕과 그의 계승자들이 동방의 백성들에게 가져다 준 문화, 사회, 생활 방식을 의미한다. 이 문화는 그 언어가 그리스어이고, 그 사상이 그리스적이며, 그 신들이 그리스 신이며, 그 사회의 지도층이 그리스인(그리고 마케도니아인)이고, 그 사회 조직의 독특한 형태(polis)가 그리스적이기 때문에 "헬레니즘적"(Hellenistic, 명사 "Hellenism"에서 나온 형용사)이다.

헬레니즘은 정복자들이 들여온 생활 방식이며 유대인들과 동방의 다른 모든 주민들에게 커다란 도전이었다. 이러한 의미를 가진 "헬레니즘"이라는 개념에서 그리스 신들에 대한 예배와 그리스 방식의 관습은 이스라엘의 하나님에 대한 예배와 유대인 방식의 관습이라는 의미의 "유대교"에 대한 반대 개념이다. 이러한 개념과 용법에는 안티오쿠스의 박해와 마카비의 반란에 대한 이야기가 스며들어 있다. 실제로, 마카비 하의 두 구절에서 "유대교"(2:21)와 그 반대 개념인 "헬레니즘"(4:13)을 사용되고 있다.

"헬레니즘"에 대한 이러한 개념은 또 "팔레스틴 유대교"에 대한 "헬레니즘적 유대교"라는 개념이 생성되게 했다. 이러한 견해에 따르면 "헬레니즘계 유대인들"은 해외에 거주하며, 그리스어로 말하고, 그리스어로 글을 쓰며, "헬레니즘적" 세계에서 수입한 사상 및 관습과 자신들의 종교를 혼합시킨 유대인들이다. 이와 대조적으로 팔레스틴 유대인들은 모국에 살며, 히브리어와 아람어로 말하고, 이러한 언어로 글을 쓰며, 자신들의 종교를 엄격하게 준수하고 그것이 외국의 종교에 오염되지 않도록 지키기 위해 싸웠다. 이러한 개념은 다소(Tarsus)의 바울이라는 인물과 관련하여 생각해 볼 수 있다. 바울은 팔레스틴의 "정통"적이고 율법주의적인 유대인과 대조적으로 해외의 도시 성향을 가졌고 세계시민적 성향을 가진 유대인을 대표하는 것 같다. 그리고 이러한 개념은 초대 교회에 "히브리인들"과 "헬레니즘화된 사람들" 사이의 긴장에 대해 말하는 사도행전 6:1과 같은 구절에도 시사되어 있다.

많은 학자들이 이러한 개념이 "헬레니즘"이나 "헬레니즘계 유대교"의 복잡한 내용을 모두 제대로 다루는 것은 아니라고 주장해 왔다. 알렉산더 대왕이 무엇을 성취하려 했든지, 그가 마케도니아에서 가져온 순수한 "헬레니즘"이 무엇이든지, 그가 죽은 직후 동방의 모든 문화는 소위 헬레니즘이라는 것에 기여하기 시작했다. 헬레니즘 문화는 고전적 아테네인들이 이룬 문화의 아류에 불과한 것이 아니었다. 그 기질(基質)은 그리스적이며, 표현하는 언어는 그리스어이지만, 헬레니즘 문화는 그것이 접하게 된 모든 문화로부터 사상과 관습을 흡수하여 다양한 형태를 띠고 있다. 토착민들은 헬레니즘화되었고 그리스인들은 "동양화"되었다.

복속민들에 대한 통치를 강화하기 위해 프톨레미 왕가가 고대 바로의 제왕 이데올로기를 채택했을 때에도 이집트 변방의 농부들은 자신들의 전통적인 희망과 기도를 그리스어로 표현했다. 이러한 새로운 폴리스들(poleis) 중에는 고도의 문화와 헬레니즘을 지키는 보루들도 있었으나 저자 거리의 사람들이나 농장의 농부들에게 다가간 헬레니즘은 어느 정도 전통적인 요소와 새로운 요소들이 섞인 혼합물이었다. 조상들의 신들에게 그리스 이름이 부여되었고, 전통적인 사상은 그리스의 옷을 입는 식이었다. 동방의 문화도 너무 강력하고 매력적이어서 그 추종자들이 그것을 버릴 수 없었다. 그리스인들은 지역 여인들과 결혼하고 지역 신들을 숭배함으로써 종종 그리스적인 것을 잃는 경우가 많았다. 알렉산더 대왕부터 기원전 혹은 기원후 1세기까지 이르는 세계의 문화에 대해 묘사하는 수식어로 사용될 때, 헬레니즘은 "그리스 문화"가 아니라 다양한 문화의 융합을 의미하는 것이어야 한다. 이러한 개념 속에서 "유대교"와 "헬레니즘"은 반대 개념이 아니다. 정의상 유대교는 헬레니즘의 한 부분이며 헬레니즘은 유대교의 한 부분이기 때문이다.

이러한 접근 방법은 고대 유대인들의 수사학을 극복하려 한다. 고대에 다양한 유대인들이 유대교와 헬레니즘을 서로 반대되는 것으로 간주했다 하더라도, 이러한 실체들이 서로 반대되는 것이었다는 것을 의미하기는 어렵다.

몇몇 교부들은 교회가 이교에 대해 승리를 거둔 이후에도, 헬레니즘에 대해 비슷한 적대감을 표현했다. 제롬은 환상 속에서 그가 키케로(Cicero)에 대해 너무 많은 시간을 허비하고 성서에 대해서는 충분히 시간을 들이지 않고 있다는 경고를 받았다.[3] 이러한 진술들은 기독교가 진리의 독점적 근원이며 고전 문화는 필요하지 않다는 주장을 진척시킨다. 그러나 이러한 텍스트들로부터 제롬 및 비슷한 뜻을 표명한 다른 교부들이 고전 문화를 기독교에 반대되는 것으로 보았다는 추론을 한다면 큰 오류를 범하는 것이다. 이와 유사하게 우리는 마카비 및 랍비들의 이데올로기와 수사학에서 유대교가 헬레니즘에 대해 갖는 진정한 관계를 추론해낼 수 없다. 매우 특이한 유대인인 바울에게서도 일반화시킬 수 없다.

"헬레니즘"에 대해 이러한 개념을 갖게 될 때 우리는 "헬레니즘계 유대교"에 대해서도 다시 정의하게 된다. 해외 유대교이든지 이스라엘 본토 유대교이든지 헬레니즘 시대의 모든 유대교가 헬레니즘화되었다, 즉 고대 세계 문화의 종합적인 부분들이 되었다. 어떤 유대교는 다른 유대교보다 더 헬레니즘화되었다. 그러나 어느 하나도 홀로 존재하는 것은 없다. 팔레스틴 본토가 "순수한" 형태의 유대교를 보존하고 해외 유대교가 유대교를 혼합시키거나 희석시킨 본거지였다고 생각하는 것은 오류이다. "헬레니즘계 유대교"라는 용어는 단지 알렉산더 대왕부터 마카비 시대까지 혹은 기원전 1세기 로마 정복 시대까지의 기간에 대한 시대적 지표로서만 의미가 있다. 그것이 어떤 유형의 유대교를 묘사하는 전문 용어로 사용된다면 의미가 없다. 헬레니즘 시대의 모든 유대교가 "헬레니즘화"되었기 때문이다.

첫째 접근 방식보다 둘째 접근 방식이 훨씬 더 설득력이 있기 때문에 나는 이 책의 나머지 부분에서 "헬레니즘계 유대교"라는 용어를 사용하지 않을 것이다. 필요하다면 해외 유대교와 팔레스틴 유대교를 구분하고 그리스어를 사용하는 유대인들의 유대교와 히브리어 및 아람어를 사용하는 유대인들의 유대교를 구분할 것이다. "헬레니즘계 유대교"란 용어는 너무 모호하여 별 도움이 되지 않는다.

유대교와 헬레니즘 문화

고대의 모든 유대인들이 접했던 기본적인 문제는 헬레니즘 문화와 현실적으로 어떠한 관계를 맺는가 하는 문제였다. 풍성한 헬레니즘 문화에 참여하면서 동시에 유대교의 정체성(identity)을 어떻게 보존할 것인가? 보편성과 특수성이라는 서로 대응하는 주장 사이에서, 좀 더 넓은 세계에 참여하려는 욕구와 구분되어 달라지려고 하는 욕구 사이에 어떻게 균형을 유지할 것인가? 풍요롭게 하고 결실을 맺게 하는 합법적인 이방 요소들을 위협하고 파괴하는 불법적 이방 요소들로부터 구분짓는 선은 어디에 있는가? 이것은 모국에 있는 유대인들뿐만 아니라 특히 해외에 있는 유대인들에게도 영원한 딜레마였다.

이 문제는 새로운 것이 아니었다. 유배 이전 시대에도 이스라엘 사람들은 그들이 들어가 사는 문화의 풍요로운 부분들을 어느 정도 수용할 것인가 하는 문제를 결정해야 했다. 솔로몬은 페니키아 건축자들의 지원을 받아, 또 시리아 성전에 전형적인 설계에 따라 하나님의 성전을 건립했다. 시편 기자들은 바알 신에 대한 가나안의 찬양시, 아톤 신에 대한 이집트 찬양시를 모방하여 시를 지었다. 잠언의 저자는 아멘엠오페(Amenemope)의 지혜에 의존하고 있다. 그러나 이스라엘 사람들이 하나님과 바알을 나란히 예배하고 가나안의 관습을 자신들의 종교 속에 들여오기 시작할 때 예언자들이 소리를 높여 반대했다.

이러한 문제들을 더욱 복잡하게 만드는 것은 정치적 배경이다. 정치적 자율성이 없기 때문에 집단의 정체성을 지킬 뚜렷한 경계선을 세우는 일이 더욱 필요하게 되었다. 유배 이전 시대에 유다 왕 아하스는 성전의 제단을 그가 다메섹에서 본 것과 똑같은 방식으로 건조된 제단으로 대체했고(왕하 16:10-18), 이로써 앗시리아의 군주에 대한 가신으로서의 충절을 나타냈다. 정치적으로 복속되면서 정복자의 방식에 순응해야 한다는 엄청난 압력이 생겨났다. 정복자가 실제로 "박해"를 하지 않아도 그러했다.

제2성전 시대에 유대교인들이 헬레니즘 세계 속에 통합된 것은 물질 문화, 언어, 철학 및 생활 방식의 세 가지 영역에서 두드러지게 증거된다. 이것들을 따로따로 살펴 보겠다.

물질 문화

도기, 복장, 미술, 건축, 그리고 유대인의 삶의 실체를 구성하는 수많은 사항들이 모두 표준화된 헬레니즘적 유형이거나 그 변형이었다. 이것이 그리스-로마 시대 해외 유대인들에게 그대로 적용된다는 것은 놀랄 일이 아니다. 그러나 팔레스틴에서도 상황은 마찬가지였다. 성읍들이 그리스의 양식을 따라 건립되었다. 장로들은 더 이상 유배 이전 시대처럼 성문 앞에 앉지 않고 성읍의 아고라

(agora) 혹은 중앙 광장에 앉아 있었다. 이것은 히브리 성서에는 알려지지 않은 건축 양식이다. 예루살렘 성전 재건을 포함하여 헤롯 대왕의 건축 사업들은 모두 근동의 헬레니즘 양식을 따라 시행되었다. 그리고 이러한 사실에 대해 한 정신나간 통치자의 기이한 성격에서 비롯된 것이라고 보아서는 안된다. 요세푸스는 갈릴리의 한 성읍이 두로, 시돈, 베리투스(베이루트)의 성읍들과 매우 유사하다고 지적한다. 마카비 시대부터 헤롯 가문의 왕들, 또 기원후 66-70년 혁명에 이르기까지의 시대에 유대인들에 의해 발행된 화폐는 모두 동방의 헬레니즘 세계에 널리 유포된 두로의 표준 화폐에 따라 주조되었다.

언어

헬레니즘화의 본질은 물론 그리스 언어이다. 해외 유대인 사회에서는 그리스 언어가 완전한 승리를 거두었다. 히브리어는 실제로 이집트의 유대 민족에게 알려지지 않았다. 알렉산드리아 유대인 공동체 출신 가운데 가장 많이 배우고 박식한 유대인이었던 필로도 히브리어에 능숙하지 못했다. 그가 아는 히브리어라곤 특별한 단어와 토라의 몇몇 구절 이상을 넘지 못했다. 다른 해외 유대교 공동체에서도 상황은 같았다. 이집트에서, 로마, 소아시아에 이르는 해외 유대 민족들이 남긴 비문 가운데 거의 모든 것이 그리스어로 씌어졌다. 로마에서는 라틴어로 된 것이 몇 개 있고, 몇 개의 비문에는 히브리어로 샬롬이란 말이 추가되었다. 그러나 여기에서도 이러한 지역들의 유대인들이 셈족 언어를 사용하거나 알고 있었다고 생각할 만한 지표를 남겨주지 않았다.

해외 유대 민족이 행한 가장 오래된 문헌 작업은 토라를 그리스어로 번역한 것이다. 이것이 칠십인역(*Septuagint*, 기원전 3세기)이란 이름으로 알려져 있다. 기원전 2세기에 이르러서 이집트의 유대인들은 학문적인 글, 철학적 논문, 시를 쓸 때 이 그리스어 번역에 근거하여 쓰고 있었다. 우리가 아는 한 그리스어는 해외 유대 민족의 문필 작업에 있어서 독점적으로 사용된 언어였다.

이스라엘 본토에서는 상황이 훨씬 더 복잡하다. 그리스어가 히브리어나 아람어와 경쟁해야 했기 때문이다. 그러나 여기서도 많은 유대인들이 말을 하거나 글을 쓰는 데 그리스어를 사용했다.

마카비 왕가는 마카비 상을 히브리어에서 그리스어로 번역하도록 했다(지금 남아 있는 것은 이 번역본이다. 히브리어 원문은 완전히 사라졌다). 예루살렘 출신의 한 유대인이 에스더서를 그리스어로 번역했다. 기원전 200년경 팔레스틴의 한 현자에 의해 히브리어로 기록된, 벤 시라의 지혜서는 저자의 손자에 의해 그리스어로 번역되었다. 그 이전은 아니지만, 기원후 1세기에 이르러서는 요세푸스나 문필가로서 그의 주된 맞수인 티베리아스의 유스투스(Justus of Tiberias)와 같은 팔레스틴 저자들은 아예 처음부터 그리스어로 글을 썼다. 쿰란에서 발견된 것으로 기원전 1세기의 첫 4반세기에 기록된, 유대 사막에서 발견된 개인적인 가족 문서고("바바타" Babata)의 상당 부분은 그리스어로 기록된 문헌이었다. 바 코흐바는 자신의 몇몇 편지를 그리스어로 썼다. 기원후 3, 4세기에 사용된 것으로 벤 세아림(Beth Shearim)에 있는 묘지의 묘비는 대부분 그리스어로 기록되었다. 물론 동시대의 회당에 있는 비문들은 대부분 히브리어와 아람어로 기록되었다.

랍비 세계에서도 그리스어는 막대한 충격을 가져다 주었다. 이것은 랍비들이 수많은 그리스(그리고 라틴) 어휘를 사용하고 랍비 시대에 가이사랴 회당에서 쉐마가 그리스어로 낭송되었다는 사실뿐만 아니라 랍비 시대 유대인들에게는 히브리어 본문에 70인역보다 더 충실한 그리스어 번역 성서가 필요했다는 사실에서도 잘 드러난다. 기독교와 랍비 전설에 의하면, 아킬라(Aquila)라는 사람이 유대교로 개종하여 랍비들의 지원 아래 성서를 그리스어로 번역했다.

그의 목표는 문자 그대로 충실하게 직역하려는 것이었다. 이 전설이 믿을 만한 것인지 잘 알 수 없지만, 중요한 것은 아킬라가 번역했다는 것이 새롭게 나타나는 표준화된 히브리어 텍스트의 경향에 따라 70인역을 수정했다는 점이다. 쿰란의 단편들은 이러한 방향에서 수정하는 일이 기원후 1세기에 있었다는 것을 보여준다. 이것은 성서를 그리스어로 번역할 필요성을 가진 일단의 유대인들이 팔레스틴에 존재했었다는 것을 드러낸다. 그러나 이 번역은 해외 유대 민족들이 번역했던 것보다 더 히브리어 원문에 가까운 번역이었다.

그러면 그리스어는 제2성전 시대나 랍비 시대나 모두 팔레스틴에 막대한 영향을 미쳤다. 그러나 우리가 아는 한 문서로 표현하는 일에는 히브리어가 여전히 일차적으로 쓰인 언어였다. 쿰란의 두루마리들은 마카비 시대부터 기원후 70년 성전이 파괴될 때까지의 기간에 팔레스틴에서 씌어진 대부분의 작품이 본래 히브리어로 기록되었다는 것을 보여준다. 똑같은 유형이 랍비 시대에도 지속되었다. 미쉬나와 이를 보완하는 책들은 모두 히브리어로 씌어졌다. 히브리어가 제2성전 시대와 랍비 시대 팔레스틴에서 구어(口語)로서 어느 정도까지 사용되었는지는 논란을 벌일 문제이다. 많은 사람들이 아람어를 사용했던 것으로 보인다.

아람인들이 영향을 미친 결과로 유배 이전 시대에도(왕하 18:26) 유대의 정치적 엘리트들은 아람어를 잘 알고 있었다. 기원전 4세기 혹은 3세기에 이르러서는 아람어가 유대인들의 문필 언어가 되었고 (단 2-7장, 토빗, 『에녹』) 중세까지 그러했을 것이다. 기원전 1세기에 이르러서는 이것이 성서를 번역하거나 풀어쓰는 데 사용되었다. 랍비 시대에는 기원후 3세기부터 계속해서 팔레스틴과 바빌로니아에서 아람어가 학자들이나 무식한 사람들이나 공히 쓰는 언어였으며, 성서 번역이나 법률적 논의, 회당의 설교와 기도, 통속적인 이야기나 마술적 주문에까지 널리 쓰이게 되었다.

히브리어와 아람어가 존속하고 널리 쓰인 것은 때때로 팔레스틴 유대인들이 기원후 70년 이전이나 이후나 모두 헬레니즘의 유혹에 저항했다는 증거로 사용된다. 이렇게 일반화시키는 데도 일리는 있다. 그러나 우리는 단순화도 피하고 과장도 피해야 한다. 언어는 물론 인간 정체성의 핵심적인 요소이다. 그러나 어떤 유대인들 사이에서는 계속해서 셈족 언어가 사용되었다는 사실로 그들이 주변 세계의 문화로부터 자신을 격리시키려 했다는 것을 증명하기는 어렵다. 유대인들은 조상들의 언어를 보존한 근동의 유일한 백성이 아니다. 랍비들의 창조적 활동이 고조에 달한 시대는 또한 아람어, 콥트어, 시리아어 문학이 탄생된 시기이기도 하다. 이 모든 문학이 그리스 사상에 흠뻑 젖어 있었다. 그러므로, 그리스어는 헬레니즘화에 대한 필요조건도 충분조건도 아니다.

철학과 생활 방식

고대의 유대인들은 누구나 어느 정도 "헬레니즘화" 되어 있었다. 모두 좀더 큰 세계의 물질 문화를 공유했고 그리스어에 익숙해 있었다. 그러나 보통 "헬레니즘화"라는 용어에는 단지, 냄비, 언어의 변화 이상의 것들이 포함되어 있다. 거기에는 사유 방식과 생활 방식이 포함되어 있다. 고대 유대인들이 주변 세계의 사상과 관습을 어느 정도까지 채택하고 거기에 적응했는가? 자신들의 전통이 가진 진리를 동시대의 문화의 진리와 어떻게 조화시켰는가?

이스라엘과 해외에 있는 유대인들 가운데는 자신과 이방인 사이의 구분을 완전히 제거하려고 했던 사람들도 있었다. 이러한 유대인들은 대개 "배교자"(반역자)라고 불리운다. 그들의 주장은 다양했다. 어떤 사람들은 세속 생활에서 크게 성공하려는 마음에서 유대교가 자신에게 방해가 된다고 느꼈다. 이러한 유형의 가장 두드러진 예가 티베리우스 율리우스 알렉산더(Tiberius Julius Alexander)이다. 그는 필로의 조카로서 정부에 들어가 활동하기 위해 유대교를 저버렸다. 그는 찬란한 성공을 거두었다. 그는 차례차례 유대의 총독, 알렉산드리아의 장관, 예루살렘을 포위한 티투스의 참모장이 되었다. 어떤 배교자들은 헬레니즘 문화에 흠뻑 젖으려는 욕심이 동기가 되어 유대교를 저버렸다. 그들의 눈에 특별히 부담스러운 것은 유대인과 이방인 사이의 사회적 교류와 성적 교류를 금하는 율법이었다. 그들은 "소속되고" 싶었다. 다른 사람들로 그리스 철학의 진리는 수용할 수 있어도 유대교는 수용하지 못하는 "뿌리뽑힌 지식인들"이 있었다. 그들은 다신론 세계에서 유일신론을 믿을 수 없었다. 철학을 숭상하는 사회에서 그들은 계시를 수용할 수 없었고, 보편 문화 속에서 더 이상 독특한 존재로 남아 있을 수 없었다. 이러한 세 부류의 배교는 상호 배타적인 것이 아니다. 때로는 어떤 경우에 어떤 동기가 주된 요인으로 작용했는지 정확하게 판명하기가 힘들기도 하다. 때로는 "배교"란 말이 적절한 것인지 판단하기 어려울 때도 있다.

안티오쿠스 에피파네스가 통치할 때 현대 학계에서 "극단적 헬레니즘화 주장자들"이라고 알려진 일단의 유대인들이 유대교의 독특한 특징들을 제거하고 유대교를 세속 및 헬레니즘 세계의 여러 가지 다신론과 구분할 수 없게 만들려고 했다. 이들의 강령은 "그들을 멀리하고 있는 동안 재난을 많이 당했으니, 주위의 이방인들과 맹약을 맺자"(마카비 상 1:11)는 것이었다. 그들이 사회적, 경제적, 정치적, 종교적 열망이라는 동기를 가졌는지는 판단하기 어렵다. 그러나 이러한 사건에 대해 마카비의 해석을 고집하는 사람들은 이러한 유대인들이 죄인이며 반역자라고 확신했다. 그러나 제사장, 대제사장, 귀족 계층을 포함하여 이러한 유대인들은 유대교를 파괴하려는 것이 아니라 개혁하려고 했었다.

2세기 후에 알렉산드리아에서 필로는 일단의 "극단적 알레고리주의자들"에 대해 묘사했다. 그들은 할례와 음식 규정에 관한 율법을 포함하여 토라의 율법들을 문자 그대로가 아니라 알레고리적인 것으로 지켜야 한다고 주장했다(이러한 해석은 초기 기독교 일각에서도 나타난다). 이러한 유대인들은 자신들이 일반적으로 인정된 방식으로 준수하지는 않으면서도 토라를 충실하게 준수하고 있다고 믿었으나, 필로는 이들을 비난했다. "극단적 헬레니즘화 주장자들"과 마찬가지로 이들도 유대교의 독특한 특징들을 제거하려 하고 있었다.

고대 유대교에서 배교자들의 숫자는 유대계 기독교인과 기독교화된 유대인들을 제외하면, 그렇게 큰 것이 아니었다. 랍비 시대에도 해외와 이스라엘에 모두 유대인과 이방인 사이의 구분을 제거할 자세가 되어 있는 유대인들은 항상 있었다.

보편주의적 성향은 유대교 안에 항존하고 있었다. 유배 이전 시대에도 특히 지적인 세계에 있어서는 그러했다. 성서의 "지혜 문학"(잠언, 욥기, 전도서)은 이스라엘의 제의, 역사, 신학의 독특한 요소들을 완전히 무시하고, 고대 동방, 특히 이집트의 지혜 문학을 마음대로 끌어들이고, 모든 사람들에게 공통적으로 적용할 수 있는 도덕과 윤리를 강조한다. 이러한 유형의 사상이 필로와 독특한 유대교 관습을 거의 모두 삭제한 랍비 시대의 『선현들의 가르침』 (*Chapters of the Fathers*)의 저자를 포함하여 후대의 유대교 작가들에게 막대한 영향을 미쳤다. 고대 유대교의 다른 보편주의적 성향은 다음에 논할 것이다. 그러나 이러한 배교자들의 보편주의는 지혜 문학 계통이나 다른 유대교 철학자들의 보편주의와 달랐다. 배교자들은 자신들의 보편주의를 구체적으로 실현하고 유대교의 정체성을 저버렸기 때문이다. 거의 대부분의 유대인들에게 있어서 헬레니즘 세계의 도전에 대해 이렇게 반응하는 것은 수용할 수 없는 일이었다.

대부분의 유대인들에게 있어서 이상적인 해결은 유대교와 헬레니즘 사이의 종합을 이루어내는 일이었다. 랍비들은 이러한 것을 창세기 9:27에서 영감을 받아 적절하게 표현했다: "하나님이 야벳(그리스인들)의 아름다움을 크게 일으키셔서 셈(유대인들)의 장막에서 살게 하시리라."[4] 위에서 논한 대로 헬레니즘이 복합적이고 정의하기 어려운 것이기 때문에 유대인들이 헬레니즘 문화의 영향을 받았다거나 그들이 헬레니즘으로부터 이러저러한 것들을 "빌려왔다"고 말하는 것이 반드시 그들이 의식적으로 목적을 갖고 그러한 것들을 외부로부터 들여왔다는 것을 의미하지는 않는다. 어떤 유대인들, 특히 해외 유대인들에게 있어서는 유대교를 당시의 문화에 적응시키는 것이 의식적인 과정이었다. 그러나 어떤 유대인들에게 있어서는 그렇지 않았다. 때로는 유대교 및 다른 형태의 헬레니즘 문화에 공통적으로 나타나는 현상을 하나가 다른 하나에 "영향"을 미친 것으로 보아야 하는지, 나란히 발전한 것으로 보아야 하는지 결정하기 어려울 때가 있다.

유대인들은 헬레니즘 문화에 한몫 끼는 존재로서 서로 주고 받았다. 유대인들이 준 것에 대해서는 다음 단락에서 논하겠으며,. 여기서는 유대인들이 받은 것에 대해 논할 것이다. 또 헬레니즘 문화의 다른 곳에서 이루어진 발전과 나란히 유대교 안에서 이루어진 발전에 대해서도 논할 것이다.

고전적 그리스 종교와 철학이 폴리스(*polis*)라는 집단에 대해 관심을 둔 반면 헬레니즘 시대의 종교와 철학은 개인에 대한 관심을 공유했다는 데 많은 학자들이 주목해왔다. 똑같은 발전을 헬레니즘 시대의 유대교에서도 볼 수 있다(제3장을 보라). 이 세상과 저 세상에서의 개인의 운명에 대한 관심, 개인이 수행해야 할 체계적인 의무 사항(기도, 토라 연구, 계명 준수 등)의 제정, 개인이 두드러지게 나타나는 새로운 사회 구조의 창조(학교, 회당, 종파 등), 이 모든 발전이 유대교의 새로운 정신에 대해 증언한다. 이것은 헬레니즘 문화와 밀접한 관련을 맺으며 나란히 나타난, 그리고 아마 헬레니즘 문화에서 나온 것으로 보이는 유대교의 새로운 정신이다.

헬레니즘 시대 유대교 문학 중 많은 것이 그리스 문학 양식과 그리스 취향의 정경들을 따랐다(제6장을 보라). 이러한 사실은 해외에서 그리스어로 씌어진 책에서는 특별히 놀랄 일이 아니다. 그러나 이스라엘 본토에서 히브리어나 아람어로 씌어진 많은 책에서도 똑같은 경향을 볼 수 있다.

본래 히브리어로 씌어진 『유딧』은 그리스의 전형적인 단편적 이야기 혹은 모험담으로 여주인공이 곤경에 처하다 구사일생으로 빠져나가고 해피 엔딩으로 끝난다. 창세기의 이야기들을 아람어로 개작한 『외경 창세기』(Genesis Apocryphon)는 그 설화를 치장하기 위해 헬레니즘의 문학적 기교(경고하는 꿈, 주인공의 정서적 요소 [pathos])를 사용한다. 예루살렘에서 활동한 마카비 계열의 어떤 사람은 성서를 풀어쓰면서 그리스어로 서사시를 지었다.[5] 쿰란 두루마리에 처음으로 등장하고 나중에 랍비 문화에서 중요한 역할을 한 주해 양식도 헬레니즘에 그 기원을 두고 있다. 이러한 작품들은 모두 유대교 전통에 매우 충실한 것들이지만 다 그리스의 문학적 취향에 따라 표현되었다. 야벳의 아름다움이 실제로 셈의 장막에 거하였다.

이제 문학의 양식에서 내용에게로 관심을 돌리겠다. 헬레니즘 시대의 어느 영역도 철학만큼 유대인들에게 영향을 미치지는 못했다. 히브리 성서의 하나님은 플라톤이나 아리스토텔레스의 지고신(至高神)과 매우 달랐다. 전자는 화도 내고, 기뻐하기도 하는 등 여러 가지 감정을 가졌고 또 세계를 창조하고 인간사를 계속 다스리는 신인동형론적 존재이다. 그러나 철학자들의 하나님은 훨씬 덜 인간적이고 훨씬 더 추상적인 존재로, 감정을 표현하지 않고 인류의 일상사에 대한 관심으로부터 멀리 떨어져 있다(제3장을 보라). 많은 유대인들이 이러한 두 가지 개념을 결합시키려고, 보다 적절히 말하면 성서의 하나님을 철학자의, 특히 플라톤의 사상에 비추어 재해석하려고 노력했다. 필로는 토라에 대한 수많은 논문에서 유대교의 하나님이 플라톤의 하나님과 매우 비슷하며, 창세기의 이야기가 단순히 즐기는 산만한 이야기가 아니라 심오한 철학적 진리를 숨기고 있다는 점을 드러내려 했다. 성서에 대한 이러한 접근 방법은 오리겐, 암브로우스, 그리고 다른 교부들이 더 발전시켰다. 그러나 그 최초의 주창자는 필로이며 그 기원은 기원전 3세기 알렉산드리아의 유대 민족에게까지 소급할 수 있다.

유대교에 대한 "철학"의 충격은 필로의 주석적 논문보다 훨씬 더 심오했다. 운명, 자유 의지, 불멸성, 신의 섭리에 대한 유대인들의 생각 가운데 많은 부분이 그리스 철학의 용어에 의해 영향을 받고 최소한 그러한 용어로 표현되었다. 요세푸스처럼 철학적 성격을 띠지 않는 사람들도 유대교를 "철학"으로, 교양있는 이교도들이 인식하고 경탄할 만한 관습 및 사상 체계로 제시한다. 이러한 저자들은 그리스의 입법자들과 사상가들에 의해 추천된 이상적인 생활 방식이 단지 한 민족 유대인들에 의해서만 실천되었다고 암시적으로 혹은 명시적으로 주장하면서, 유대교 가운데 우리가 "윤리"와 "도덕"이라고 부르는 측면을 강조한다.

헬레니즘 세계와 교류한 것은 단지 사상의 영역에만 제한되지 않았다. 해외뿐만 아니라 이스라엘 본토에서도 도시를 건설하고 새로운 도시 엘리트 계층을 창조하면서 유대인 생활은 공적인 영역에서 근본적으로 바뀌었다. 유다 마카비는 그리스 정치 이론의 한 부분을 채택하면서 에피파네스와의 싸움에서 거둔 위대한 승리를 기념하여 매년 하누카를 기념해야 한다고 백성들로 하여금 선포하게 했다. 한 세대 후에 시몬 마카비는 백성들로 하여금 환호하며 자신을 대제사장으로 선포하게 했다. 그리스의 정치 이론에서 절기를 선포하고, 제사장을 임명하는 등의 권한은 백성들(demos)에게 주어져 있다. 그러나 그러한 이상은 유대교에는 완전히 생소한 것이었다. 이방의 방식에 반대한다고 하는 마카비 왕가가 자신들의 목적을 위해 헬레니즘의 관습을 채택한 것이다. 로마 시대에 이르러서는 이스라엘의 최고 사법 기구가 그리스 이름으로 알려졌으며(시네드리온 *synedrion*, 혹은 히브리식으로 발음하면, 산헤드린 *sanhedrin*) 아마 그리스나 로마의 제도를 모델로 해서 만들어졌을 것이다.

개인 생활도 헬레니즘의 사회 형태에 따라 풍요해졌다. 학교, 클럽, 조직 등이 유대교 사회 생활 및 시민 생활을 포함하여 헬레니즘 세계 사회 생활 및 시민 생활의 일반적인 특색이었다(제4장을 보라). 새로운 생활 방식의 영향은 가장 기본적인 사회 생활에서도 분명하게 드러난다. 셈족의 동방 세계에 거의 보편적으로 성행하던 것으로 유배 이전 시대에 행해지던 관습에 따르면, 신랑은 "신부 비용"을 지불함으로써 장차 장인이 될 사람으로부터 신부를 사온다. 이미 기원전 3세기에 유대인들은 그리스의 관습(로마인들도 따르던 관습)을 따르기 시작했는데, 이에 의하며 신랑은 결혼하기에 앞서 장인으로부터 돈(지참금)이나 물품을 받는다. 신부 비용에서 지참금으로 변한 것은 유대인들이 헬레니즘 사회 속에 들어가게 된 일과 때를 같이 하는 다른 주요한 발전(예를 들면, 일부다처제에서 일부일처제로의 변화)과 관련되어 있었음이 분명하다.

결론

"헬레니즘화냐 비헬레니즘화냐" 하는 것은 고대 유대인들이 대답해야 할 문제가 아니었다. 그들에게는 선택의 여지가 없었다. 그들이 직면하고 있던 문제는 "어떻게?"와 "어느 정도까지?"였다. 유대인들의 당시의 새로운 환경에 직면하여 어떻게 적응해야 했나?

유대교는 자신에 대해 충실하지 못하거나 자신의 정체성을 상실하게 되기 전에 어느 정도까지 외국의 관습과 사상을 흡수할 수 있었는가? 이러한 것들은 고대 유대인들이 대답해야 할 문제들이었고, 그들은 이러한 문제들에 대해 다양한 방식으로 응답했다.

어떤 사람들은 유대교를 독특한 존재로 만든 모든 신앙 체계와 관습을 저버림으로써 "배교자"가 될 준비가 되어 있었다. 또 어떤 사람들은 이에 응하여 반헬레니즘적 자세를 취했지만, 그들의 수사학적 표현은 유대교를 위협하지 않는 한 헬레니즘식의 방식을 따를 자세가 되어 있었음을 숨길 수 없었다. 대다수의 유대인들이 중용(中庸)이 최선이라는 데는 동의하지만, 그들이 다양한 방식으로 반응했다는 것은 어떻게 하는 것이 중용을 취하는 길인지 정확하게 판단하기가 매우 까다로왔다는 것을 나타낸다.

사회적 문제: 유대인과 이방인

해외 유대인이나 이스라엘 본토 유대인이나 모두 자신이 처해 있는 환경과 편안한 관계를 유지하지 못했다. 대부분 정부를 지지하고 헬레니즘 세계의 풍요로운 문화에 참여하려 했다. 그러나 동시에 자신의 정체성을 포기하려 하지도 않았다. 그들은 "소속되기"를 원했지만 동시에 독특한 존재로 존속하기도 원했다.

정부에 대한 지지는 민족주의자들의 소망을 저버리는 것과 혼합되지 않아야 했다. 헬레니즘화는 동화(同化)와 혼동해서는 안되었다. 이러한 긴장은 또한 유대인과 이방인 사이의 사회적 관계에서도 분명히 볼 수 있다.

반-유대교와 "반-셈족주의"

독특성과 정체성을 유지하기 위해 고대 세계 대부분의 유대인들은 자신을 이웃 이방으로부터 구분하려 했다. 동방의 도시들에서 그들은 자신의 자치적인 민족 공동체를 구성했고 각각 나름의 관료, 제도, 규정을 갖고 있었다(제4장을 보라).

어떤 도시들, 특히 알렉산드리아와 로마에는 대부분 유대인들로 구성된 이웃들이 있었다(이러한 것들은 "게토"[ghettos]가 아니라 "민족으로 구성된 이웃"이었다). 에스라의 주장을 따라, 제2성전 시대 유대인들은 점점 외국인과의 결혼을 허용하지 않게 되었다. 필로조차도 미디안 여인과 드러내놓고 음행을 한 이스라엘의 한 남자를 죽인 비느하스의 열심(민 25장)을 찬양했다. 유대인들은 또 시신을 따로 매장하여 살아 있을 때나 죽은 후에나 계속 이방인과 구분되게 했다. 그들은 이교의 신이나 황제에 대한 예배가 포함된 공적인 의식에 참여하기를 거부했다. 다시 말해 그들은 실제로 고대 사회의 거의 모든 집단적 행사에 참여하지 않았다. 이교 제국들은 이러한 행동을 용인했다. 율리우스 시이저는 유대인들이 안식일에 법정에 출두하지 않아도 된다고 허락하고 군대 복무도 면제시켜 주었다.

다민족으로 구성된 헬레니즘 제국과 로마 제국에서 민족적 독특성과 조상 전례에 대한 충성은 특이한 일이 아니다. 그러나 유대인들은 자신들을 구분하는 일에 남달리 행동했다. 특히 유대인들이 황제 예배를 포함하여 모든 종교 행사에도 참여하기를 거부한 것은 유례가 없는 일이었다. 고대의 모든 민족 가운데 오직 유대인들만이 질투하는 하나님을 믿은 유일신론자들이었기 때문이다.

그러나 이러한 배타성과 구분 때문에 유대인들이 이방의 이웃 사람들과 달리 시민으로서 평등한 권리를 갖지 못하지는 않았다. 우리 시대 제1세기에 알렉산드리아, 이스라엘의 가이사랴, 시리아의 안디옥, 현대 터어키의 소아시아 서부의 몇몇 도시에서 심각한 소요사태가 일어났다. 이러한 사건 뒤에 숨겨진 상세한 일들은 알 수 없지만 대부분의 학자들은 이러한 지역의 유대인 공동체가 용인과 평등성을 요구함으로써 지역 주민 일부에게 반감으로 일으켰을 것이라는 데 동의한다. 이들은 도시가 계속 자신들의 자치적 공동체 조직을 인정해 줄 것을 요구하면서 또한 자신들의 시민권을 유지하려 했다(이러한 권리에는 어느 정도의 정치적 권력, 다양한 세제혜택, 그리고 높은 명망이 포함된다). 도시는 이를 거부했다. "유대인들이 알렉산드리아인이 되고 싶다면 알렉산드리아 신들을 섬기게 하라"는 것이 그 대답이었고, 그래서 전쟁이 일어났다.

알렉산드리아에서 기원후 38년에 첫 문제가 발생했다. 유대인들과 이 성읍의 이교 무리들 사이에 실질적인 전쟁이 일어났다. 회당이 모독되고, 유대인 상점과 집이 약탈되고 많은 유대인들이 살해되었다. 이러한 상황은 클라우디우스 황제가 유대인들은 자신들에게 허용된 것 이상을 추구해서는 안된다고 선포한 기원후 41년까지 잠잠해지지 않았다. 그러나 기원후 41년 이후에도 유대인과 알렉산드리아인 사이의 긴장은 계속 곪아갔고, 기원후 66년 대반란이 일어나기 전날 저녁 알렉산드리아에서가 아니라 팔레스틴과 시리아 전역의 성읍에서 새롭게 터졌다. 이러한 긴장이 알렉산드리아와 키레네에서는 기원후 115-117년 전쟁에서 그 최고조에 달했다.

자신들의 입장을 지지하기 위해 유대인의 반대자들, 특히 알렉산드리아 사람들은 반-유대인 운동을 펼쳤다. 그들의 지도자인 아피온(Apion)은 세 가지 전선에서 유대인들을 공격하는 책을 썼다. 첫째로, 그는 유대인들의 역사를 볼 때 그들이 비천한 역사를 가진 비천한 민족임이 드러난다고 주장했다. 아피온은 특히 이집트에서 탈출한 것이 실제로는 축출이었다고 한다. 이스라엘 사람들은 나병환자들이었으며, 바로는 자기 백성이나 이집트의 성소에 전염시키지 못하도록 그들을 내쫓았다는 것이다. 둘째로, 유대인들은 알렉산드리아 시민이 아니며 시민이었던 적도 없고 시민이 될 권리도 갖고 있지 않다. 셋째로, 유대인들의 종교는 종교가 아니다. 기껏해야 말도 안되는 미신들을 모아놓은 것이며 나쁘게 말하면 그리스인들을 겨냥한, 그리고 그리스의 가치를 공유하는 모든 사람들을 겨냥한 모반이다. 아피온은 말하기를, 특히 안티오쿠스 에피파네스가 예루살렘 성전에 들어갔을 때 유대인들이 매년 그리스의 젊은이를, 특별히 그 시기에 알맞게 살이 찐 젊은이를 죽여 바치는 절기를 지키며, 그의 시신을 먹으면서 모든 그리스인들을 향해 적개심에 가득찬 무서운 맹세를 한다는 사실을 발견했다고 한다("피의 중상" [blood libel]이라고 알려진 이 비난과 약간 다른 것이 나중에 로마인에 의해 그리스도인들에 대해 제기되었고, 12세기에는 기독교인에 의해 유대인에 대해서도 제기되었다).

유대인들에 대해 이토록 격렬하게 분노하는 것을 어떻게 설명할 수 있는가? 이것을 두고 "반-셈족주의"라고 설명해 버리는 것은 아무 의미가 없다. 고대에는 "반-셈족주의"가 존재하지 않았기 때문이다. 이 용어는 유대인과 독일인이 인류의 서로 다른 종(種)에 속한다고 주장함으로써 유대인들에 대한 증오에 "과학적인" 수용 근거를 마련하기 위해 독일의 한 작가가 19세기 중엽에 만든 말이다. 그러나 고대인들에게는 인종 이론과 같은 것이 없었다.

그들은 이집트인들은 피부가 검고 독일인들은 피부가 희다는 것을 보았다. 또 민족마다 도덕적 특성이 좋기도 하고 나쁘기도 해서로 다르다고(이집트인들은 미신적이고, 아랍인들은 도둑이며, 그리스인들은 말을 빨리하는 사기꾼이다 등등) 생각했으나, 그리스인이든 로마인이든 누구도 이러한 차이를 우리가 인종 이론이라고 부르는 것에 의해 설명하지는 않았다. 그들은 대신 기후, 토양, 수질이 여러 민족의 신체적 도덕적 특성에 영향을 미쳤다고 주장했다. 그러므로 고대의 반-유대인 문헌의 동기나 주장 가운데 많은 것들이 중세와 근대 세계의 "반-셈족주의"에 다시 사용되었다 하더라도, "반-셈족주의"와 같은 개념을 고대에 적용하는 것은 부적절하다.

게다가 19세기와 20세기 유럽의 강렬한 반-셈족주의를 생겨나게 만든 사회적 경제적 긴장들이 고대에는 존재하지 않았다. 고대에는 유대인들이 동화할 수 없는 이방 요소로 존재할 "민족 국가"가 없었다. 고대의 유대인들은 해외와 본토 이스라엘에서 다양한 경제 생활을 영위했다. 그들 가운데는 농부, 노동자, 예술가, 군인 등 다양한 사람들이 있었다. 그들 가운데는 고대의 백성들이 대부분 그러하듯이 매우 가난한 사람들이 많았다. 고대 문헌 가운데 그 어느 것도 유대인들이 자신들의 경제력 때문에 미움을 받았다든가 남들이 두려워했다고 말하거나 암시하지 않는다. 금전 대부는 몇 세기가 더 지나야 할 미래의 일이었고 유대인 중산층이 부상한 것은 19세기 이후의 일이다.

마지막으로, 근대 반-셈족주의의 한 가지 분명한 요인은 기독교가 반-셈족주의를 신학적으로 정당화한 일이다. 그러나 고대의 이교도들은 유대인들이 신들로부터 저주를 받았다거나 악령들과 연합해 있다고 믿을 이유가 전혀 없었다. 그들이 유대인에 대해 무신론자라고 비난한 것은 유대인들이 이교 신에 대한 예배를 거부했다는 사실에 대한 불평인 것이다. 그리스인과 로마인들은 유대교를 무시했을지는 몰라도, 유대교의 배타성을 유대인들 스스로도 마음대로 바꿀 수 없는 조상들의 가르침으로 존중했다.

기독교인들도 무신론자라는 비난을 받았다. 그리고 기독교인들은 자신들의 거부에 대해 조상들의 관습에 의존하여 변호할 수 없었기 때문에 박해를 받았다. 그러나 기독교인들은 유대인들에 대해 "그리스도를 죽인 자들"이며, 삼위일체를 부정하는 사람들이라고 비난했을 때 이것은 매우 심각한 의미를 지녔다. 그들이 볼 때 유대인들은 하나님으로부터 저주를 받아 지옥에 가게 되어 있었고 나중에 구원을 받지 못하게 되어 있었다. 이것은 이교도들이 알고 있던 유대교에는 생소한 것들이었다.

요약하면, "반-셈족주의"는 고대 세계에 존재하지 않았지만 "반-유대교"는 존재했다. "반-유대교"는 유대인들이 팔레스틴과 해외의 이웃들과 벌인 정치적 투쟁의 산물이었다. 셀류커스 제국에 항거한 마카비 왕가의 반란으로 유대교는 헬레니즘 세계라는 복잡한 정치판에 들어간 것이었다.

그 이전에는 이교 문헌에서 유대인들을 언급할 때 대부분 호의적이었다. 기원전 4세기와 3세기에 많은 이교도들이 유대인들은 인도의 브라만들처럼 "철학자들"의 민족이라고 생각했었다. 마카비 왕가가 부상한 후 문헌 전승은 모호해진다. 긍정적인 평가도, 특히 유대교가 예배에서 형상을 거부한다는 점에 대해 계속되었다. 그러나 부정적인 목소리가 훨씬 더 거세졌다. 안티오쿠스 에피파네스는 성전에 대한 자신의 공격을 정당화하기 위해 그의 "홍보 사무실"로 하여금 유대교 성전이 실제 성전이 아니며 유대교가 실제 종교가 아니라고 증명하려 했다.

셀류커스 정부가 처음으로 퍼뜨린 반-유대교적 이야기들 가운데 많은 것을 수세기 후에 아피온이 알렉산드리아 유대인들을 박해하는 것을 정당화하고, 타키투스(기원후 2세기 로마의 사가)가 기원후 70년 성전 파괴를 정당화하는 데 다시 사용했다. 에피파네스가 유대교를 박해하고, 이교 무리들이 알렉산드리아의 유대 민족을 공격하고, 티투스가 성전을 파괴한 것은 각각 지역적인 요인들에 의해 일어난 일이지 깊이 뿌리박힌 반-유대교 사상에 의해 일어난 일은 아니다. 그러나 이러한 갈등들로 인해 야기된 문서 홍보가 후대의 유대인에 대한 "반-셈족 운동적" 이미지가 형성되는 데 일조했다.

친(親)-유대교(philo-Judaism)

그러나 우리가 유대인과 이방인 사이의 모든 사회적 관계가 유대교 측의 "파당성"과 이방인 측의 반-유대교에 의해 특징지워진다고 생각한다면 크게 오류를 범하는 일일 것이다. 기원전 2세기 중엽부터 기원후 2세기 초엽까지의 기간(대략 마카비 시대부터 바 코흐바 때까지)에는 유대인들에 대한 정치적 반목이 증대되었고 문서로 표현되기도 했는데, 이 시기에 또한 유대교의 많은 의식과 사상에 대한 경탄과 존경이 일어나기도 했다.

이 시기는 반-유대교의 시대이면서 또한 친-유대교의 시기였으며, 유대교를 증오하는 시기이면서도 또한 유대교로 개종하는 시기이기도 했다. 유대인들은 자신을 독특한 존재로 구별하려고도 했지만 또한 이방의 개종자들을 받아들이고 유대교 안에 남아 있게 하려고 애썼다. 실제로 이 시기의 반-유대교적 문헌 가운데는(방금 논의한 정치적 동기 이외에) 유대교로 개종하지 못하도록 막으려는 동기에서 비롯된 것들도 있다. 유대교에 대한 반감을 드러내는 문헌은 역설적으로 유대교의 강력한 매력을 확증한다.

유대교로의 개종

히브리 성서는 국제 결혼에 대한 금령이나 이방인들이 유대교로 개종하는 것에 대해 잘 알지 못한다. 신명기 7:1-4은 이스라엘 사람들이 가나안의 일곱 민족과 결혼하는 것을 금한다. 다른 나라들은 (신 23:2-9에 수록된 민족들을 제외하면) 이러한 금령에 포함되지 않았다. 레위기는 그러한 금령에 대해, 심지어 가나안인들에 대한 금지에 대해서도 잘 알지 못한다. 기원전 458년 바빌로니아에서 귀환하자마자 에스라는 예루살렘의 제사장과 귀족들에게 이방 여인과 이혼할 것을 강요했다. 이 여인들의 혐오스러운 관습이 가나안의 관습과 닮았다고 한다(스 9:1). 그러나 대대적인 금령이 나온 것은 마카비 시대에 이르러서 일어난 일이다.

이러한 발전에 대한 설명은 비관용과 "배타주의"가 유대인의 심리 속에 돌발적으로 들어온 것이 아니라 공동체의 사회적 배경이 새롭게 바뀌었다는 것을 의미한다. 자기 땅에서 자기 왕의 통치 아래 사는 민족이었던 유배 이전 시대에 이스라엘 사람들은 이따금 있는 외국인과의 국제 결혼은 두려워할 일이 아니었다. 팔레스틴 땅에 상당수 살고 있던 가나안 사람들이 신명기에 따르면 국제 결혼을 금하는 유일한 대상이었다. 이스라엘의 정체성에 위협을 주는 존재라곤 그들뿐이었기 때문이다(물론 삿 3:5-6에 따르면, 어떻든 많은 유대인들이 가나안 사람들과 결혼했다). 이스라엘의 정체성의 일차적인 요인은 국적(*nationality*), 즉 출생(라틴어로 *natio*)이다. 많은 이스라엘 사람들이 국제 결혼을 잘못된 것으로 비난했지만(삿 14:3) 불법시한 것은 아니었으며, 국제 결혼으로 인해 태어난 자녀들을 공동체에서 추방한 적도 전혀 없었다.

유배 이전 시대에는 유대교로 "개종"하는 일이 없었다. 출생은 변할 수 없는 것이기 때문이다. 우리 시대에 미국인이 리히텐쉬타인의 시민이 될 수 없는 것과 마찬가지로 유배 이전 시대에는 암몬 사람이나 아람 사람은 이스라엘 사람이 될 수 없었다. 단순히 이스라엘 땅에 들어와 산다고 해서 시민권이 주어지지 않는다. 시민을 단지 시민의 자녀로서만 규정짓는 사회적 체계에는 외국인이 귀화하는 법적 장치가 없다.

성서의 율법은 흔히 고아와 과부, 그리고 레위인과 함께 묶어서 "외국인"(resident aliens, 히브리어로 *gerim*)에 대해 언급한다. 이들은 모두 가진 땅도 없고 힘도 없는 사람들로 늘 불법적 행동의 희생물이 될 수 있는 사람들이다(미국적 상황에서 *ger*에 대한 유비가 되는 것은 멕시코계 농장 노동자이며, 유럽의 상황에서 유비가 되는 것은 독일에서 일하는 터어키 노동자들이다). 성서는 어디에서도 *ger*가 어떻게 자신의 지위를 향상시키고 토착인들과 동등한 대우를 받게 되었는지 말하지 않는다. 조상들이 물려준 땅에 살고 있는 지파 사회에 외국인이 흡수될 수 있는 법적 제도가 없었기 때문이다. 헬레니즘 이전의 그리스 여러 성읍에 살던 외국인들도 상황은 더 나을 것이 없었다.

그러나 기원전 587년의 유배로 말미암아 옛 질서가 파괴되었다. 지파 구조는 사라졌다. 바빌론에서 유대로 돌아온 유대인들은 지파(tribe)가 아니라 씨족(clan)으로서 조직되었다. 그들의 제의는 "제사장, 레위인, 그리고 이스라엘인"으로 구분하고 있다. 이러한 구분은 오늘날까지 유대교에 그대로 존속하고 있다. 토지 소유권은 지파의 일원이 되는 것과 아무런 연관이 없었다. 물론 많은 유대인들이 귀환하지 않고 바빌로니아에 머물렀다. 몇 세기가 되지 않아 동방의 디아스포라에 이어 서방에도 광대한 디아스포라가 형성되었다. 정치적 자율성은 상실했다. 이러한 새로운 환경 속에서는 이스라엘 민족성(nationhood)이란 옛 개념은 아무 의미가 없었다. 유대인들은 자신들을 종교로서 재정의하기 시작했다. 국제 결혼은 금하면서도 개종을 허용한 것은 유배 이전 시대 이스라엘의 종교가 아니라 유대교였다.

에스라 시대에 이르러서는 분명히 변천이 이루어지고 있었으며 마카비 시대에 이르러서는 이 변천이 어느 정도 완성되었다. 에스라는 예루살렘 공동체로부터 약 130명의 외국 여인들과 그들이 유대인 남편 사이에서 낳은 자녀들을 추방하려고 했다. 마카비 시대의 몇몇 텍스트(특히 『유빌리』 30)를 보면, 국제 결혼은 중죄였다. 기원후 100년경에 활동한 로마의 한 사가는 유대인들이 외국 여인과 접촉하지 않는 데 주목했다.[6] 유대인들, 특히 해외 유대인들 가운데 많은 사람들이 국제 결혼을 했겠지만, 대부분은 그렇지 않았다. 필로가 자신이 관찰한 것을 신명기 7:3-4에 근거하여 설명하는 대로 국제 결혼은 불경건과 하나님에 대한 불충으로 이어졌다. 국제 결혼은 종교 공동체에게 큰 위협이 되었다.

그러나 이러한 시대에는 이방인들과 혼합하게 되는 제도적 장치가 마련되었다. 에스라는 아직 "개종"이라는 개념에 친숙하지 않았지만, 그의 동시대인들은 이러한 문제에 대해 논하고 있었다. 한 예언자는 "주를 섬기려고 하는 이방 사람들, 주의 이름을 사랑하여 주의 종이 되려는 이방 사람들"에게 그들이 재건된 성전에서 축출되지 않고 함께 모여 하나님의 백성이 될 것이라고 확신시킨다(사 56:6-8). 몇몇 예언자들은 마지막 때에 이방 사람들이 이스라엘 사람들의 종으로서든, 따로 예배를 드리든, 예루살렘에서 함께 참 하나님을 예배할 것이라고 예언한다. 한 예언자는 "나그네 된 자(이방인)가 야곱 족속에게 가입되어 그들(이스라엘 사람들)과 연합할 것이다"(사 14:1)라고 선포했다. 또 다른 예언자는 어떤 이방인들은 제사장이 되고 레위인이 될 것이라고까지 예언했다(사 66:21)!

마카비 시대에 종말에 대한 이러한 비전은 이 세상에서 유대인과 이방인이 취할 행동에 영향을 미치기 시작했다. 기원전 2세기에 기록된, 혹은 최소한 편집된 모험담인 『유딧』은 암몬 장군이 유대교로 개종하는 것을 묘사한다: "아키오르는 이스라엘의 하나님이 (하나님의 백성을 보호하기 위해) 행하신 모든 것들을 보았을 때, 하나님을 굳게 믿고 할례를 받고 이스라엘 민족의 한 사람이 되어 오늘에 이르렀다"(유딧 14:10). 여기에는 유대교로 개종하는 데 필수적인 모든 요소들이 들어 있다: 하나님에 대한 믿음, 할례, 이스라엘 집의 일원이 되는 것. 이제 이러한 요소들에 대해 하나씩 자세하게 논의하겠다.

· *하나님에 대한 믿음(그리고 다른 신의 부정)* 성서에서 이스라엘의 하나님의 권능에 감동된 많은 이방인들이 하나님을 축복하거나 혹은 하나님의 통치를 인정한다. 이방 민족의 장군이나 왕까

지도 주를 경외한다. 그러나 이러한 사람들이 "개종"하는 것은 아니다. 이러한 이방인들 가운데 누구도 이스라엘 민족의 일원이 된 적이 없고, 이스라엘의 하나님에게만 충실하겠다고 맹세한 사람도 없다. "개종"은 "돌아섬," 영적인 방향 전환, 과거의 부정과 미래에 대한 약속을 의미한다. 유대교로 개종하는 것은 자신이 믿던 이방신을 부정하고 이스라엘의 하나님을 유일하고 진실된 하나님으로 받아들이는 일(또한 랍비들의 말에 따르면, 토라의 진리와 구속력 있는 권위를 인정하는 일)이다. 성서의 인물 가운데(아마 왕하 5장의 나아만을 제외하고는) 어느 누구도 오직 하나님만을 믿겠다고 약속한 사람이 없다. 오히려 그들은 다신론적으로 이스라엘의 하나님을 자신들이 믿는 신의 리스트 위에 첨가할 뿐이다. 이것은 참된 개종이 아니다.

· *할례와 세례* 개종의 핵심이 되는 의식은 할례였다. 이러한 관습은 고대 동방에는 꽤 일반적인 일이었는데(렘 9:24-25) 성서에서는 단지 몇몇 군데에서만 두드러지게 다루어지고 있다: 창세기 17장(사들인 종들도 모두 할례를 받아야 한다는 규정을 포함하는 할례에 대한 제도), 창세기 34장(디나의 강간과 세겜의 대학살), 출애굽기 4:24-26(모세, 십보라, 그리고 천사의 사건), 출애굽기 12:43-49과 여호수아 5:2-11(유월절 제사의 거행). 이러한 구절들은 모두 할례를 특별히 강조하고 있다. 그러나 성서 전체로서는 할례를 일반적으로 무시하며 어디에서도 그것을 유대인의 정체성을 나타내는 필수적인 징표로 간주하지 않으며, 이스라엘 민족의 일원이 되는 필수 조건으로 간주하지도 않는다. 필수 조건이 된 것은 마카비 시대에 이르러서 생긴 일이다. 마카비 시대에 극단적인 헬레니즘화 주장자들 가운데는 유대교적 특성을 제거하려는 열망에서 자신들이 할례받은 것을 애써 감추려는 사람들도 있었다(또한 바 코흐바 전쟁이 일어났을 때도 그렇게 한 사람들이 있었다). 마카비 왕가에

있어서 할례는 유대인의 정체성에 필수적인 요소였기 때문에 그들은 성지의 여러 지역을 점령하자마자 주민들로 하여금 유대인 관습을 따르도록 강요했는데, 그 중 가장 중요한 것이 할례였다. 예루살렘에 사는 어느 주민이 기원전 114년경에 마무리한, 에스더서의 그리스 번역은 "그 나라 백성 가운데 많은 사람들이 자신을 유대인으로 선포했다"(에 8:17)라는 구절을 두고 이방인들이 "할례를 받았다"는 것을 의미하는 것으로 이해한다. 기원전 1세기 말에 이르러서는 할례가 유대인 관습에(유일한 것은 아니라 하더라도) 전형적인 것이었다고 그리스인과 로마인들에게 널리 알려졌다. 바울에게 있어서 할례는 토라의 요구에 복종하는 것을 나타냈다.

이방인들이 이스라엘 백성이 되는 것을 나타내는 다른 의식이 있었는가? 기원후 2세기에 살았던 권위있는 사람들의 이름으로 전해진 랍비들의 율법에 따르면, 개종자는 물에 잠기고(기독교 용어로 말하면 물로 세례를 받고) 성전에 제사를 드려야 한다. 이 랍비들은 기원후 70년 성전이 파괴된 이후에는 제사를 드릴 수 없게 되었는데, 그렇다고 해서 유대인이 되는 데 결함이 있는 것은 아니라고 주장한다. 개종자는 단순히 메시아가 올 미래에 성취해야 할 의무를 짊어지는 것이다. 랍비들의 율법에 따르면 제2성전 시대에 개종이라는 의식에 요구되는 사항들은 세 가지였다: 할례, 물에 잠기는 일, 제사. 이 중 첫째 것은 남자에게만 적용되었고 나머지 둘은 남녀 모두에게 적용되었다.

이러한 랍비들의 전승에 의해 제기된 주요한 문제는 제2성전 시대에 나온 텍스트 중 어느것도 물에 잠기는 일과 제사를 개종의 의식으로 생각하지 않았다는 데 있다. 신약성서의 몇몇 부분에 그토록 두드러지게 나타난 세례는 분명히 개종자들이 물에 잠기는 일과 어떤 관계가 있다. 그러나 그 관계가 실제로 어떠한 것이었는지는 학자들이 끊임없이 논의해 오고 있다. 기독교로 개종하는 이방인들이 세례를 받았다는 사실은 유대교로 개종하는 이방인들도 이미 1세기에 세례를 받아야 했다는 데 대한 강력한 주장이 된다. 기원후 약 100년경에 살던 어느 이교 작가도 유대인들이 개종자들에게 세례를 준다는 것을 알고 있었다.[7] 모든 점을 고려할 때, 세례 혹은 물에 잠기는 일이 우리 시대 1세기에 이르러서 최소한 팔레스틴의 어떤 유대교 집단에서는 개종 과정의 한 부분이 되었을 가능성이 매우 높다. 세례가 입문의식이었는지 정화의식이었는지, 혹은 이 둘이 결합된 것이었는지는 아직 불분명하다.

 1세기의 모든 유대인들이 세례/물에 잠기는 일을 개종의 의식으로 인식하지는 않았다. 또 1세기 유대인들이 모두 성전 제사를 개종 의식의 절정으로 생각했다는 증거도 없다. 세례/물에 잠기는 일이나 제사나 모두 일반적으로 인정된 개종 과정의 한 부분이 아니었다면, 여성 개종자의 경우 상태의 변화를 나타내는 데 어떤 의식이 사용되었는가? 이방인으로 태어난 여인이 유대인이 되는 통과의례가 있었는가? 분명히 없었다.

 여자에게든 남자에게든 "개종"이란 것이 존재하지 않던 유배 이전 시대에는 이방 여인이 이스라엘 남편과 결혼함으로써 공동체에 동화되었다. 솔로몬은 이방 여인들과 결혼함으로써 죄를 범했지만 그 여인들과 이혼해야 한다든가 혹은 그의 자녀들이 이스라엘 백성의 일원들이 아니었다고 생각하는 사람은 아무도 없었다. 사실, 솔로몬의 후계자인 아들 르호보암은 암몬 여인의 자손이었다. 우리 시대 1세기에 요세푸스는 여전히 같은 제도에 집착하고 있었다: 국제 결혼은 금지된 것이다. 그러나 유대인 남자가 비-유대인 여자와 결혼하면, 그 여자는 남편의 집에 속하게 되고 남편에게 합법적인 자녀를 낳는다.

 유대인과 결혼한 것이 여자에게 있어서는 사실상 개종에 해당되는 것이었다. 세례/물에 잠기는 일이 아직 실시되지 않는 공동체에서, 여자에게 있어서 결혼에 의하지 않은 개종은 분명히 여자가 유대교 관습을 준수했다는 단순한 사실을 의미했다. 여자들의 개종 의식에 대해 처음으로 언급하는 것은 2세기 및 3세기의 랍비 문헌들이다.

· **이스라엘 집의 일원이 됨** 아키오르가 유대교로 개종하는 데 있어서 셋째 요소는 그를 공동체 속에 받아들이는 일이었다. 그는 "이스라엘 민족의 한 사람이 되어 오늘에 이르렀다"(유딧 14:10). 유대교 공동체가 받아들이는 일은, 개종이 추상적인 신학적 이론이 아닌 다른 어떤 것이라면 본질적인 것이다. 그러나 고대 사회에서 이러한 수용에 영향을 준 사회적 기제들이 무엇이었는지는 불분명하다. 아마 개종자는 회당 혹은 공동체의 "일원"이 되었을 것이다. 이러한 과정에 대해 말해주는 자료가 없다 하더라도 태생 유대인이 개종자들과 개종에 대해 어떠한 태도를 가졌었는지 말해주는 자료는 있다.

· **개종자들에 대한 여러 가지 태도** 제2성전 시대에는 개종을 반대하거나 개종자들을 무시했다고 추측할 만한 증거가 없다. 쿰란의 어느 텍스트는 개종자들이 메시아가 올 미래에 예루살렘에 세워질 성전에 들어가지 못할 것이라고 주장한다(이와 비슷한 랍비들의 율법은 개종자들을 예루살렘 성읍 전역에서 몰아낸다). 헤롯 대왕의 대적자들은 그를 "반쪽-유대인"이라고 불렀다. 그가 마카비 왕가의 강압에 의해 유대교로 개종한 이두매인의 후손이기 때문이었다. 이러한 경멸에 근거해서 모든 개종자들과 그 후손들이 다 무시되었다고 주장할 수 있는가? 아니면 그것은 단지 헤롯에 반대하는 말일 뿐이라고 할 수 있는가? 아마 후자 쪽일 것이다. 이두매인들은 자신을 유대인으로 간주했고(다른 개종자들의 후손들과 함께) 로마에 항거한 대전쟁에 참여했다. 필로는 개종자들에 대해 열린 마음으로 찬양했다. 그들이 이전의 백성과 생활 방식을 버리고 새

로운 백성의 일원이 되고 새로운 방식을 따랐기 때문이다. 많은 유대인들이 개종자들을 그토록 높이 평가하여 그들은 신실한 사람들이 더 많이 늘어나도록 이방인들 사이에서 유대교를 열심히 선전했다. 이러한 현상은 아래에서 논할 것이다.

랍비들의 텍스트는 개종자들에 대한 호의적인 감정으로 가득차 있다. 개종자는 태생 유대인과 "모든 측면에 있어서" 같다고 랍비들이 말한다. 많은 설교가 "개종하신 분들은 하나님이 보시기에 아릅답습니다"와 같은 말로 시작한다. 그러나 또 개종자는 결코 태생 유대인들과 완전히 같아질 수 없다고 하는 랍비 문헌들도 있다. 피나포르(*H.M.S. Pinafore*)의 랄프 랙스트로(Ralph Rackstraw)와 같이 출생 성분이 다르기 때문이다.

이방인이 유대인의 하나님과 토라를 받아들이면서 유대교로 개종할 수는 있다. 그러나 그는 결코 "이스라엘 사람"이 될 수 없다. 한 미쉬나(*Bikkurim* 1:4)는 개종자는 기도할 때 "우리 하나님, 그리고 우리 조상의 하나님"이라고 말할 수 없다고 한다. 유대인들의 하나님이 그들 조상들의 하나님은 아니기 때문이다. 그는 대신 "우리 하나님 그리고 그들의 조상들의 하나님"이라고 기도해야 한다. 이러한 율법은 궁극적으로 폐기되었다. 그러나 이것은 개종자들에 대해 마음속 깊이 간직한 견해를 반영한다.

어떤 랍비들은 개종이라는 개념 전체에 대해 마음을 편히 갖지 못했다. 또 어떤 랍비들은 이들 가운데 상습적으로 범죄를 저지르거나 비종교적임을 드러내는 경우도 있다고 지적했다. 중세에 이르러서는 이러한 부정적인 태도가 팽배했다. 그러나 고대에는 랍비들의 견해가 균형을 잘 이루고 있었다. 긍정적인 면이 부정적인 면보다 더 많이 있었다. 완전하고 신실하게 유대교로 개종한 이방인이 랍비 사회 속에서 할 수 없는 일은 최소한의 것이었다.

"하나님을 두려워하는 사람들"

유대교로 개종하면 세 가지 결과가 뒤따랐다: 하나님에 대한 믿음과 이교 신들에 대한 부정, 할례와 물에 잠기는 일/세례, 그리고 유대인 공동체에의 연합. 많은 유대인들이 남자나 여자나 기원전 1, 2세기에 또 기원후 1, 2세기에 유대교로 개종했다. 그러나 유대교의 일부 측면은 받아들이면서도 유대교로 개종하지는 않은 이방인들은 이들보다 훨씬 더 많았다. 그들은 다신론적 입장에서 이스라엘의 하나님을 자신들의 만신전에 추가했고 이방 신들은 부정하지 않았다.

로마 제국 전역에서 유대교의 여러 가지 관습이 많은 사람들로부터 호의를 받았다. 로마에서는 많은 이방인들이 안식일, 금식일, 또 음식 규례를 지켰다. 알렉산드리아에서는 많은 이방인들이 유대인의 절기를 지켰다. 소아시아에서는 많은 이방인들이 안식일에 회당에 참여했다. 이러한 이방인들이 유대인들의 관습을 아무리 많이 지키고 어떤 형태든 유대인들의 하나님을 섬겼다 하더라도, 그들은 자신들을 유대인으로 간주하지 않았고, 다른 사람들도 그들을 유대인으로 보지 않았다. 그들이 열심히 거부한 유대인들의 한 가지 관습이 할례이다. 그들은 주를 두려워 하면서도 자신들의 정체성은 바꾸지 않은, 유배 이전 시대의 이교도들과 비슷하다.

유배 이전 시대에는 개종이 아직 선택할 수 있는 것이 아니었다. 제2성전 시대 후기에 이르러서야 선택의 대상이 되었다. 그러나 이러한 이방인들은 개종하는 편을 선택하지 않았다. 사도행전은 이러한 사람들에 대해 하나님을 "두려워하는 사람들"(*phoboumenoi*) 혹은 "예배하는 사람들"(*sebomenoi*)이라고 불렀다(행 13:16, 26; 16:14; 17:4, 17; 18:7). 현대 학자들은 이들을 "동정하는 사람들" 혹은 "반(半)-개종자들"이라고 부르지만 고대 문헌에는 이러한 용어가 없어 그런 용어는 피하는 것이 가장 좋다.

유대교와 헬레니즘을 서로 분명하게 구분되는 실체로 간주하는 사람들은 "하나님을 두려워하는 사람들"이 나타난 현상에 대해 당혹해 한다. 어떤 이들은 그런 사람들이 존재한 것에 대해 의문을 제기한다. 결국, 어떻게 이방인이 "약간 유대인적인 존재"가 될 수 있는가? 왜 그렇게 되려고 했겠는가? 이에 대한 설명은 위에서 논의한 헬레니즘의 다른 개념에서 찾을 수 있다.

많은 그리스 사람들이나 로마 사람들이 "개종"하지 않으면서, 혹은 자신들의 정체성을 상실하지 않으면서 "야만적인" 민족들의 신들(예를 들면, 이시스, 시벨레, 미드라스, 쥬피터 돌리체누스)과 관습들을 받아들였다. 이와 비슷하게 유대인들의 하나님이 다른 민족들의 신과 비슷하다고 생각하면서 그들은 유대인들의 하나님을 만신전에 첨가했다. 그들은 다른 민족들의 성일(聖日)을 지키듯 그렇게 똑같이 안식일을 지켰다. 그들은 다른 이방 신들의 성전을 찾아가듯 그렇게 자주 유대인들의 회당을 찾아갔다. 이러한 행동을 하게 된 동기는 여러 가지가 있어 다양하다. 그리고 여기서 더 살필 필요가 없다. 이것은 로마 제국을 연구하는 사가들의 영역이다.

"하나님을 두려워하는 사람들"을 유대교에 관심을 가진 이방인들로 간주하기보다는, 아마 이러한 현상 속에서 우리가 "헬레니즘적"이라고 부르는 문화적 혼합에 유대교가 기여한 것을 보아야 할 것이다. 이교 문화에도 유대교의 사상이나 관습과 비슷한 것들이 많았다(예를 들면, 많은 철학자들이 다신론과 형상 제의를 거부했다. 스토아 윤리는 랍비들의 윤리와 매우 흡사하다. 우리 시대 1, 2세기에 죽은 자들을 처리하는 가장 일반화된 방법으로서 화장 대신 매장이 행해졌다). 그러나 이러한 것들 가운데 그 어느것도 유대교의 영향으로 생긴 산물은 아니다. 그러나 "하나님을 두려워하는 사람들"을 통해 유대교는 주변에 분명하고 독특한 충격을 주었다. 안식일과 성일을 지키는 것, 회당에 출석하는 것, 그리고 하나님을 섬기는 것이 헬레니즘 문화의 부분이었다.

"하나님을 두려워하는 사람들"이라는 현상에는 다른 중요한 요소도 함축되어 있다. 고대 유대교는 눈에 보이는 것으로 외부인에게도 열려 있었다. 이방인들은 회당에 들어가 유대인이 드리는 예배를 관찰할 수 있었다. 요세푸스는 유대교에는 유대교에 관심을 가진 관찰자들로부터 숨겨진 신비나 비밀이 없다고 주장한다(*Against Apion* 2.8, §107). 이러한 주장이 완전히 옳은 것은 아니나 본질적으로는 옳다. 어떤 유대인들은 "선교" 사업에 전념하기도 했다. 바리새인들은 단 한 사람을 개종시키기 위해 땅과 바다를 돌아다녔다(Proselyte는 유대교로 개종한 사람들을 일컫는 그리스어이다; 마 23:15). 요세푸스는 기원후 1세기 중엽에 아디아빈(Adiabene) 왕국의 왕가가 유대인 순회 상인들의 후원 아래 유대인들이 되었다고 말한다. 로마시의 몇몇 작가는 유대인들이 이방인들을 자기 쪽으로 끌어들이려고 애썼다고 지적한다. 유대인들이 이방인들에 대해 조직화된 선교를 행했다는 증거는 없다. 그러나 유대인들이 개인적으로는 이러한 활동에 참여했던 것 같다.

어떤 학자들은 그리스어로 기록된 많은 유대교 문헌이 유대교를 이방인들에게 전파하려는 목적을 가졌다고 주장한다. 이러한 문헌들이 흔히 유대교를 외부인들에게 매력적인 것으로 보이게 하는 요소들을 강조하기 때문이다. 물론 유대교를 매력적인 것으로 보이게 하려는 이러한 요소들은 내부인들을 장악하기 위한 일이기도 했다. 이러한 문헌들이 이방인들을 유대교로 끌어들이기 위해 기록된 것인지 혹은 유대인들이 자신들의 우리 안에 머물러 있도록 권면하기 위해 기록된 것인지 판명하기는 불가능하다. 어떻든, 기원후 1세기에 최소한 어떤 유대인들은 개종자들과 "하나님을 두려워하는 사람들"을 끌어들이려 했다.

기원후 70년 성전이 파괴되고, 기원후 115-117년 알렉산드리아의 유대 민족이 대학살을 당하고, 기원후 132-135년 바 코흐바가 재앙을 당한 이후에도 유대교는 여전히 외부인들에게 매력적인 것이었다. 이방인들은 계속 유대인들이 가진 영적인 상품들을 열심히 사들였다. 아마 기독교가 성장하기 때문에 이교 철학자들이 처음으로 유대교를 철학적 체계로 중대하게 다루기 시작했을 것이다. 그들 중에는 자신들이 발견한 것을 좋아한 사람들도 있었다. "플라톤이 고전 그리스어를 구사하는 모세가 아니라면 무엇인가" 하는 것이 신플라톤주의의 주목할 만한 관찰이었다.[8]

유대교는 하나님과 천사들을 끌어들여 2세기부터 5세기까지 종교 혼합이 이루어지도록 하는 데 기여했다. 그러나 이교도들은 이러한 시대에 "하나님을 두려워하는" 유일한 사람들이 아니었다. 현대 학계에서 일반적으로 "유다주의자들"(Judaizers)이라고 불리우는 많은 기독교인들도 유대교 관습에 이끌렸다. 이러한 기독교인들에게 있어서 유대교는 기독교 때문에 매력적인 것이었다. 기독교를 통하여 그들은 유대교 성서를 배우고 유대인의 관습에 친숙하게 되었다. 예를 들어, 많은 기독교 집단들이 부활절이 유대교의 유월절과 같은 시기에 지켜야 하고 유대교의 유월절과 비슷한 의식을 통해 지켜야 한다고 주장했다. 그러나 어떤 기독교인들은 실제로 "하나님을 두려워하는 사람들"로 가장한 이교도들이었다. 4세기 말 안디옥에서 요한 크리소스톰은 "하나님을 두려워하는 사람들"이라는 이교도들이 제국의 다른 영역에서 3세기 전에 행한 것들을 많은 기독교인들이 행하고 있는 것을 보고 놀랐다. 그들은 회당에 참석하고 유대인 절기들을 지키고 있었다.

다양한 종류의 이러한 "하나님을 두려워하는 사람들" 이외에, 개종자들은 또 유대교의 매력적인 힘이 수그러들지 않았다는 사실을 말해주고 있다. 랍비 문헌은 팔레스틴에 있던 십여 명의 개종자들에 대해 또 바빌로니아에 있던 이보다 더 많은 수의 사람들에 대해 언급한다. 교부들과 이교 저술가들도 다른 몇 사람에 대해 언급한다.

바 코흐바 전쟁이 발발하게 된 원인 중의(혹은 그 전쟁의 결과 중의) 하나로 할례를 하지 못하도록 한 하드리안의 칙령은, 그의 뒤를 이은 황제에 의해 폐기되기는 했지만, 단지 태생 유대인에게만 해당되는 것이었다. 이제는 이방인이 할례를 받는 것은 범법 행위가 되었다. 같은 세기 말엽 로마의 황제는 개종 자체를 불법시했다. 이것은 4세기 이후의 기독교인 황제들에 의해 계속된 금령이었다. 이러한 법률적 행위는 이방인의 개종이 계속되었다는 것을 암시한다. 아마 전보다는 더 적은 이방인들이 유대교로 개종하거나 "하나님을 두려워하는 사람들"이 되었을 것이다. 그러나 유대교는 분명히 이교도들을 끌어들이는 힘을 상실하지 않았다.

기원후 70년 이후에 변한 것은 유대인들이, 혹은 최소한 랍비들이 더 이상 자신들의 영적인 상품을 이방인들에게 팔려고 하지 않았다는 점이다. 이방인들을 향한 선교의 동기는 모호하다. 그러나 그 동기가 어떠했든—메시아의 구원을 재촉한 것이든, 영혼을 구원하려는 것이었든, 정치적 지지를 축적하려는 것이었든—랍비들은 관심이 없었다. 그들은 적극적인 메시아주의자들이 아니었다. 그들이 볼 때 이방인들의 영혼은 구원받을 필요가 없었다. 우리가 말하는 종교와 윤리의 기본적인 규범을 지키는 의로운 이방인들은 모두 다음 세상에 한몫 차지할 것이기 때문이었다(모든 랍비들이 이런 에큐메니컬한 견해에 동의한 것은 아니지만, 그렇게 동의하지 않은 사람들도 이교도들을 개종시켜야 할 도덕적 의무를 느끼지 않았다).

일반적인 설명이지만 아마 랍비들은 점점 증대하는 기독교의 힘을 보고 기독교와 경쟁하지 않으려 했을 것이다. 랍비들의 세계 밖에서는 아마 어떤 유대인들이 여전히 이방인들, 특히 기독교인들이 유대교에 관심을 갖도록 활발하게 활동했을 것이다. 그러나 그러한 활동에 대한 증거는 많지 않다.

결론

제2성전 시대 및 랍비 시대를 통틀어 유대인들은 주변 환경과 편치 못한 관계를 이루었다. 그들은 이방인 국가가 정치적으로 지배하는 환경 속에 사는 법을 일찍부터 배웠고, 이러한 사실을 신학적으로 정당화하는 법을 배웠다. 그러나 그들은 항상 자신의 독립국가를 꿈꾸었다. 고대 유대인들은 몇 차례 이 꿈을 현실로 이루려고 노력했지만 단지 한 차례 어느 정도 성공을 거두었을 뿐이다. 마카비 왕가는 종교적 자유를 위한 전쟁을 정치적 독립을 위한 자유로 바꾸는 데 성공했다. 그러나 그들의 지배는 제한된 기간에 한하는 것이었고 여러 가지 요소가 혼합된 성공이었다.

문화적 영역에서 이러한 도전은 훨씬 더 분명했다. 헬레니즘 문화는 그 본질상 사상과 민족의 "용광로"였다. 그리고 어떤 유대인들은 자신들과 자신들이 들어가 사는 이방인들 사이의 차이점들을 완전히 제거하려고 했다. 그러나 대부분의 유대인들은 주된 문화의 사상, 믿음, 가치를 자기들의 것과 결합시키는 길을 모색했다. 유대교를 희석시키거나 파괴할 위험이 있는 불법적인 영향과 유대교를 풍요롭게 하고 현대화시킬 합법적인 영향을 구분하는 선을 긋기란 결코 쉬운 일이 아니었다. 이것은 계속 논의해야 할 주제이다.

사회적 영역에서 유대인들은 자신들을 따로 구분하고 외국인과의 결혼을 금지하면서도 이방인들이 유대교로 개종하는 것은 허락했다. 이러한 모호성을 반영하는 것이 이방 세계의 반응이다. 많은 이방인들이 유대교로 개종하거나 "하나님을 두려워하는 사람들"이 되었다. 그러나 다른 사람들은 유대인과 그들이 사는 공동체의 다른 구성원들 사이에 있는 정치적 긴장 때문에 반-유대교적 태도를 드러냈다.

이방인 세계가 정치적, 문화적, 사회적 영역에서 극복한 도전들은 서로 충분히 구분되는 것들이어서 각각 다른 반응을 찾아볼 수 있게 했다. 예를 들어, 어느 유대인은 정치적 영역에서는 지배 권력을 전적으로 지지하며 꽤 잘 적응했다. 그러나 문화적 혹은 사회적 영역에서는 물러서지 않았다. 예를 들어, 에스라는 페르시아 왕의 보호를 받는 특혜를 누렸으며 그 보답으로 페르시아 제국을 지지했지만 국제 결혼은 반대했다. 마카비 왕가는 이와 대조적으로 국가에 대해 반대했지만 자신들을 헬레니즘 문화로부터 구분하지는 않았다. 에피파네스를 지지한 "극단적 헬레니즘화 주장자들"은 이 모든 세 가지 영역에서 유대교를 좀 더 완전히 헬레니즘 세계에 흡수시키려 했다.

기원후 66-70년의 혁명은 독립 국가를 창건하고, 이방의 모든 오염으로부터 이스라엘 땅을 정화하고, 이스라엘을 이방인들로부터 구분하는 것을 목표로 삼았다. 그러나 대부분의 유대인들은 그렇게 일관적이지 못했다. 그들의 목표는 원칙에 집착하는 것이 아니라 유대교를 존속시키는 일이었다.

주(註)

1) 이 이야기에 대한 네 가지 이본(異本)들을 Jacob Neusner, *Development of a Legend* (Leiden: E. J. Brill, 1970)에서 쉽게 찾아 볼 수 있다.
2) Dio Cassius 66.12-15. in Stern, *Greek and Latin Authors* II, no. 440, pp. 392 393과 *Historia Augusta, Life of Hadrian* 14.2, in Stern, *Greek and Latin Authors* II, no. 511, p. 619.
3) Loeb 판 *Select Letters of St. Jerome*에 있는 Jerome, *Epistle* 22.
4) 바빌로니아 탈무드 *Megillah* 9b.
5) Shaye J. D. Cohen, "Sosates the Jewish Homer," *Harvard Theological Review* 74 (1981), 391-396.
6) Stern, *Greek and Latin Authors* II, no. 281, p. 26에 있는 Tacitus, *Histories* .5.2.
7) Stern, *Greek and Latin Authors* I, no. 254, p. 543에 있는 Epictetus.
8) Stern, *Greek and Latin Authors* II, no. 363, pp. 209-211에 있는 Numenius.

제3장
유대인의 "종교":
관습과 신앙

서론: 종교에 대한 "정의"

   고대 이교도들이 볼 때 종교의 본질은 신앙이나 교의가 아니라 행동이었다. 인간은 신들로부터 어떤 행동은 하라는 명령을 받고, 어떤 행동은 하지 말라는 금령을 받았다. 이러한 명령과 금령(특히 금령)이 종교의 본질을 구성했다. 그리스 정복자들이 자기들의 복속민들에게 혜택을 베풀 때 그들은 복속민들에게 "조상들의 율법" 혹은 "조상들의 헌법"을 지킬 수 있는 권한을 주겠다고 보장했다. 그들은 "조상들의 신앙"이나 "조상들의 믿음"에 대해 언급할 필요가 없었다. 그렇다고 해서 고대들이 신들에 대한 믿음에 대해 깊이 느끼지 못했다는 것은 아니다. 그러나 고대의 이교(異敎)는 도그마나 "신학"에 대한 윤곽을 제시하는 책을 거의 만들어 내지 못했다. 고대의 어느 명상가가 신들의 본질이나 신들이 인간사에 개입하는 일에 관한 물음에 대해 조직적인 대답을 추구했다면 "종교"를 공부하기보다는 철학을 공부했을 것이다.

많은 철학자들이 신들에 대해 근본적인 개념을 갖고 있었다. 기원전 5세기에 어떤 궤변론자들은 신들은 실제로 존재하지 않으며, 다만 대중에게 공포를 조장하여 질서를 유지하기 위해 사람들이 만들어낸 것일 뿐이라고 주장했다. 이러한 입장은 헬레니즘 시대와 로마 시대에 귀족 계층에 속하는 사람들이 널리 취했다. 그러나 그러한 견해에 집착하는 사람들은 일반적으로 자신들이 종교적 금기 사항들을 범하지 않는 한, 또 국가의 종교 의식에 참여하는 한 박해를 받거나 어려움을 당하지 않았다. 급진적인 믿음이 그들을 "이단"이나 "비종교적인 사람들"로 만들지도 않았다.

이렇게 처음부터 일반화하여 말하는 것은 기독교가 우리의 사고에 광범위한 영향을 미쳐서 우리가 "종교"를 신학과 혹은 "신앙"과 동일시하기 때문이다. 기독교에 대해서는 사실 이렇게 동일시하는 것이 옳다. 그러나 이교도뿐만 아니라 고대 유대교에 대해서도 이렇게 동일시하는 것은 옳지 않다.

유대인들이 여러 민족들의 신들을 부인하고 자기들의 하나님만은 온 우주의 참된 주님이라고 주장했다는 데에는 유대인이나 이방인이나 모두 동의한다. 그러나 유대인에게 있어서나 이방인에게 있어서나 유대교와 이교 사이의 경계선은 유대교 신학보다는 유대교의 종교 행사에 의해 더 많이 결정되었다. 요세푸스는 배교자를 "유대인들의 관습을 혐오하는" 혹은 "조상들의 관습에 따라 살지 않는" 유대인으로 정의한다. 그는 유대교로 개종하는 사람을 할례를 통하여 "유대인들의 전통적인 관습을 채택하는" 이방인으로 정의한다. 이러한 정의에는 유대교의 신학적 요소가 제외되어 있다. 필로는 유대교로 개종하는 것에 대해 묘사할 때 최소한 개종자가 이방인들의 신을 부인하고 참되고 유일한 하나님을 믿는다는 사실을 언급한다. 그러나 그것뿐이다. 필로에게 있어서도 개종의 본질은 유대인 생활 방식을 채택하는 일이다.[1] 이방인 관찰자들이 "유대교"를 묘사할 때 그들은 일반적으로 유대인들의 신학이나 철학이 아니라 유대인들의 특별한 관습이나 독특한 생활 방식을 의미했다.

유대인 공동체 내의 경계를 결정하는 것도 신학이 아니라 관습이다. 종파주의자들과 고대의 초기 기독교 "정통" 사이에 벌어진 논쟁은(대표적인 것이 삼위일체 제2 위격의 본성과 기능에 관한 논쟁이다) 신학적 문제들을 초점으로 하여 이루어졌다. 그러나 유대인 종파들 사이의 논쟁은 대부분 율법의 문제들에 관한 것이었다(제5장을 보라). 쿰란의 유대인들은 동료 종교인들의 신학을 비평한 것이 아니라 그들의 생활 방식, 특히 그들의 종교력, 정결례 규정, 성전 행정을 비평했다.

제2성전 시대의 많은 책들이 신학적 주제나 철학적 주제를 열심히 다루었지만, 이러한 책들 중 그 어느것도 신조나 교리의 성격을 띠는 것은 없었다. 쿰란의 엣세네파가 수집한 책들 가운데는 당혹하리 만큼 다양한 신학적 사상과 종말론적 시나리오들이 들어 있었다. 때때로 하나의 텍스트가 몇 가지 서로 다른 종말론과 메시아 이론을 병행시켜 놓았다. 미쉬나나 탈무드 가운데 어느 한 부분도 "신학적" 주제만을 전적으로 다룬 것이 없다. 랍비들이 하나님, 죄, 속죄, 세계 창조, 이스라엘의 선택, 계약, 메시아, 의인의 보상과 악인의 처벌, 죽은 자들의 부활에 대해 말할 것이 많이 있었지만, 이러한 주제들에 대한 신학적 사색은 단지 여기저기 흩어져 나올 뿐이며 율법에 관한 견해를 두고 랍비들이 논의할 때와 같은 상세하고 지속적인 분석은 찾아볼 수 없다.

기독교와 이슬람교는 신조의 종교들(creedal religions)이다. 니케아 공의회(기원후 325년)는 기독교 신앙을 이렇게 정의했다: 우리는 한 분이신 하나님, 성부, 전능자, 보이는 것과 보이지 않는 모든 만물의 창조자를 믿으며; 한 분 주 예수 그리스도, 하나님의 아들, 성부를 통해 태어난…하나님으로부터의 하나님, 빛으로부터의 빛을 … 믿으며; 성령을 믿는다.[2] 이슬람교는 그 처음부터 그 주된 교의를 표현할 때 "알라 외에는 다른 신이 없으며, 모하멧은 그의 예언자이다"라는 정식(formula)을 사용했다. 이러한 진술들 하나하나가 신경(creed)이다. 종교의 믿는 바 본질적인 항목들(dogmas)을 요약하며 교회 당국에서 공인하는 고정된 정식이다. 신경들은 개종자들이 입문할 때 이들을 시험하기 위해 사용되기도 하고 믿는 이들이 신실한 서약을 할 때 사용되기도 한다.

중세에는 기독교와 이슬람교가 제기한 도전에 응하여 마이모니데스(Maimonides)와 몇몇 다른 유대인 철학자들이 유대교를 위한 신경도 제정했다. 마이모니데스는 열세 가지 신앙 원칙에 서명한 유대인들은 신실한 유대인이라고 말했다. 그 중 어느 하나라도 거부하는 사람들은 죄인이며, 이단이며, 유대인이라는 이름에 전혀 적합하지 않은 사람이다. 유대교를 이런 식으로 정의하는 것은 고대 유대교에는 전혀 생소한 것이다. 고대 유대교에는 신경(creeds)이 없었다. 고대의 유대인들은 신학적 사색에 많은 정열을 기울여, 어떤 신학적 원칙들에 대해 거의 만장일치하여 동의하기도 했다. 그러나 유대교는 신학으로 정의되지 않는다.

요점은, 현대 학자들은 종교를 정의하면서 여러 가지 방법을 사용한다. 어떤 사람들은 종교의 사상 체계를 다루며 종교의 "본질"을 정의하거나 한 종교를 다른 종교와 대조하려 한다. 또 어떤 사람들은 종교의 발전과 사회적 배경에 초점을 맞춘다. 전자의 접근방법은 이상을, 후자의 접근방법은 현실을 강조한다. 전자는 종교이론을 만들어 내며, 후자는 현실화 방안을 만들어 낸다. 이 장에서

나는 이러한 접근 방법을 각각 다루겠다. 전자를 통해 전체에 대한 통일된 윤곽을 제시하려는 것이며, 후자를 통해 그 발전 과정과 복잡성을 드러내려 한다.

관습

유대교의 관습은 너무도 많고 다양하여 여기서 모두 개괄할 수도 없다. 이 단락에서 나는 네 가지 영역을 집중적으로 다룰 것이다: 제사, 기도, 성서 연구를 통한 하나님의 예배; 의식 준수; 의식, 윤리, 그리고 율법의 "멍에"; "율법주의."

하나님 예배

제1성전과 제2성전에서 하나님은 제사를 통해, 즉 동물을 잡아 굽고 먹는 일을 통해 예배되었다. 곡물, 과실, 빵, 향료의 봉헌은 단지 보조적인 역할만 수행했다. 가장 중요한 제사는 타미드(*Tamid*, 날마다 바치는 번제)로 매일 아침과 오후 제단에 불살라 바친다(민 28:1-8). 타미드는 하나님이 매일 드시는 "음식"이며(민 28:2) 제사장들은 아주 위험할 때에도 제물에 대해 실수하지 않도록 극도로 주의를 기울였다. 에피파네스가 성전을 모독하고 티투스가 성전을 파괴한 것은 타미드를 드릴 수 없는 비극적 사건이 되었다(단 11:31과 요세푸스, 『유대 전쟁』 6.2.1, @94-102). 타미드는 안식일이나 절기 때 드린 특별 제물과 마찬가지로 공금을 가지고 구입했으며 전 국민의 이름으로 제단에 불살라 바쳤다.

다른 유형의 제사들, 특히 "번제"(보통 그리스 어휘인 "holocaust"로 알려져 있다), "화목제," 그리고 "속죄제"는 속죄를 받기 위해서든 하나님께 감사를 표시하기 위해서든 개인이 구입하여 성전에 가져왔다(유월절 제물은 그 종류가 전혀 다르다. 그것은 중앙 성소에서 혹은 그 근처에서 드리는 가족 혹은 집단의 축제였다). 성전의 성소에 들어가 제단에 접근할 수 있는 사람은 제사장들뿐이었기 때문에, 제사장들만이 동물을 잡아 구웠고 많은 부분은 먹었다. 이들은 백성들을 대신하여 주 앞에서 직무를 감당했다.

제사 제의를 관장하는 규정들은 레위기, 민수기, 그리고 에스겔서 마지막 몇 장에 상세히 제시되어 있다. 그러나 히브리 성서는 어디에서도 기도를 통해 하나님을 예배하는 법을 제정하거나 규정하지 않는다. 전문적인 의미에 있어서 "기도"는 신에게 드리는 간구나 청원을 의미한다. 그러나 나는 여기서 이 용어를 하나님과 인간 사이의 교통이 이루어지게 하는 것으로 하나님에게 건네진 모든 언사를 포함하는 것으로 사용한다(그래서 기도에는 찬양과 감사의 말도 포함되며 이제 곧 보겠지만 성서 연구도 포함된다).

랍비들의 용어로는 "마음으로 하나님을 섬기는 일"이다.[3] 기도와 제사는 "영적인" 경험이다. 그러나 기도는 말로 이루어지고 제사는 짐승을 잡는 일로 이루어진다. 둘 사이의 대조점은 이외에도 더 찾아볼 수 있다. 제사는 단지 예루살렘 성전에서만 제사장에 의해 정해진 방식으로만 드릴 수 있다(신 12장). 기도는 어디서나, 누구든지, 언제나, 어떤 방식으로든 드릴 수 있다. 제사와 기도 사이의 대조는 특권층(elitism)과 백성 전체(populism) 사이의 대조이며 고정된 양식과 자유로운 양식 사이의 대조이다. 그러나 이렇게 대조된다고 해서 예배의 두 가지 방식이 서로 섞이지 않는 것은 아니다. 이 과정은 이중적이다: 기도는 점차 성전 제의에 포함되었고 제사 체계를 특징지운 고정성과 규칙성도 점차 기도의 특징이 되기 시작했다. 나는 이 이중적 과정에 대해 개괄적으로 살필 것이며, 그 후에 제2성전 시대 마지막 세기에 행해진 공동 기도의 구성 요소들을 요약해 볼 것이다.

성전 제의의 기도

히브리 성서에는 하나님께 드린 기도가 가득 차 있다. 곤경에 처하거나 행복한 일을 경험할 때 이스라엘의 영웅, 예언자, 왕, 그리고 때로는 전 국민이 하나님께 나아가 기도를 드렸다. 이러한 기도는 사람들이 모여 같이 드리는 것도 있고 개인적으로 드리는 것도 있으며, 산문으로 드리기도 하고 운문으로 드리기도 하며, 독창적인 것도 있고 전통적인 것도 있다.

그러나 이러한 기도가 의무적으로 부과된 의식(ritual)은 아니다 (즉, "율법으로 정해진" 것은 아니다). 많이 연구한 것이라 하더라도 기도는 하나님을 숭배하는 데 대한 자발적인 표현이다. 때로는, 특히 갑작스런 위기를 당했을 때, 이스라엘인들은 성전에서 기도드리곤 했다. 그러나 이러한 기도는 성전 제의의 일부가 아니다. 솔로몬 왕은 성전이 이스라엘인에게나 외국인들에게나 기도하는 집의 역할을 할 수 있도록 해달라고 기도했다. 그러나 솔로몬이 말하는 기도는 곤경이나 기쁨에 대한 자연스런 표현이다(왕상 8장). 레위기나 민수기, 신명기, 에스겔서나 모두 기도를 제사 제의에 꼭 필요한 것으로 말한다. 개인을 위하거나(레 5:5; 민 5:7) 공동체를 위한 (레 16:21) 속죄제에는 고백이 뒤따랐고 만물을 성소에 드리는 일에는 이스라엘의 거룩한 역사를 요약하여 암송하는 일이 뒤따랐다 (신 26:1-11). 그러나 이러한 것들은 단지 예외적인 현상일 뿐이다.

제사 행위는 말없이 행해진다. 제사장이든지 예배하는 사람이든지 무슨 말을 하라는 요구를 받지 않고 있다. 제2성전의 제의도 침묵 속에 행해진다. 기원전 2세기의 한 저술가는 제사장들이 거룩한 직무를 수행하기 위해 서둘러 다닐 때에도 성전에 감도는 놀라운 침묵에 대해 경탄한다(*Aristeas* 92-95). 쿰란 두루마리도 필로나(아마 *Against Apion*, 2.196-197을 제외하면) 요세푸스도 제2성전 시대 그 어떠한 책도 기도가 성전 제의의 한 부분을 차지하고 있었다든가 한 부분을 차지하도록 되어 있었다고 말하지 않는다. 학자들은 다윗 왕의 시대에조차 레위인들의 노래가 제의에 없어서는 안될 중요한 부분이었다는 역대기의 주장(대상 25장)의 신빙성에 대해 논쟁을 벌이고 있다. 그러나 언제 제정되었든 상관없이 레위인들의 노래는 언제나 배경 속에 머물러 있었다. 제의의 주된 요소는 레위인들의 거룩한 발레였지 음악 반주가 아니었다.

제1성전과 제2성전 모두의 의식에서 기도가 제사장에게가 아니라면 평신도들에게라도 중요한 한 부분을 차지하고 있었다는 가장 좋은 증거는 시편이다. 실제로 성서의 거의 모든 시편은, 그것이 개인적인 혹은 민족적인 파국에 대해 탄식하는 것이든 즉위식에 임한 왕을 찬양하는 것이든, 하나님에 대한 찬양이다. 시편은 그 이전은 아니라 하더라도(어떤 것들은 가나안이나 이집트 찬양시를 이스라엘에 맞게 번역한 것들도 있다) 왕국 시대부터 마카비 시대 사이에 씌어졌다. 그러나 시편이 씌어지고 하나의 수집물로 모아졌다는 사실은 대부분의 학자들이 동의하듯이, 시편이 전례 때에 낭송되었다는 것을 암시한다. 또 이러한 낭송은 분명히 성전에서 행해졌을 것이다. 성전에 이르러 제사를 드리든 드리지 않든 예배자들은 기쁨과 감사의 시편이나 슬픔과 탄식의 시편을 자신의 상황에 적합한 대로 낭송했을 것이다.

정경에 포함된 시편은 제2성전 시대에 씌어지고 낭송된 찬양시 가운데 단지 일부에 불과하다. 쿰란에서 발견된 시편 두루마리에는 성서 안에 포함되지 않은 찬양시들도 있다. 쿰란의 또 다른 두루마리로 찬양시만을 수집해 놓은 것(hodayot)이 있다. 내용은 다르지만 표현 어구나 양식의 측면에서는 시편과 매우 흡사하다. 가명 작품인 『솔로몬의 시편』도 시편 수집물인데 정경의 시편에 많이 의존하고 있다. 이러한 텍스트들은 시편 전승이 제2성전 시대 후기에도 여전히 살아 있었음을 나타낸다. 게다가 이 시대의 많은 작품에 공동체가 일상 생활에 사용한 실제의 기도들을 몇몇 반영하는 찬양시와 기도가 포함되어 있다. 요약하면, 세 가지 수집물(시편; 정경 시편의 문체를 따라 제2성전 시대 후기에 씌어진 찬양시들; 제2성전 시대 문헌 여기저기에 산재한 기도들)에 나타난 증거로 볼 때 기도의 암송은 유대교 경건 생활의 두드러진 특징이었다. 이러한 것들이 기도이거나 혹은 최소한 기도의 일종으로 성전에서 암송된 것이다. 많은 유대인들이 성전에서 정기적으로 기도했다는 사실은 누가복음 1:10("그가 분향하는 동안에 밖에서 많은 사람들이 모여 기도하고 있었다")과 행 3:1("오후 세 시 기도를 하는 시간이 되어서, 베드로와 요한이 성전으로 올라가는데")을 볼 때 분명하다.

이러한 텍스트들 가운데 어느것도 기도가 성전 제의의 한 부분이었음을 암시하지는 않는다. 유대인들이 성전에서(at the Temple) 기도했지 성전 안에서(in the Temple) 기도하지는 않았다. 그러나 미쉬나에 따르면 기도는 두 가지 면에서 날마다 드리는 타미드(*Tamid*) 제사 중 반드시 행해야 하는 한 부분이었다.

먼저 제사장들은 제물을 가지고 온 직후, 그리고 분향을 올리기 전에 민족을 위해 기도하고, 성서의 구절(쉐마)을 암송한다. 이에 관한 미쉬나의 구절(*Tamid* 5:1)은 공동체의 예배를 논할 때 다시 다루겠다. 둘째로, 미쉬나는 "옛 예언자들"이 평신도들을 제사장들의 24반열("파숫꾼들"이라 불렀다)에 상응하게 24반열("지역"[stations]이라 불렀다)로 나누었다고 주장한다. 매주 다른 반열의 제사장들이 성전에서 직무를 수행했고, 매주 다른 반열의 이스라엘 사람들이 성전 안에 그리고 마을 안에 모여 성서 구절들과 기도들을 암송했고, 이 때 제사장들은 날마다 드리는 번제(*Tamid*)를 드렸다. 이러한 관습의 요점은 평신도 대표들이 대표하는 백성과 이들을 대신하여 제사장 대표들이 드리는 제물 사이에 연관이 있음을 분명히 드러내려는 것이었다. 이러한 두 주장의 역사성은 측정하기 어려운 일이다. 그러나 그것이 근본적으로 그러했을 개연성이 매우 높다. 성전 제의에 매일의 기도를 제정한 것은 마카비 시대 혹은 헤롯 시대의 혁신이었던 것으로 보인다(이것이 분명히 "옛 예언자들"이 행한 일은 아니었다. 그러면 기도는 성전에서 어떤 주어진 역할을 수행했다. 성전은 "기도하는 집"(사 56:7)이었다.

기도와 제사

아마 예루살렘을 방문하는 사람들이나 이 성도(聖都)에 사는 거주민들은 성전에서 기도를 드렸을 것이다. 그러나 이스라엘의 땅에 살든 해외에 살든 다른 유대인들에게 있어서는 예루살렘에서 기도하는 일이 현실적으로 가능하지 않았다. 아마 때때로 기도하고 제사를 드리기 위해 성전으로 순례를 떠나곤 했을 것이다. 그러나 이러한 순례는 먼 길을 가야 하는 일이어서 흔히 할 수 있는 일이 아니었다. 특히 해외 유대인들에게 있어서 그러했다.

신명기가 지방에 성전을 짓고 제사를 드리지 못하도록 금했는데, 그러면 이들은 어떻게 하나님께 예배해야 하나? 명백한 대답은 기도였다. 제사와는 달리 기도는 어디서나 하나님께 드릴 수 있었다. 누구나 자기 집에서 기도를 드릴 수 있었다. 다니엘 6:10은 바빌론에 살던 다니엘이 "자기 집에 돌아가서는 그 방의 예루살렘으로 향하여 열린 창에서 전에 행하던 대로 하루 세번씩 무릎을 꿇고 기도하며 그 하나님께 감사드렸더라." 공동체는 마을 광장에서, 거리 모서리에서(마 6:5) 혹은 모일 수 있는 곳이면 어느 곳에서나 기도할 수 있었다.

기원후 3세기에 이르러 해외 유대인들은 *proseuchai* 라고 부르는 특별한 "기도의 집"를 짓기 시작했다. 본토 이스라엘의 유대인들은 "기도의 집" 대신 회당(*synagōgai*)이라 불리우는 "만남의 집"을 지었다. 유대인들이, 기원후 1세기 이전의 문헌에는 나타나지 않는 "만남의 집"에서 정기적으로 기도를 드렸는지는 명확하지 않다. 제

2성전 시대의 문헌에 기도가 두드러지게 나타나지만, 회당을 언급하거나 회당 안에서 기도를 드렸다고 하는 문헌은 거의 없다(마 6:5 참조). 회당의 역사를 다룰 때(제4장) 이 문제를 다시 다룰 것이다.

유대인들은 성전과 회당 안팎에서 하나님께 기도를 드렸다. 기도는 누구나 드릴 수 있는 것이었고 제사보다 훨씬 더 개인적인 체험이 되었다. 하나님이 제사가 아니라 혹은 제사에 더하여 선(善)을 원한다고 선포한 예언자들의 전통에서 시편의 다섯 구절은 기도가 제사 제의보다 우월하거나(40:7-10; 69:31-32; 51:19) 혹은 동등하다(119:108; 141:2)고 한다. 똑같은 주제가 제2성전 시대의 여러 책에 반영되어 있다. 모두 헬레니즘 시대에 나온 것 같지만, 그 연대를 정확히는 알 수 없는 시편의 구절들은 제사 제의를 반대하는 변론이 아니라 제사가 포함되지 않는 예배도 유효한 것으로 인정해 달라고 하나님께 간청하는 것이다.

성전은 하나님의 이름이 있는 곳, 세상에서 가장 거룩한 곳, 그리고 이스라엘 종교의 중심지이다. 그러나 성전의 제의가 제사로만 이루어지지는 않았다. 순례자들은 성전에 "빈손"으로 가서는 안된다고 배웠다(신 16:16-17). 어떤 이유에서든지 빈손으로 간 사람들은 기도와 회개가 하나님이 원하시는 참된 제사라고 주장하면서 하나님께 변명을 했다. 시편의 구절들은 기도가, 또 성전에서 드리는 기도도, 제사와 동등하거나 제사를 대신하는 것으로 쉽게 이해될 수 있었음을 보여준다. 쿰란과 기독교의 어떤 분파들처럼 종파적 집단들은 성전과 그 의식에 대해 좀더 적대적인 자세를 취했다. 이 점에 대해서는 나중에 논의할 것이다(제5장).

아마도 기도가 제사에 대응하거나 동등한 것으로 보여졌기 때문에, 제사 제의의 특징이었던 고정성과 규칙성을 점차 어느 정도 흡수하게 되었던 것 같다. 이러한 과정의 배경을 이루는 것이 많은 종교에 나타나는 딜레마이다: 질서를 유지하고 혼돈을 방지하면서 어떻게 경건을 조장하고 독창성을 고무하는가? 공중 기도에는 질서와 지침이 필요하다. 그러나 텍스트와 기도 횟수에 관해 세밀하게 규정하면 영적인 체험이 되어야 할 기도에 필요한 자발성을 발휘할 기회를 잃게 된다. 4세기와 5세기의 기독교 수도원 운동은 이 문제에 관하여 분열되어 있었다. 이집트의 수도원들은 수도승들이 "쉬지 말고 기도하라"는 바울의 명령(살전 5:17)을 실천할 수 있도록 공중 전례를 아주 본질적인 것만 남기면서 축소시켰다. 반면 시리아의 수도원들은 공중 전례를 최대한 발전시켰다. 예수는 개인적으로 짧게 드리는 기도가 사람들 앞에서 길게 드리는 기도보다 더 낫다고 느꼈다(마 6:5-8).

랍비들도 똑같은 딜레마를 절실하게 느꼈다. 그들의 결론은 질서에 대한 열망과 자발성에 대한 열망 사이에 타협을 이루어 내는 것이었다. 그들은 기도는 매일 드리는 번제(타미드)에 상응하는 것이며 타미드 자체에 못지않게 의무적으로 행해야 하는 일이기 때문에 유대인이면 누구나 하루에 두 번(아침과 오후에) 기도해야 한다고 선포했다. 이러한 기도는 혼자 드릴 수도 있다. 그러나 랍비들은 사람들 앞에서 암송하며 드리는 기도가 하나님이 더 잘 받으시는 기도라고 느꼈다(제사 제의에 상응하지 않는 셋째 기도는 사람들에게 추천하기는 하지만 의무적인 것은 아니다).

제사 제도의 규칙성이 기도에도 옮겨 적용되었다. 랍비들은 기도의 내용도 그 주제와 구조를 고정시키며 규정했다. 그러나 개인의 독창성을 강조하기 위해 랍비들은 예배하는 사람들이 혹은 기도 인도자가 주제를 표현하는 정확한 언어를 선택할 수 있도록 허락했다. 어떤 중요한 구절들이나 정식(formulae)이 포함되는 한, 랍비들은 만족했다(랍비들이 실제로 거의 모든 기도의 언어를 표준화한 것은 중세 초기에 이르러서의 일이다. 기독교의 성만찬도 비슷한 발전 과정을 겪었다. 2세기에 성만찬의 주제와 정식이 고정되었지만 확고한 텍스트가 나타나기 시작한 것은 3세기의 일이다). 랍비들이 그렇게 말하지는 않았지만, 기도의 내용과 구조를 규정하는 것은 기도를 제사에 동화시키는 또 다른 한 단계였다. 하나님을 예배하는 일에는 고정된 양식이 필요했다. 수세기 전에 예언자들이 제사 제의를 비판했듯이 어떤 랍비들은 당혹해 하며 전례의 지나친 규정이 기도를 형식적인 것으로 만들고 의미를 상실하게 만든다고 경고했다. 그러나 그러한 사람들은 소수에 불과했다.

어느 정도까지 이러한 랍비들의 발전이 제2성전 시대의 사상을 반영하는지는 매우 불분명하다. 에스라는 자신이 드리는 회개의 기도가 오후의 분향하는 시기(혹은 날마다 드리는 번제의 시기)와 일치하도록 했다(스 9:4-5). 똑같은 관습이 마카비 시대(유딧 9:1; 단 9:21 참조)와 기원후 1세기(눅 1:10; 행 3:1)의 문헌에도 나타난다. 타미드(날마다 드리는 번제)를 봉헌하는 것은 기도하는 시간이다. 어떤 경건한 사람들은 타미드에 상응하는 두 차례의 기도 이외에 저녁에도 기도를 드린다(단 6:11; 시 55:18 참조). 그러나 이러한 텍스트들 중 어느것도 기도가 제사처럼 의무적이었다거나 공중 전례를 규정하려는 시도가 있었다는 것을 암시하지 않는다.

기도와 제사를 조화시키는 것은 제사를 드리도록 하나님이 구분한 시간이 기도에 대해서도 적용된다는 사상을 반영한다. 랍비들이 기도의 내용과 횟수를 규정하기 전에, 시편을 정경으로 만든 편집자들과 제2성전 시대의 많은 기도를 지은 다양한 저자들은 이미 전례 장르, 주제, 정식들을 결정하고 발전시키고 있었다. 그러나 랍비 이전의 이러한 저술가들 중 어느 누구도 유대인에게는 하루에 두 차례 하나님께 기도를 드려야 할 의무가 있으며 그 기도는 정해진 패턴을 따라야 한다는 랍비들의 사상을 언급하지 않는다. 제2성전 시대에 제사 예배에는 고정된 양식과 고정된 내용이 있었다. 기도에는 그러한 것이 없었다.

요약하면, 법으로 제정된 제2성전 시대의 기도는 그 본질이 불분명하다. 기쁘거나 슬플 때 또 특별히 정해진 날(안식일과 절기)에 사람들은 하나님께 기도했다. 또 현존하는 문헌을 볼 때 그들이 어떠한 기도를 암송했는지 알 수 있다. 많은 유대인들이 매일 기도했지만 이러한 관습이 어느 정도까지 행해졌는지, 그 기도의 내용이 무엇이었는지, 이 예배가 얼마나 의무적인 것으로 간주되었는지는 알 수 없다. 이렇게 법으로 제정된 기도가 존재했었다는 데 대한 한 가지 분명한 증거는 랍비 전승에 나타나 있다.

공중 기도의 요소

법으로 제정된 랍비들의 기도는 두 가지 자료에서 나온다: 위에 인용된 미쉬나에 따르면 하나는 제사장들이 타미드의 제물을 잡고 난 뒤 분향을 태우기 전에 드리는 매일의 기도이고, 또 하나는 기원후 1세기 팔레스틴 원-랍비 집단(proto-rabbinic circles)의 공중 기도이다. 이러한 집단의 정체성이나 대중성은 학자들이 논의해야 하는 주제들이다(제5장을 보라). 이들이 바리새인들이었다면, 그리고 바리새인들이 제2성전 시대 유대교의 영적 지도자들이었다면, 그들의 전례는 성전의 전례와 함께 국민 대다수에게 익숙한 공중 예배를 잘 반영할 것이다. 그러나 바리새인들(혹은 원-랍비 집단을 구성한 사람들)의 영향권이 좀더 제한되어 있었다면, 그들의 전례는 "표준적"인 것을 대표한다고 주장할 수 없다. 이러한 것들이 국민 전체의 전례를 대표하든 하지 않든, 랍비들의 기도 가운데 가장 오래된 것들은 그 뿌리가 제2성전 시대에 소급되기 때문에 주목할 필요가 있다. 이제 법으로 제정된 전례의 주요 요소들을 미쉬나(*Tamid* 5:1)에 개괄된 대로 고찰할 것이다: (1) 십계명과 쉐마의 암송, (2) 하나님 찬양, (3) 하나님께 드리는 간구, 그리고 마지막으로 (4) 대중의 성서 연구를 묘사할 것이다.

(1) 성서 암송

성전에서 드리는 제사장들의 기도의 핵심은 십계명(출 20:2-14 혹은 신 5:6-18)과 쉐마의 암송이었다. 쉐마는 세 개의 단락(신 6:4-9; 11:13-21; 민 15:37-41)으로 구성되며 그 첫 구절의 히브리어 단어에서 그 이름이 나왔다: "들으라(쉐마), 이스라엘아! 주님은 우리 하나님이시며, 주님은 한 분이시다." 십계명도 쉐마도 "기도"는 아니지만(둘 모두 하나님의 명령과 권고를 모아 놓은 것이다) 유대교의 핵심적인 사상과 명령을 대표한다고 여겨졌기 때문에 전례 속에 포함되었다.

십계명과 쉐마의 중요성은 그것이 쿰란에서 발견된 많은 성구함(聖句函, 구약성서에서 딴 문구를 옮겨 적은 양피지를 넣은 작은 가죽 상자로서 유대인이 아침 기도 때 한 상자는 이마에, 다른 상자는 왼쪽 팔에 동여매어, 율법 지키기를 잊지 않는 징표로 삼는다)에 들어 있었다는 사실과 기원전 3세기 혹은 2세기에 이집트에서 기록된 한 파피루스에 같이 나온다는 사실로써 확증된다. 사실 기원후 1세기의 한 교사는 쉐마의 처음 두 구절이 "가장 중요한 계명"을 구성한다고 했다(막 12:29-30). 요세푸스는 유대인들이 "하나님이 주신 풍요로운 축복에 대해 감사하기 위해" 쉐마를 하루에 두 차례 암송한다고 지적한다(『유대 고대사』 4.7.13, §212). 랍비 시대의 회당에서는 십계명이 전례에서 제외되었는데, 이교도들이 오직 이 열 가지 계명만 하나님에 의해 계시되었다고 주장했기 때문이다. 그러나 쉐마는 예배의 가장 중요한 요소들 가운데 하나로 남아 있다. 쉐마의 신학적 의미는 다음에 조금 더 상세하게 논할 것이다.

(2) 하나님 찬양

유대교의 기도 가운데 가장 일반적인 요소는 찬양이다. 성전에서 십계명과 쉐마를 암송하기 전후에 축도(benediction, 히브리어로 버라코트, 단수는 버라카)가 있었다. 신에 대한 찬양은 보편적인 것이지만, 축도는 유대교의 진수에 속하는 예배 양식이며 기독교(눅 1: 68-79의 Benedictus를 보라; 고후 1:3 참조; 엡 1:3; 벧전 1:3)와 이슬람교가 이를 채택했다. 예배자들은 바루크 아타 아도나이, "축복받으소서(혹은 좀더 정확하게는 '찬양받으소서'일 것이다). 당신은, 오, 주님"하고 소리쳤다. 이드로(출 18:10)로부터 시작하여 히브리 성서의 많은 사람들이 이스라엘의 하나님은 복되다고 선포했다.

제2성전 시대 초기에 기록된 두 텍스트(대상 29:10; 시 119:12)도 후에 랍비들이 그러했던 것처럼 2인칭으로 되어 있는 표현을 사용했다. 그러나 이 정식을 잘 알고 있다고 해서 그 특수성을 간과해서는 안된다. 어떻게 인간이 하나님을 축복하거나 하나님이 복되다고 선포할 수 있는가? 이 문제에 대한 대답은 간단히 찾을 수 없다. 그 신학적 전제의 모호성에도 불구하고, 축복 패턴은 쿰란의 찬양시(호다요트)에 잘 알려져 있었고 랍비 시대 기도서 전체에서 주를 이루는 것이었다.

버라카가 찬양 정식이지만, 랍비들은 이것을 하나님이나 하나님의 속성을 찬양하기 위해서(예를 들면, 복되십니다, 당신은, 오, 주님, 거룩하신. 하나님) 뿐만 아니라, 하나님께 감사하기 위해서도(예를 들면, "복되십니다. 당신은, 오, 하나님, 온 세상의 왕, 땅에서 빵이 나게 하신 분"이라고 음식에 대해 하나님께 감사하는 축복), 또 하나님께 간구하기 위해서도("복되십니다. 당신은, 오, 주님. 이스라엘의 구속자"라고 이스라엘을 구속해 달라는 간구의 마지막에 드리는 기도) 사용된다. 그러면 미쉬나에 따르면, 십계명과 쉐마에는 "축복"이 뒤따랐다. 미쉬나가 그 텍스트를 제시하지 못하는 것은 매우 불행한 일이다. 랍비들의 기도서는 여전히 쉐마로 시작하고 쉐마를 포함하는 축복문을 사용한다.

하나님에 대한 찬양은 축복문에 제한되지 않았다. 시편과 제2성전 시대의 문헌은 다양한 유형의 시와 찬양으로 가득하다. 한 가지 특별한 종류의 찬양시는 케두샤(*Qedushah*, 축성[sanctification], 문자적인 뜻은 "거룩함")로 이사야 6:3의 교창(交唱)이다. 이사야에 따르면, 천사들이 하늘 보좌에 앉아 있는 하나님을 볼 때 하나님 앞에서 "거룩하시다, 거룩하시다, 거룩하시다, 만군의 주님" 하며 찬양한다. 케두샤를 기도에 포함시킴으로써 유대인들은 천사들을 모방하려고 했다. 아마 천사들과 함께 찬양드리려고도 했을 것이다. 이사야 6:3을 전례에 사용한 직접적인 증거로 가장 이른 것은 기원후 2세기에 나오지만, 간접적인 증거는 『에녹 1서』의 한 구절(*I Enoch* 39:12)과 몇몇 쿰란 두루마리에 나온다. 쿰란의 유대인들은 천사들이 일년 중 여러 날에 암송한 찬양들에 대해 묘사한다. 이러한 지식을 갖고 쿰란의 구성원들은 천사들의 합창에 자신들의 목소리를 포함시키며 적절한 때에 적절한 방식으로 주님을 찬양했다. 아마 신비주의적 영향으로 케두샤는 랍비 시대에 매우 널리 알려졌고 여러 지역에서 기도에 포함되었다. 이것은 상투스(*Sanctus*)라는 라틴어 제목 아래 기독교 전례에도 포함되었다.

(3) 간구

제2세기 랍비들이 드린 가장 중요한 간구의 기도는 쉐모네 에쉬레(*Shemoneh 'esreh*)였다. 이것은 "열여덟 가지 축복"으로 불리우는 일련의 간구이다.[4] 처음 세 가지 축복이 서론이고, 마지막 세 가지는 결론이며, 그 사이의 것들이 기도의 내용이다. 여기에 이 중심부의 세 가지 간구를 예로 제시한다(표준 기도서의 본문을 소개한다).

> 당신은 은혜롭게도 인류에게 지식을 주시고 죽을 인간에게 깨닫도록 가르치십니다. 우리에게 지식을 주소서. 깨닫게 하고 통찰하게 하소서. 복되십니다. 당신은, 오, 주님, 지식을 풍성하게 주시는 분. 우리 아버지시여, 우리로 하여금 당신의 토라에 돌아가게 하소서. 우리 왕이시여, 우리를 가까이 이끄소서. 우리로 하여금 완전히 회

개하여 당신께 돌아가게 하소서. 복되십니다. 당신은, 오, 주님, 우리의 회개를 기뻐하십니다.
우리 아버지시여, 우리를 용서하소서, 우리가 죄를 지었나이다. 우리 왕이시여, 우리를 사하소서. 우리가 범죄하였나이다. 당신은 사죄하고 용서하는 분이십니다. 복되십니다. 당신은, 오, 주님, 은혜로우시며 언제나 용서하십니다.

먼저 인간은 하나님께 지식을 달라고 기도한다. 하나님에 대한 지식은 죄에 대한 인식과 회개하고자 하는 갈망으로 이어진다. 회개에 대한 갈망은 또 용서에 대한 간구로 이어진다. 지식, 회개, 용서에 대한 이러한 서두의 간구들은 열 여덟 가지 축복의 다른 모든 간구와 마찬가지로 1인칭 복수(간구자는 "나를"이 아니라 "우리를"이라고 말한다)로 되어 있으며 "복되십니다. 당신은, 오, 주님"이라는 정식으로 끝맺는다.

이 기도의 역사는 매우 복잡하다. 그러나 그 기본적인 윤곽은 기원후 2세기 이전에 틀이 잡혔고, 그 핵심은 분명히 제2성전 시대 후기에 비롯되었다. 이 기도는 "주님의 기도"(마 6:9-13; 눅 11:2-4)와 매우 흡사하다. 십계명과 쉐마를 암송한 뒤, 제사장들은 성전에서 제사가 하나님이 기뻐받으시는 것이 되도록 기도한다. 그리고 이 간구가 열 여덟 가지 축복의 한 부분이 되었다(성전이 파괴된 후 이 간구는 제사 제의를 받아달라는 기도에서 제사 제의를 회복시켜 달라는 기도로 변했다).

한 학자는 열 여덟 가지 축복의 중심부에 있는 건강, 번영, 평화에 대한 간구들이, 수도의 안전과 복지를 위해 훌륭한 헬레니즘 방식으로 백성이 드린 "예루살렘 시민의 기도"가 되었다고 주장했다. 기원전 200년경 널리 알려진 벤 시라의 히브리어 텍스트에는 여러 가지 축복문의 초기 형태로 보이는 찬양시들이 포함되어 있다(벤 시라 51:12a; 이 찬양이 그리스어와 시리아 번역본에는 생략되어 있다). 랍비 시대에도 기도는 여전히 많이 행해졌다. 라반 가말리엘 (Rabban Gamaliel, 기원후 약 90년 혹은 100년)은 하나님에게 이교도들을 멸해 달라고 간구하는 축복문을 편집했다(제7장을 보라). 간구의 실제적인 어구는 수세기 동안 고정되지 않았다. 이러한 고정화 과정이 끝났을 때에는 열 여덟 가지 축복이 실제로는 열 아홉 개의 축복을 포함하고 있었다!

(4) 성서 연구

성전에서 드리는 제사장들의 기도가 십계명과 쉐마를 암송하는 일의 특징을 이루었다. 성전 밖에서 행한 공중 기도에는 성서 연구, 특히 토라 연구도 포함되었다. 이러한 관습은 계시된 말씀의 연구를 통해 하나님께 예배를 드릴 수 있다는 사상에 기초했다.

쉐마의 첫 두 단락에서 그리고 다른 곳에서도 하나님은 이스라엘 사람들에게 어떻게 해야 하나님의 눈에 들 수 있는지 알 수 있도록 항상 율법을 연구하라고 명령한다. 여기서 토라의 연구는 목적을 향한 수단으로 인식된다. 그 목적이란 어떤 행동을 피해야 하고 어떤 행동을 추구해야 하는지 가르치는 일이기 때문이다. 그러나 점차 토라 연구가 목적 자체가 되어버렸다. 시편 119편의 저자는 주님의 말씀을 묵상하는 것보다 더 큰 기쁨은 상상할 수도 없다고 한다.

"내가 주의 법을 어찌 그리 사랑하는지요 내가 그것을 종일 묵상하나이다… 내가 주의 계명을 사모하므로 입을 열고 헐떡였나이다" (시 119:97, 131).

벤 시라(39:1)는 "지극히 높으신 분의 율법을 연구하고" "선현들의 지혜를 [찾는] 데 전념하는" 사람을 찬양한다. 이것은 그 기원이 불확실한 경건의 한 유형이다. 아마 계속, 여기서는 토라와 동등시되는, "지혜"를 연구하고 추구하라고 명령하는 전승에서 비롯되었을 것이다. 아마 지식을 습득하면 영혼이 고귀해지고 덕스러워진다는 소크라테스의 견해를 반영하는 헬레니즘의 영향으로 생겼을 것이다. 어쨌든, 이러한 사상은 제2성전 시대와 랍비 시대의 유대교에 심원한 영향을 미쳤다. 율법의 궁극적인 의미를 표현하는 것이 주님의 말씀을 밤낮으로 묵상하는 현자들의 이상이었다. 그들은 현실적으로 적용할 수 없는 말씀들에 대해서도 묵상했다. 이것이 랍비 시대 모든 경건의 기초였다.

이러한 사상은 공동 전례 안에 구현되었다. 요세푸스와 필로는 다른 입법자들과는 달리 모세는 자기의 법을 정규적으로 연구하라고 명령했기 때문에 모든 유대인들이 다 율법을 잘 알고 있다고 자랑한다. 랍비들의 전통에 따라도, 사람들이 모인 가운데 안식일마다 율법의 한 부분을 읽는 것은 모세가 시작한 관습이었다. 이렇게 주장하는 근거는 중앙 성소에 사람들이 모인 앞에서 토라를 읽으라는 신명기의 명령이다(신 31:10-13). 그러나 신명기가 7년마다 토라를 읽도록 했지만, 제2성전 시대 말기에 이르러서는 매주 회당에 사람들이 모여 토라의 일부를 읽었다. 랍비 시대에는 토라를 연속적으로 읽는 것이 두 가지 다른 방식으로 행해졌다. 바빌로니아에서는 토라를 54개 단락으로 구분하고 해마다 토라 전체를 읽었다. 본토 이스라엘에서는 토라를 좀더 많은 단락으로 구분하고 3년 혹은 3년 반을 주기로 하여 토라 전체를 읽었다. 1세기 팔레스틴이 어떠한 주기로 토라를 읽었는지는 알려지지 않고 있다(그러한 주기가 있었는지도 확실치 않다).

사람들이 모여 예배드릴 때, 토라를 읽은 것으로 그치지 않고 설명하고 해석하기도 했다. 이러한 활동의 모델이 에스라이다(느 8:8). 필로에 따르면, 테라퓨타인들과 엣세네파의 안식일 모임의 절정은 율법의 알레고리적 의미에 관한 설교였다. 예수는 갈릴리 회당에서 가르쳤다. 바울은 소아시아의 여러 회당에서 가르쳤다. 1세기에 예루살렘에서는 테오도투스라는 사람이 "율법을 읽고 계명을 가르치기 위한" 회당을 건립했다. 히브리어를 충분히 알지 못하는 사람들을 위해 본문은 그 지방 언어로 번역되었다. 바빌로니아와 팔레스틴 어떤 지역에서는 아람어로, 그리스-로마 디아스포라와 팔레스틴 몇몇 지역에서는 그리스어로 번역되었다. 몇 가지 다른 고대 그리스어 번역과 아람어 번역이 현존하고 있다(제6장을 보라). 번역 이외에 혹은 번역 대신 회당의 예배에 특징적인 것은 설교, 그리고 성서의 의미를 밝히는 설명이었다. 공동 기도와 성서 연구를 결합함으로써 회당의 예배는 고대 세계에서 독특한 모습을 띠었다.

의식 준수

토라에는 유대인들이 매일 생활하면서 지켜야 할 일들을 관장하는 규정들이 많이 있다. 이스라엘 사람들은 옷에 술을 달고, 집 지붕 둘레에 난간을 설치하고, 어떤 음식은 먹지 않고, 한 주간의 일곱째 날에는 일을 하지 않아야 한다는 등의 규범이 있다. 이러한 모든 의식들의 목적은 이스라엘 사람들이 항상 하나님을 기억하고 그의 뜻에 순종하도록 하기 위함이다. 이러한 목적을 좀더 잘 성취하기 위해 제2성전 시대 유대인들은 새로운 의식들을 개발하고, 토라의 많은 율법들을 적용하는 범위를 확장시키고, 일반적으로 하나님을 예배하는 생활을 강조했다. 매일 기도하고 토라를 연구하는 것이 두 가지 가장 중요한 혁신이다.

이스라엘 사람들에게 하나님의 말씀을 가슴에, 손에, 이마에, 그리고 문설주에 두라는 쉐마의 명령(신 6:6-9)은 분명히 항상 하나님의 계명에 대해 명상하라는 은유적 요구인데, 기원후 2세기에 이르러서는 문자 그대로 해석되었고 테필린(*tefillin*)이라는 성구함을 달고 다니며(마 23:5) 문설주에 메주조트(*mezuzot*)라는 성구함을 붙이는 관습이 생겨났다. 이 둘은 모두 특별하게 만든 작은 상자로 그 안에 쉐마나 토라에서 따온 문구를 적어 놓은 것을 두었으며 모두 하나님의 임재를 늘 인식하려는 열망의 가시적이고 의식화된 표현이다. 쿰란에서 많은 성구함들이 발견되었다. 안식일, 음식, 정결례를 관장하는 율법은 많이 확대되었다. 토라에 나온 것 이외에 새로운 금령들이 추가되고, 새로운 의식이 제정되고, 의식과 금령을 지키는 데 새로운 의미가 부여되었다. 그리스-로마 세계의 이교도들에게 있어서 할례 이외에 유대교의 가장 두드러진 특징은 안식일을 지키고 특정 음식(특히 돼지 고기)은 먹지 않는 일이었다. 정결례법을 철저하게 지키고 독특하게 해석하는 것도 "종파적" 집단들을 정의하는 데 매우 중요한 위치를 차지하고 있었다(제5장을 보라).

이러한 혁신들의 목표는 세 가지이다:
(1) 유대인의 생활이 매순간 하나님을 예배하도록 한다.
(2) 유대인이 신성(the sacred)과 접하도록 한다.
(3) 종교를 보편화시킨다.

첫째 목표는, 토라의 신앙이나 제2성전 시대 신앙이나 함께 공유한다. 그러나 둘째 목표는 토라의 유산을 발전시킨 것이고, 셋째 목표는 토라의 유산을 근본적으로 변형시킨 것이다.

성결법(Holiness code)은 이스라엘 사람들에게 "나 주 너희의 하나님이 거룩하니, 너희도 거룩하라"고 명령한다(레 19:1). 토라에는 거룩한 곳이 신이 임재하는 중앙 성소 한 곳뿐이다. 토라에 따르면 하나님은 "진(陣)" 안에 있는 사람들 가운데도 거한다. 그러나 이러한 개념은 사람들이 진을 부정하게 하여 하나님이 떠나게 하지 않도록 어떤 행동들을 금한 일을 정당화하려는 한 가지 목적을 갖고 율법적 맥락에서 예증한 것이다(예를 들면, 민 5:1-4; 신 23:10-15). 예언자들의 영감은 "진"이 아니라 중앙 성소에 제한된 것으로 생각되었다(민 11:24-29).

유배 이전 시대 이스라엘 사람들처럼 제2성전 시대 유대인들은 하나님의 임재가 성전 안에서만 혹은 이스라엘 백성들 사이에서만 이루어져야 하는지 전 세계에서 다 이루어질 수 있는지 분명한 대답을 주려 하지 않았다. 이러한 개념은 상호 모순되지만 동시에 모두 참되다(이 장 둘째 항목을 보라). 그러나 이스라엘 종교와 대조적으로 유대교의 두드러진 징표 가운데 하나는 신성이 성전에서 성전 외부로, 제사장으로부터 평신도에게, 성전 제의에서 일상생활의 행동으로 이전된 것이다.

많은 종파적 집단들이 성전 내부와 마찬가지로 성전 외부에도 정결례법이 적용되며, 식탁의 음식도 제단의 고기와 마찬가지로 거룩한 것으로 간주해야 한다고 주장했다. 많은 집단들이 몸을 씻는 일과 물에 잠기는 일("세례")의 중요성을 강조했다. 기도와 토라 연구를 통해 하나님을 예배함으로써 토라에서는 상상조차 하지 못했던 정도로 거룩성 및 하나님과의 교류가 국민 전체에 더 널리 이루어졌다.

성전, 제사 제의, 그리고 제사장들이 유일한 것은 아니라 하더라도 중심적인 종교적 제도로 남아 있는 한, 유대교는 개인에게 별다른 역할을 부여하지 않는 종교로 남아 있었다. 회당이 발전되었다는 사실은 그 모든 독특성에도 불구하고 성전이 더 이상 사람들이 하나님과 교류할 수 있는 유일한 장소가 아니었다는 것을 의미한다. 서기관들이나 다른 현자들이 출현한 사실은 제사장들이 더 이상 종교적 진리를 독점하지 않았다는 것을 의미한다.

회당은 평신도들의 제도이며, 기도와 성서 연구는 모두에게 열려 있는 활동이었고, 서기관은 율법을 배운 평신도들이었다. 이러한 발전은, 또 이 장의 둘째 부분에 논의할 여러 가지 신학적 혁신은 제2성전 시대 유대교가 민주화되었다는 사실을 의미한다. 제2성전 시대 유대교는 유배 이전 이스라엘의 종교가 이스라엘인 개인에 대해 관심을 기울였던 것보다 훨씬 더 많이 유대인 개인의 경건과 운명에 관심을 기울였다.

  종교를 민주화하고 성전 외부 생활에 거룩성을 부여하는 일이 제2성전 시대와 기원후 70년 이후 랍비 시대의 다양한 종파적 집단에서 그 극치에 이르렀다 하더라도, 이러한 일들은 본토 이스라엘과 해외를 구분하지 않고 비-종파적, 비-랍비적 유대교에도 상당히 특징적으로 나타났다. 테필린 성구함과 메주조트 성구함에 대해 언급한 것 중 가장 오래된 것이 『아리스테아스 書』이다. 이것은 알렉산드리아 유대교에서 나온 것으로 그리스어로 기록되었고 알레고리적 해석에 집착한다. 신실한 유대인의 생활이 항상 성서에 대해 묵상하고 계명을 준수하는 영적 구도의 삶이라는 것은 랍비들이나 필로나 모두 받아들인다. 요약하면, 유대교는 항상 하나님의 명령을 준수함으로써 개개인의 삶을 거룩하게 하는 종교 체계가 되었다. 이 체계는 종교적 엘리트들뿐만 아니라 모든 (남성) 유대인에게 똑같이 의무가 되었다.

의식, 윤리, 그리고 율법의 "멍에"

  히브리 성서의 율법 부분은 의식과 윤리를 구분하는 일을, 또는 특별히 이스라엘인(혹은 유대교적인) 이러한 규정들과 모든 문명인들이 따르는 것을 서로 구분하는 것을 잘 알지 못한다. 우상 숭배나 다른 신들을 섬기는 것을 금한 일은 십계명 가운데 살인이나 절도에 대한 금령보다 중요하지 않은 부분이 아니다. 성결법(레 19장)은 거룩성을 추구하는 일에는 가난한 사람들을 돕고 이웃을 자기 몸과 같이 사랑하는 것뿐만 아니라 안식일을 지키고 제사 제의에 바르게 참여하는 일이 포함된다. 토라의 율법을 풀어옮길 때 필로, 요세푸스, 그리고 쿰란의 『성전 두루마리』는 본래의 질서에서 이탈한다. 그러나 그 어느 누구도 "의식"과 "윤리"를 구분하거나 그 어느 하나가 다른 것보다 더 중요하다고 암시하지 않는다.

히브리 성서의 지혜문학은 다른 관점을 갖고 있다. 그것은 보편주의적 조망을 갖고 있으며 세계시민적 정신을 갖고 있어서, 욥기, 잠언, 전도서는 이스라엘의 의식들을 모두 무시하고 대신 모든 사람들이 다 인정할 덕에 초점을 맞춘다(특히 욥 29-31 신사의 법을 보라). 이러한 전통에서 기원전 1세기(?) 한 유대인이 지은 그리스어 시(詩)는 유대인의 신심 가운데 보편적 측면(윤리, 바른 성생활, 도덕 등)을 강조하고 "의식" 규정들(안식일, 음식 규례 등)은 모두 무시한다.[5]

제2성전 시대 후기의 지혜문학은 대부분 지혜문학을 "유대화"함으로써 지혜문학의 보편성을 축소시킨다. 벤 시라(24장)는 참된 지혜는 단지 이스라엘 안에서만 그리고 단지 모세의 율법 속에서만 찾을 수 있다고 주장했다. 그러나 벤 시라도 자기 책의 대부분을 보편적으로 공유하는 가치에 대해 할애했다. 이와 비슷하게 『12족장의 언약』(이 가운데 많은 부분이 기독교계에 그 기원이 있다고 주장하는 학자들이 많지만 아마 기원전 2세기에 나온 것으로 보인다)은 토라에 충실하라고 주장하면서도 지혜 전승의 영향을 받아 설득력을 가진 보편적인 덕들(정직, 성실, 관용, 근면, 절제 등)에 대해 특별히 언급한다. 토빗은 흔히 예루살렘에 올라가 절기에 참여하고 음식 규례를 엄격히 지켰다(토빗 1:5-12). 그러나 그는 임종하는 아들에게 훈계하면서(4:5-21) 의식 규정들을 모두 무시한다. 그는 순결의 중요성과 부도덕의 악을 강조하면서 그가 일생을 통해 지켜온 모든 계명들에 대해서는 언급하지 않는다. 윤리와 보편적 덕에 대한 이러한 강조는 지혜 전승의 유산이다.

이 지혜 전승이 아마 "가장 중요한" 계명이 무엇인지 밝히려는 몇 차례 시도들의 배경을 이룰 것이다. 예수는 가장 중요한 계명이 하나님 사랑과 이웃 사랑이라고 했다(마 22:34-40). 랍비 전승도 기원전 1세기 원-랍비적 인물인 힐렐이 아주 비슷한 입장을 취했다고 한다. 사도행전 15장에 묘사된 교회 공의회는 이방인들이 기독교로 개종할 때 단지 세 가지(혹은 네 가지) 계명만 지키면 된다고 선포했다: 우상에게 바친 고기를 먹지 않고, 불륜의 성생활을 하지 않고, (나무에 달린 것을 멀리하며,) 피를 먹는 일을 하지 않는다. 이러한 규제는("나무에 달린 것"을 생략하고 "피"를 "피를 먹는 일"이 아니라 "피흘린 것"을 의미하는 것으로 해석하면) 바 코흐바 시대에 형성된 것이 분명한 랍비들의 율법과 매우 비슷하다. 이 율법은 살인, 우상숭배, 음란한 성행위에 대한 금령을 어기라는 요구를 받으면 차라리 순교하라고 유대인들에게 명령한다(바빌로니아 탈무드 *Sanhedrin* 74a).

그러면 여기에 어떤 유대인들이 유대교의 핵심, 필수불가결한 핵, 19세기에 "유대교의 본질"이라고 불리워왔던 것을 밝히려 했다는 증거가 있다. 어떤 학자들, 특히 19세기 말과 20세기 초의 기독교계 학자들은 "율법의 멍에"가 짊어지기 힘든 것임을 알게 되었고(행 15:10 참조), 바울이(그리고 예수도?) 이 멍에를 가볍게 하려 한 1세기의 유일한 유대인은 아니었음을 증명하기 위해 이 증거를 사용했다. "율법"에 대한 기독교인들의 비평은 율법에 대한 예언자들의 비평의 완성으로 해석되었다. 예언자들은 하나님이 제사가 아니라 의와 윤리를 원한다고 주장했다. 우리 시대 1세기의 예언자들의 상속자들도 같은 것을 주장하고 있었다: 하나님은 의식적 율법이 아니라 의와 윤리를 그리고 믿음을 원한다.

여기서는 제사 제의에 반대한 예언자들의 변론이나 할례와 율법에 반대한 바울의 변론 자료에 대해 상세하게 논의할 수 없다. 그러나 지혜 전승에 대한, 또 가장 중요한 계명이 무엇인지 밝히려고 한 시도에 대한 "기독교적" 해석에 개연성이 없다는 데 대해 유대교나 기독교의 많은 학자들이 주목해왔다(최근의 학계에서는 이러한 초기의 해석을 완전히 부정한다). 벤 시라(34:18-35:11)는 제사 제의에 참여하는 사람들이 진실하지 않고 부패되어 있다고 비평할 때조차도 제사 제의의 타당성은 긍정한다. 지혜 전승을 따르면서 미쉬나의 소책자인 "선현들의 가르침"(Chapters [or: Ethics] of the Fathers)은 실제로 의식에 관한 모든 율법들을 도외시한다. 이 소책자의 편집인이 결코 의식(안식일, 음식 규례, 절기 등을 포함하여)에 관한 모든 율법들이 영성이나 윤리보다 중요하지 않다고 주장하는 것 같지는 않다. 그러면 유대교의 율법에는 율법만 포함되어 있는 것이 아니다. 어떤 선생들은 다른 사람들보다 "윤리적" 요소를 더 많이 강조했다. 그러나 모두 이웃을 사랑하라는 명령이 토라의 의식을 준수함으로써 하나님을 사랑하라는 명령과 마찬 가지로 토라의 중요한 한 부분이라고 믿었다.

"율법주의"

그러나 민주화와 거룩성 부여라는 이데올로기가 유대인 사회의 넓은 영역에 침투하는 것이 어느 정도 성공을 거두었느냐 하는 것은 전혀 다른 문제이다. 언제나 그런 것처럼 유대교를 고대 유대인들이 실제로 따르고 살았던 대로 정확하게 제시할 만큼 자료가 정확한 것이 아니다. 어떤 유대인들은 의심의 여지 없이 의식 준수를 부담스러워 했다. 이들 중에는 배교자가 되는 사람들도 있었고, 단순히 계명의 일부 혹은 전체를 무시하는 사람들도 있었으며, 또 어떤 사람들은 토라가 의식 율법들을 문자 그대로 준수할 것을 요구하지 않는다고 주장했다(배교와 동화에 대해 제2장에서 논한 것을 보라).

많은 유대인들, 아마도 대부분의 유대인들이 종교적 엘리트들의 숭고한 이상을 구현할 만큼 시간을 내지도 못했고 그런 교육을 받지도 못했을 것이다. 그들은 하나님과의 교류라든가 토라의 말씀을 늘 묵상하는 일보다는 몸 건강히 지내고 수확을 잘 거두는 데 더 관심이 있었다. 이러한 유대인들은 "마술"을 사용하고 잘 알려진 엘리트와는 관계가 먼 종교적 대가들을 찾아다녔을 것이다. 예수는 병자들을 고치고 기적을 행하는 데 많은 시간을 보냈다. 사실 우리 시대 첫 세기의 많은 유대인들이 마술에 대해 대단한 명성을 갖고 있었다. 제7장에서 논하겠지만 랍비 시대에도 많은 유대인들이 랍비들의 생활 방식을 따르지 못했다. 그들은 랍비들을 "성인"으로 그리고 기적을 행하는 자로 존경하기는 했지만 토라에 대한 랍비들의 가르침대로 살지 못했다.

　수많은 의식과 그 의식을 따르는 것을 통해 자신들의 삶에 신앙을 통합시키는 유대인들이 있었다. 그러나 이러한 것들로 자신들의 삶을 거룩하게 하려 하지는 않았다. 그들은 섭생하는 일, 거룩하게 사는 일, 하나님과 하나님의 계시된 진리에 맞추어 생각하는 일의 의미와 목적을 도외시했다. 이러한 사람들이 기독교가 유대교에 반대하여 반박하는 "율법주의" 곧 의식을 단순히 외적으로 준수하기만 하면 된다는 식의 생각을 가진 유대인들이다. 그러한 사람들은 (교부들의 설교에 그렇게 많이 증거되듯이 기독교인을 포함하여) 모든 시대 모든 종교 공동체 안에 다 있다. 그리고 복음서 안에 바리새인들에 대해 편견을 가지고 묘사한 부분을 믿지 않는다 하더라도 고대에 그러한 유대인들이 있었다고 생각할 수 있다. 예수는 자기 스스로 의롭다고 생각하는 사람들의 위선과 외식에 대해 공격적인 설교를 한 유일한 사람이 아니다(흔히 바리새인 교사가 썼다고 하는 텍스트인 『솔로몬의 시편』 4장 참고).

　유대교 신자들이 기독교 신자들보다 더 쉽게 내적 영성보다 외적 준수에 초점을 맞추었는가 하는 것은 역사가가 대답할 수 있는 문제가 아니다. 유대인의 이상은 종교를 보편화하고 삶을 거룩하게 하는 것이었으며, 이 이상은 그것을 실행에 옮기지 못하는 사람들도 긍정적으로 받아들일 만한 것이다.

신앙

고대 유대교가 도그마와 신경(creeds)을 피했지만, 그 전례에는 "표준적" 혹은 "공식적" 신학에 매우 가깝다고 할 수 있는 것이 포함되어 있다. 위에서 논한 대로 제사장들이 드린 성전 기도는 쉐마의 세 단락을 암송하는 것이 특징적이었다.

그 첫 단락(신 6:4-9)은 이스라엘 사람들에게 하나님을 사랑하고 항상 하나님의 말씀을 묵상하라고 명령한다. 이 단락의 주제는 하나님의 주권을 인정하는 일이다. 미쉬나는 이것을 "하늘 나라의 멍에를 짊어지는 일"이라고 부른다. 둘째 단락(신 11:13-21)에서는 이스라엘 사람들이 죄를 지으면 가뭄과 기근으로 고생할 것이며, 반면 하나님의 말씀을 지키면 번영을 누릴 수 있을 것이라는 경고를 받는다. 이 단락의 주제는 하나님의 정의에 대한 인식이다. 미쉬나는 이것을 "계명의 멍에를 짊어지는 일"이라고 부른다(미쉬나 *Berakhot* 2:2). 셋째 단락(민 15:37-41)은 옷자락에 특별한 술을 달라고 구체적으로 요구한다. 이 단락의 주제는 첫째 단락의 주제와 동일한 것으로 보인다. 그러나 미쉬나는 대신 이 단락의 마지막 절을 강조하며("나는 너희의 하나님이 되고자 너희를 이집트 땅에서 이끌어낸 주 너희의 하나님이다"), 이집트로부터의 탈출, 곧 구속을 주제로 삼는다(미쉬나 *Berakhot* 1:5).

이와 같이 미쉬나에 따르면 쉐마의 세 주제는 하나님의 왕권, 보상과 형벌, 구속이다. 미쉬나의 해석이 이 세 가지 성서 구절이 본래 가지고 있던 의미를, 혹은 처음으로 이 구절들을 통일된 기도로 만들기 위해 배열한 사람들이 가졌던 원래의 뜻을 정확히 반영하는지는 알 수 없다. 그러나 쉐마는 그것이 전례의 중심적 위치를 차지하고 있다는 사실 때문에, 십계명이 필로나 몇몇 중세 유대 철학자들에게 있어서 토라의 율법을 간략하게 요약하는 역할을 했듯이,

유대교의 신앙을 간단하게 개괄한다.

하나님의 왕권

쉐마의 첫 행은 하나님은 "한 분"이시라고 선포한다. 유배 이전 시대 이스라엘 사람들은 하나님의 유일성에 대해 여러 가지 견해를 가졌었다. 히브리 성서의 어떤 구절은 하나님이 절대적으로 유일하다고 한다. 예를 들어, "오늘날 상천하지에 오직 여호와는 하나님이시요 다른 신이 없는 줄을 알아 명심하라"(신 4:39). 그런가 하면 다른 구절들(특히 운문으로 된 구절들)은 하나님에 대해 상대적 우월성을 인정한다. 예를 들면, "여호와여 신 중에 주와 같은 자 누구니이까"(출 15:11).

하나님의 권세의 범위에 관해서도 성서 내부에 비슷한 긴장이 있다. 어떤 구절들은 이스라엘의 하나님의 권능과 관심이 오직 이스라엘 백성에게만 기울여진다고 한다. 그런가 하면 또 어떤 구절들은 이스라엘의 하나님은 온 세계의 하나님, 온 백성들의 하나님이라고 명시적으로 진술한다. 예를 들어, "네[암몬 자손과 모압 자손] 신 그모스가 네게 주어 얻게 한 땅을 네가 얻지 않겠느냐 우리 하나님 여호와께서 우리 앞에서 어떤 사람이든지 쫓아내시면 그 땅을 우리가 얻으리라"(입다가 암몬 자손의 왕에게 전한 서신의 일부)라는 사사기 11:24과 "나는 내 큰 능과 나의 든 팔로 땅과 그 위에 있는 사람과 짐승들을 만들고 나의 소견에 옳은 대로 땅을 사람에게 주었노라"라는(느부갓네살이 대제국을 지배하게 되어 있다는) 예레미야 27:5을 대조해 보라.

히브리 성서에는 이스라엘 사람들이 이스라엘의 신 이외에 다른 신을 섬기는 일에 대한 통렬하고 광범위한 변론이 있다. "우상 숭배"와 "이방 신 숭배"를 늘 일치시키는 변론이다. 그러나 역사적 설화는 남왕국 사람이든 북왕국 사람이든 많은 유대인들이 이스라엘의 하나님과 나란히 바알이나 다른 신들을 적극적으로 섬겼음을 보여준다. 이러한 사실에 대해 학자들이 일반적으로 설명해 온 것은 이스라엘의 초기 신앙과 예언자들로부터 시작된 후대의 신앙 사이에 커다란 발전이 있었다고 한다. 처음에는 이스라엘 사람들이 자신들의 하나님이 자신들의 나라의 하나님에 불과한 것으로 믿었다. 다른 신들보다는 강하지만 그들과 실질적으로는 다르지 않은 신이다. 그러나 예언자들은 이스라엘의 하나님이 온 인류의 운명을 다스리는 온 우주의 주이며 이스라엘 사람들은 오직 이 한 분 하나님만을 섬겨야 한다고 가르쳤다.

기원전 6세기에 이르러 예언자들의 견해가 승리를 거두웠음이 분명하다. 제2성전 시대 초에 제2 이사야는 이스라엘의 하나님을 세계 창조자로 찬양했고 나무와 돌로 된 신들은 아무것도 아니라고 조롱했다. 하나님의 우주적 권세는 또 페르시아 시대에 널리 사용된 칭호, "하늘의 하나님"(예를 들면, 욘 1:9; 스 1:2)에 극명하게 드러난다. 하나님은 전능하며, 전지하며, 우주의 창조자이며, 자신이 지은 모든 피조물 위에 높여지고, 영광과 위엄 속에 다스리며, 궁극적으로 사람들의 인식을 초월한다는 것이 제2성전 시대와 랍비 시대 문헌의 공통된 주제이다. 유대인을 지배한 페르시아 제국과 헬레니즘 제국의 나라들처럼, 하나님도 엄청난 규모의 제국을 다스리는 전능한 주였다.

내적인 발전의 산물이든, 외적인 영향의 산물이든 하나님에 대한 이러한 개념은 많은 모호성과 긴장을 초래했다. 신학은 일관성을 요구하지 않는다. 제2성전 시대 유대인들은 하나님에 대해 서로 모순되는 진리를 긍정할 수 있었다. 하나님에 대한 이 새로운 개념 속에 내포된 네 가지 주된 긴장을 간략하게 점검하겠다. 이러한 긴장들은 보편성과 배타주의, 유일신론과 다신론, 내재와 초월, 철학자들의 하나님과 성서의 하나님 사이의 긴장이다.

보편성과 배타주의

하나님은 모든 이들의 하나님, 지고한 신이면서 또한 이스라엘 국가의 하나님으로 세계 모든 민족 가운데서 이스라엘을 택하고 오직 이스라엘에게만 토라를 계시한 분이다. 이 두 개념 사이의 긴장은 히브리 성서(창 1-11장과 12장 이하를 비교해 보라)나 제2성전 시대 및 랍비 시대의 문헌에 분명히 드러나 있다. 어떤 텍스트들이 보편적인 윤리적 규범을 강조하는가 하면 또 어떤 텍스트들은 유대교의 의식적 율법을 강조한다(위를 보라). 이와 유사하게 특히 하나님이 아브라함을 선택하기 이전에 살았던 인물들(예를 들면, 에녹)이 쓴 것으로 되어 있는 묵시문학들은 하나님의 우주적 지배에 대해 강조하고 이스라엘과 맺은 계약은 무시하거나 생략한다. 그런가 하면 다른 텍스트들은 그와 반대이다. 재앙에 직면하여 기록된 어떤 텍스트들(예를 들면, 기원후 70년 예루살렘의 멸망에 대한 반응인 제4 에스라)은 우주의 주이신 하나님이 이방인들로 하여금 권세를 잡게 했다고 탄식하며 또 이스라엘의 주이신 하나님이 자기 백성을 보호하지 않았다고 탄식한다.

기독교는 하나님의 보편성을 긍정하고 하나님을 특정 민족이나 땅에 묶어두는 모든 교리들을 부정함으로써 이러한 긴장을 해소했다. 그러나 대부분의 유대인들에게 있어서 이러한 입장은 따를 수 없다. 랍비들의 해석에서 쉐마는 우주의 왕이면서 동시에 유대인들의 왕인 한 분 하나님의 존재를 선포한다.

유일신론과 다신론

헬레니즘 시대에 이르러 "헤이스 테오스"(*Heis Theos*, 하나님은 한 분이시다! 혹은 하나님은 한 분만 계시다!)라는 구절은 유대인들의 슬로건이 되었다. 그러나 유일신론은 모호한 개념이다. 그것은 분명히 한 분 지고한 하나님에 대한 믿음을 의미한다. 그러나 그 믿음이 다른 초자연적 존재들이 존재하지 않는다고 주장할 수도 있고 그렇지 않을 수도 있다. 고대 유대교의 유일신 사상은 하나님 외에 수많은 다양한 초자연적 존재들이 존재했다는 믿음을 제외하지 않는다. 정확히 말해서 신이 점차 권세와 명성을 갖게 되었기 때문에 제2성전 시대에 온갖 종류의 존재들, 특히 천사들을 신과 인간 사이의 중간 세계에 존재하게 할 필요가 있었다.

히브리 성서는 때때로 하나님이 경우에 따라 특별한 목적을 위해 사용하는 초자연적 메신저들로 천사들에 대해 언급한다(예를 들면, 창 22:15; 출 23:20). 제2성전 시대의 유대교 신학에서 천사들이 행하는 역할이 극적으로 증대되었다. 강한 힘을 가진 존재에게 수많은 수행원들이 필요했다.

하나님의 천궁(天宮)에는 이사야 6장이나 에스겔 1장이 생각하는 것 훨씬 이상으로 기능과 역할 면에서 더 많고 더 세분된 천사들이 가득했다. 궁전은 제7 혹은 제8 하늘에 위치해 있다. 이러한 하늘들은 각각 수많은 천사들이 지키고 있다. 하나님의 우주 제국에서 민족마다 각각 "군주"(prince)라고 불리우는 천사장을 갖고 있다. 미가엘은 곤경을 당했을 때 이스라엘 백성을 위해 싸우는 이스라엘의 군주이다(단 10:13, 21; 12:1). 말세가 이르면 하나님은 천군 천사의 도움을 받아 흑암 및 악의 세력들과 맞서 마지막 싸움을 벌인다. 이렇게 천사들은 여러 가지 과제를 수행했다. 천궁을 수호하고, 창조주에게 찬양을 드리며, 하나님의 군대를 섬겼다. 하나님이 인간과 교통하도록 중재자로서의, 특히 묵시적 환상가들이 경험한 계시의 원천으로서의 역할을 했다. 그리고 백성들의 기도를 하나님 앞에 상달하고 그들을 위해 하나님께 대신 기도함으로써 인간이 하나님과 교통할 수 있는 중재자 역할도 했다.

필로 및 그리스어를 사용하는 다른 유대인들에게 있어서는 천사들이 아니라 하나님의 "말씀"(speech) 혹은 "이성"인 로고스(흔히 "말"[word]로 오역된다)가 하나님과 세계 사이를 중재하는 데 나섰다. 로고스는 광범위한 의미를 갖고 있다. 그러나 가장 보편적인 의미는 물질 세계와 접하게 된, 그리고 사람들이 인식할 수 있게 된 하나님의 현시(manifestation)이다. 하나님 자신이 이 세계로부터 멀리 떨어져 있어서, 우리가 하나님을 알 수 있는 것은 단지 하나님의 "말씀"을 통해서만 가능하다. 우리가 우리의 감각으로 인식할 수 있는 우주를 하나님이 창조한 것도 이 "말씀"을 통해서이다. 필로의 사상에서는 로고스가 하나님의 한 가지 "특색"(혹은 속성)인지 혹은 "존재자"인지(요 1:1 참조) 분명하지 않다. 천사들이 하나님에게 다가가는 인간의 중재자들이지만, 로고스는 인간에게 다가오는 하나님의 중재자라고 필로는 말한다.

필로의 로고스는 잠언 8장에 있는 지혜와 그 성격이 비슷하다. (필로는 이 둘을 명시적으로 연관시킨다.) 지혜는 "여호와께서 그 조화의 시작 곧 태초에 일하시기 전에 나를 가지셨다"(8:22)고 선포하며 세계가 창조될 때 지혜가 하나님 곁에 어떻게 있었는지 묘사한다(8:30): "내가 그 곁에 있어서 창조자가 되어 날마다 그 기뻐하신 바가 되었으며 항상 그 앞에서 즐거워하였다." 로고스처럼 지혜는 세상을 창조할 때 하나님을 보좌한다(혹은 창조를 통해 하나님의 지혜가 드러났다고 말해야 하나?). 이러한 모호성들 때문에 이 구절은 지혜가 단순히 하나님의 속성인지 혹은 지혜가 어느 정도 자율성과 독립을 부여받은 존재인지 분명하게 말하지 않는다. 필로는 지혜를 로고스라고 한다. 요한 및 다른 기독교인들은 지혜를 로고스라고 하고 로고스는 그리스도라고 한다.

3세기와 4세기의 랍비들은 지혜를 토라라고 하고(벤 시라 24장 참조) 하나님이 토라에 근거하여 세계를 창조했다고 한다. 많은 영지주의 창조 신화에 따르면, 소피아(*Sophia*, 지혜의 그리스어)가 세계 창조의 수단이 된 초자연적 존재들 중의 하나와 같이 묘사되어 있다. 이렇게 의인화된 지혜는 하나님과 세계 사이를, 특히 창조시에 중재한 또 다른 권능이었다.

  도덕적으로 선하거나 도덕적으로 중립인 천사들, 로고스, 지혜 이외에 중재자의 세계에는 악한 천사와 해로운 영들(혹은 마귀들)이 있었다. 히브리 성서에는 '사탄'(stn "반대하다," "고발하다," "문제를 일으키다")이라는 동사와 거기에서 파생된 명사들이 어떤 사람에게 해를 끼치는 인간에게도 적용되고(예를 들면, 왕상 11:14, 23, 25) 천사들에게도 적용된다(예를 들면, 민 22:22, 32).

  제2성전 시대 초기에 "고발자"(ha satan)라는 용어로 하나님 아래 복속되어 있으면서도 어느 정도 나름대로 행동할 수 있는 천상 어전회의의 일원을 언급하기 시작했다(욥 1-2장; 슥 3:1-2). "사탄"은 아직 고유명사가 아니었다(대상 21:1의 어휘를 흔히 "사탄"이라고 번역하지만, "문제를 일으키는 사람"[troublemaker]으로 번역하는 편이 훨씬 더 낫다). 그러나 기원전 3세기와 2세기에는 사탄이 분명하게 규정된 존재로 등장한다. 때로는 마스테마(Mastema) 혹은 벨리알(Belial) 혹은 다른 여러 가지 이름으로도 불리우는 사탄은 악의 세력을 이끄는 초자연 세계의 두목이다. 그는 하나님의 적이며 동시에 의로운 자들의 적이다. 그리고 인류가 당하는 모든 병들을 일으킨다는 비난을 받는다. 이러한 악의에 찬 세력들로부터 보호받으려면 기도와 경건을 통해서, 혹은 부적과 주문을 통해 보호받을 수 있다(토빗 참조). 질병은 이러한 적대적 세력 가운데 하나에게 사로잡힌 한 가지 징후이다. 따라서 병을 치료하는 일은 흔히 악령의 세력을 "불러내거나" "쫓아내는" 구마(驅魔, exorcism)의 형태를 띤다.

  수많은 천사들이 이 세상과 저 세상에서 주를 섬기고 있다고 믿게 된 동기는 분명히 하나님이 우주적 위엄에 대한 믿음이다. 하나님이 점점 더 높이 찬양되면서, 그의 영광을 찬양할 수행원들과 세상과 교통하는 중재자들이 더 많이 필요하게 되었다. 수많은 악마와 영들이 즐겨 인간들을 공격했다고 믿게 된 동기는 분명히 우주에 있는 악의 기원을 설명하려는 열망이었다. 하나님이 선하고 또 하나님이 창조한 세상이 선하다면(창 1장), 악은 어디서 온 것일까? 신정론을 논할 때 이 문제를 다시 거론하겠다(아래를 보라).

그러면 하나님은 한 분이시나 초자연적 존재와 세력들은 무수히 많다. 이것은 유일신론의 가면을 쓰고 가볍게 가장한 다신론이 아닌가? 최소한 탈무드의 랍비들에게 있어서는 이 둘이 합리적으로 설명될 수 있다. 하나님이 우주를 창조했고, 여기에는 모든 초자연적 존재들도 포함되었다(창 1장에는 천사들이 하나님에 의해 창조되었다고 언급하지 않지만, 그 간격이 『유빌리』 2:2에서처럼 랍비들의 학문에 의해 채워져 있다). 그리고 오직 하나님만이 독자적인 의지와 능력을 갖고 있다. 천사들은 단지 그들을 지은 창조주의 뜻을 수행할 뿐이다. 랍비들은 창세기 1:26의 수수께끼같은 복수형 어구("우리의 형상대로 사람을 만들자")에서 천사들이 아담을 창조하는 하나님을 도왔다고 쉽게 추론한다. 그러나 그들의 유일신론은 초자연적 세력들의 존재에 대한 믿음과 타협하는 것이 아니라 그들에게 주어진 독립성이라는 속성과 타협한다. 결과적으로 하나님 이외의 다른 어떠한 존재에게도 기도할 수 없게 되어 있다. 그렇게 기도하는 것은 하나님 이외의 존재도 독립된 권세를 가진 존재라고 하는 것을 의미하기 때문이다.

유일신론은 많은 초자연적 존재들 가운데 오직 한 하나님만을 섬길 것(monolatry)을 요구한다. 랍비들의 이론은 이렇게 발전되었다. 실제로 랍비들은 마귀들에게는 독립적으로 행동할 능력이 없다는 데 대해 그렇게 확신하지 못했다. 그러나 마귀들에 맞서 방어하는 일은 가능하지만 마귀들을 사용할 수는 없다(신 18:9-14에 따르면 랍비들의 존재나 마법사들의 능력을 의심하지 않았다). 하나님 이외의 초자연적 존재에게 드리는 기도는 그 존재가 하나님에 돕는 자든 반대하는 자든, 유일신론에 어긋나는 것이다. 기껏해야 그것은 하늘의 두 세력이 있다고 믿는 이단(異端)이다. 나쁘게 말하면 이교(異敎)이다.

이것이 3세기와 4세기의 랍비들이 생각해낸 체계였다. 그러나 당시의 다른 많은 유대인들은 랍비들이 정교하게 구분한 차이점들을 무시했다. 그들은 천사들에게 기도했고, 그들의 권능을 찬양하고 그들에게 자기들의 요구를 들어달라고 간구했다. 랍비들 스스로도 천사들과 마귀들을 합법적으로 사용하는 것과 불법적으로 사용하는 것을 구분하는 데 많은 어려움을 겪고 있었다.

랍비들의 체계는 제2성전 시대 유대교에 발전된 어떤 부류의 신학을 반영한다. 요세푸스가 아브라함에게서 비롯되었다고 주장하는 유일신론은 랍비들의 견해와 매우 비슷하다: 아브라함은 "우주의 창조자이신 하나님이 한 분이시며, 다른 어떤 존재들이 인간의 안녕에 기여한다 하더라도 하나님의 명령에 따라 하는 것이지 자기 자신의 고유한 능력에 의해 하는 것은 아니라고 담대하게 선포한 첫 사람이었다"(『유대 고대사』 1.7.1, §155). 성전 제의는 랍비 시대 회당의 제의와 마찬가지로 하나님 한 분만 인정했고 다른 모든 초자연적 존재들을 부인했다. 그러나 어떤 무리들 가운데서는 천사들, 그리고 특히 마귀들에게 어느 정도 독립된 권세가 주어졌다.

사탄과 그의 군대가 하나님에 의해 창조되었다 하더라도(골 1:16 참조), 그들은 하나님의 대적자로 행동하고 하나님의 뜻을 거스르는 존재로 행동한다. 이 세계를 조정하며 인간의 행복과 구원을 방해하는 천상의 "최고 지배자들"(archons)도 유일신론 세계관과 쉽게 조화될 수 없다. 마귀론과 마술이 무성하게 나왔다. 필로도 몇 구절에서 로고스와 하나님의 "권세들"을 단순히 하나님의 연장(extension)이 아니라 독립된 존재처럼 묘사하는 것 같다. 하나의 신에 대한 믿음이 많은 신에 대한 믿음보다 우월하기 때문에 유대교가 이교보다 우월하다고 이 시대의 많은 문헌들이 강조한다. 그러나 그러한 대조는 반-이교적 수사학이 제시하는 것처럼 그렇게 명쾌하고 단순한 것이 아니다. 이교도들 가운데서도 많은 철학자들이 주신(主神) 하나님과 종속된 존재자들 사이의 관계에 대한 랍비들의 분석에 동의하려 했다. 이러한 철학자들은 창조, 계시, 그리고 이스라엘의 선택에 관한 유대교 교리를 부정했지만, 그들의 유일신론은 유대인들의 유일신론과 매우 흡사했다.

고대 유대교의 유일신론은 쉽게 정의할 수 없다. 하나님의 유일성을 밝히 드러내고 그의 주권을 강조하는 그 개념조차 역설적인 방식으로 천사들 및 다른 중재자들에 대한 믿음이 필요하게 만들었다. 근대 이전의 유대교는 이 긴장을 완전히 해소시킨 적이 없다. 중세에 마이모니데스는 유일신론을 한 분 초자연적 존재에 대한 믿음으로 정의했다. 마귀와 영들은 상상을 통해 만들어낸 허구일 뿐이다. 천사들, 로고스, 그리고 신적인 세력들은 신성과 독립해서는 존재하지 않는 하나님의 "속성들"에 불과하다. 그러나 마이모니데스의 이러한 과격한 유일신론은 중세에도 드문 것이었고 고대에서는 찾아볼 수 없다. 기독교는 일자(Monad)가 여럿이며(plural), 하나가 셋으로 이루어졌고, 이 중 하나는 하나님과 세계 사이의 주된 중재자라고 주장함으로써 이 긴장을 해소했다. 이것은 대부분의 유대인들이 받아들일 수 없는 대안이었다.

내재와 초월

하나님이 이 세상 "안에" 거하는가 아니면 그 위에 멀리 거하는가? 물론 대답은 둘 모두이다. 제1성전을 봉헌하면서 솔로몬은 "하늘과 하늘들의 하늘이라도 주를 용납치 못하겠거든 하물며 내가 건축한 이 전이오리이까!"(왕상 8:27)라고 기도했다. 실로 많은 성서 구절들이 성전을 점유하는 것은 하나님이 아니라 하나님의 "이름"(신 12장) 혹은 "영광"(왕상 8:11)이었다고 한다. 앞 단락에서 묘사한 발전들은 하나님의 초월성이 발전하였음을 증언한다. 하나님이 이 세상에서 멀리 떨어질수록 그 사이의 "충만"(그리스어로 *pleroma*라 불리운다)은 신적인 존재들로 더 많이 채워져야 했다. 그러나 하나님의 초월은 어떤 식으로든 하나님이 하나님을 믿는 사람들에게 가까이 있다는 것을 부정하지 않는다.

헬레니즘 시대의 많은 이교도들에게 있어서 신들은 멀리 있으며 인간사에 대해 별로 염려하는 것 같지 않았다. 기원전 291년 아테네 사람들은 그들의 지배자에게 "다른 신들은 멀리있거나, 귀가 없거나, 존재하지 않거나, 우리에게 전혀 관심을 기울이지 않습니다. 그러나 우리가 눈 앞에 보고 있는 당신은 나무나 돌로 된 것이 아니라 참된 신입니다. 당신께 우리가 기도드립니다"라고 노래했다. 이것이 아테네인들이 죽을 수 밖에 없는 존재인 자기들의 지배자들에게 흔히 바친 아첨이었다.[6] 유대인들은 신들을 숭배하는 것이 어리석고 무익한 일이라는 데 대해 아테네 사람들과 동의했을 것이다 (예를 들면, 시 115:4-8; 왕상 18:27). 그러나 유대인들에게 있어서 하나님이 가까이 있다는 것은 데메트리우스 폴리오세테스 장군이 아테네인들에게 가까이 있는 것처럼 절실한 것이었다. 유대인들의 하나님이 우주의 왕이지만, 그 하나님은 또 인류의 기도를 들어줄 만큼 충분히 가까이 계신 분이었다.

이러한 역설은 4세기의 한 랍비의 말에서 드러난다.[7] "[형상들이 가까이 있으니] 이교 신들은 가까이 있는 것같으나 [기도를 들어주지 않으니] 실제로는 멀리 있도다. 거룩하신 하나님, 그 분은 복되시도다, 그 하나님은 [그 초월성 때문에] 멀리 있는 것 같으나 [기도를 들어주시니] 그 분보다 더 가까이 있는 자가 없다." 하나님을 잘 파악할 수 없다는 데 대해 유대인들이 어떠한 감정을 가졌었든, 즉각적인 효과가 나타나지 않는 것은 하나님이 초월적인 존재로 멀리 있기 때문이 아니라 하나님의 행동을 이해할 수 없기 때문이다.

왜 도덕적인 하나님이 악이 번성하도록 놓아두는가? 이 문제는 아래에서 다시 다룰 것이다.

철학자들의 하나님과 성서의 하나님

히브리 성서의 하나님은 대부분 신인동형론적(anthropomorphic)이고 신인동정론적(anthropopathic)인 존재이다. 즉 인간의 형상과 감정을 가진 하나님이다. 하나님(하나의 남성이다)은 걷고 말하며, 손과 발이 있고, 화를 내거나 기뻐하거나 슬퍼하며, 생각을 바꾸고, 인간에게 말을 건네며 인간들의 말을 듣고, 세상 일들을 면밀히 지켜본다.

철학자들의 하나님은 이와 전혀 다른 종류의 신이다: 추상적이며(제1동자, 제1원인, 정신 혹은 우주혼 등), 불변하며, 상대적으로 인간사에 별 관심이 없다. 신에 대한 이러한 상반되는 개념들이 토라에서 단지 알레고리적 주석을 통해서만 철학적으로 존경할 만한 하나님을 발견할 수 있는 필로의 책에 분명히 나타난다(제6장을 보라). 필로는 특별히 신인동형론적 신인동정론적 구절에 대해 주의를 기울여 명쾌하게 처리하려 한다. 이스라엘 본토에서는 이런 식으로 성서를 해석하려는 압력이 강렬하지 않았다. 그러나 이스라엘에서도 성서의 아람어 번역인 많은 타르굼밈은 성서의 신인동형론을 축소하거나 제외한다.

아마 유대인들 가운데 일부는 히브리 성서에 있는 비철학적인 하나님 형상에도 관심이 있었겠지만, 대부분의 유대인들은 그렇지 않았다. 묵시문학계 환상가들과 신비가들은 수종드는 천사들이 주위에 늘어서 있는 가운데 보좌에 앉은 하나님을 보았다고 주장했다. 랍비들은 사랑하고 사랑받는 하나님 그리고 함께 논쟁할 수 있는 하나님에 대한 믿음을 갖는 데 아무런 어려움이 없었다. 대중에게는 접근가능하고 이해할 수 있는 하나님이 필요했다. 4세기에 이집트의 수도승들은 대부분 성서의 신인동형론적 표현들을 문자 그

대로 이해했다. 결국, 하나님이 "우리의 형상대로 사람을 만들자" (창 1:26)라고 선포한 것은 사람의 형상이 하나님의 형상이라는 것을 증명한다. 알렉산드리아의 주교가 보낸 목회 서신을 읽고 또 하나님에게는 형상이 없기 때문에 신인동형론적 표현들을 알레고리적으로 이해해야 한다고 주장하는 수도원장의 설교를 들은 후, 한 나이든 수도승이 일어나 기도하려 했지만 할 수 없었다. "내게 화가 미쳤구나! 그들이 내게서 내 하나님을 빼앗아갔어!"라고 울부짖었다.[8]

통속적 신앙에는 변함이 없고 형상이 없는 제1동자(第1動者)가 필요없거나 결핍되어 있다. 통속적 신앙에는 사람들에게 자신을 계시하고, 기도를 들어주고, 인간의 언어로 파악할 수 있는 하나님이 필요하다. 이것이 쉐마의 하나님, 성서의 하나님, 전례의 하나님이다. 이것이 실제로 고대 히브리 문헌과 아람 문헌, 몇몇 그리스 문헌의 하나님, 유대교 문헌의 하나님이다. 그러나 이것이 철학자들의 하나님은 아니다.

보상과 형벌

이 시대의 주된 쟁점은 라이프니쯔 이후 신정론(theodicy)으로 알려진 하나님의 정의(justice)이다. 하나님은 자기 백성과 우주를 관장하는 하나님이다. 자기 영역에 정의를 수립하고 유지하는 것은 왕의 책임이다. 실로 압살롬이 다윗 왕을 폐위시키는 데 성공한 것은 아들이 아버지보다 더 정의롭게 다스리셨기 때문이다(삼하 15:1-6). 히브리 성서의 거의 모든 책의 기본 주제는 하나님이 인간사를(혹은 최소한 이스라엘인들의 일을) 관장하면서 의인들에게는 보상을 하고 악인들에게는 벌을 내린다는 것이다. 하나님의 다스림이 여러 가지 방식으로 분명하게 드러나고, 가장 두드러지게 나타나는 것은 기적을 보여줌으로써 드러나지만, 성서 자체는 하나님의 길이

때로는 불분명하다는 것을 잘 인식하고 있다. 하나님의 길이 인간의 길과 항상 같지는 않기 때문이다.

쉐마의 둘째 단락은 이스라엘인들이 비(雨)와 번영을 통해 그 의로움에 대한 보상을 받고 가뭄과 기근을 통해 벌을 받는다고 설명한다. 하나님의 무기로는 비만있는 것이 아니었다. 전쟁에서 외국 군대에 대해 승리를 거두는 일, 튼튼한 건강, 모든 선한 일들이 충만한 것 등이 하나님의 계명을 따르는 사람들에게 주어졌고 계명을 지키지 않는 자들에게는 이에 반대되는 것들이 주어졌다. 구속(救贖)에 대한 단락에서 이 주제를 다시 다룰 것이다. 여기서는 개인의 보상과 형벌에 관해 논할 것이다.

유배 이전 시대에 한 개인은 따로 떨어진 존재라기보다는 전체의 일원으로 간주되었다. 이러한 전망은 많은 구절에 나타나는데, 가장 두드러진 것은 하나님이 자신의 길을 모세에게 설명할 때 나타난다(출 34:6-7; 민 14:18 참조).

> 여호와로라 여호와로라 자비롭고 은혜롭고 노하기를 더디하고 인자와 진실이 많은 하나님이로라 인자를 천대까지 베풀며 악과 과실과 죄를 용서하나 형벌받을 자는 결단코 면죄하지 않고 아비의 악을 자손 삼 사대까지 보응하리라

이 구절에서 아버지의 죄를 두고 자식들에게 벌을 내리는 것(세대간 혹은 "통시적"[diachronic] 책임)이 하나님의 진노가 아니라 자비의 측면으로 간주된다. 하나님이 "죄를 용서하시지만"(좀더 잘 번역하면 "죄를 눈감아 주시지만"), 죄지은 쪽(guilty party)은 벌을 받아야 한다고 주장한다. 그러나 자비를 통해 하나님은 형벌을 3, 4세대라는 기간에 나누어 내릴 수도 있다. 조상들의 관점에서는 이것이 진실로 자비이다. 자녀들의 관점에서는 이것이 부당한 것 같다. 그러나 이스라엘 사람들은 그렇게 생각하지 않았다. 그들은 한

개인이 씨족이나 국가의 일부이며, 한 사람의 운명이 불가분하게 조상들, 후손들, 그리고 동시대인들의 운명과 연관되어 있다는 사실을 그대로 받아들였기 때문이다. 유배 이전 시대 후기에 이러한 견해들이 바뀌었고 조상들의 죄에 대해 자식들이 벌받는 일을 하나님의 진노의 측면으로 간주했다. 이제는 개인의 권리에 대해 생각하지 않을 수 없게 되었다: 3, 4세대에 죄를 떠넘기는 것은 단지 자녀들도 계속 조상들의 죄악된 행위를 따라 사악하게 행동했을 때에만 가능했다(출 20:5).

기원전 587년 성전이 파괴되고 바빌로니아로 유배를 떠나게 됨으로써 이 체계는 치명적인 상처를 입게 되었다. 하나님이 느부갓네살과 바빌로니아 사람들을 이스라엘에 대한 "진노의 막대기"로 사용하는 것이 매우 분명한 것 같았지만, 하나님이 왜 성전을 파괴되도록 버려두는가? 이 형벌이 그 동안 지은 죄에 합당한 것인가? 이스라엘 사람들이 죄를 범했다는 것을 부정하는 사람은 아무도 없다. 그러나 그 형벌이 너무 크고 그 고통이 너무 심대해서 하나님이 어떤 사람들이 볼 때는 아무 죄도 없는 사람에게 고통을 주는 악의에 찬 신으로 나타나기도 했다(애 3:1-19). 어떤 이스라엘 사람들은 이전 세대들이 지은 죄가 쌓이기도 하여 자신들이 벌을 받고 있다는 개념을 순순히 받아들이기도 했다(애 5:7). 그러나 많은 사람들은 이것이 하나님의 부당한 처사라고 불평했다. "아버지가 신 포도를 먹었기 때문에 자식들의 이가 시게 되었다"는 말은 당시 널리 인용되는 속담이었다(렘 31:29; 겔 18장). 일부 이스라엘 사람들은 자신들이 겪는 불행을 자신들이 하늘 여왕을 제대로 섬기지 못했기 때문에 일어난 것으로 생각했다(렘 44:15-19). 다시 말해 그들이 신으로부터 벌을 받고 있지만, 그 신은 하나님이 아니다! 신정론에 대한 새로운 이해가 필요하게 되었음이 분명하다.

조상들의 죄 때문에 고통을 당하고 있다고 불평하는 이스라엘 사람들에게 대답하여, 에스겔은 사람들이 각각 자신들이 지은 죄 때문에 하나님의 심판을 받는다고 말했다. "범죄하는 그 영혼은 죽을찌라 아들은 아비의 죄악을 담당치 아니할 것이요 아비는 아들의 죄악을 담당치 아니하리니 의인의 의도 자기에게로 돌아가리라"(겔 18:20). 이러한 개념은 출애굽기 34장에서 하나님 자신이 모세에게 계시한 체계로부터 크게 벗어나는 것이었다. 같은 장에서 에스겔이 도입한 또 한 가지 새로운 교리는 회개가 개인에게 미치는 영향이다. 회개한 죄인은 하나님이 보기에 더 이상 죄인이 아니다. 그리고 그릇된 길로 가는 의로운 사람은 더 이상 의롭지 못하다. 각자 자신의 새로운 상태에 따라 보상받는다. 이러한 개념들은 내세에서의 인과응보라는 교리와 함께 엄청난 영향력을 가졌다.

영원 불멸과 부활

에스겔은 사람들이 각자 하나님으로부터 정당한 판결을 받는다고 주장한다. 페르시아 혹은 헬레니즘 시대에 씌어진 역대기의 저자는 열왕기를 개정하면서 이 이론을 구현했다. 신명기 사가는 집단 책임 이론에 만족했었다. 그러나 역대기 사가는 그렇지 못했다. 열왕기가 파국에 대해 그 파국을 경험하는 사람이 아닌 다른 사람이 행한 범죄에 근거하여 설명할 때마다(예를 들면, 하나님은 성전이 파괴되기 한 세기 전에 통치한 므낫세 왕의 죄 때문에 성전을 파괴했다), 역대기는 그 사화를 수정하여 어떤 사람도 다른 사람이 지은 죄 때문에 고통받지 않는 것으로 제시한다. 그러나 그러한 만족스런 세계관은 경험과 일치하지 않는다.

때로는 의인들이 고난을 받고 악인들이 번영을 누린다. 이것은 욥기가 강력하게 제기한 의문이다. 욥기는 저작 시기가 알려져 있지 않지만 페르시아 시대나 헬레니즘 시대의 학자들이 썼다고 하는 책이다. 욥은 아버지의 죄 때문에 자식들이 벌을 받는다거나 인과응보가 내세에 이루어진다는 사상을 거부한다. 그러면 의인이 고난

받는 것은 무슨 이유 때문인가? 이 책은 고난이 항상 벌을 주기 위함이 아니며 항상 사악한 짓을 한 것을 드러내는 징표는 아니라고 제시한다. 때로는 하나님이 의인들을 시험하거나 그들에게서 자그마한 결함들을 제거하려고 한다. 이것은 유대교와 기독교 신앙에 엄청난 충격을 준 사상이다(제2성전 시대 후기부터 예를 들어, 『토빗』,『솔로몬의 시편』,『제2 바룩』을 보라). 그러나 궁극적으로 욥기는 하나님의 길은 알 수 없으며 인간은 자신들이 아는 것 이상의 것까지 이해하는 것처럼 생각해서는 안된다고 결론을 내린다.

그러면 욥의 대답은 대답이 없다는 것이다. 기원전 3세기와 2세기에 한편으로는 악의 기원에 대하여, 또 다른 한편으로는 신정론의 신비에 대하여 집중적으로 사색하기 시작했다. 이 시기에 처음으로 타락한 천사라는 말이 나오는데 타락한 천사들 가운데 하나가 악의 권세를 관장하는 우주적 지도자가 된다. 그리고 이러한 권세들에 의해 세상이 부패하게 되었다. 이러한 전설 가운데 많은 것이 "하나님의 아들들"(브네 엘로힘[benei elohim]이란 구절을 어떻게 번역하든지)이 인간의 아름다운 딸들과 결혼(miscegenation)한 일에 대한 단편적인 이야기인 창세기 6:1-5에 첨가되었다. 욥기에서도, 사탄은 분명하게 규정된 인물로 등장하기 시작한다(욥 1장). 그리고 머지않아 사탄은 사람들에게 문제거리를 일으키고 사람들을 잘못된 길로 들어서게 하기를 좋아하는 악한 권세들의 우두머리가 된다(위를 보라).

이러한 사상들은 급속도로 발전되었다. 쿰란에서 이러한 사상들은 전 세계를 빛의 아들들과 어두움의 아들들이라는 두 진영으로 나누는 이원론적 체계의 핵심을 형성했다. 빛의 아들들—즉, 쿰란 종파의 구성원들—은 어두움의 천사가 이끄는 악령들의 권세에 대항하여 싸우는 마지막 투쟁에서 빛의 천사를 도울 것이다. 이 우주적 전쟁은 진리의 영과 악의 영이 각 사람 안에서 싸우는 투쟁에 반영되어 있다(아래를 보라). 그렇게 극단적인 형태는 아니라 하더라도 바울 서신의 많은 구절들이 비슷한 정서를 어렴풋이 반영한다. 우리 시대 2세기에 기독교 "영지주의자들"은 세계가 악의 권세의 우두머리에 의해 창조되거나 실수나 우연이 거듭되어 창조되었다고 설명하는 과격한 이원론을 발전시켰다. 이러한 영지주의적 체계들은 왜 이 세상에서 악이 횡행하는지 설명해 주었다. 그러나 이들의 설명은 유일신론을 포기하고서 만들어낸 설명이다. 사실 이러한 견해들은 위에서 논한 유일신론과 조화시키기 어렵다. 이 사실은 플라톤주의로부터 조로아스터교에 이르기까지 이러한 많은 사상들이 유대교에 들어왔기 때문에 특별히 놀랄 일이 아니다.

플라톤주의나 조로아스터교나 모두 이원론적 신학 체계를 형성하고 있다. 악한 창조주를 유대인들의 하나님(그리고 히브리 성서의 하나님)으로 본다는 점에서 영지주의적 체계의 많은 것들은 비-유일신론적이며 반-유대교적이다. 그럼에도 불구하고, 대부분의 학자들은 지금 이러한 비-유일신론적, 반-유대교적 사상들이 최소한 부분적으로는 제2성전 시대 유대인들의 사색에 그 궁극적인 기원을 두고 있다고 생각한다.

기원전 3세기와 2세기에 처음으로 의인들을 기다리고 있는 보상으로서의 영원불멸과 부활에 대해, 악인들을 기다리고 있는 영원한 형벌에 대해 듣게 된다. 성서 가운데 유배 이전 시대에 씌어진 부분들에서는 의롭거나 악하거나를 막론하고 몸을 떠난 모든 영혼들이 궁극적으로 가는 곳이 시올(sheol)이었다. 시올에서는 그리스의 헤이디스(Hades)와 마찬가지로 심판도 없고 보상도 없다. 몇몇 운문 구절에서는 하나님이 시올에 보낸 사람들을 다시 되돌아오게 한다거나(삼상 2:6) 죽은 사람이 다시 살아날 수도 있다(사 26:19; 겔 37:1-14)고 한다. 그러나 이것이 하나님의 용맹스러운 권능에 대한 은유적 표현이지 신정론 체계의 핵심적인 이론은 아니다. 욥기도 기원전 200년경의 벤 시라도 내세에서의 보상과 형벌에 대해서는 아무것도 모른다. 헬레니즘 시대의 저작임이 거의 분명한 전도서는 "인생의 혼은 위로 올라가고 짐승의 혼은 아래 곧 땅으로 내려가는 줄을 누가 알랴?"(전 3:21)하고 묻는다. 의인도 악인도 살아 있을 때나 죽어서나 그 합당한 인과응보를 받지 않는다면 의로와지려는 자극제가 될 수 있는 것이 무엇인가? 하나님의 정의는 어디에 있는가? 이러한 것들이 의인들이 『에녹書』, 『솔로몬의 지혜』, 그리고 랍비 문헌을 포함하여 다른 많은 책에서 듣게 되는 조롱들이다. 현실을 설명할 수 없기 때문에 대답은 미래의 일이 되어야 한다. 죽음은 종말을 나타내는 것이 아니다. 의인들은—그리고 악인들도— 내세에 합당한 보상을 받는다.

이 새로운 교의가 기원전 3세기에 나온 『에녹書』의 한 단락에 초보적인 형태로 나온다(제1 에녹 22장과 27장). 좀더 명확한 설명이 종말에 일어날 사건에 대해 묘사하는 다니엘 12:2-3에 제시되어 있다.

> 땅의 티끌 가운데서 자는 자 중에 많이 깨어 영생을 얻는 자도 있겠고 수욕을 받아서 무궁히 부끄러움을 입을 자도 있을 것이며 지혜 있는 자는 궁창의 빛과 같이 빛날 것이요 많은 사람을 옳은 데로 돌아오게 한 자는 별과 같이 영원토록 비취리라

다니엘은 죽은 자들 가운데 오직 어떤("많은") 사람들만 부활할 것이라고 말하는 것 같다. 아마 생전에 제대로 보상을 받지 못한 사람들만을 의미할 것이다. 선택된 자들은 하늘의 별처럼 빛날 것이다. 이것은 학자들이 "별과 같은 불멸성"이라고 부르는 개념이다. 후대의 텍스트들은 다니엘이 다루지 않은 많은 상세한 부분들을 제시한다. 어떤 문헌에서는 부활이 모든 사람들을 위해 마련되어 있고 혹은 의로운 자들에게만 마련되어 있기도 하다. 반면 다니엘과

같은 다른 문헌에서는 의로운 자들 중의 일부와 사악한 자들 중의 일부를 위해 마련되어 있다. 많은 텍스트에서 부활에는 심판 장면이 뒤따른다. 이 심판이 사망 직후 행해지는지 아니면 종말에 행해지는지는 전혀 불분명하다. 어떤 텍스트에는 부활이 육체의 부활이며, 다른 텍스트에는 단지 영적인 것만 부활한다고 한다. 부활이 메시아의 도래와 어떻게 관련되는지도 깊이 사색하는 주제였다.

부활 교리의 뿌리가 다니엘서보다 훨씬 더 오래된 것이지만, 유대인들이 그것을 받아들이게 된 주요한 동기는 2세기 중엽의 위기였다. 역사가 기록된 이래 처음으로 한 나라가 종교적 자유를 위한 전쟁을 수행했다. 유대인 역사에 있어서 처음으로 남자, 여자, 자녀들이 토라의 요구를 어기지 않으려 한다는 이유 때문에 살해되었다. 성전 모독과 유대교의 박해가 국가적 구속(救贖)의 비전을 갖게 하는 충동을 일으켰다면(아래를 보라),

의로운 순교자들의 죽음은 영원불멸과 부활에 대한 믿음을 갖게 하는 충동을 일으켰다. 사자굴에 들어간 다니엘과 활활 타는 화덕에 들어간 다니엘의 친구들처럼, 순교자들은 고문을 당하고서도 "살아나왔다." 죽음을 통하여 이들은 영원불멸의 생명을 얻었다. 이러한 사상은 현존하는 가장 오래된 유대교 순교사화인 마카비 하 6-7장에 흔히 나온다. 이것은 그리스어를 사용하는 유대교의 작품으로 안티오쿠스 에피파네스의 손에 의한 한 노인과 일곱 형제들의 죽음을 묘사한다. 순교자들이 부활하여 영원한 생명을 얻게 된다는 것은 기독교의 발전에 중대한 역할을 했다.

육체의 부활과 밀접히 관련되어 있는 것이 영혼 불멸에 대한 교리이다. 그리스 철학의 사색과 아주 흡사하기 때문에 이 교리는 그리스어를 사용하는 유대인들 사이에서, (마카비 하가 육체의 부활에 대해 명시적으로 언급하지만) 특히 필로에게 잘 알려져 있었다. 유대교의 세 가지 종파에 대해 언급할 때 요세푸스는 이 종파를 영혼의 불멸에 관해 논쟁하는 "철학"으로 제시한다.

죽은 후의 삶에 대한 이러한 논의는 각 사람이 이 세상에서 하나님으로부터 보상과 형벌을 받는다는 에스겔의 주장으로 시작되었다. 지금처럼 그때에도 현실이 그러한 낙관론을 확증시켜 주지 않기 때문에, 제2성전 시대 유대인들은 사후의 보상과 형벌에 관한 교리를 만들어냈다. 에스겔은 가족 차원의 책임(아버지의 죄로 인해 그 영향이 자식에게 미치는 것)에 대한 교리를 거부했다. 그러나 그 교리는 최소한 왜 의인과 악인이 이 세상에서 제대로 보상과 형벌을 받지 않는지는 설명했다. 사후의 보상과 형벌에 관한 교리는 훨씬 더 세련된 해결책이었다.

회개와 자유 의지

인간의 법정은 회개를 인정하지 않는다. 범죄자는 자신의 죄에 대해 벌금을 물어야 한다. 인간인 법관이 피고의 뉘우침에 마음이 움직여 벌금을 경감시킬 수는 있다. 그러나 뉘우침이라는 행위가 범죄나 형벌을 말끔히 지워버릴 수는 없다. 심판자 하나님의 경우는 그렇지 않다. 어느 사악한 사람이 그릇된 행위에 대해 뉘우칠 때 죄의 결과를 피할 수 있다. 이것이 에스겔의 논리이다. 그러나 회개가 어느 정도까지 죄를 제거하는지, 혹은 좀더 중요한 것으로 죄성(sinfulness)은 제2성전 시대와 랍비 시대에 많은 사색을 불러 일으킨 문제였다.

에스겔의 신정론은 사람들이 자유 의지를 갖고 있다는 사실에 근거하여 제시되었다. 사람들은 의로워질 것인가 사악해질 것인가, 자신들의 길을 바꿀 것인가 그렇게 하지 않을 것인가 결정하고 이에 따라 보상을 받는다. 어떤 전승에서는 벤 시라가 죄인은 자신이 행한 일에 대한 책임을 피할 수 없다고 주장한다: "'내가 죄를 짓는 것은 주님의 탓이다. ···내가 잘못된 길로 들어서게 한 것이 주님이시었다'라고 말하지 말라"고 한다(벤 시라 15:11-12). "'주님을 피하여 숨어 버리자. 저 높은 곳에서 누가 나를 기억할 것인가? 그 많은 사람 가운데서 내가 눈에 뜨이기나 하겠는가? 한량없이 많은 피조물 가운데서 나 하나가 문제될 것이 있겠느냐'고 말하지 말아라"(벤 시라 16:17). 첫째 죄인의 오류는, 인간에게 자유 의지가 없고 모든 것이 하나님에 의해(혹은 운명에 의해) 이미 결정되어 있다는 주장이다. 둘째 죄인의 오류는, 인간은 미미한 존재이고 하나님은 너무도 강하신 분이어서 하나님이 인간의 행동에 아무런 관심을 기울이지 않는다는 주장이다. 이러한 주장들은 잘못된 것이라고 벤 시라가 말한다. 진리는 각자가 자신의 행동에 대해 책임을 져야 하며 하나님으로부터 적절한 대우를 받는다는 것이다.

그러므로 벤 시라는 에스겔과 마찬가지로 회개하라고 권고한다. 제2성전 시대 마지막 세기들에 나온 저작들은 회개의 효능과 중요성을 특징적으로 다룬다. 아마 이러한 신앙을 가장 아름답게 표현한 것이 므낫세의 기도일 것이다. 그 일부를 다음에 옮겨 본다:

> 오, 주님, 주님의 온화한 은총에 따라 주께서는 죄지은 것에 대해 뉘우치는 자들을 용서하시겠다고 약속하셨습니다. 그리고 도타운 긍휼 속에서 죄인들이 회개하여 구원의 길을 얻게 하셨습니다. 그러므로 오, 주님, 의로운 자들의 하나님이시여, 주께서는 의로운 자들에게 은총을 내리지 않고, 죄인인 저에게 내리셨습니다. …그리고 이제, 보십시오, 저는 주님 앞에 마음의 무릎을 꿇고 주님의 자비로움을 간구하고 있습니다. 오, 주님, 저는 죄를 지었습니다. 죄를 지었습니다… 저를 용서하옵소서. 오, 주님, 저를 용서하시옵소서!

세례 요한, 예수, 그리고 아마 1세기의 다른 많은 대중적 설교가들도 유대인들에게 그들이 지은 죄를 회개하라고 권면했을 것이다. 랍비들의 신앙은 죄를 제거하고 하나님과 유대인 개인 사이에 좋은 관계를 회복시키는 데 있어서 회개가 갖는 효능을 대단히 중요시했다. 중세의 결의론자(決疑論者)들은 유대인이든 기독교인이든 이 체계의 아주 세밀한 부분에 대해서까지 논의했다: 회개가 모든 죄에 대해 효과가 있는가? 회개는 어떻게 하는 것인가? 회개는 얼마나 하면 되는가? 등등.

이 체계에 따르면 자유 의지는 인간뿐만 아니라 하나님에게도 있다. 주님의 이름으로 말할 때 예언자는 청중에게 필연적으로 닥칠 피할 수 없는 운명에 대해 말하는 것이 아니다. 이러한 것은 그리스의 신탁이나 오늘날의 일기 예보자들이 행하는 일이다.

이스라엘 예언자들이 이스라엘 사람들에게 재앙을 선포할 때, 그들의 목표는 이 재앙을 피할 수 있다는 희망을 갖고 백성들을 움직여 회개하게 하려는 것이다. 예언자들은 위험이 닥칠 때 나팔을 불어 백성들에게 피하라고 경고하는 파숫꾼들이다(겔 33장). 이것이 여러 가지 면에서 볼 때 페르시아나 헬레니즘 시대 초기에 나온 작품인 요나書의 근본적인 가르침이다. 요나는 주님의 이름으로, "사십 일이 지나면 니느웨가 멸망당할 것이다"라고 선포했다. 사십 일 후에 니느웨는 멸망당하지 않았다. 요나가 거짓 예언자이기 때문이 아니라 니느웨 사람들이 회개했고, 이에 따라 하나님이 그 성읍을 파괴하려던 생각을 "회개"했기 때문이다. 예언자들은 언제나 국가적 차원에서 예언했다. 그러나 그 가르침은 개인에게도 해당되는 것이었다.

이렇게 인간은 자유 의지를 갖고 행동하고 하나님도 자유 의지를 갖고 보상하고 벌을 내린다. 어떤 유대인들은 여기에 개괄한 이러한 체계에 대해 만족해 한다. 요세푸스는 사두개인들은 "운명(운명의 힘)을 전혀 도외시한다. …그들은 사람이 선과 악을 자유롭게 선택하며, 선을 따르든 악을 따르든 모두 각자의 의지에 달려있다고 주장한다"고 한다(『유대 전쟁사』 2,8,14, §164-165). 영혼 불멸, 죽은 자들의 부활, 내세에서의 보상을 거부했기 때문에 사두개인들은 에스겔처럼 아마 이 세상에서 하나님이 악인들에게 벌을 내리고 의인들에게 상을 내린다고 믿었던 것 같다.

그러나 인간이 정말로 절대적인 자유 의지를 갖고 있는가? 많은 문맥에서 히브리 성서는 자유 의지를 왕이나 민족에게까지 확대시키지 않는다. 아브람의 후손들은 이집트에서 400년 동안 종이 될 것인데 어떤 죄 때문이 아니라 하나님이 그렇게 하려 하기 때문이다(창 15장). 하나님은 바로의 마음을 완악하게 하여 이집트로부터 탈출하는 일이 기적과 권능을 드러내는 놀라운 일이 되게 한다. 바빌로니아에서 포로 생활하는 것이 70년 동안 지속될 것이다(렘 25:12; 29:10). 등등. 이러한 개념에서는 죄성과 의(義), 범죄 상습성과 회개는 서로 무관하다. 인간의 운명이 하나님에 의해 결정되기 때문이다. 이런 식의 사고는 제2성전 시대 묵시문학에 엄청난 영향을 주었다. 다니엘은 역사가 네 제국의 계승으로 펼쳐지는 것을 본다. 다른 환상가들도 이와 비슷한 숫자에 대해 묘사하거나 일련의 시대에 대해 묘사한다. 그러나 이들 모두 인간 역사의 구조가 하나님에 의해 미리, 아마 창조시에 결정되어 있다고 하는 데 동의한다. 조건성의 요소를 끌어들이는 국가적 차원의 회개는 묵시문학에서 아무런 역할도 못한다.

제2성전 시대의 많은 유대인들은 개인의 행동이 국가의 행동 못지않게 최소한 어느 정도는 하나님에 의해 이미 결정되어 있다고 주장했다. 이러한 유대인들은 기원전 3세기 헬레니즘 세계를 휩쓴 점성술에 대한 믿음에 영향을 받았다. 혹은 하나님이 세상으로부터 그렇게 먼 거리에 떨어져 있어서 인간이 자유 의지를 갖고 원하는 것은 무엇이나 할 수 있게 했다는 생각에 혼란스러워 했다. 요세푸스에 따르면 사두개인들과는 대조적으로, 엣세네파는 "운명은 만물의 주인이며, 인간에게 닥치는 일은 운명이 선포한 것에 일치하지 않고서는 일어나는 법이 없다"고 선포했으며, 바리새인들은 "운명으로 인해 일어나는 사건들도 있지만, 다 그런 것은 아니다. 다른 사건들을 보면, 그런 일이 일어나는가 일어나지 않는가 하는 것은 우리에게 달려 있다"고 말했다고 한다(『유대 고대사』 13.5.9, §172-173). 요세푸스가 "운명"(그리스어로 *Eimarmenē*)이라는 용어를 사용하는 것은 아마 이 예정론 사상을 반영하는 것 같다.

엣세네파는 인간의 모든 행동이 운명에 의해 결정되어 있다고 주장하며, 바리새인들은 인생이 운명과 자유 의지 모두에 의해 제어된다고 주장했다. 엣세네파의 문헌일 가능성이 높은(제5장을 보라) 『쿰란 두루마리』들은 이러한 신앙인들이 하나님이 두 가지 유형의 사람들을 창조했다고 보는데, 한 가지 유형은 빛의 아들들이 되고 진리를 지지하는 사람들이 되며 또 한 가지 유형은 어두움의 아들들이 되며 악을 지지하는 사람들이 된다고 한다. 새로 들어오는 사람은 그가 이스라엘의 의로운 남은 자들 가운데 한몫 끼는 것이 그의 "운명"이라고 집단이 결정할 때 받아들여진다. 그러나 엣세네파가 자신들의 지위에 대해 예정된 선민으로 확신했다고 해서, 그 믿음이 경건, 선행, 회개가 필요없다고 할 정도로 강한 것은 아니었다. 쿰란의 찬양시(*Hodayot*)에는 예정론에 근거한 확신이 없다. 그들은 대신 무가치하고 죄 많은 존재이나 하나님이 그의 종이 되도록 선택했기 때문에 회개하는 사람이 하나님을 향하여 느끼는 감사를 강조한다.

랍비들은 인간의 자유 의지와 신의 예정을 조화시키는 역설을 잘 알고 있었다. 랍비 아키바의 간결한 금언(『선현들의 가르침』 3.15)은 "[하나님이] 모든 것을 미리 보시지만, [사람들에게] 자유 의지도 주어졌다"고 한다. 분명히 바리새인들과 쿰란의 엣세네파는 예정이 인간사를 얼마나 관장하는지 그 범위에 대해 의견을 달리했을 것이다. 그러나 인간사가 자유 의지와 예정의 산물이라는 데에는 동의했다.

그러나 하나님이 인간의 행동에 대해 일부 책임이 있다면, 인간이 행하는 악에 대해서도 책임이 있지 않은가? 만일 그렇다면, 인간이 자신의 행동에 대해 책임질 수 있는 존재인가? 만일 그렇지 않다면, 인간이 죄를 짓고자 하는 마음은 어디서 나온 것인가? 요세푸스는 이러한 의문들로 인해 하나님이 인간의 행동을 결정짓는 데 아무런 역할도 하지 않았다고 사두개인들이 주장했다고 말한다: "그들은 하나님이 죄를 짓지 않을 뿐만 아니라 악은 보지도 못하도록 멀리 떨어져 있게 한다"(『유대 전쟁사』 2,8,14 §164). 이러한 질문들에 대한 좀더 흔한 대답은 하나님에 의해 창조되기는 했지만 인간의 죄성(sinfulness)을 설명할 수 있을 만큼 하나님으로부터 충분히 떨어져 있는 어떤 세력을 설정하는 것이다. 이 세력이 사탄(혹은 이에 상응하는 것)과 그의 휘하에 있는 악한 군대이다(위를 보라).

쿰란의 어떤 텍스트에는 진리의 영과 오류(perversity)의 영 사이의 우주적 싸움이 각 사람의 내적 싸움 속에 반영되어 있다고 한다. 랍비들은 이 사상에 대해 인간이 선과 악에 대한 두 가지 경향을 갖도록 창조되었으며, 삶이란 선한 경향이 사악한 경향과 계속 맞서 싸우는 것이라고 설명한다. 어떤 텍스트들은 죄의 기원을 아담과 이브의 타락과 관련시킨다.

많은 텍스트를 보면, "죄를 짓지 아니하는 사람은 없다"(왕상 8:46)는 인식뿐만 아니라 사람의 내적인 부분이 죄로 가득하다고 하는 인식도 있다. 종말이 이르면 죄가 설 자리가 없는 새로운 창조가 이루어지겠지만, 하나님이 인간을 왜 이렇게 창조했는지는 신비였다(위를 보라). 이러한 개념들은 기독교와 랍비 유대교에 서로 다른 결과를 초래했다. 전자에 있어서 죄의 세력은 오직 그리스도를 믿는 믿음으로만 극복될 수 있다. 예수의 중재가 없이는 인간이 "구원"(죄의 용서)을 받을 수 없다. 이와 대조적으로 랍비 유대교는, 죄의 세력을 인식하면서도 중재적 인물이 개입되지 않아도 인간이 하나님의 은혜를 얻을 수 있다고 믿는다. 이러한 목적을 이룰 수 있는 수단으로 회개, 기도, 토라 연구, 그리고 선행이 있다.

구속

쉐마의 셋째 단락은 하나님이 이스라엘 사람들을 이집트로부터 구속했다고 선포한다: "나는 너희의 하나님이 되려하여 너희를 애굽 땅에서 인도하여 낸 여호와 너희 하나님이니라"(민 15:41). 그래서 미쉬나는 이 단락을 "출애굽"이라고 부르고, 구속이 그 주제라고 간주한다. 하나님이 한때 자기 백성을 이집트의 억압으로부터 구속했듯이 그들을 다시 구속할 것이다.

보상과 형벌에 관한 앞 단락에서 개인에게 적용되는 한에서의 신정론(神正論)을 논하고 부활, 영생불멸, 회개라는 개념에 초점을 맞추었다. 이 단락의 주제가 국가에 적용되는 한에서의 신정론이지만, 앞에서 논한 것 중 많은 부분이 여기서도 관련된다. 유대교 종말론을 구성하는 요소들을 구분하기 때문에 국가와 개인을 따로 다룰 필요가 있다. 그러나 고대 유대인들은 이러한 구분에 민감하지 않았기 때문에 지나치게 확연히 구분하는 것은 피해야 한다. 랍비들의 기도서에서 매우 개인적인 기도들도 1인칭 복수로 되어 있는 경우가 많다. 개인의 책임이란 개념은 항상 집단적인 책임과 연관되어 있다. 이 점을 이해하는 것처럼, 쉐마의 첫 단락은 2인칭 단수로, 둘째 및 셋째 단락은 복수로 되어 있다.

대답해야 할 기본적인 문제는 위에서 논한 것과 같다. 악은 왜 존재하는가? 하나님은 왜 이방 민족들이 통치하게 하셨는가? 유대인들이 죄가 많고, 그들을 벌하기 위해 하나님이 세계의 여러 민족들을 자신의 진노의 막대기로 사용하고 있다는 점을 인정한다 하더라도, 그 형벌이 왜 그렇게 오래 지속되는가? 그 형벌이 그토록 심해야 하는가? 형벌이 언제 끝나는가? 그리고 가장 고통스러운 것은, 그 민족들도 죄가 많지 않은가? 거룩한 토라를 갖고 있는 유대인들보다 죄가 더 많지 않은가? 하나님은 왜 그들도 벌하지 않는가? 이러한 것들이 기원전 587년(제1성전의 파괴), 기원전 167년(에피파네스가 행한 유대인의 박해와 성전 모독), 기원전 63년(로마의 예루살렘 정복), 기원후 70년(제2성전의 파괴), 기원후 135년(바 코흐바의 몰락)의 사건들에 비추어 우리 시대 전체를 통틀어 이러저러한 방식으로 제기된 물음들이다. 시편은 이러한 물음들에 사로잡혀 있는 "민족 탄식시"들로 가득하다(이러한 시편의 저작 시기는 대개 불확실하다). 예를 들어, 많은 학자들이 마카비 시대에 나온 것으로 간주하는 시편 79편에서 발췌한 것을 보자.

> 하나님이여 열방이 주의 기업에 들어와서 주의 성전을 더럽히고 예루살렘으로 돌 무더기가 되게 하였나이다…우리는 우리 이웃에게 비방거리가 되며 우리를 에운 자에게 조소와 조롱거리가 되었나이다 여호와여 어느 때까지니이까 영원히 노하시리이까 주의 진노가 불붙듯 하시리이까 주를 알지 아니하는 열방과 주의 이름을 부르지 아니하는 열국에 주의 노를 쏟으소서…어찌하여 열방으로 저희 하나님이 어디 있느냐 말하게 하리이까…주여 우리 이웃이 주를 훼방한 그 훼방을 저희 품에 칠배나 갚으소서

유대인들이 이방인들 사이에서 조롱거리가 되었다는 시편 기자의 탄식을 확증해 주는 외적인 증거들이 많이 있다. 반-유대교적인 이방 작가들(대표적인 사람이 아피온)은 유대교가 무가치한 종교라는 것을 입증하기 위해 유대인들이 정치적으로 복속된 사실을 들었다. 그리고 이러한 논증은 기독교의 반-유대교적 변증에서 한층 더 발전되었다. 의인이 악인들의 조롱을 견뎌야 했듯이, 이스라엘은 이방인들의 조롱을 견뎌야 했다.

그러나 어떤 유대인들에게 있어서는, 현상(現狀)의 불의는 주로 이방인들에 의해서 일어나는 것이 아니다. 이방인뿐만 아니라 유대인에 의해서도 일어난다. 제5장에서 좀더 상세하게 논하겠지만, "종파적" 이데올로기의 특징 중의 하나가 배타성이다. 집단의 일원이 되어야 하나님의 눈에 의로운 존재로 비쳐지고 오직 그들만이 하나님의 뜻을 이해한다. 현재는 사악한 유대인들이 성전 및 국가와 종교의 다른 모든 기구들을 관장하고 있으며 종파의 구성원들은 학대당해야 한다. 이러한 개념에서 유대인과 이방인의 양극성은, 의인과 악인의 양극성으로 대체되지는 않는다 하더라도, 의인(즉 종파)과 악인(다른 모든 유대인들, 물론 이방인들도 포함된다)의 양극성이 뒤따른다.

종파는 박해도 받고 또 하나님에 대한 충성을 증명하기 위해 현재의 고난을 사용하는 박해 컴플렉스로 시달리게 된다. 사회의 나머지 부분으로부터 소외되어, 이들은 마음속(즉 하늘)에 종말에 이 땅 위에서 실현되고 대적들 앞에서 자신들이 옳음을 증명할 이상세계를 창조한다. 제2성전 시대 말기부터 형성된 이러한 전망의 고전적인 주창자들은 쿰란의 유대인들과 초기 기독교인들이었다.

그러나 민족적 구원과 종파적 구원의 구분이 항상 분명한 것은 아니다. 제2성전 시대부터 나타난 수많은 종말론적 묘사에 의해 초래된 주요 문제들 가운데 하나는 그들의 사회적 배경이다. 환상가들이 특정 집단을 대상으로 말하는가 아니면 국가 전체를 대상으로 말하는가? 대개 의인과 악인에 대해 희미하게 언급하면서 이 텍스트들은 이 문제에 대답할 자료를 충분히 제공하지 않는다. 몇몇 원문들이 "민족," "유대인," "의인"이라는 용어들을 구분하여 사용하기도 하지만, 문제를 단순하게 만들기 위해 나는 다음의 논의에서 이러한 용어들을 동의어로 사용할 것이다.

그러면, 현재는 하나님의 의인들이 박해받는 시련의 시기이다. 하나님이 이러한 상태가 지속되도록 놓아두는 이유가 무엇인가 하는 것은 악의 존재에 대한 영원한 의문이다. 위에서 논의한 대로 이에 대해 유대인들은 수많은 대답을 제시했다. 그러나 현재를 만족스럽게 설명할 수는 없다 하더라도, 그들은 장차 정의가 수립될 것이라고 알았다. 이미 죽은 의인들은 영광스럽게 부활할(혹은 다른 식으로 보상받을) 것이며, 이스라엘 민족은 합당한 대로 탁월한 지위를 차지하도록 회복될 것이다.

예언자들은 항상 "주님의 날"과 "마지막 때"에 대해 말했었다. 그러나 이러한 예언들은 제2성전 시대 유대인들을 괴롭힌 문제들에 대해 언급한 것이 아니었다. 예언자들은 동시대인들에게 하나님이 내리는 형벌을 겪고 난 뒤 그들이 훨씬 더 좋은 시대를 보게 될 것이라고 확신시켜 주었다. 장차 세계가 평화를 누리게 될 것이다. 사자들이 어린 양들과 누워 있고, 칼을 두드려 보습을 만들 것이다. 이새의 그루터기에서 새 싹이 나와 의롭게 통치할 것이다(사 2장과 11장). 이러한 아름다운 이미지들이 나중에 발전된 개념에 상당한 영향을 주었다. 그러나 이러한 이미지들이 악이 승리하고 이스라엘이 이방인들에 의해 학대받는 것을 설명하려는 동기에서 창조된 것은 아니다. 또 예언자들에게 있어서는 "마지막 때"가 단순히 장래의 어느 한 날이었다. 그것은 역사의 "종말"도 새 질서의 시작도 아니었다.

선한 세력과 악한 세력 사이의 우주적 전쟁에 대한 묘사를 담고 있는 후대의 문헌들은 종말의 "저 세상적" 성격을 강조하고 천사론을 상세하게 발전시키면서 이전의 예언자들과는 전혀 다른 분위기를 만들고 있다. 게다가 이러한 후대 문헌들의 양식은 여러 가지 중요한 측면에서 고전적 예언의 양식과 다르다. 이 점에 대해서는 다음 제6장에서 다시 다룰 것이다.

종말(*eschaton*, 여기서 종말에 대한 교리인 "종말론"[eschatology]

이란 용어가 나왔다)에 정확히 어떤 일이 일어날 것인가 하는 것이 다양하고 집중적인 사색의 주제였다. 다니엘書는 에피파네스가 유대인들을 괴롭힌 일이 에피파네스와 이집트의 프톨레미家 왕 사이의 전쟁으로 해소될 것으로 생각한다. 이 전쟁이 있은 후 "네 민족을 호위하는 미가엘이 일어날 것이요 또 환난이 있으리니 이는 개국 이래로 그 때까지 없던 환난일 것이며 그 때에 네 백성 중 무릇 책에 기록된 모든 자가 구원을 얻을 것이라"(단 12:1). 이러한 사건들 뒤에는 부활이 일어날 것이다.

누가 누구와 싸울 것이라는 것이 불분명하기는 하지만, 종말의 사건들에 앞서 큰 전쟁이 있을 것이라는 사상은 널리 퍼진 믿음이었다. 다니엘書에서는 한 이방 왕이 다른 왕을 공격한다. 이 전쟁에는 유대인들도 천군천사도 아무런 역할을 하지 않는다(미가엘의 임무는 그의 백성인 유대인들을 보호하는 일이다). 좀더 흔히 나오는 것은 유대인과 이방인 사이의 전쟁에 대한 묘사이다. 여기서 유대인들은 "기름부음을 받은" 왕인 메시아의 지휘를 받는다. 그러나 쿰란의 『전쟁』 두루마리에서는 마지막 전쟁이 인간들 사이의 전쟁이라기보다는 선(빛의 아들들)과 악(어두움의 아들들)의 초자연적 세력 사이의 전쟁이다. 이러한 사색은 "곡"이 이스라엘 백성을 공격한다는 에스겔의 묘사(겔 38-39장)를 발전시킨 것이다. 에스겔은 인간인 왕의 공격을 묘사하고 있었다. 그러나 그 텍스트는 우주적 해석의 토대를 마련해 주고 있었다(계 20:7-10 참조). 에스겔에 따르면, 이 마지막 전쟁에서 이스라엘 사람들은 단순히 하나님의 권능이 과시되는 것을 바라보는 구경꾼에 불과하다. 적을 멸망시키는 것은 하나님이기 때문이다. 이스라엘 사람들은 단지 전장을 치우고 시체들을 매장하는 것 외에는 아무 일도 하지 않는다.

아마 의인들이나 심판 장면이 포함되는 마지막 전쟁에 대한 말이 없기 때문에, 다니엘 12장은 메시아에 대해 언급하지 않는 것 같다. 이와 유사하게, 대부분의 혹은 모든 싸움이 인간이 아니라 초자연적 세력에 의해 수행된다는 쿰란의 『전쟁』 두루마리에는 메시아적 인물이 등장할 필요가 없었다. 그러나 다른 많은 문헌들은 전쟁을 통해서든 심판을 통해서든 악의 세력을 멸망시키는 과제를 메시아(혹은 이에 상응하는, 다른 칭호를 가진 존재; 단 7장의 "인자" 참조)가 수행한다고 한다. 메시아는 장군일 수도 있고 심판관일 수도 있고 혹은 둘 모두일 수도 있다. 메시아는 하나님의 대행자로서 악인을 심판하고 의인에게 상을 준다. 메시아는 종말에 하나님의 뜻을 구현하기 위해 하나님이 "기름부은" 인간이다.

어떤 텍스트들은 두 메시아에 대해 언급한다. 레위 지파의 메시아(제사장 메시아)와 유다 지파의 메시아(제왕 메시아), 혹은 아론의 메시아와 이스라엘의 메시아이다. 그러나 이들이 각각 어떤 기능을 수행하는지는 묘사되어 있지 않다. 이러한 서술 가운데 많은 부분에서 메시아는 분명히 인간이다. 그러나 기원후 1세기의 두 유대교 문헌(혹은 기독교에서 개찬한 것일 수도 있다)은 "선택된 자"(the Chosen One)를 세계 창조 이전부터 있었고, 현재 하늘에 있는 영광스런 보좌에 앉아 있으며, 장차 종말에 죽을 자들과 "영들"을 모두 심판할 존재로 묘사한다(*I Enoch* 45-57장, 제4 에스라 14장).

다니엘은 또 그의 동시대인들 및 계승자들의 종말론적 사색 속에 표준적으로 나타나는 특색인 다른 요소들을 많이 생략한다(혹은 당연시한다): 예루살렘의 갱신(아마 지상 성읍을 천상 예루살렘이 대체하여), 유민들의 집결, 다윗 왕권의 회복, 하나님에 대한 이방인들(아마 마지막 전쟁에서 살해되지 않은 이방인들)의 예배, 그리고 우주의 새로운 창조. 이러한 사상들도 당혹스러우리 만큼 다양한 방식으로 발전되었다.

이러한 일련의 믿음이 명시되거나 암시된 전제들 위에 근거해 있다. 역사의 하나님이 정의의 하나님이기 때문에 정의는 승리해야 한다. 하나님은 그의 백성과 계약을 맺었고 그 계약은 성취되어야 한다. 하나님은 또 다윗 가문 및 아론 계열과 계약을 맺었으며 이 계약은 취소될 수 없다. 장차 있을 민족들의 응징, 이스라엘이 영광스럽게 되는 일, 평화의 승리 등이 모두 예언자들에 의해 예고되었고 이러한 예언은 성취되어야 한다. 하나님은 인간사를 주관하며 역사의 각 단계를 미리 정확하게 결정했다: 사악한 제국들 및 죄의 권세들의 승리, 종말의 위기, 위기의 해소. 이러한 과정은 그 경로가 불가피한 것이기 때문에 회개에 의해 영향을 받지 않는다.

하나님이 과거에 여러 가지 재앙으로부터(바로로부터, 바빌로니아 포로생활로부터 등등) 백성들을 구속했듯이 장차도 그들을 도울 것이다. 현재 그들이 처해 있는 상황이 전에 구원을 받은 상황보다 더 나쁘지는 않다 하더라도 최소한 그 정도로는 어렵기 때문이다. 종말은 예언자들이 말한 것처럼 단순히 장래에 결정된 어떤 날이 아니다. 그것은 역사 자체의 종말이며, 정상적인 존재의 종말이다. 그것은 악이 설 자리가 없는 새로운 창조이다.

이러한 사상들이 유대인들의 행동에 여러 가지 영향을 미쳤다. 영생불멸과 부활에 대한 확고한 믿음이 반드시 어떤 사람으로 하여금 죽기를 갈망하게 만들지 않듯이 메시아와 구속에 대한 확고한 믿음이 반드시 어떤 사람으로 하여금 종말을 보기를 갈망하게 만들지 않았다. 이 점을 강조하는 것처럼, 많은 저작들이 종말 도래에 앞서 있을 재난과 고난을 중점적으로 다룬다(암 5:18-20 참조). 게다가, 종말이 이미 정해진 것이기 때문에 유대인들이 무슨 말을 하든 어떤 행동을 하든 종말이 도래하는 시기에 아무런 영향을 미칠 수 없다. 이것은 랍비들의 신앙 속에 강조된 전망이다. 한 구속자가 이스라엘에 올 것이나 그가 오는 시기는 인간이 어떤 행동을 한다고 해서 빨라지는 것이 아니다. 기원후 70년, 115-117년, 132-135년 재앙스런 패배가 있은 후, 이것은 정말 건전한 충고였다. 그러나 많은 유대인들, 특히 기원후 1세기의 유대인들은 그들이 역사의 가장자리에 살고 있다고 느끼고 약속된 구원을 간절한 마음으로 기다렸다. 이 구원은 대개 로마인들로부터의 구원을 의미한다고 이해되었다. 이것은 복음서에 명백히 드러나는 정서이며, 조금 덜 분명하지만 기원후 66-70년의 전쟁에서 혁명적 분파에 대한 요세푸스의 묘사에도 드러난다. 어떻든 현존하는 묵시문학은, 마지막 전쟁에서 의인들이 활발한 역할을 감당한다는 문헌도 정치적 혁명가들의 작품은 아니다. 홍해에서 모세는 이스라엘 사람들에게 "여호와께서 너희를 위하여 싸우시리니 너희는 가만히 있을찌니라"(출 14:14)고 말했다. 묵시문학 환상가들은 유대인들에게 주께서 여전히 그들을 위해 싸우실 것이라고 말했다.

그러나 어떤 유대인들은 구원을 좀더 개인적이고 영적인 경험으로 이해했다. 그들에게 있어서 "하늘 나라"는 이 세상에서 개인이 변화됨으로써 실현되는 것이었다. 그러한 유대인들은 초기 기독교 공동체에서, 그리고 천년 뒤에 중세의 유대교 신비주의자들에게서 발견할 수 있었다. 다시 한번 개인의 구원과 집단의 구원 사이의 연관을 보는 것이다.

결론

제2성전 시대와 랍비 시대 유대교에 있어서 주요한 발전은 종교의 민주화이다. 물론 유배 이전 시대의 신앙은 흔히 이스라엘 사람 개인에게 초점을 두었고, 제2성전 시대 신앙도 흔히 집단 전체에 초점을 두었다. 그러나 강조점의 변화는 두드러지게 나타난다. 유배 이전 시대 예배의 중심적인 제도는 성전이었고 제의의 중심적인 특징은 동물 제사였다. 개인으로서의 이스라엘 사람들은 별다른 역할을 하지 않는다. 제사 영역에 들어가도록 허락받은 유일한 존재들인 제사장들이 이스라엘 백성을 대신하여 직무를 수행하기 때문이다. 제2성전 시대에는 성전이 평신도들의 제도인 회당에 의해 보완되고, 제사 제의가 기도에 의해 보완되고, 제의 행위가 모두에게 열려 있었고, 제사장이 교육받은 교사인 서기관에 의해 보완되었다.

유배 이전 시대에는 예언자들이 백성들의 죄에 대해 백성들을 비난하고, 백성 전체가 하나님에게로 되돌아가 그 악한 행위를 회개하지 않으면 재앙을 피할 수 없다고 선포했다. 그러나 기원전 6세기부터 죄, 응보, 회개의 교리가 개인에게 적용되기 시작했다. 그것은 더 이상 백성 전체만을 언급하지 않고 개인들에 대해서도 혹은 주로 개인들에 대해 언급했다. 이 새로운 개념의 주창자인 예레미야와 에스겔은 조상들의 죄 때문에 후손이 벌을 받지 않는다고 주장한다. 의로운 개인들은 국가 전체가 죄를 지어도 구원을 받을 것이다. 이러한 사상들은 제2성전 시대에 강화되었다. 회개는 모든 유대인들이 각자 행해야 할 덕목이 되었다. 속죄의 날은 대제사장이 그동안 축적된 오염을 제거하며 제단에 깨끗하게 하는 날(출 30:10; 레 16장)일 뿐만 아니라 모든 유대인들이 회개하는 날이 되었다. 종말의 축복에는 민족의 평화와 번영뿐만 아니라 궁극적인 보상인 부활을 포함하여 이스라엘의 의로운 개인들에 대한 보상도 포함되는 것으로 생각되었다.

종교의 민주화는 일상 생활의 성결화를 그 목표로 하고 있었다. 모든 행위와 모든 순간이 다 하나님을 예배하는 일이었다. 연구, 기도, 의식, 그리고 윤리의 새로운 제도가 어떤 제사장들이나 혹은 수도원의 엘리트들에게만 부과된 것이 아니라 전체 공동체에 부과되어 있었다. 모든 (남성) 유대인들은 다 똑같은 의무를 갖고 있었다.

신학적인 발전도 이에 못지않게 극적인 것이었으나 많은 관심을 끌지 못했었다. 제2성전 시대의 주요 주제 가운데 하나가 신정론이었으며, 이 문제에 대해 두 가지 다른 방식으로 접근했었다. 첫째 접근 방법은 신앙인들에게 정의가 장차 승리할 것이라는 확신을 주려고 했다. 둘째 접근 방법은 현재 정의가 왜 승리하지 못하고 있는지 설명하려고 했다. 첫째 대답은 새로운 종말론적 교리로 구성되었다. 사후에 보상과 형벌을 받게 되어 있다. 의로운 사람들은 영생으로 부활한다(그리고 사악한 사람들은 영벌로 부활한다). 이스라엘 민족(혹은 이스라엘 민족 내의 의로운 집단)도 장차 그 보상을 받을 것이다. 하나님이나 그의 천상 대행자들, 혹은 특별히 지정된 죽을 존재("메시아")의 출현으로, 혹은 이 모두의 출현으로 시작될 장래의 결정적인 시기는 일반적으로 새로운 창조로 생각되었다. 새로운 창조 속에서는 현재 형성된 질서와 전혀 다른 질서가 수립될 것이다. 둘째 대답은 새로운 신학적 사색들로 구성되어 있었다. 타락한 천사들, 사탄, 그리고 다른 악한 초자연적 세력들이 하나님의 창조 세계를 부패시키고 인간이 죄에 빠지게 하고 악이 승승장구하게 했다.

마카비부터 미쉬나 사이의 시기에 나온 것으로 현존하는 문헌들 속에 "신학"이 두드러진 특색을 보이지만, 유대교는 그 믿음 체계보다는 관습에 의해 더 많이 정의되었다. 아마 유대인으로 알려진 그리고 스스로를 유대인이라고 부르는 모든 사람들은 세계를 창조하고 유대인을 그의 메시지의 담지자로 선택하고, 자신의 의지를 모세와 예언자들에게 계시하고, 세상사 전체를 그리고 특별히 유대인들의 사건들을 주관하는 한 하나님을 믿었을 것이다. 그러나 이러한 모든 신학적 주장들에 대해 다양하게 해석할 수 있었고 고대의 어느 누구도 단지 한 가지 해석 혹은 일련의 해석만이 배타적으로 옳다고 주장하려고 하지 않았다. 다시 말해 고대의 어떤 유대인도 유대교에 대해 교의적인 정의를 내리지 않았다.

하나님의 본성에 대해 논할 때 고대의 유대인 사상가들은 상호 갈등을 일으키는 일련의 진리들을 변호했고 그러한 갈등을 해소하려 하지 않았다: 하나님은 우주 전체의 주이면서도 또한 유대인들의 민족적 하나님이었다(보편성과 배타주의); 하나님은 한 분이며 독특하다. 그러나 또한 수많은 천사들이 섬기며 수많은 세력들이 대적한다(유일신론과 다신론); 하나님은 세상 "안에" 존재하며 그의 백성 사이에 거한다. 그러나 또 우주의 주이며 멀리 떨어진 하늘 보좌에 앉아 있다(내재성과 초월성); 하나님은 영원하며, 불변하며, 우주의 움직일 수 없는 제일 동자(第一 動者)이다. 그러나 또 화를 내거나, 불쌍히 여기거나 할 수 있으며, 다른 인간적 특질을 갖고 있다(철학자들의 하나님과 성서의 하나님). 신정론에 대한 논의는 때때로 상호 갈등되는 다른 일련의 진리들에 초점을 맞추었다: 하나님은 인간에게 마음대로 할 수 있는 절대적인 자유 의지를 부여하면서도 또 인간사를 자신의 의지에 따라 주관한다(자유 의지와 예정론).

우리 현대인들에게 있어서 쌍을 이루는 이러한 진리들은 상호 배타적인 것으로 보인다. 그러나 고대 유대인들에게 있어서는 이러한 것들이 동시에 참된 것일 수 있었다. 어떤 텍스트들은 하나님의 두 가지 중 한 가지 측면을 강조한다. 그러나 근본적인 긴장은 결코 해소되지 않는다.

주(註)

1) Josephus, *Jewish War* 7.3.3, §50과 *Jewish Antiquities* 20.5.2, §100(배교); 20.2.1, §17과 20.2.4, §41(개종); Philo, *On the Virtues* §102-108(Loeb 판 제8권에 게재).
2) J. N. D. Kelly, *Early Christian Creeds* (3rd ed., New York: Longman,) p. 215-216.
3) Louis Finkelstein 판(*Sifre on Deuteronomy*; New York: Jewish Theological Seminary, 1969)의 *Sifre Deuteronomy* §41, pp. 87-88.
4) *Daily Prayer Book: Ha-Siddur Ha-Shalem*, Philip Birnbaum 편. (New York: Hebrew Publishing Col, 1949; 자주 재인쇄), p. 86.
5) P. W. van der Horst, *The Sentences of Pseudo-Phocylides* (Leiden: E. J. Brill, 1978). James H. Charlesworth, *The Old Testament Pseudepigrapha*, vol. 2 (Garden City: Doubleday & Co., 1985)에 번역본이 있다.
6) Athenaeus 6.63, p. 253 D-F에 인용된 Duris of Samos(번역본이 Loeb Classical Library에 있다).
7) 팔레스틴 탈무드 *Berakhot* 9:1, Vilna 판으로는 62b-63a, Venice 판으로는 12a에 R. Judah b. Simon이라는 이름의 R. Pinhas.
8) Owen Chadwick 편.*Western Asceticism* (Philadelphia: Westminster Press, 1958, 자주 재인쇄), p. 235에 있는 John Cassian, *Conferences* 10.3.

제4장
공동체와 제도

서론

　마카비가 승리를 거두던 짧은 중간기를 제외하면, 고대 유대인들은 정치적 독립을 향유한 적이 없다. 유대인들은 자신의 정복자들이 얼마나 묵인해 주느냐에 의존했었다. 여러 제국의 통치를 받고 살았지만, 유대인들의 통치자들은 대부분 이스라엘을 하나같이 온건하게 다루었다. 이스라엘 사람들에게 종교적 자유를 주었고 정치적 자율권을 부여했다. 그들은 조상들의 종교를 지킬 수 있었을 뿐만 아니라 유대인 공동체의 내부 문제들을 다스리는(혹은 다스리려고 한) 정치적 기구들을 수립할 수 있었다. 이러한 정치적 조직들은 공동체 생활의 공공 제도였다(성전, 산헤드린, 폴리테우마타[politeumata]). 이러한 공적 제도들은 폭넓고 다양한 사설 조직들에 의해 보완되었다. 최소한 지역적 수준에서는 이러한 사설 조직들이 아마 공동 생활의 실제적인 중심지였을 것이다(종파, 학교, 협회). 그러나 공조직과 사조직을 지나치게 명확하게 구분할 수는 없다. 어떤 제도들, 특히 회당은 분명하게 분류할 수 없기 때문이다.

이스라엘 본토의 공공 제도

제국 내의 한 지역으로서 이스라엘 본토(페르시아 시대에는 유대[Judea]로, 헬레니즘 시대에는 코엘레 시리아[Coele Syria]로, 로마 시대 초기에는 유대[Judea]로, 바 코흐바가 패한 뒤로는 팔레스틴으로 불리운다)는 다른 지역과 똑같은 방식으로 통치되었다. 유대인들은 통치자, 행정가, 세금 징수자, 장군, 성읍과 촌락에 모두 일정 부분 참여했다. 그러나 인구의 상당 부분을 차지하고 있던 지방의 유대인들은 국가가 인정하고 나름의 제도와 사법기구를 갖도록 허락한 "민족" 혹은 "종교적 공동체"였다.

결과적으로 제2성전 시대와 랍비 시대를 통틀어 지방의 유대인들은 병존하는 두 정치 체제에 속하는 시민들이었다. 첫째 체제는 국가의 "시민적" 행정기구였다. 이것이 지역적 수준(local level)에서는 도시나 마을 단위로, 더 넓은 지방적 수준(provincial level)에서는 통치자들(예를 들면, 기원후 1세기의 집정관들) 혹은 봉신 왕(예를 들면, 헤롯 대왕과 헤롯 안티파스)에 따라 이루어졌다. 둘째 체제는 유대 정체(政體)의 "민족적" 혹은 "종교적" 행정기구였다. 이것은 제2성전 시대 대부분의 기간에 걸쳐 대제사장에 의해 구현되었다. 어떤 문제에 있어서는 두 체제가 중복되어 어느 정도 혼란을 일으키고 책임소재를 불분명하게 만들었다(예를 들면, 예수의 신문과 처형에 대한 복음서의 이야기를 보라).

기원전 6세기 유대인들이 유대로 돌아왔을 때, 페르시아인들은 쌍두정치를 수립했다. 이로써 권력이 행정가(처음에는 옛 왕가에서 선택되었기 때문에 다윗 가문의 스룹바벨)와 대제사장(요사닥의 아들 예수아)에게 양분되었다. 대제사장이 탁월한 지위에 오르게 된 것은 하나의 혁신이었다. 이전에는 권력을 가진 인물로 나타난 적이 없었기 때문이다. 제1성전 시대에는 대제사장이 왕의 기분에 따라 일하고, 모호한 상태로 뒷전에 가려져 있었으며, 독립적인 인물로 나타난 경우는 드물었다(왕하 11장).

에스라와 느헤미야 시대(기원전 5세기 중엽)에 이르러서는 왕가가 사라지고 대제사장이 주도적인 정치적 인물로 등장했다. 에스라는 통치자도 대제사장도 아니었다. 그는 페르시아 왕이 유대의 유대인들을 위해 특별한 임무를 수행하도록 그에게 부여한 권위에 근거해서 자신의 개혁을 수행했다(스 7장). 느헤미야는 지방 통치자였으며 국가의 시민적 권위에 근거해서 개혁을 관철시켰다. 그러나 에스라도 느헤미야도 대제사장이 자신들의 강령에 반대하는 주요 근원이라는 것을 알고 있었다.

늦어도 기원전 4세기에 이르러서는 대제사장이 단순히 성전의 우두머리에 불과한 것이 아니라 누구도 도전하지 못하는, 유대인 전체의 우두머리가 되었다. 헬레니즘 시대에는 이 자리에 왕이 선임한 사람이 앉혀졌다. 그에게는 세금을 징수하는 책임이 있었다. "시민적" 권력과 "종교적" 권력이 한 사람 안에서 결합되었다.

마카비 가문의 전쟁은 대부분 이 자리를 중심으로 하여 벌어졌다. 안티오쿠스 에피파네스가 앉힌 대제사장들은 과감한 헬레니즘화를 시도하여, 성전을 약탈하고, 아마 에피파네스의 박해를 지지하기까지 했던 것 같다. 자신들의 승리를 공고히 하기 위해 마카비 가문은 유대인들로 하여금 자신들을 새로운 대제사장 가문으로 선출하게 했다. 기원전 63년 로마인들이 정복하면서, 시민적 권력은 로마인들과 그들의 대행자들에게 부여되었고, 단지 종교적 권위만 대제사장에게 남겨졌다. 기원후 66-70년의 대반란이 일어났을 때, 혁명가들은 자신들의 분노를 더 많이는 아니라 하더라도 로마인들에게만큼 대제사장에게 폭발시켰다. 그들은 적들이 선임한 사람 대신 새로운 대제사장을 임명했다. 대제사장직을 막강한 직책으로 만듦으로써 페르시아인들은 제2성전 시대 전체의 정치체제를 구축했다.

대제사장이 관장한 두 가지 주요한 제도는 성전과 산헤드린이다. 이 둘을 각각 간략히 점검해보자.

성전

종교의 핵심지로서, 성전은 이스라엘 본토의 유대인들뿐만 아니라 해외의 유대인들에게까지 중심적인 공동 제도였다. 해외 유대인들이 해마다 기부하는 반 세겔과 그들이 절기를 맞아 참여하는 순례로 인해 유대인 전 공동체가 결속되었다(제1장을 보라). 성전 이데올로기도 구속력을 가졌다: 성전 이데올로기는 단자론(monism)과 배타성을 대변했다. 세상에는 하나님의 집으로서 적절한 곳이 단 한 곳 있다. 그 장소는 예루살렘 성전이 있는 산이다.

제2성전 시대 동안 최소한 세 개의 새로운 성전이 건립되었다. 그러나 그 어느것도 예루살렘 성전과 맞서 겨룰 수는 없었다. 첫째는 엘레판틴의 유대인들이 기원전 6세기에 상부 이집트에 건립한 성전인데, 후대의 유대교 전승 안에서 완전히 잊혀졌고 단지 19세기 말 이집트에서 발견된 문서고를 통해서만 알려졌다. 둘째 것은 알렉산더 대왕 시대에 그리심 산에 건립된 사마리아인들의 성전이다. 사마리아 분파주의의 핵심이 된 이 성전(제5장을 보라)은 나중에 요한 힐카누스(John Hyrcanus)에 의해 파괴되었다. 셋째 것은 안티오쿠스가 박해할 때 예루살렘으로부터 도피한 대제사장 가문의 한 후손인 오니아스(Onias)에 의해 이집트의 헬리오폴리스(혹은 레온토폴리스)에 건립된 성전이다. 오니아스의 의도가 무엇이었든지, 이 성전은 이집트 유대인들로부터 지지도 인정도 받지 못했다. 필로는 이 성전에 대해 언급하지도 않는다. 해외 유대인들은 예루살렘 성전이 발전시킨 배타적 주장을 존중했다. 예루살렘 성전은 하나님의 단일성과 이스라엘의 단일성을 대변했다. 요세푸스는 "한 하나님을 위한 하나의 성전"이라고 설명한다(*Against Apion*, 2.23, § 193).

성전은 유대인 사회를 단일화했을 뿐만 아니라 지배 계층의 권력 기반 역할도 했다. 성전에서 독점적으로 하나님을 위해 일하는 사람들로서, 제사장들은 엄청난 권력과 명망을 누렸다. 그 자신이 제사장이기도 한 요세푸스는 제사장들이 자신들의 혈통을 지키는 데 세심한 주의를 기울였고, 성서를 수호하는 전문가들이었다고 한다. 요세푸스의 견해에 의하면 유대인들에게 있어서 이상적인 헌법은 하나님이 자기 백성을 다스리는 신정정치(theocracy)였다. 이것이 하나님 대신 하나님의 대변자들인 제사장들이 다스리는 통치가 되었다. 이렇게 제사장들로부터 좋은 평을 받으려는 태도를 가진 것은 요세푸스뿐만이 아니었다. 쿰란의 유대인들은 대부분 "사독의 아들들인 제사장들"에 의해 다스려지는 성직자 사회를 창조했다. 많은 텍스트들이 종말에 임할 제사장적 메시아에 대해 말한다.

기원전 63년 로마인들에 의해 정복되고, 이로 인해 시민들에 대한 통치력을 대부분 상실하고, 헤롯과 로마인들이 사회적으로 이름이 없는 인사들을 관직에 세운 뒤에도, 대제사장직은 우리 시대 1세기 내내 여전히 명망과 권력을 누렸다. 성전이 파괴된 뒤에도 제사장들은 계속 유대교 내에서 차지하는 자신들의 특권적 지위를 주장했고, 이로써 랍비들과 권위 다툼을 했다.

제사장 제도는 대제사장들(이 용어에는 대제사장이 선출된 가문뿐만 아니라 성전에서 대제사장 직무를 수행하게 된 사람들도 포함된다)과 일반 제사장들로 구성되었다. 이러한 구분은 대혁명 이전에 프랑스에서 있었던 상위 성직자와 하위 성직자 사이의 구분과 비슷하다. 모든 제사장들은 모세의 형인 아론의 후예라고 주장했다. 그러나 대제사장의 계보는 일반 제사장들의 계보보다 우월하다. 대제사장 가문 및 이들과 혼인관계로 맺어진 평신도 가문은 제2성전 시대 후기에 실질적인 귀족계층을 형성했다. 기원후 66년 전쟁이 발발하기 전에 있었던 사회적 혼란은 일반 제사장들과 대제사장 사이에 있었던 긴장이 평신도 대중과 대제사장들 사이에 있었던 긴장만큼 대단한 것이었음을 보여준다. 모든 제사장들은 십일조를 받고 성전에서 일할 권리가 있었다. 그러나 단지 대제사장들만이 그러한 지위가 부여하는 완전한 권력을 향유할 수 있었다.

대제사장과 제사장 체제는 성전과 그 제의를 관장했다. 그러나 그들의 권력이 도전받지 않은 것은 아니었다. 기원후 1세기에 헤롯 대왕과 같은 유대인들의 봉신 왕들과 이 나라를 다스리는 로마의 통치자들은 성전이 소요의 핵심지가 되지 않도록 하기 위해 성전에 대해 경계를 게을리 하지 않았다. 기원후 66-70년의 대반란은 성전에서 시작되었고, 성전은 기원후 70년 파괴될 때까지 혁명 활동의 중심지였다. 많은 종파들이 성전을 정화하고 관장하기를 꿈꾸었다 (막 11:15-19 참조).

랍비 문헌들은 사두개파에 속하는 대제사장들이 랍비 현자들의 법적인 통치에 순종해야 했다고 주장한다. 이 주제에 대해서는 제5장에서 종파에 대해 논할 때 다시 다룰 것이다. 성전은 유대교 사회 내에서 권력과 권력 투쟁의 근원이었다.

산헤드린

제2성전 시대의 가장 파악하기 힘든 제도 중의 하나가 산헤드린 (문자적으로는 "같이 앉다", 즉 "회합" 혹은 "모임"을 뜻하는 그리스어에서 따온 히브리어 어휘)이다. 복음서와 사도행전에 따르면 산헤드린은 대제사장이 의장이 되는 대법원으로서, 다양한 집단(사두개인, 바리새인, 제사장)을 배경으로 하는 사람들로 구성되었다. 산헤드린은 종교적 법률을 어긴 중대한 문제들(예를 들면, 어떤 사람이 유대인들의 왕이라고 주장하거나 혹은 이방인을 성전 경내에 데리고 들어왔을 경우)을 포함하여 여러 가지 사건을 심리했다.

랍비 전승에 따르면, 산헤드린은 사법 기구일 뿐만 아니라 입법 기구이기도 했다. 이것은 두 사람의 랍비 현자들이 주재하고 모두 랍비 엘리트 계층으로 구성되었다고 한다. 요세푸스가 산헤드린에 대해 우연히 언급한 것을 보면 산헤드린은 상설기구가 아니라 어려운 문제에 대해 충고를 구할 필요가 있을 때마다 대제사장이 소집한 임시 위원회였던 것 같다. 요세푸스는 그가 정확한 그리스 이름으로 불레(*boulē*)라고 부르는 예루살렘의 상설 기구를 알고 있었다. 학자들은 예수의 삶과 죽음에 있어서 중요한 역할을 수행했다고 하는 이 기구에 대해 이렇게 서로 모순되는 주장을 분류해 보려고 수세기 동안 노력해 오고 있다.

그러나 모든 자료는 한결같이 로마인들이 내부의 사법적인 문제에 대해 유대인 공동체에게 상당한 정도의 자율권을 부여했다고 한다. 요세푸스와 신약성서는 모두 대제사장이 유대인 정체(政體)의 의장이며, 산헤드린이 그를 위해 존재했다고 하는데 아마 이 주장이 옳은 것 같다.

기원후 70년 성전이 파괴됨으로써, 예루살렘 산헤드린이 사라졌고 유대인 공동체에는 중심적인 기구가 없어졌다. 이것이 점차 랍비들이 채운 공간이다. 대제사장 대신, 유대인들의 자율적 공동체의 우두머리가 된 것은 이제 족장(*patriarch*)이었고, 제사장과 관련된 산헤드린 대신 최고 사법 및 입법 기구는 이제 랍비들의 위원회였다(흔히 예전처럼 그대로 산헤드린이라고 불리웠다). 이런 식으로 사태가 흘러간 것을 로마인들이 인식한 것은 2세기 후반에 가서의 일이었다. 성전이 한때 사방에 있는 모든 유대인들에게 충절을 보이라고 주장했듯이 기원후 300년 무렵이 되어서는 족장이 로마 제국의 모든 유대인들에 대한 권위를 주장하기 시작했다. 이러한 발전 과정에 대해서는 마지막 장에서 다시 논하겠다. 70년 이전 산헤드린을 랍비들이 변경시켜 놓은 것은 아마 랍비 시대의 상황을 제2성전 시대에 투사시킨 결과로 보인다.

디아스포라의 공공 제도

팔레스틴 유대인들은 나름의 내적인 통치와 국가의 통치라는 이중적인 구조 속에 살아야 했다. 이와 유사한 방식으로 헬레니즘 시대와 로마 시대의 좀더 큰 해외 공동체들은 두 가지 다른 정치적 구조의 통치를 받았다. 첫째로, 다른 모든 사람들과 마찬가지로 그들은 지역 시와 지방의 행정제도에 속했다. 둘째로, 그들은 나름의 민족적 공동체의 일원들로 상당한 정도의 내적인 자율성을 누렸다. 그리스 시의 자치적 민족 공동체는 폴리테우마(*politeuma*, 복수 *politeumata*)라는 이름으로 알려졌다. 다른 민족 그룹들도 나름의 폴리테우마들을 구성했다. 그러나 기원전 38-41년에 일어난 알렉산드리아의 유대인과 "그리스인들" 사이의 갈등으로 우리는 이 도시의 유대인 폴리테우마에 대한 정보를 가장 많이 갖고 있다.

알렉산드리아의 유대인 폴리테우마는 책임자들로 구성된 위원회의 지도를 받았는데 그 중 한 사람이 공동체의 장(長)이 되었다. 폴리테우마는 나름의 문서고와 법원을 갖고 있었다. 이 도시의 많은 회당들이 유대인 공동체에 속해 있었으며 중앙 조직의 연장이었다. 이 도시의 유대인들은 모두 공동체의 시민들이었다. 그들은 스스로를 "알렉산드리아인"으로 간주했다. 이것은 알렉산드리아의 시민을 의미할 수도 있고 혹은 그 거주민을 의미할 수도 있는 용어이다. 약간 전문적이고 또 별로 중요하지 않은 것 같이 보이는 이 모호성을 밝히는 일로 일련의 폭력 사건이 발생했다. 알렉산드리아인들은 유대인 폴리테우마를 싫어했다. 그것이 그 도시 안에 있기는 하나 그 도시의 단체는 아니기 때문이었다. 그것은 법적으로 도시와 구분되어 있었고 따라서 그 도시 자체의 자율성과 자부심(self-esteem)을 감소시키는 것이었다. 그러므로 알렉산드리아인들은 폴리테우마가 해체되기를 원했다.

이와 대조적으로 유대인들은 도시 행정부가 공동체의 모든 구성원들을 알렉산드리아 도시의 시민으로 인정해주기를 바랬다. 시민권은 명망 이외에 여러 가지 실질적인 혜택(더 낮은 세금 및 범죄에 대한 더 가벼운 형벌)을 부여하는 특별한 지위였다. 반-유대교 집단의 우두머리인 아피온은 유대인들이 알렉산드리아 시민이 되고자 한다면 알렉산드리아인들의 신들을 섬겨야 한다고 공격했다(제2장을 보라). 유대인들은 자신들이 알렉산더 대왕 시대부터 줄곧 "알렉산드리아인"으로 간주되어 왔다고 반격했다. 그리고는 전쟁이 일어났다. 누가 어떻게 해서 전쟁을 일으켰는지 우리는 잘 알 수 없다. 클라우디우스 황제도 잘 알 수 없었지만 4년 동안 폭동이 일어나고 유혈사태가 발생한 뒤 유대인과 알렉산드리아인들에게 더 이상 소요를 일으키지 말고 서로 평화롭게 살라고 명령했다. 비슷한 싸움이 1세기에 가이사랴(팔레스틴), 안디옥(시리아), 그리고 이오니아(오늘날의 서부 터어키)의 여러 도시에서 일어났다. 그리고 이러한 싸움이 반복되면서 기원후 115-117년 이집트, 키레네, 사이프러스의 유대인 사회를 파괴한 대화재가 일어났다.

베레니스(Berenice, 오늘날 리비아의 벵가지[Benghazi])에서 발견된 세 개의 그리스 비문은 정착해 살던 유대인 공동체의 삶에 대해 생생하게 묘사한다.[1] 기원전 8-6년의 것으로 보이는 첫째 비문은 그리스-라틴 이름을 가진 유대인이 분명한 데시무스 발레리우스 디오니시우스라는 사람을 기념하여 폴리테우마와 일곱 명의 책임자들이 통과시킨 결의안이다. 그는 공동체의 "원형 극장"의 벽을 칠하고 장식했다. 그래서 공동체는 그를 기념하여 원형 극장 안에 비문을 세우고, 그에게 여러 가지 공동체의 의무를 면제해주고, 모일 때마다 그리고 달이 새로 시작될 때마다 그에게 관을 씌우기로 결의했다. 기원후 24/25년의 것으로 보이는 둘째 비문은 폴리테우마와 아홉 명의 책임자들이 통과시킨 결의안을 기록한다. 이것은 그 지역에 보내진 사람으로 유대인들과 그리스인을 모두 정중하게 대우한 로마 장교를 기념하여 장막절에 투표한 것이다. 그에 대해서도 원형 극장 안에 비문을 새겨 주고 모일 때마다 그리고 달이 새로 시작될 때마다 기리기로 했다. 기원후 56년에 나온 셋째 비문은 아홉 명의 책임자들이 성전을 보수하기 위해 돈을 기부한 것을 기념하는 공동체(여기서는 폴리테우마[politeuma]라고 불리우지 않고 회당[synagōgē]이라 불리운다)의 결의문이다. 이중 한 명은 제사장이고 여덟 명은 일반 개인이었다.

이러한 비문들은 베레니스의 유대인들이 일곱 혹은 아홉 명의 책임자들이 이끄는 하나의 큰 공동체(처음 두 비문에서는 폴리테우마로 마지막 비문에서는 회당[synagōgē])로 조직되어 있었으며, 그 공동체가 처음 두 비문에서는 "원형 극장"이라 불리우고 마지막 비문에서는 "회당"(회당의 의미에 대해서는 아래를 보라)이라고 불리우는 건물을 소유하고 있었으며, 공동체가 정기적으로 모였으며(새 달이 시작될 때, 그리고 유대인들의 절기에는 분명히), 베레니스 유대인들의 법률적 권리와 문화적 독특성을 보호하는 그 조직이 개념과 형태에 있어서 완전히 그리스화되어 있었음(공동체는 "원형 극장"을 소유했고, 결의안을 통과시켰고, 기념비를 건립했으며 관을 씌웠다)을 보여준다.

그러나 모든 유대인들이 다 중앙 조직을 갖고 있는 공동체 안에 살았던 것은 아니다. 로마 제국 서방에 있는 유대인들 그리고 동방의 마을과 촌락에 있던 유대인들은 국가가 인정하는 공동체를 구성하지 않았다. 중심된 공동 조직이 없었기 때문에, 이러한 지역의 회당들은 서로 독립되어 있었다. 로마인들은 유대인들에게 제국 전역 어디에 살든지 예배하기 위해 공적으로 모이는 권리를 부여했다. 그리고 이러한 권리에 의해 창립된 각 회당은 로마인들에 의해 종교적 목적을 위한 "클럽" 혹은 "협회"로 간주되었다. 그래서 유대인들은 항상 자유롭게 예배할 수 있었다. 그러나 그들이 항상 정부가 어떤 지역의 "유대인 공동체"로 인정하는 조직체를 구성할 수 있었던 것은 아니다.

회당이 하나밖에 없는 좀더 작은 정착지에서는 "중앙 공동체"(politeuma)와 "지역 공동체"(회당)를 구분하는 것이 문제되지 않았다. 그러나 많은 회당이 있는 좀더 큰 정착지에서는 이 둘을 구분하는 것이 매우 중요했다. 우리 시대 3세기와 4세기에 로마의 유대인들은 최소한 11개의 서로 다른 회당을 갖고 있었다. 그러나 대체로 이 모든 회당들이 하나의 유대인 공동체를 구성했음을 보여주는 것은 없다. 회당마다 나름의 이름을 갖고 있었고 따로 직원들을 구성하고 있었다. 로마의 유대인들은 아마 편의상 모든 회당을 관장하고 일반적인 관심사가 되는 일을 살펴보는 일종의 위원회를 두었던 것 같다. 그러나 이 위원회가 존속했다 하더라도 국가의 눈에서 볼 때는 법적인 조직체가 아니었다. 이러한 유형의 조직은 폴리테우마 못지않게 종교의 자유를 누릴 수 있었다. 그러나 공동체의 자치권을 많이 제공하지는 않았다. 이러한 지역에서 회당은 공동 조직체의 본질적인 단위였다.

회당

회당은 세 부분으로 구성된 기관이다: 기도하는 집, 연구하는 집 혹은 학교, 그리고 모임의 집. 아마 이 세 부분은 각각 한때는 나름의 역사를 가진 독립된 기관이었을 것이다. 단지 길고 복잡한 과정을 거쳐 셋이 결합되었을 것이다. 이러한 과정에 대한 가장 좋은 증거는 그 명명(命名)이다.

그리스어를 구사하는 해외 유대인들은 공동체의 기능을 가진 특별한 장소 혹은 건물을 언급할 때 일반적으로 드물게 쓰이며 문자적으로 "기도"를 의미하는 프로세우케이(*proseuchē*, 복수 *proseuchai*)라는 그리스 어휘를 사용했다. 그들은 널리 쓰이는 씨나고게이(*synagōgē*)라는 어휘는 문자 그대로 "회중" 혹은 "모임"을 뜻하는 것으로 사용했다. 이와 대조적으로 팔레스틴 유대인들은 일반적으로 프로세우케이(*proseuchē*)라는 용어를 피하고 공동의 목적을 가진 장소 혹은 건물을 일컫는 말로 씨나고게이라는 어휘를 사용했다. 그래서 해외 유대인들은 "기도하는 집"을, 팔레스틴 유대인들은 "모임의 집"을 갖게 되었다. 몇몇 구절에서 필로는 프로세우케이가 그 본질적인 목적이 모세의 율법과 하나님의 말씀을 가르치는 것이기 때문에 "학교"와 비슷하다고 지적한다. 랍비들도 종종 "벳 미드라쉬"(학교 혹은 학원)를 "벳 크네셋"(모임의 집 혹은 회당)과 연관시킨다.

이렇게 용어가 다양한 것은 완전하게 형성된 회당이 한 사람 혹은 한 세대의 창조물이 아니라는 것을 나타낸다. 이 세 가지 기능이 어떻게 하나로 묶였는지는 다음에 간단히 논할 주제이다(매일의 기도와 토라 연구에 대해, 그리고 회당 출현의 배경을 이루는 사상에 대한 논의는 앞장을 보라).

회당에 관해 언급한 것으로 현존하는 가장 오래된 것은 프톨레미 3세 유에게테스(기원전 246-221년)의 통치 시기에 나온 것으로 보이는 상부 이집트의 거의 동일한 두 비문이다.[2] 첫째 것은 "프톨레미 왕과 그의 누이이며 부인인 베레니스 왕비를 위해, 그리고 그들의 자녀들을 위해, 유대인들이 기도하는 집(proseuchē)을 (봉헌합니다)"라고 되어 있다. 둘째 비문은 "크로코딜로폴리스 시의 유대인들"이 같은 왕과 왕비에게 또 다른 기도하는 집을 봉헌하는 것을 기념한다. 이러한 작은 마을들의 유대인 공동체들은 분명히 공식적인 공동체(politeumata)를 형성하지 않았다. 그러나 이러한 비문들은 어떤 종류의 공동 조직이 있었음을 증거한다.

기도하는 집은 "유대인들"이 건립하여 당시 다스리던 군주에게 봉헌했다. 기원전 3세기와 2세기에 이집트와 키레네 여러 지역에서 증거되는 관습이다. 이러한 건물들은 프로세우카이라 불리웠다. 이것은 그 일차적인 기능이 기도하는 집 역할을 하는 것이라는 점을 강력히 암시한다.

유대교 최초의 "기도하는 집들"이 해외에서 증거된 것은 아마 우연한 일이 아닐 것이다. 성전과 성전 제의로부터 멀리 떨어져 있어 해외 유대인들에게는 정기적으로 하나님과 교통할 대응 수단이 필요했다. 그들은 성전을 짓거나 제사를 드리려 하지 않았다. 그래서 공동체가 기도하기 위해 모일 수 있는 새로운 기관을 창조했다. 많은 학자들은 그러한 기관이 바빌로니아 포로민들이 파괴된 성전을 대체할 방안을 찾고 있던 기원전 6세기의 산물이라고 믿고 있다. 그럴듯한 제안이긴 하지만 이를 뒷받침할 증거가 없고 매일의(혹은 정기적인) 기도를 증거를 통해 알 수 있는 것보다 훨씬 더 일찍 잡는 것이다. 좀더 개연성있는 추측은 기도하는 집이 헬레니즘계 해외 유대인들의 산물이라는 것이다. 어쨌든 프로세우케이로서의 회당은 기원전 3세기 이집트에서 처음으로 증거된다.

회당이 이스라엘 본토에서 나타난 것은 최소한 200년 혹은 250년

이 지난 후의 일이다. 제2성전 시대 후기의 많은 작품들은 대개 회당을 실질적으로 무시한다. 안티오쿠스 에피파네스는 성전을 모독하고 유대인들을 박해했다. 그러나 어느 문헌도 그가 회당에 대해 행패를 부렸다고 비난하지 않는다. 시 74:8에 대해 에피파네스가 회당을 파괴한 것을 의미하는 것으로 보는 학자들도 많이 있지만, 아마 팔레스틴에 회당이 없었기 때문일 것이다.

우리 시대 1세기에 나온 증거가 가장 오래된 것들이다. 물론 복음서가 갈릴리에 여러 회당이 있었다고 말한다. 사도행전 6:9에 의하면 예루살렘에는 자유인, 키레네 사람, 알렉산드리아 사람, 씰리시아 사람들의 회당이 있었다. 자신의 설화에서 요세푸스는 몇몇 팔레스틴 도시에 있는 회당들에 대해 언급한다. 헤롯의 요새인 마사다와 헤로디온에서 고고학자들은 회당으로 쓰였던 것으로 보이는 회합실들을 발견했다. 그러나 가장 중요한 증거는 예루살렘에서 발견된, 아마 기원후 1세기의 것으로 보이는 그리스어 비문이다.[3]

> 제사장이며 회당장인, 회당장의 아들이며 회당장의 손자인, 베테누스의 아들 테오도투스가 율법을 읽고 계명들을 가르칠 회당과 멀리서 오는 사람들이 묵을 여관으로 객실과 방과 수도 시설을 건립했다. 이것(회당)은 그의 선조들이 장로들 및 시몬 가문과 함께 짓기 시작한 것이다.

테오도투스는 3대에 걸친 회당장, '회당을 다스리는 사람'(신약성서[예를 들면 막 5:35-38과 행 18:8,17]에 그리고 다른 많은 비문에 몇 차례 언급된 직책)이었다. 테오도투스는 아버지나 할아버지가 그렇게 불리운 적이 없지만 자신을 "제사장"이라고 부르기도 한다.

이러한 팔레스틴 회당들을 해외의 회당들과 어떻게 비교할 수 있겠는가? 테오도투스는 자신의 회당이 "율법을 읽고 계명들을 가르치는" 곳이라고 한다. 사도 바울이 소아시아의 회당에서 그랬던 것처럼, 갈릴리의 회당에서 예수의 일차적인 활동은 가르치는 일이었다. 위에서 언급한 대로 필로는 회당의 교육적 기능을 강조한다. 그러면 성서 연구는 팔레스틴 회당과 해외 회당들이 공유하는 활동이었다. 그러나 그 외에는 매우 다르다.

팔레스틴 회당은 기도하는 집(proseuchai)이 아니었다. 테오도투스는 자신의 회당에 대해 묘사하면서 기도에 대해 언급하지 않는다. 아마 순례자나 예루살렘 토박이나 성전에서 혹은 성전 가까이에서 기도했을 것이다. 그러나 예루살렘에서 하룻길 이상 떨어진 곳에 사는 팔레스틴 유대인들, 그들은 어디서 기도했는가? 성전에서 매일 혹은 주례적으로 드리는 기도도 해외에 사는 다른 신앙인들과 마찬가지로 그들에게는 불가능한 일이었다. 분명히 그들은 지역에 있는 회당에서 기도했을 것이다. 그러나 단지 한 텍스트(티베리아의 회당에 대해 묘사하는 요세푸스, 『생애』[Life 277, 280, 293: Justus of Tiberias의 비난에 대해 요세푸스가 반박한 책])만이 팔레스틴의 프로세우케이에 대해 언급하며, 단지 한 텍스트(마 6:5)만이 명시적으로 팔레스틴 회당에서 정기적인 기도가 있었다고 언급한다는 것은 주목할 만한 일이다(그러나 아마 마태는 "회당"보다는 "모임"을 의미하는 것 같다).

프로세우케이라는 어휘를 사용하는 구절에서 요세푸스는 티베리아의 사람들이 안식일에 기도하는 집에 어떻게 모였는지 묘사한다. 그러나 기도 대신 그들은 전쟁에 대해 이야기하는 마을 모임을 갖기 위해 시간을 보낸 것 같다. 단지 나중에 며칠 동안 공포된 특별한 금식을 맞아 티베리아 사람들이 기도하러 왔던 것 같다(이것도 정치적 논의로 곧 중단되었다). 그들은 어디서 기도했는가? 아마 마을 광장에서, 혹은 들판에 나가서(마 6:5을 보라) 했을 것이다. 이 문제에 대해서는 간단한 해답이 없다.

이방인들이 상당수 섞여 살던 이스라엘 본토의 여러 지역(예를 들면, 가이사랴 같은 곳)에서, 지역 회당은 공동 조직체 내에서 아마 해외 유대인들 사회에서 했던 것과 동일한 역할을 했을 것이다. 그러나 유대인 지역에서는 그 역할이 매우 달랐다. 티베리아는 유대인 성읍이며 요세푸스는 기도하는 집이 시의 건물이었다고 암시한다. 회당에 대한 랍비들의 규정도 그것을 시의 구조물로 간주한다. 이와 대조적으로 예루살렘에서는 시가 건립한 회당이 있었음을 나타내는 표지가 없다. 여기서는 회당이 클럽이나 협회처럼 사적인 문제였다. 이것은 사도행전 6:9, 그리고 테오도투스 비문에 수록된 회당의 이름을 통해 강하게 암시되고 있다. "장로들과 시몬 가문"의 정체가 무엇이든, 그 비문은 회당이 세 세대 동안 실질적으로 테오도투스/베테누스 家의 사적인 소유물이었음을 보여준다. 이러한 측면에서 테오도투스의 회당이 독특한 것은 아니다. 몇 세기 후의 회당들도 그 비문으로 미루어 판단하건대 그것을 헌정한 사람들이 사적으로 건립한 것이었다. 그러한 회당들은 물론 공동체에 개방되어 있었다. 그러나 사적인 집단에 의해 소유되거나 최소한 관장되었다. 고고학은 본래 가정집이었던 많은 회당들이 나중에 집회의 목적으로 전용되었음을 보여주었다.

요약하면, 회당은 분명히 헬레니즘 시대 초기에 해외에서 기원한 기도하는 집; 분명히 헬레니즘 시대 초기에 이스라엘에서 기원한 연구소 혹은 학교(아래를 보라); 그리고 해외 유대인과 팔레스틴 유대인들이 서로 다른 목적으로 사용한 모임의 집의 결합체이다. 기원후 1세기에 이르러서는 이러한 다양한 요소들이 아직 한 가지 유형을 이룰 만큼 결합되지 않았었다. 사실 고대 말기까지도 회당이 한 가지 정의를 갖지 못했다. 기원후 3세기부터 7세기까지의 자료들은 회당에 대해 근본적으로 다른 묘사를 제시한다. 이스라엘 본토와 해외에서 출토된 풍부한 고고학적 자료들은 회당이 매우 다양한 유형을 갖고 있었음을 보여주며, 학자들은 더 이상 이 모든 것을 결합할 단 한 가지 흐름의 발전을 추적하려고 하지 않는다. 고고학자들이 발굴한 회당들은 그 조각품이나 모자이크 그리고 그림을 볼 때, 랍비들의 증거에 근거해서 예상할 수 있는 그런 종류의 건물들이 아니다. 이 문제에 대해서는 마지막 장에 다시 간략하게 다룰 것이다.

이러한 재건으로부터 두 가지 중요한 역사적 결론이 나온다. 첫째, 많은 학자들과 교과서들이 "회당"이라는 용어를 마치 그 용어가 단 하나의 일관된, 그리고 잘 정의된 현상을 묘사하는 것처럼 사용한다. 그러나 실제로는 제2성전 시대나 랍비 시대나 기능, 건물 양식, 종교적 의식, 사회적 배경이 다른 다양한 종류의 회당이 있었다. 구성원 모두에게 표준적인 기준을 강요한 고대의 통일된 회당이라는 것은 없었다. "회당"이라는 어휘는 매우 폭넓은 현상을 다 포괄하며 어느 한 장소와 한 시간에 적합한 것이 다른 장소와 다른 시간에는 적합하지 않은 것일 수도 있다.

둘째로, 회당이 다양하고 복잡한 기원에서 발전되었기 때문에 어느 한 집단이나 직책이 고대의 모든 회당을 다 관장했던 것 같지는 않다. 회당은 바리새인들이 고안한 것이 아니며 마태복음 23:2, 6에도 불구하고 70년 이전의 모든 회당을, 이스라엘 본토의 회당도, 바리새인들이 관장했다고 생각할 근거가 없다. 아마 70년 이후의 랍비들이 이스라엘 본토에 있는 몇몇 회당에 대해 자신들의 권력을 강화했을 것이다. 그러나 회당이 지역 공동체의 손에 있었기 때문에, 그리고 종종 지역의 어떤 개인들이 소유하고 있었기 때문에, 랍비들은 분명히 로마 제국의 모든 회당에 대해 신속하고 효과적인 통제력을 수립할 수단을 갖고 있지 않았을 것이다. 그것은 오래고 완만한 과정이었다. 이 모든 점들은 대략 기원후 90-100년에 랍비들이 예수와 기독교인에 반대하여 회당의 전례에 축복문(실제로는 저

주문)을 포함시켰을 때 유대교와 기독교가 완전하게 갈라졌다는 널리 받아들여지고 있는 믿음을 부인한다. 랍비들이 그러한 반-기독교적 기도를 포함시켰다 하더라도(이 점은 전혀 분명하지 않다) 랍비들이 자신들의 직접적인 통제 밖에 있는 회당에서 그것을 수용하도록 강요할 길이 없었을 것이다(제7장을 보라).

사설 기관

유배 이전 시대의 사회는 지파 단위로 구성되었다. 각 지파는 씨족이 뭉쳐서 이루어졌고, 각 씨족은 대가족이 모여 이루어졌다. 모두 열두 지파가 있었다. 열셋째 지파는 레위 지파로 성직을 수행하고 있었다. 기원전 722년에는 북왕국 백성들이, 기원전 587년에는 남왕국 백성들이 포로로 잡혀가면서 지파 구조는 파괴되고 그 후 다시 회복되지 않았다.

기원전 6세기 유대인들이 바빌로니아에서 귀환했을 때, 그들이 복구한 사회는 지파가 아니라 씨족으로 구성되어 있었다(스 2장; 느 7장). 레위 지파는 제사장과 레위인들이라는 두 가지 서로 다른 요소들로 구성되었고, 나머지 사람들은 단순히 이스라엘 사람들이라 불리웠다(예를 들면, 스 10:25; 백성을 그 아래 달리 구분하는 것은 여기서 고려할 필요가 없다).

제2성전 시대나 랍비 시대 내내 그러했듯이, 열두 지파에 대한 기억은 여전히 남아 있었다(스 8:35). 그러나 그렇게 기억한다고 해서 새로운 사회 질서를 수립하지는 않았다. 제사장들이나 귀족 계층의 씨족들이 제2성전 시대 내내 중요한 역할을 했다. 그러나 헬레니즘 시대에 이르러서는 백성 전체 안에서 씨족이 해체되거나 혹은 회소한 씨족을 구성하는 대가족들에 대한 통제력을 상실했다.

지파를 씨족으로, 씨족을 대가족으로 세분하는 것은 집단 책임에 대한 믿음이 파괴된 것과 개인에 근거한 신정론이 출현하게 된 것을 반영한다. 이 시대의 종말론적 사색과 종교적 교리는 개인을 대가족, 씨족, 민족의 구성원으로 뿐만 아니라 궁극적인 보상과 형벌을 자신의 행위에 근거해서 받게 되는 독립된 존재로서 다룬다(제3장을 보라). 새 제도는 개인에게 나름의 중요성에 맞추어 사회 안에 자리를 마련해 주도록 창조되었다. 이러한 새로운 조직의 모델은 협회와 같은 것이었다.

그리스-로마 사회에서 협회(혹은 "길드" 혹은 "클럽" 라틴어의 *collegia*, 그리스어의 *koina*)는 매우 잘 알려진 것이었다. 협회는 개인이 세계로부터 받는 스트레스로부터 안전하게 피할 수 있는 피난처와 서로 사귀고 인정해주는 편안한 장소를 제공해 주었다. 이러한 협회들은 여러 가지 유형이 있었다: 종교적, 경제적, 친선중심적 등. 많은 집단들이 성문화된 규칙이나 법에 따라 관장되었다. 그리고 존경받는 직함을 가진 다양한 직원들이 실질적으로 모든 집단들을 이끌었다. 집단들은 마치 소규모의 도시들(*poleis*)처럼 운영되어 회원들에게 실제 세계에서는 얻지 못하는 권력과 통제력을 가진 것 같은 느낌을 주었다.

유대인 사회에도 사설 조직들이 있었다. 앞 단락에서 논의한 대로 회당이, 최소한 서부 디아스포라에 있어서는 종교적 목적을 위한 사설 협회였다. 비-유대인 그리스인들 사이에서는 "synagogue"란 말이 때로는 "협회"를 의미하며, "협회장"이라는 의미로 "archisynagogue"란 용어까지 사용되었다. 회당은 단순한 클럽 이상의 것이었다. 그러나 회당은 분명히 헬레니즘 시대에 협회의 대중성이 증가된 데 도움을 받아 성장했다. 회당은 유대인 협회 가운데 가장 보편적인 형태였으나 유일한 형태는 아니었다.

종파

영어의 "sect"(종파)란 말의 기원이 된 라틴어의 secta는 "생활방식"을 의미하고 여기에서 "학파" 혹은 "사상의 학파"를 의미하게 되었다. 이것은 그리스어의 *hairesis*에 상응하는 말이다. 여기서 영어의 "heresy"(이단)가 나왔다. 영어에서 "sect"와 "heresy"에는 종종 부정적인 의미가 담겨 있다: 종파는 "이탈자" 집단이고 이단은 "올바르지 못한" 가르침이나 형태이다. 다음 장에서 고대 유대교의 "정통"과 "이단"에 대해 논하고 종파주의, 배타성, 그리고 영어의 "종파" 및 "이단"과 관련된 다른 개념들을 다시 아주 상세하게 다룰 것이다. 이 장에서 나의 관심은 신학적 정통성이나 사회적 대중성에 있는 것이 아니라 집단의 구조에 있다. 나는 "종파"란 말을 고대 유대교 안에서 공동체 전체로부터 스스로를 구분하고, 외부인들이 그들에게("엣세네파," "기독교인," "바리새인" 등) 특별한 이름을 붙이거나 스스로 자신들에게 특별한 이름을 부여할 만큼 충분히 독특하고 일관된 여러 집단들을 묘사하는 중립적인 용어로 사용한다.

종파에 대한 가장 분명한 예가 쿰란에 살았던 집단이다. 그들은 흔히 필로와 요세푸스가 엣세네파와 동일시한다. 종파의 조직을 개괄하는 두 가지 주요한 쿰란 문서가 『다메섹 계약』(*Covenant of Damascus*: 특히 둘째 부분)과 『공동체 규범』(*Rule of the Community*: 특히 5:1-6:23, 이것이 때로는 『훈련 교범』[*Manual of Discipline*]이라고 불리우기도 한다)이다. 그러나 두 가지 묘사가 정확히 일치하지는 않는다. 그리고 다른 책에 담겨 있는 공동체의 종말론적 묘사와도 일치하지 않는다.

『다메섹 계약』은 다른 유대인들 사이에서 "진"을 치고 살고 있는 집단에 대해 묘사한다. 그들은 결혼하고, 자녀를 낳고, 재산과 노예를 소유했으며 종파에 속하지 않는 유대인과 이방인에 대해 주의를 기울여야 했다. 그들의 지도자는 감독(Overseer: 그리스어로 번역하면 이 타이틀은 *episkopos* 혹은 "bishop"이 될 것이다)이며 그는 한 명의 제사장과 열 명의 판관들로 구성된 위원회의 도움을 받았다. 모든 구성원들이 신입 회원이든 기존 회원이든, 모세의 율법에 충성하겠다는 서약을 해야 한다.

『공동체 규범』은 이와 대조적으로 그 사회적 배경을 달리하고 세상으로부터 훨씬 더 엄격하게 격리되어 있는 것을 전제한다. 구성원들은 공동 생활을 하며 외부와는 거의 혹은 전혀 접촉하지 않았다. 이들은 재산을 따로 소유하지 않았고, 모든 재화는 공동체에 가입하면서 집단에 헌납했다. 그들은 결혼도 하지 않았다. 여기서도 감독(Overseer)이 집단을 지도하는 주된 인물이었다. 그러나 "사독의 아들들인 제사장들"이 좀더 두드러진 역할을 했다.

이 텍스트는 또 "많은 사람들의 회합"(Session of the Many)에 대해 묘사하는데 여러 가지 문제들, 특히 신입 회원의 허입을 논하는 총회로 감독, 제사장, 레위인, 장로들이 주재했다. 예비 회원들은 3년 동안 계속되는 심사 과정을 거쳐야 했으며, 그 첫 단계에 종파에 충성하겠다는 서약을 했다. 교리 문답을 마친 후, "많은 사람들의 회합"의 승인을 받으면 종파에 가입하여 공동 식사에 참여할 수 있었다. 해마다 종파의 모든 회원들이 신명기 27-28장에 근거한 의식을 통해 계약을 갱신했다. 이와 같이 『다메섹 계약』에 제시된 조직이 『공동체 규범』의 조직과 비슷하지만(순결, 죄인들로부터의 격리, 권위에 대한 순종, 충성 서약에 대한 강조), 두 텍스트는 서로 다른 점을 강조하고 세부 사항에 들어가서는 많은 면에서 서로 달랐다.

이러한 규범들의 내용과 문학 양식이 그리스-로마 협회의 규정들과 매우 비슷하다. 사회학적 측면에서 볼 때, 쿰란 종파는 회원들을 위한 유토피아적 사회를 창조하려는 목적을 가진 협회였다. 『다메섹 계약』은 아직 현실 세계 속에 위치해 있었다. 그러나 『공동체 규범』은 여자, 자녀, 사유 재산, 불일치, 오류가 없는 사회, 즉 존재한 적이 없으나 고대의 많은 정치 사상가들이 꿈꾸어 온 이상 사회를 만들도록 요구한다. 유토피아적 요소들은 필로나 요세푸스가 묘사한 부분에서도 두드러지게 나타난다. 그들의 서술은 거의 동일하다. 두 저자가 모두 엣세네파가 4000명에 이르렀고 이스라엘 땅 전역의 마을과 촌락에 살고 있었다고 한다. 둘 중 어느 누구도 이 집단의 배타성이나 계급구조적 성격에 대해 강조하지 않는다. 이러한 점은 『다메섹 계약』에 제시된 사회적 배경과 잘 어울린다. 이상과 현실 사이의 긴장이 엣세네파에는 순결을 지키는 사람도 있었고 아이를 낳기 위해 결혼한 사람도 있었다는 요세푸스의 진술에 반영되어 있다. 그러나 일반적으로 필로나 요세푸스나 모두 『공동체 규범』에 세부적으로는 상이하나 자주 반복되는 유토피아적 요소들을 강조한다. 그들은 엣세네파에 대해 철학적 삶을 구현한 놀라운 예로 간주한다.

쿰란 엣세네파의 유토피아적 혹은 "종파적" 면모 가운데 많은 것들이 다른 집단에서도 발견된다. 엣세네 공동체는 사도행전 처음 몇 장에 묘사된 초기 기독교 공동체와 놀라우리 만큼 유사한 점이 많다. 재산은 공동으로 소유했고, 규범을 어긴 자들은 처벌받았고, 집단은 집단 지도체제의 통제를 받았고, 선출 과정에서 점치는 일이 사용되었고, 집단에 들어가는 사람들은 "회개"라는 것을 해야 했다. 이러한 유사성보다 더 근원적인 것은 태도(모두 종말론적으로 정향되어 있었다), 교리(모두 현재의 세계가 악한 세력의 통제를 받고 있다고 보았다), 관행(모두 죄씻음 혹은 "세례"에 대해 중요시했다)의 유사성이었다.

쿰란 엣세네파와 그렇게까지 밀접하지는 않은 것으로 하부라(haburah: "친교" 혹은 "형제애")가 미쉬나(*Demai* 2:2-3) 및 관련

문헌에 묘사되어 있다. 이것은 성전에 들어가거나 제물을 바치겠다고 계획하지 않아도 항상 정결례법을 준수하겠다고 서약한 사람들의 협회이다. 많은 유대인들이 제사장에게 십일조 바치는 일을 가볍게 여겼다. 그러나 하부라의 회원들은 십일조를 정확하게 바치겠다고 서약했다. 결과적으로 그들은 자기 집단 외부의 어떤 사람들과도 같이 식사할 수 없게 되었다.

『다메섹 계약』처럼 랍비들의 규정은 집단의 회원들이 매일 유대인이든 이방인이든 비회원들과 긴밀하게 접촉하는 사회를 바라보았다. 『공동체 규범』처럼, 랍비들의 규정은 그 집단에 가입하는 모든 사람들에게 서약을 하고 점차 완전한 회원의 지위를 갖게 되는 삼 년 동안의 훈련 과정을 거칠 것을 요구했다. 『공동체 규범』에서처럼 신입자가 완전한 지위에 오르게 되는 것은 그가 다른 회원들과 함께 음식과 음료를 나눌 수 있는 자격으로 나타났다.

많은 학자들은 그 일원이 되려면 좀더 큰 공동체로부터 이탈해야 했기 때문에 이 하부라를 "종파적" 집단으로 생각하고 그 기원이 바리새인에게 있는 것으로 보았다. 바리새인은 그 이름이 "분파주의자"라는 뜻을 갖고 있는 것 같다. 하부라가 바리새파와 관련되었든지 아니든지 그 "종파"적 성격은 불분명하다. 하부라에 대한 우리의 유일한 자료인 랍비들의 규정이 하부라가 단단히 결속된 조직인지 종교적 엘리트들로 구성된 느슨한 조직인지 분명하게 언급하지 않기 때문이다. 게다가 하부라가 대중으로부터 이탈할 것을 조장한다 하더라도 그 이탈이 엣세네파나 기독교인들이 했던 주장처럼 진리에 대한 배타적 소유를 주장한 결과인지 분명하지 않다. 배타적 진리에 대한 주장이 없이는 집단이 종파가 될 수 없다(다음 장을 보라).

쿰란에서, 종파주의자들은 의로왔고 따라서 정결했다. 그 외의 모든 사람은 다 악하고 따라서 불결했다. 랍비들의 규정은 그 반대의 논리에 기초해 있는 것 같다. 하부라의 회원들은 정결했고 따라서 의로왔다. 다른 사람은 불결하고 따라서 사악했다. 어떻든 하부라에 대한 랍비들의 규정 뒤에 어떤 사회적 실체가 숨어있든지, 쿰란 규정과 유사한 것은 정결례법에 근거한 분파주의가 고대 유대교 안에서 분명한 종파적 집단을 넘어서서까지 막강한 세력을 발휘한 사상이었음을 보여준다.

직업 길드

회당이나 종파와 달리 직업 길드에는 고대 근동의 긴 역사가 있다. 장인 길드와 상인 길드는 바빌로니아, 앗시리아, 이집트의 경제에 중요한 역할을 했다. 팔레스틴에서 길드가 행한 활동에 대한 증거는 풍부하지는 않지만 그것이 제2성전 시대 및 랍비 시대 내내 존재했음을 보여줄 만큼은 충분하다.

예루살렘 성벽을 재건할 때, 느헤미야는 어떤 일들은 "세공장이들"(이중 한 사람)과 "향품 제조업자들"(이중 한 사람)에게 맡겼다 (느 3:8, 31). 역대기 상은 서기관 "가문"(2:55)과 "베 짜는" 가문(4: 21)에 대해 언급한다. 요세푸스와 신약성서는 서기관을 포함하여 많은 장인들에 대해 언급한다. 그러나 이들이 어떻게 조직되었는지는 설명하지 않는다. 그러나 랍비 문헌은 양털업자, 염색업자, 제빵업자, 노세몰이꾼, 하역업자, 도살자, 베짜는 사람들의 길드에 대해 언급한다. 기원후 2세기의 한 유대교 비문은 수산업 길드에 대해 언급한다.[4] 다른 랍비 전통에 따르면, 제2성전 시대의 어느 "가문"은 성전의 진설병을 굽는 책임을 맡고 있었고, 또 어느 가문은 향료를 준비하는 책임을 맡았다고 한다. 어느 날 이들이 파업을 하고 임금을 두 배로 인상할 때까지 일터로 돌아가지 않았다.

이러저러한 증거로 볼 때 직업 길드는 고대 유대교 사회 조직의 한 부분이었다. 다른 비-종교적 협회도 아마 존재했을 텐데, 어느 곳에서도 언급되지는 않았다.

학교

전혀 다른 종류의 조직이 학교이다. 랍비 전승에 따르면 시므온 벤 세타(기원전 1세기) 혹은 요수아 벤 가믈라(기원후 1세기)가 자녀들에 대한 의무 교육을 선포했다고 한다. 그러나 이러한 전승들이 역사적 가치가 있는 것 같지는 않다.[5] 헬레니즘 시대 소수의 그리스 도시가 흔히 재력가가 많은 돈을 기부한 결과로 자녀들에 대한 무료 공공 교육을 제도화했다. 그러나 팔레스틴이든 해외이든 유대교 공동체가 제2성전 시대에 자녀나 성인들을 위한 공공 학교를 운영했다는 증거는 없다.

모든 유대인들이, 자녀들까지도, 모세의 율법을 알고 있다고 자랑하는 요세푸스와 필로가 토라를 회당의 대중 앞에서 읽는 관습을 강조하지만 별도의 학교에 대해서는 언급하지 않는다. 아마 초등 교육은 가정의 책임이었을 것이다. 부유한 (혹은 무식한!) 사람들이 그 자녀들을 위해 가정 교사를 고용했을 수는 있지만, 일반적으로 고대 세계의 초등 교육은 부모가 자녀에게 기술을 가르쳐 주는 수준을 넘지 못했다.

안식일마다 회당에서 토라를 사람들 앞에서 읽고 해설해주는 것 이상의 발전된 연구는 거의 배타적으로 부유한 특권층만이 누릴 수 있던 특권이었다. 단지 그들만이 생계 유지를 위해 애쓰지 않고 대신 좀더 높은 수준의 교육을 추구할 수 있는 수단과 여유(그리스 말로 *scholē*, 라틴어로 *schola*, 그리고 영어로 *school*)를 가졌기 때문이다(벤 시라 38:24-39:11 참조).

어떤 종류의 학교에 참석할 수 있었는가? 영어의 "school"은 교사, 학생, 그리고 여러 직원들로 가득 찬 큰 건물에 들어선 집단적이고 영속적인 기관에 대한 이미지를 연상시킨다. 고대 세계는 이러한 종류의 학교를 알지 못한다. 기원전 4세기와 3세기에 플라톤, 아리스토텔레스, 에피쿠로스, 제논이 창립한 아테네의 학교들은 학생과 교수들을 단계별로 나눈 영속적인 기관이었다(에피쿠로스 학파는 기원후 2세기에도 번성하고 있었다). 그러나 현대 언어의 "학교"가 의미하는 것보다는 훨씬 더 작고 비공식적인 것이었다.

요세푸스가 바리새인, 사두개인, 엣세네파에 대해 마치 "학교"처럼 묘사하지만(제5장을 보라), 아테네의 학교와 같은 것이 우리가 아는 한 팔레스틴이든 해외이든 제2성전 시대의 유대교 사회 안에는 존재하지 않았다. 이와 대조적으로 요세푸스는 유대교 종파의 교리들이 그리스 종파의 교리와 비슷하다는 것을 의미했다. 그러나 아마 그가 조직적인 구조상의 유사성에 대해서 묘사하고 있을 수도 있다. 요세푸스를 따라 현대의 많은 학자들이 엣세네파의 유토피아적 조직이 피타고라스 "학교"의 조직과 유사하다는 데 주목했다. 그러나 대부분의 학교들은 같이 살고 있는 사람들이 모이는 단체가 아니었고 아테네식의 학교는 랍비 시대 이전에는 팔레스틴에 출현하지 않았다.

다른 유형의 학교는 제자들의 모임이었다. 한 스승 주위에 몇 사람의 제자들이 모인다. 제자들은 스승을 항상 따라다니며 배우는 도제들이었다. 그들은 스승의 모든 행동을 지켜 보고 그의 모든 말에 귀를 기울였다. 제자단은 스승이 활발하게 활동하는 한 존속했다. 그가 죽거나 은퇴하면 학교는 그와 함께 죽었다. 그래서 이러한 학교들은 집단적 조직도 아니었고 영속적 제도도 아니었다. 제자 집단들은 유대교와 고대 그리스-로마에 공통된 고등 교육의 정상적 형태였다.

제2성전 시대 고등 교육의 제도화에 대한 최초의 분명한 증거는 벤 시라에 의해 제시된다. 그는 이렇게 쓴다(51:23-28):

배우지 못한 사람들아, 나에게로 와서 내 학교에 들어 와 거하라. 어찌하여 지혜를 갖지 못한 채 불평만 하고 너희 영혼의 갈증을 풀 생각을 하지 않느냐! 나 입을 열어 말하노니, 돈없이 지혜를 얻어라. 네 목에 지혜의 멍에를 씌워라. 그리고 네 마음에 지혜의 가르침을 받아라. 지혜는 바로 네 곁에 있다. 눈을 바로 뜨고 보아라. 내가 얼마나 적은 노력으로 큰 평화를 얻었는가를! 가령 은을 많이 주고서 지혜를 배우면 그 덕으로 많은 금을 얻을 것이다.

벤 시라는 그의 글을 읽는 유복한 자들에게 자기의 본을 받아 지혜의 멍에를 매라고 권면한다. 그는 그들에게 "내 학교에 들어와 거하라"(bet midrashi: 문자 그대로는 "내 물음의 집에 들어오라")고 초청한다. 이 학교는 아마 벤 시라의 집에서 모인 집단일 것이다. 지혜문학의 좀더 오래된 대표적인 책인 잠언도 교육적 배경을 전제한다("내 아들"에 대해 2인칭으로 부르는 것에 주목하라). 그러나 벳 미드라쉬(bet midrash)같은 특별한 교육 배경에 대해서는 언급하지 않는다.

랍비 시대 문헌에서 벳 미드라쉬는 랍비들이 그 기관의 성격을 정확하게 규정하는 적이 결코 없지만, 두드러진 특징을 갖고 있다. 때때로 벳 미드라쉬가 스승과 그 제자들이 연구하기 위해 모이는 장소인 것 같기도 하고, 때로는 실제 건물을 나타내는 것 같기도 하다. 골란 고원에서 최근에 발견된 비문에는 "이것이 R. 엘리에젤 하까파르의 벳 미드라쉬이다"라는 글이 새겨져 있다. 하까파르는 2세기의 랍비이다(불행하게도 그 건물의 나머지 부분은 흔적도 없이 사라졌다).[6] 2세기의 한 랍비 문헌은 "아르다스커스에 있는 벳 미드라쉬"에 대해, 또 어느 문헌은 "로드에 있는 벳 미드라쉬"에 대해 언급한다.[7] 이러한 텍스트들은 2세기에 이르러서는 벳 미드라쉬가 어떤 지역의 영구적인 기관이 되고 있었음을 암시한다. 그러나 대개 2세기의 랍비들에게는 제자들을 가르칠 특별한 장소가 필요하지 않았다. 제자들이 항상 스승과 함께 있었기 때문이다. 그들은 스승과 함께 살고, 먹고, 잠자고 여행했다. 스승이 다른 랍비들과 토론하는 것을 귀기울여 들었고 법적인 문제에 대해 결정을 내리는 것을 지켜 보았다. 이러한 관계에서는 스승이나 학생이나 어느 한쪽의 사생활이 보장되지 않았다. 결혼식 전날에도 R. 가말리엘은 그의 충실한 제자들의 수종을 받았다. 스승은 때때로 "아버지"라고 불리웠다. 그가 제자들에게는 아버지였기 때문이다.

랍비들의 법에 따르면, 학생이 스승에 대해 갖는 의무는 아들이 아버지에 대해 갖는 의무와 비슷하다. 제자는 스승이 보는 앞에서는 일어서야 하고, 인사해야 하고, 아마 그 앞에 허리를 굽혀야 했던 것 같다. 제자는 스승 앞에 있을 때 자기 자리에 서거나 앉을 수 없었고 말을 하거나, 스승에게 반박하거나, 신경질적으로 대답할 수 없었다. 이것이 토라의 길이었다. 사실, 제자 집단에 합류하는 것은 새로운 가족에 합류하는 것과 같았다(막 3:32-35; 10:29-31 참조).

훌륭한 스승을 중심으로 하여 헌신적인 제자들로 구성된 이러한 작은 공동체들은 물론 여러 가지 면에서 예수의 추종자들로 이루어진 초기 공동체와 비슷하다. 예수의 주된 활동 가운데 하나가 위에서 보았듯이 가르치는 일이었고, 사도들은 예수의 사랑하는 제자들이었다. 예수는 그러나 선생인 것만은 아니었다. 그는 또 예언자이고 치유자였다. 그리고 그에 대한 전승은 분명히 부분적으로는 엘리야와 그의 제자 엘리사에 대한 성서의 기록에서 따온 것이었다. 이와 대조적으로 2세기의 랍비들은 성인이나 기적 수행자로 주장하지 않았다(물론, 3세기와 4세기의 랍비들은 그렇게 했다). 또 한 가지 차이점은 예수의 추종자들이 주로 가난한 사람들로 구성되었는데, 이에 반해 2세기에 랍비를 따르던 사람들은 상류 계층 출신인 것 같다는 점이다(이것이 3세기에는 변한다). 초기 기독교인들은 구호금에 의존했다(마 10:9-11; 고전 9장; 고후 7:10-11; 빌 4:10-

20). 반면 랍비들은 그렇지 않았다. 사회적 배경이 매우 다르지만, 예수의 제자들이 2세기 랍비들의 제자 집단들과 매우 유사하다.

이러한 재건의 역사적 의미는 회당에 대한 논의의 결론부에 제시된 것과 같다. 학교는 공립 기관이 아니라 사설 기관이었다. 어느 한 조직도 학교를 관장하거나 교사들에게 "가르칠 권한을 부여하지" 않았다. 팔레스틴에서나 해외에서나 그 추종자들이 디다스칼로스(*didaskalos*) 혹은 랍비(*rabbi*)라고 부르는 사람들이 다양하게 많이 있었다(요 1:38 참조). 이들이 모두 바리새인이거나 미쉬나 및 관련 서적들을 만들어낸 특별한 단체의 회원들이 아니었다. 그리고 이들이 모두 유대교를 똑같은 방식으로 가르치지도 않았다.

결론

제2성전 시대와 랍비 시대 유대교 사회는 많은 측면에서 전형적인 고대 사회였다. 그것은 주로 빈자 및 극빈자들로 구성되었다. 현존하는 문헌의 대부분을 기록하고 역사적 설화에서 주된 인물로 등장하는 귀족 계층과 지식인 엘리트들은 인구의 얼마 안되는 부분을 차지했다. "무언의 다수" 가운데는 빈자들뿐만 아니라 힘없는 자들(특히, 여자나 노예)도 포함되었다. 가난한 자들은 부유한 자들을 혐오했고 가끔 폭력사태로 발전하기도 했다. 도시가 세금 징수자들, 지주들, 그리고 문화적으로 부패한 자들의 본거지였기 때문에, 지방 거주자들은 도시인들을 시기하거나 미워했다.

마카비 반란은 지방의 일반 제사장들이 도시의 대제사장들을 눌러 이긴 승리였다. 66-70년 전쟁은 크게는 하위직 제사장들과 고위직 제사장, 빈자와 부자, 지방과 도시 사이의 시민 전쟁이었다. 이 모든 측면에서 유대교 사회는 전체적으로 고대 사회의 전형을 이루었다.

유대교 사회를 "유대적"으로 만든 것은 유대교와 그 제도였다. 그리스-로마 사회 어느 곳이나 제사장과 성전, 협회와 학교가 있었다. 그러나 유대교의 독특성으로 인해 이러한 제도들은 유대화되었다. 그러한 것들이 그리스-로마 세계의 제도와 유사함에도 불구하고 본질적으로 유대교의 특색을 보존했다.

고대의 어느 종교도 예루살렘 성전의 일자론(monism) 혹은 배타성, 온 민족이 참여하는 대중적인 회당, 종파의 배타성과 변증적 자세 같은 것을 발전시키지 못했다. 헬레니즘 공식 법안의 창조물인 폴리테우마조차도 유대인들은 주로 자신들의 권리를 변호하고 예배의 자유를 확보하기 위해 사용했다. 유대교의 정신은 관행과 믿음뿐만 아니라 제도에도 표현되어 있었다.

주(註)

1) J. and G. Roux, *Revue des Etudes Grecques* 62 (1949), 281-296. B. Lifshitz, *Donateurs et fondateurs dans les synagogues juives* (Paris: Gabalda, 1967), pp. 81-83, no. 100도 보라. Shimon Applebaum, *Jews and Greeks in Ancient Cyrene* (Leiden: E. J. Brill, 1979), pp. 160-167의 논의는 매우 부정확하다.
2) Victor Tcherikover 외 다수 편, *Corpus Papyrorum Judaicarum* III (Cambridge, Mass.: Harvard University Press, 1964)에 있는 D. M. Lewis, "The Jewish Inscriptions of Egypt," nos. 1440 (p. 141) and 1532 (p. 164).
3) Lifshitz, *Donateurs*, pp. 70-71, no. 79.
4) J. B. Frey 편, *Corpus Inscriptionum Judaicarum II* (Rome: Pontifico Istituto di Archeologia Cristiana, 1952), pp. 142-143, no. 945.
5) 팔레스틴 탈무드 *Ketubot* 8:11, 32c와 바빌로니아 탈무드 *Baba Batra* 21a.
6) D. Urman, *Israel Exploration Journal* 22 (1972), 21-23; Joseph Naveh, *On Stone and Mosaic: The Aramaic and Hebrew Inscriptions from Ancient Synagogues* (히브리어) (Israel: Israel Exploration Society, 1978), p. 25,

no. 6.

7) Saul Lieberman의 편집 속에 있는 Tosefta *Erubin* 6.4, p. 119 (異本 사본들을 보라); Lieberman의 편집 (*The Tosefta* ; 5 vols.; New York: Jewish Theological Seminary, 1955-73) 속에 있는 Tosefta *Pesahim* 3.11, p. 154.

제5장
종파와 표준

서론: 정의와 용어

대제사장 요나단의 통치(기원전 140년대)를 묘사하면서, 요세푸스는 다음과 같이 말한다(『유대 고대사』 13.5.9, §171-173):

이 당시 유대인들 가운데는 세 가지 사상 학파가 있었다. 이들은 인간사에 대해 서로 견해를 달리했다. 첫째는 바리새 학파요, 둘째는 사두개 학파이며, 셋째는 엣세네 학파였다. 바리새인들에 대해 보면, 그들은 어떤 사건들은 운명에 의해 일어나지만 다 그런 것은 아니라고 한다. 다른 사건들은 그것이 일어나고 일어나지 않고 하는 것이 우리 자신에게 달려 있다. 그러나 엣세네 종파는 운명이 만사의 주인이며 운명이 공포한 것과 일치하지 않는 일은 일어나지 않는다고 한다. 그러나 사두개파는 운명을 도외시하고, 운명이란 것은 존재하지 않으며 인간의 활동이 운명이 공포한 것과 일치해서 일어나지 않으며 만사가 우리의 능력 안에 있다고 한다….

한 세기 반이 지난 후 유대에서 일어난 사건들을 묘사할 때, 요세푸스는 이 세 가지 "사상 학파"를 거의 같은 언어로 묘사한다. 요세푸스의 이러한 서술은 당혹스러운 것으로 많은 문제를 제기한다. "사상 학파"(그리스어의 *hairesis*)란 무엇인가? 이 세 가지 "사상 학파"는 언제 무엇 때문에 출현했나? 그들의 역사는 어떠한가? 바리새인, 엣세네파, 사두개인이라는 이름의 의미와 기원은 무엇인가? 운명과 자유 의지에 대한 영원한 의문이 이 "학파들" 사이의 중심된 논쟁 주제였나? 유대교에는 단지 세 가지 "사상 학파"밖에 없었는가? 모든 유대인들이 반드시 이 중 하나에 가입해야 했나? 요세푸스도 고대의 다른 어떤 저자도 이러한 물음에 대해 직접적으로 말하지 않는다. 나는 이 문제에 대해 "종파," "이단," "정통," "표준"에 대해 논하는 것으로 시작하겠다.

이 단락에서는 추상적 의미의 "종파주의"라는 개념을 설명하기 위해 현상학적 접근 방법을 사용하겠다. 이러한 것들을 설명하기 위해 바리새인, 사마리아인, 초기 기독교인, 쿰란 유대인들을 "종파" 혹은 최소한 종파적 특징을 가진 집단으로 전제한다. 이렇게 전제함으로써 나는 이 장의 본론에서 결실을 이끌어내길 기대한다. 즉 고대 종파의 역사적 개괄이다.

"종파"와 "이단"

영어의 "종파"(sect)와 "이단"(heresy)은 대개 부정적인 의미를 담고 있다. "종파"는 표준에서 "이탈"하고 교회에서 분리해 나간 집단이다. 이와 대조적으로 "교단"(denomination)은 교회의 합법적인 하위 집단이다. "이단"은 "비본래적인" 혹은 "불법적인" 교리이다. 이와 대조적으로 "교의"(教義, tenet)는 "공식적인" 혹은 "본질적인"

교리이다. 다시 말해, "종파"와 "이단"은 우리가 인정하지 않는 종교 집단과 그 교리이다. 그러나 그 원래의 어법에서 라틴어 *secta*, 그리고 이에 해당하는 그리스어 *hairesis*에는 부정적인 의미가 전혀 포함되어 있지 않았다. 이러한 어휘들은 "학파"(사람들의 모임)나 "사상 학파"(사상의 모임)를 나타내는 중립적인 용어였다. 요세푸스가 바리새인, 사두개인, 엣세네파에 대해 *haireseis*라고 불렀을 때 "종파"나 "이단"으로 이들을 도외시한 것이 아니라, 이들을 그리스어를 읽는 그의 독자들이 이해할 수 있는 "학파"나 "사상 학파"로서 제시하고 있었던 것이다. *Secta*가 "종파"(sect)를, *hairesis*가 "이단"(heresy)을 의미하게 된 것은 교부들이 자신들의 적들을 비난하기 위해 이러한 용어를 사용하기 시작하면서부터였다.

이 장에서 나는 "종파"라는 단어를 전혀 다른 의미로 사용한다 (나는 "이단"이라는 용어는 피한다. 이에 대해서는 아래에 설명할 것이다). 나는 이렇게 정의한다:

> 종파는 좀더 큰 종교적 집단으로부터 이탈하고 자신들만이 하나님의 뜻을 이해하기 때문에 좀더 큰 집단의 이상을 자신들만이 구현하고 있다고 주장하는 소규모의 조직된 집단이다.

이 정의는 현대적인 것이며 중세와 현대 기독교의 사회학에서 비롯된 것이다. 학자들이 종파에 있어서 어떤 특성이 본질적이며 어떤 특성이 우연적인 것인가에 대해 논란을 벌이고 있지만(외설과 마찬가지로, 종파는 정의하기는 어려워도 쉽게 이해되고 있다), 나는 어떠한 "협의"의 정의도 내가 제시한 정의와 비슷할 것이라고 생각한다.

종파는 좀더 큰 종교 집단의 독특한 한 부분이 될 만큼 충분히 작아야 한다. 종파가 성장하여 나름의 권리를 가질 만큼 큰 집단이 되면, 그것은 더 이상 종파가 아니고 "종교"나 "교회"가 된다. "큰 집단"과 "교회"에 대한 정확한 정의에 대해 사회학자들이 논란을 벌이고 있지만 그 질문은 여기서 다룰 필요가 없다. 이 책에서 개괄하는 시기에는 두 가지 유대교 종파(혹은 종파와 유사한 집단)가 종파의 수준을 넘어 독립된 종교가 되었다. 기독교 종파에서 기독교가 나왔고, 바리새 종파에서 랍비 유대교, 혹은 단지 "유대교"라고만으로도 알려진 것이 나왔다.

종파는 "조직"되어 있어야 한다. 종파에는 대개 행정 조직, 신입 회원의 입문 과정, 적절한 행동에 대한 규범, 반항적인 회원을 축출하겠다는 위협 등이 있다. 많은 종파가 출생이 아니라 단지 "회개"를 통해서만 새로운 회원들을 받아들인다(물론, 이 점은 때때로 "종교"에서도 마찬가지이다). 2세기 말의 교부인 터툴리안은 "기독교인들은 태어나는 것이 아니라 만들어진다"고 자랑했다.

종파는 스스로를 공동체로부터 분리한다. 그러나 이러한 이탈이 여러 가지 형태로 일어날 수 있다. 종파의 구성원들이 사막이나 다른 외따로 떨어진 곳으로 도망갈 수도 있다. 혹은 공동체 안에 살면서 비종파적 신앙인들과 어울리지 않을 수도 있다. 그들은 집단의 "순수하고," "의롭고," "선택된" 등등의 구성원들과 "부정하고," "사악하고," "저주받은" 등등의 비-구성원들 사이의 정상적인 사회적 교류를 금하는 타부("경계")를 만든다.

어떤 식으로 이탈하든지, 그 이탈은 일반적으로 공동체의 나머지 부분, 특히 공동체의 중심적인 제도로부터의 소외감에 의해 이루어진다. 많은 경우 쿰란의 경우처럼 초자연적 세계를 하나님과 사탄 사이로 구분하는 이원론적 신학(제3장을 보라)이 인간 세계를 빛의 아들들과 어두움의 아들들로 양분하는 이원론적 사회적 전망을 반영한다. 사회적 소외는 또 강렬한 종말론적 사색으로 표현될 수도 있다. 이러한 사색을 통해 종파는 현재 권력을 갖지 못한 것이 단지 잠정적인 일일 뿐이라고 스스로 확신하게 된다. 장래에는 종파가 영광스러워질 것이며 적들이 의표를 찔리게 될 것이다. 종파는 단지 자기 종파만이 좀더 큰 집단의 이상을 구현할 수 있다고 주장한다. 유대교 용어로 말하면 이것은 한 종파가 자신을 참된 이스라엘로 본다는 것을 의미한다. 다른 모든 유대인들은 기껏해야 죄인들이다; 아주 나쁘게 말하면 그들은 "이스라엘"이라는 이름에 전혀 어울리지 않는 사람들이다.

종파와 좀더 큰 공동체의 대조적인 전망은 각자 상대방을 부르는 호칭에 잘 나타난다. 종파는 자기를 지칭하면서 엘리트적인(예를 들면, "이스라엘의 선택된 자들," "의로운 남은 자들," "하나님의 축복받은 자들," "빛의 아들들") 혹은 신앙인적인(예를 들면, "이스라엘의 회개한 자들," "의로운 자들," "경건한 자들," "새로운 계약에 들어간 사람들") 용어를 사용할 수도 있고 혹은 단순히 사마리아인들이나 기독교인들이 그렇게 했고 또 지금도 그렇게 하듯이 "이스라엘"이라고만 부를 수도 있다. 나머지 유대인들은 "사악한 자들," "억압자들," "어두움의 아들들" 등으로 도외시되었다. 이에 대해 종파의 대적자들은 종파의 합법성을 부정하기 위해 종파에 대해 온갖 경멸적인 이름을 다 부여할 수도 있다. 종파는 나머지 이스라엘로부터 "스스로 분리해 나갔고"("바리새"라는 이름은 아마 본래 "분파주의자"라는 의미를 가진 경멸적인 호칭이었던 것 같다), "주제넘는" 혹은 "불법적인" 이데올로기를 주창한다.

좀더 큰 공동체의 이상을 배타적으로 구현한다는 종파의 주장은 종파만이 하나님의 뜻을 이해하고 있다는 주장에 근거한다. 이 주장을 여러 가지 다양한 수단을 통해 뒷받침한다. 종파는 외부인에게는 알려지지 않은 혹은 외부인이 이해하지 못하는 하나님의 새로운 계시를 종파가 혹은 그 지도자가 은밀히 알고 있다고 주장하기도 한다. 또는 종파가 고대 전승의 담지자라거나 종파가 다수에 의해 잊혀진 혹은 부패된 참된 종교를 새롭게 발견했다고 주장하기도

한다. 단지 자기 종파만이 성서를 바르게 이해한다거나 혹은 단지 자기 종파만이 정경에 속하는 책들을 올바르게 선택했다고 주장하기도 한다. 요약하면, 종파는 단지 자기 종파의 권위있는 사람만이 하나님을 대신하여 말할 수 있다고 주장한다. 좀더 큰 공동체의 인물들은 진리에 접근할 수 없기 때문이다.

모든 것을 분석해 볼 때 종파를 종파로 만드는 것은 그 이탈과 배타성이다. 길드, 클럽, 회당, 학파가 소규모의 자발적인 협회라는 면에서 종파와 비슷하지만 그들이 공동체로부터 스스로를 분리하지 않는 한, 또 진리를 배타적으로 소유하고 있다고 주장하지 않는 한, 그들은 종파가 아니다.

어떤 경우에는 한 집단이 다수로부터 이탈하면서도 종파가 되지 않을 수도 있다. 가톨릭 교회의 "수도회들"이 고전적인 예이다. 베네딕트 수도회는 공동체로부터 이탈하여 형식에 있어서나 내용에 있어서나 쿰란 공동체 규범과 유사한 규칙(성 베네딕트의 규칙)에 따라 행동하는 작은 조직화된 집단이다. 그러나 베네딕트 수도회 회원들은 종파가 아니다. 그들이 자신들을 교회의 진리를 배타적으로 소유하고 있다고 보지 않으며 단지 엘리트들로 간주하고 교회도 그들을 그렇게 보기 때문이다. 그들은 베네딕트 수도회에 속하지 않고 신앙 생활을 하는 다른 기독교인들도 구원을 받는다고 인정한다. 그들은 자신들의 합법성을 자신들만 소유하는 어떤 계시나 성서가 아니라(베네딕트는 전 교회의 성자이다) 다른 모든 가톨릭 신자들을 주재하는 동일한 교황에게서 찾는다.

유대교 종파의 핵심적 요점

종파들은 세상의 나머지 부분들로부터 소외되어 있다고 느낀다. 그들은 사회의 전통적인 가치와 관행들이 부패되었다거나 더 이상 적합하지 않으며; 사회가 구원받을 수 없을 만큼 죄로 가득하며;

사회가 특정인이나 특정 집단(자기 종파)을 합당하게 인정해 주지 않고 있다거나, 혹은 인정해 주어서는 안되는 특정인이나 특정 집단(어떤 다른 종파)을 인정해 주고 있다고 느낀다. 이렇게 느끼게 된 결과로 종파는 하늘의 세력이 세상 모든 일에 새로운 질서를 가져올 때까지 종파가 취할 수 있는 유일한 선택은 사회로부터 이탈하여 좀더 완전한 공동체를 창조하는 것이다.

종파가 이탈하여 독특한 집단이 될 무렵이면, 소외에 대한 본래의 주장이 무엇이었는지 판단하기 어렵게 된다. 스스로를 소외시킨 원인이 된 감정이 그 원인의 결과가 된 감정에 의해 강화되거나 대체되기 때문이다. 예를 들면, 아직 발간되지 않은 한 서신에서 쿰란 공동체의 지도자(의의 교사)가 그의 대적자들(악한 제사장?)에게 그들이 다양한 정결례법과 성전 의식을 바르게 준수하지 못했기 때문에 자기 집단이 이스라엘의 나머지 부분들로부터 이탈하게 되었다고 말한다. 이 서신이 종파가 소외된 원인을 드러내는가 아니면 그 결과를 드러내는가? 후자가 옳다면(사실 옳은 것 같다) 이 문헌에 의존하는 것으로 쿰란의 유대인들이 동료 신앙인들을 저버리고 자기 나름대로 구원을 찾도록 한 이유에 대한 탐구가 종결되지 않는다. 소외의 원인이든 결과이든, 종파는 사회의 나머지 부분이 존중하는 제도나 관행을 배척하거나 최소한 날카롭게 비판한다. 고대 유대교에서 종파가 변론하는 목표는 일차적으로 세 가지였다: 율법, 성전, 그리고 성서. 이에 대해 각각 다루겠다.

요점으로서의 율법

기독교는 교의 종교(creedal religion)이다. 그리고 기독교 분파주의도 교의를 중심으로 이루어진다. 초기 기독교의 분파주의와 관련된 논쟁의 대부분이 신학적 문제, 특히 삼위 일체의 처음 두 위격의 본성과 상호 관계에 초점이 맞추어져 있다. 그러나 유대교는 대개는 교의 종교가 아니다. 고대 유대교를 구분짓는 선은 신학이 아니라 율법이다. 물론 종파들이 때때로 독특한 교리적 견해를 주창하기도 했다. 그러나 이러한 것들이 율법에 관한 위치만큼 근본적인 역할을 하지는 않았다. 많은 증거를 살펴볼 때 이 점은 분명하다: 페르시아 시대의 원-분파주의;『공동체 규범』과『다메섹 계약』에 포함된 유대교 사회 비판; (앞 단락에 언급된) 의의 교사의 서신; 바리새인들은 "선현들의 가르침"의 타당성을 수용하고 사두개인들은 그렇게 하지 않았다는 요세푸스의 주장; 바리새인들과 사두개인들 사이의 논쟁에 관한 신약성서의 서술. 이 모든 자료들이 종파들간의 논쟁에 율법이 문제시되었음을 강조하고 철학적 혹은 신학적 문제들은 무시하거나 경시한다.

물론 그 반대 측면에 관한 증거도 있기는 하다. 요세푸스가 바리새인, 사두개인, 엣세네파를 운명, 자유 의지, 영혼불멸이라는 영원한 의문들을 논하는 철학적 "학파"로 묘사하는 점; 죽은 자들의 부활을 부정한다는 사두개인들의 독특한 성격(어느 한 랍비 문헌도 이와 똑같은 전망을 갖고 있다).

그리스어로 씌어진 두 자료(요세푸스와 신약성서)는 유대교 종파간의 논쟁을 율법과 관련하여 해석하기도 하고 철학적으로 해석하기도 함을 모두 보여준다. 반면 히브리어로 기록된 자료들(쿰란 두루마리와 랍비 문헌)은 율법과 관련한 해석만 문제되었음을 보여준다. 나는 종파간의 논쟁이 주로 율법 문제에 초점을 맞추었으며 (이것은 중세의 유대교 분파주의에서 계속된 유형이다); 그리스어로 된 자료들이 비-유대교 청중들을 고려하여 그 반대의 전망을 발전시켰다고 결론짓는다.

율법 가운데 특별히 세 가지 영역이 논쟁의 주제였다: 결혼; 안식일과 절기; 성전과 정결례. 종파의 견해에서 볼 때 지배 엘리트들(혹은 사회 전체)은 부당한 결혼을 했다. 그들은 레위기 18장과 20장에 주어진 금지된 관계에 대한 복잡한 도표를 제대로 이해하지 못했거나 "이방" 여인들과 결혼했다. 이러한 결혼을 비난하고 적대자들의 후손을 불법적인 존재로 만들면서, 종파주의자들은 단지 자신들만이 유대교를 바르게 실천하고 있다는 믿음을 확증할 뿐만 아니라 자신과 사회의 나머지 부분 사이의 결혼을 금하는 장벽을 세웠다.

안식일과 절기는 성전 안과 밖에서 모두 공동체적으로 지켰다. 그리고 이러한 의식에 대해 특별한 해석을 내리면서 종파의 구성원들은 자신들을 종교의 일반적인 패턴에서 벗어나게 하기 시작했다. 쿰란에서 이러한 이탈은 극한에 달한 형태를 띠었다. 그 종파는 안식일을 아주 엄격하게 지킬 것을 주장했을 뿐만 아니라 공동체의 나머지 부분이 따르지 않는 독특한 역법(曆法)을 주창했다. 쿰란의 유대인들이 속죄일로 지킨 날이 다른 모든 유대인들에게 있어서는 정상 업무를 하는 날이었다.

마지막으로, 성전과 정결례를 관장하는 율법은 항상 종파주의자들의 자기 정의 안에서 두드러진 역할을 했다. 정결례법은 레위기(특히 전반부)와 민수기(특히 민 19장)에 개괄되어 있다. 부정(不淨)은 주로 시체, "부정한" 동물, (남성에게서든 여성에게서든) 성적 분비물과 접촉하는 것으로 일어났다. 율법은 수많은 변수가 포함되어 있기 때문에 복잡하다: 부정의 원천; 부정이 사람, 음식, 대상에게 옮겨지는 수단; 부정의 정도; 정결화하는 수단. 이러한 모든 변수들이 토라에 다루어져 있다.

제2성전 시대(특히 쿰란에서)와 랍비 시대에 이러한 요소들이 아주 상세하게 분석되었다. "정결"과 "불결"이라는 영어 어휘는 이러한 율법들이 위생과 관련된("정결"은 "깨끗한 것"을 "불결"은 "더러운 것"을 나타낸다), 혹은 은유적인("정결"은 "의로운" 혹은 "선한" 것을, "불결"은 "사악한 것" 혹은 "나쁜 것"을 의미한다) 것이라는 인상을 준다. 그러나 이러한 인상은 그릇된 것이다. 레위기는 어떤 짐승(예를 들면, 돼지)이 더러운 것에 대해서는 염려하지 않는다. 그런 사실은 그것이 불결한 상태와 무관하기 때문이다. 또 레위기는 불결의 원천에 "더러움"의 분명한 원천들(예를 들면, 대변이나 오줌)을 포함시키지도 않는다. 레위기 16:30은 속죄를 정화와 일치시킨다. 그러나 레위기의 대부분에서 "죄"는 불결의 원인이 아니다. 그리고 의는 정결과 동의어로 쓰이지 않는다(현대의 많은 학자들이 사용하는 의식적 불결[ritual impurity]이라는 용어는 이 사실을 강조한다).

레위기와 민수기에 따르면 하나님의 거처인 "진"(陣)에 들어가는 자나 거기에 들여가는 물건은 모두 정결해야 한다. 부정한 것은 진에서 쫓아내야 한다. 진에는 이스라엘의 모든 자녀들이 다 들어가 있다: 장막, 제사장과 레위인, 열두 지파. 이러한 개념의 완전한 의미가 실현된 것은 제2성전 시대 이후의 일이다. 하나님이 진 가운데 있기 때문에 경건주의자들과 분파주의자들은 정결례를 모두 다 지켰다.

정결은 일상 생활의 문제이다. 식탁에 올린 음식은 제단에 바친 고기와 연관되어 있다. 성소에 들어갈 때 제사장이 정결례를 지켜야 하는 의무는 "진" 중에 거하는 유대인이 지켜야 하는 의무와 다를 것이 없다. 앞장에서 묘사한 쿰란의 유대인들, 바리새인들, "친교집단"(*haburah*)은 이런 생활 방식을 예시한다. 쿰란의 엣세네파가 여자들이 들어오지 못하게 한 것은 아마 이 부정을 우려해서였을 것이다. 그러나 제2성전 시대 대부분의 유대인들에게 있어서 일상 생활의 성화(聖化)는 그렇게 철저한 수준으로 구현되지 않았다. 나중에 랍비들도 대부분 그러했지만, 그들은 "진"에 단지 성전과 성전이 서 있는 산만 포함된다고 느꼈다. 성전에 들어가거나 제물을 가져오려는 유대인들은 자신을 정화했다. 예루살렘 성전이 있는 산에 대한 고고학적 발굴을 통해 성전 주 입구로 통하는 계단에 인접한 일련의 목욕탕이 있었음을 알게 되었다. 여기서 신실한 사람들은 거룩한 경내에 들어가기 전에 몸을 씻었다. 그러나 성전에서 멀리 떨어져 있는 대부분의 유대인들은 그들이 레위기가 기술하는 "진"에 더 이상 들어갈 수 없기 때문에 정결례법을 지킬 필요가 없다고 생각했다.

결혼이나 안식일법보다도 정결례법은 그 법을 지키는 사람들과 지키지 않는 사람들 사이의 정상적인 사회적 교류를 더 많이 금한다. 정결례법을 지키는 사람은 그 법을 지키지 않는 사람들과 식탁, 식기, 음식을 같이 나눌 수 없었다. 그들은 부정한 사람들과 육체적으로 접촉하는 것(예를 들면, 악수)을 피해야 했다. 그러면 소외감과 배타성을 구체적으로 표현하기 위해 종파가 나름대로 독특한 정결례 규정을 발전시키는 것은 자연스러운 일이다.

종파 공동체는 성전과 맞대결할 뿐만 아니라 성전을 대체하려는 정결의 자리이다. 성전은 오염되었고, 제사장들은 부패하고, 의식은 품격이 떨어졌다. 성전은 불결의 자리이며 하나님의 질서 안에서 그 바른 자리를 되찾기 전에 오염된 것들을 제거해야 한다. 이것이 종파의 태도이며 이제 이 태도에 대해서 다룰 차례이다.

요점으로서의 성전

제2성전은 그것이 존재하는 동안 내내 역설적이지만 제1성전보다 상당히 높은, 그러면서도 상당히 낮은 지위를 누렸다. 더 이상 왕의 영향 아래 있지 않으며, 더 이상 예언자들의 변론의 표적판이 되지 않으며, 더 이상 "높은 자리"나 다른 성전으로부터 심각한 도전을 받지 않으면서, 제2성전과 그 제의는 제1성전이 성취하지 못한 중앙집중성과 중요성을 획득했다. 제사장은 귀족이 되었으며 대제사장은 국가의 지도자가 되었다. 해외 공동체가 성장하면서 성전은 기부금을 받게 되었고 전세계에 흩어진 유대인들의 순례의 목표였다. 헤롯 대왕에 의해 재건된 후, 예루살렘은 동방의 가장 유명한 도시 중의 하나가 되었고 그 성전은 누구에게서나 찬양받는 대상이 되었다.

그러나 성전이 새롭게 중요시되었다고 해서 몇 가지 어려운 문제를 감출 수는 없었다. 다윗 가문의 왕에 의해 건립되고, 예언자들의 인정을 받으며, 하나님의 기적적인 현시(역대기에 의하면, 하늘로부터 온 연기 구름과 불)를 통해 정통성이 부여된 제1성전은 찬란한 통치의 찬란한 업적이었다. 이와 대조적으로 제2성전은 학개와 스가랴 예언자가 인정하기는 했지만 이방 왕에 의해 건립되었고 분명히 드러난 신의 총애에 의해 정통성이 부여된 적이 없다.

유대인들을 바빌로니아 포로 생활로부터 해방하고 성전을 건립하기 위해 고레스 대왕을 하나님이 자신의 "기름부은 자"로 선택했다고 선포하는 예언에서, 제2 이사야는 유대인들 가운데는 하나님의 계획을 인정하지 않는 사람들도 있다는 것을 알고 있었다("질그릇 조각 중 한 조각 같은 자가 자기를 지으신 자로 더불어 다툴찐대 화 있을찐저 진흙이 토기장이를 대하여 너는 무엇을 만드느뇨 할 수 있겠느냐?"(사 45:9). 영광스런 모습을 한 제1성전을 본 나이 많은 사람들은 제2성전을 봉헌할 때 소리쳤다(스 3:12). 분명히, 눈앞의 조그마한 성전을 묵묵히 바라보면서 슬픔의 눈물을 흘렸을 것이다.

기원전 2세기에 말썽많은 성전의 지위가 모든 사람들에게 드러났다. 대제사장들은 부패했으며 성전은 이방 왕에 의해 모독되었다. 경건한 유대인들에 의해 수복되고 정화된 후에도, 그들의 작업을 인정할 예언자도 없었고 그들에게 성전이 다시 한번 하나님의 거처가 되었다고 확신시켜줄 기적도 일어나지 않았다. 마카비 가문은, 대제사장 가문도 아니면서, 스스로 대제사장 자리에 올랐다. 기원전 63년 예루살렘을 정복했을 때 로마인들은 성전 경내에 들어가 자리를 차지함으로써 성전을 더럽혔다. 헤롯 대왕이 성전을 웅장하게 재건했지만, 그에게 반대하는 사람들은 그를 "반쪽-유대인"으로 간주했다. 그는 대제사장 직위를 완전히 깎아내렸으며, 합당한 아론의 후예들이 되기에는 마카비 가문보다도 더 형편없는 사람들을 그 자리에 세웠다.

이와 같이 제2성전은 유대교의 중심적인 상징이며 제도로 부각되었지만, 그리고 제사장들이, 특히 대제사장이 유대교 정체(政體)의 새로운 귀족으로 등장했지만 성전이나 제사장들이나, 특히 마카비 시대 이후에는 심각한 이데올로기적 약점을 가졌다. 유대인들은 자신들과 하나님 사이를 중재한다고 주장하는 제도나 사람들이 실제로 그렇게 하도록 정통성을 부여받았다고 어떻게 확신할 수 있었겠는가? 종파들은 성전과 제사장이 하나님의 눈에 들지 않았다고 주장했다. 성전이 진리를 배타적으로 소유하고 있다는 주장—요세푸스가 표현하듯이(*Against Apion*, 2.23, §193) "한 하나님을 위한 하나의 성전"—에 대해 종파는 자신들이 진리를 갖고 있다고 주장했다. 오염된 성전과 부패한 제사장 대신, 종파와 그 지도자들이 하나님에게 접근하는 새로운 길을 제공한다. 명시적으로나 암시적으로나 종파는 자신과 종파의 권위있는 인물들이 성전과 제사장들을 대체했다고 간주한다. 이러한 자기 인식은 쿰란에, 그리고 초기 기독교(예를 들면, 고전 3:16-17; 6:19; 고후 6:16; 엡 2:19-22; 벧전 2:1-10)에 잘 증언되어 있다.

이 둘 사이의 중요한 차이점은 쿰란의 유대인들이, 하나님이 장차 새로운 성전을 건립할 것이기 때문에 자신들의 공동체가 성전을 잠정적으로 대체한다고 보았던 반면, 초기 몇몇 기독교인들은 자신들의 공동체가 성전을 영구적으로 대체했다고 주장했다(계 21:22). 바리새인, 엣세네파, 그리고 다른 여러 종파들의 특징적인 관행인 바, 평신도들이 정결례법을 매일 준수하는 것은 본래는 성전에만 적용되던 율법을 다른 것에 부당하게 적용시키는 것이다.

성전과 종파주의 사이의 밀접한 연관은 또 유대교 종파주의가 발전된 중요한 단계들이 제2성전 역사의 중요한 단계들과 일치한다는 사실에서도 드러난다. 종파들은 새로 건립된 성전이 그 합법성을 획득하려 하던 페르시아 시대에 그 초기 형태를 띠며 나타났다. 종파들은 또 성전이 에피파네스에 의해 모독되고 마카비 가문에 의해 정화된 기원전 2세기에 완전히 발전된 형태로 나타났다. 기원후 70년 성전이 파괴되어 종파주의의 주요한 요점 중의 하나가 제거되었기 때문에 종파들도 자취를 감추었다.

요점으로서의 성서

유대인들이 페르시아에서 돌아왔을 때 기원전 8세기와 6세기 초의 예언자들이 완성시킨 그러한 종류의 고전적 예언은 기울고 있었다. 유대인들은 자신들이 고전-이후 시대에 살고 있다고 느꼈다. 하늘의 환상을 보고 하늘의 소리를 들었다고 주장하는 예언자들은 이전 시대의 예언자들과는 전혀 다른 방식으로 환상과 소리를 경험했다. 예언이 중지되고 변형된 결과로(원인으로?), 유대인들은 주의 말씀을 사람들에게서가 아니라 텍스트에서 찾기 시작했다. 과거의 거룩한 전승들이 수집되고 편집되었으며, 토라가 탄생되었다. 과거의 위대한 예언자들의 말씀들도 이와 유사하게 수집되고 편집되었다. "성서"의 형성이라는 궁극적인 결과를 가져온(다음 장을 보라) 이러한 과정은 두 가지 중요한 문제를 제기했다. 첫째, 어떤 책들이 ("권위적"이라는 면에서) "정경적"인 것으로 간주되어야 했는가? 둘째, 정경적인 책들은 어떻게 해석해야 하며, 누가 이러한 책들을 해석할 만큼 "권위적"인가?

정경에는 어떤 책들은 포함되고 어떤 책들은 배제된다. 기독교에서 신약성서의 정경적 책들을 선별하는 것은 "정통"과 "이단" 사이의 전장(戰場)이었다. 2세기 말의 한 "정통"교부는 기독교 정경에 의존하면서 "이단들"을 반박했다: 단지 네 권의 복음서만이 참되며

(정경적이며); 다른 어떤 복음서도 교회의 교리를 구성하는 타당한 자료가 될 수 없다; 그러므로 다른 복음서를 존중하는 사람은 거룩하고 참된 가톨릭 교회의 구성원이 아니다.[1]

이와 대조적으로 성서 정경의 형성은 고대 유대교의 종파주의자들의 논쟁에 별다른 역할을 하지 못했다. 제2성전 시대에는 성서 정경이 매우 유동적이었다. 모든 유대인들이 다 토라를 권위있는 것으로 간주했고 사마리안인들을 제외한 모든 유대인들이 다 예언서를 권위있는 것으로 간주했다. 그러나 이러한 책들에게 부여된 권위의 본성과 정도, 그리고 권위있는 것으로 인정해야 할 책들의 성격이 공동체에 따라 아주 달랐다. 쿰란의 엣세네파는 동료 유대인들의 신앙 생활을 비판했다. 그러나 엣세네파의 문서들을 존중하지 않는다고 불평하지는 않았다. 고대 자료에는 정경을 구성하는 것이 종파주의자들의 논쟁의 요점이었다고 암시하는 것이 하나도 없다. 어떠한 집단도(예를 들어, 성전 제사장들) 백성에게 하나의 통일된 정경을 강요하려 한 적이 있었다는 증거가 없다. 이와 같이 성서 정경의 형성이 기독교 안에서는 종파주의적 논쟁에서 중요한 한 부분이었지만 유대교 안에서는 그렇지 않았다. 유대교 종파들은 자신들만이 권위있는 것으로 간주한 책들을 기록하고 보존했다. 그러나 이러한 활동이 자기 정의나 그들이 대적자들에 의해 정의되는 방식에 분명하게 본질적인 것은 아니었다.

종파주의 논쟁의 좀더 명확한 초점은 성서 해석이었다. 더 이상 예전처럼 하나님의 말씀이 예언자들을 통해 계시되지 않았기 때문에, 유대인들은 성서 주석에 눈을 돌렸다. 성서의 영원한 진리가 해석을 통해 발견될 수 있었으며 당시의 상황과 연관지워질 수 있었다. 토라 연구는 전례의 한 부분으로 자리를 잡게 되었고, 교육받은 현자들이라는 계층이 나타나 성서 해석에 대한 교육과 전문성에 근거하여 자신들의 탁월함을 주장했다(제3장을 보라). 종파들도 자신들의 교리와 관행을 성서에서 추출했다고 주장했다. 이에 더하여 물론 단지 자신들의 해석만이 옳다고 주장했다. 성서 해석은 종파들의 자기-정의에 본질적인 요소였다. 3세기 중엽의 교부인 오리겐은 "모세의 책과 예언자들의 말씀을 해석하는 다양한 방식"이 유대교 "종파들"(오리겐은 *haireseis*라는 용어를 쓴다)이 탄생하게 한 주요한 요인들 중의 하나였다고 설명한다.[2] 이러한 설명은 분명히 유대교 "사상 학파"에 대해서 뿐만 아니라 유대교 종파들에 대해서도 옳은 것이다.

유배-이전 시대 이스라엘 사람들은 참 예언자와 거짓 예언자를 구분하는 문제로 씨름을 해야 했다. 참 예언자나 거짓 예언자나 모두 "주께서 이렇게 말씀하신다"라고 선포했다. 그러나 어느 한 예언자만이 옳았다. 제2성전 시대 유대인들도 여전히 거짓 예언이라는 문제로 씨름을 해야 했다. 그러나 이 문제는 상당한 정도로 다른 문제에 의해 대체되었다: "참된"(즉 권위있는, 정경적인) 책과 "참된"(즉 옳은) 성서 해석을 거짓된 책과 거짓된 해석으로부터 어떻게 구분해야 하는가? 종파들은 이 문제에 대해 분명한 대답을 주었다. 그리고 이러한 대답들은 종파의 자기-정의에 있어서 한 부분이 되었다.

"정통적"과 "표준적"

이 책 전체를 통틀어 나는 "정통적"(orthodox)과 "표준적"(normative)이라는 말(그리고 이에 반대되는 "이단적"[heretical]과 "분파적"[schismatic]이라는 말)을 피한다. 이 단락에서는 왜 이러한 용어를 사용하지 않으려 하는지 설명하겠다.

영어의 "normal," "normative"라는 말이 나온 라틴어의 *norma*가 "행동의 표준"을 의미하듯이, 영어의 "orthodoxy"라는 말이 나온 그리스 어휘 *orthodoxia*는 "바른 견해"를 뜻한다. 그러므로 이러한 용어들은 그 용어들이 적용되는 어느 종교적 형태의 "적절성" (rightness)을 의미한다. "정통 유대교"는 참된—즉 하나님에 의해 계시되고 전승을 통해 승인된— 유대교를 의미한다. "표준적 유대교"는 유대교의 지배적인 형태—즉 가장 많은 수의 유대인들이 합당한 것으로 실천하고 존중하는 형태—이다.

두 가지 의미가 서로 겹치기도 하지만 동일한 것은 아니다. 유대교의 한 가지 형태를 "정통"이라고 정의하는 것은 신학적 판단을 내리는 일이다. 이것은 합리적 이성의 연구의 대상이 되지 않는 신앙 고백이다. 바리새인들의 유대교가 사두개인들의 유대교보다 "더 참된" 것인가, 혹은 가말리엘의 유대교가 예수나 바울의 유대교보다 "더 참된" 것인가 하는 것은 역사가들이 대답할 수 없는 문제들이다. 그러므로 역사가는 자신이 분명히 신앙 고백적 전망에서 글을 쓰지 않는다면, 어느 한 형태의 유대교를 "정통"이라고 묘사해서는 안된다.

유대교의 한 형태를 "표준적"이라고 묘사하는 것은 역사가의 판단이며, 이러한 유대교가 다른 유대교보다 더 널리 실천되고 있었다는 진술이다. 그러나 여기서도 "옳음"이라는 개념이 거의 변함없이 들어와 있다. 제1성전 시대에는, 만일 우리가 예언자들의 장광설을 믿는다면 대부분의 이스라엘 사람들이 이방 신들을 섬기고, 산 꼭대기마다 나무 아래마다 그 이방 신들에게 제물을 바쳤다.

이러한 대중의 종교는 또 어떤 때에는 국가의 종교도, 혼합주의적이었다: 이스라엘의 하나님을 다른 신들과 나란히 섬긴다. 이스라엘의 혼합주의를 "표준적"이라고 해야 하지 않는가? 우리는 그렇게 부르지 않는다. 유대교나 기독교나 모두 하나님의 말씀의 담지자라고 여기는 성서의 예언자들과 사가들이 그러한 행태를 맹렬히 비난했기 때문이다. 이와 같이 "표준적"이라는 용어조차도 "옳음"이라는 개념을 내포하고 있기 때문에 피하는 것이 가장 좋다(이를 대체할 적절한 용어는 "통속적" 혹은 "지배적"이란 말들이다).

이 문제는 다른 전망에서 접근할 수도 있다. "유대교"란 무엇인가? 그것이 자신을 유대인, 이스라엘인, 히브리인이라 부르고 남들도 그렇게 부르는 모든 사람들의 종교적 행동인가? 아니면 참된 유대인들의 관행과 믿음을 측정하고 판단하는 이상적인 믿음과 관행의 결집체인가? 전자라면, 유대교는 인간이 구성한 것으로 상대주의적 성격을 띤다. 어떤 형태의 유대교도 다른 유대교보다 더 "옳거나" "진정한" 것이 아니다. 이것은 역사가의 전망이다. 후자라면, 유대교는 하나님에 의해 계시되고 전승을 통해 승인된 절대적인 진리의 결합체이며 이러한 절대적 진리에 좀더 가까이 있는 유대교 해석들이 그렇지 않은 해석들보다 더 참되고 더 진정한 것이다. 이것은 신자의 전망이다. 이 책에서 나는 역사가이다.

"정통"이란 용어에 대해 반대하는 것은 그것이 고대 유대교에 대해 아무런 의미도 없는 개념을 도입하기 때문이다. 4세기의 교회 공의회들은 기독교의 관행과 믿음에 대해 수용할 수 있는 한계를 설정하고, 정경을 정의하고, 신경을 확정하고, 종파와 이단을 파문했다. 다시 말해 이러한 공의회들은 "정통"을 정의했다. 실로, "정통"이란 말과 이와 관련된 용어들이 "참된" 기독교와 "거짓된" 기독교를 구분하기 위해 교부들이 널리 사용하기 시작한 것은 4세기의 일이다.

교황의 지위가 부상함으로써 자기-정의의 과정은 좀더 쉬워졌다. 로마 교황과 교류할 수 있게 된 자들은 누구나 "정통"이었다. 교류하도록 허락받지 못한 사람들은 누구나 이단이었다. 4세기에 승리한, 그래서 기독교 "정통"이 된 집단은 자신들에 대해 "언제 어디서나 누구나 다" 믿는 기독교를 대표한다고 생각했다.[3] 초기 몇 세기 동안 이루어진 기독교의 다른 여러 가지 해석은 모두 "종파"나 "이단"으로 배제되었다. 예수와 바울이 "정통"을 형성했고, 초창기에 교회를 괴롭힌 다른 모든 종파들은 하나의 거룩하고 참된 가톨릭 교회를 부패시키는 것들이었다. 이와 같이 "정통"의 승리에는 이단학("이단"의 연구와 반박), 교회론(어떤 사람들은 끌어들이고 어떤 사람들은 배제하는 교회 공동체에 대한 정의), 그리고 교회사(승리한 집단의 전망에서 교회의 역사를 기술하는 일)가 뒤따랐다.

이와 대조적으로 유대교에는 교황이나 교회 공의회가 없었고, 이러한 것이 없어서 "정통"을 규정하는 객관적인 판단 기준이 없다. 성전은 이에 맞서 종파들이 자신들을 규정하는 중심된 권위였다. 그러나 대제사장에게는 유대교의 어떤 형태가 "정통"이라고 천명하거나 그들이 비난하는 관행을 지키는 유대인들을 성전으로부터 몰아낼 충분한 권력을 갖고 있지 못했다.

기원후 70년 성전이 파괴된 후, 랍비들의 운동이 점차 중앙 권위의 역할을 떠맡게 되었다. 그러나 그 과정은 수세기가 걸렸고 랍비들도 교황을 선출하거나 공회를 소집할 만큼 충분히 단합되지 않았다. 유대교는 랍비들이 내부에서는 카라이트(the Karaites: 구전을 배척하고 히브리 성서만 유일한 근원으로 인정한 무리) 종파, 외부에서는 이슬람과 기독교의 호전적 자세에 맞서 싸우고 있던 중세에 이르기까지 이단학, 교회론, 교회사를 발전시키지 않았다. 고대 랍비 문헌에는 분명히 다양한 종파들(특히 사두개인)을 공격하고, 용인할 수 있는 관행이나 믿음의 한계를 정의하고, 과거의 가치있는 것에 랍비 문화의 가치를 투사하는(예를 들면, "우리의 랍비" 모세) 구절들이 이따금 포함되어 있었다. 그러나 랍비 문헌에는 4세기의 기독교 문헌에 그렇게 풍부하게 증언되는 바 일관된 자기-정의가 결여되어 있었다.

"정통"이란 어휘는 개혁 반대 세력이 "정통과 토라에 진실한 유대교"라는 기치 아래 자신들을 조직한 19세기에 이르기까지 어떠한 유대교에도 적용되지 않았다. 개혁을 부당한 것으로 만들기 위해 이러한 유대인들은 중세의 랍비들이 카라이트 종파에 맞서 가졌던 역사적 전망을 채택했다. 오늘날까지 "정통 유대교"는 여전히 자신을 "언제 어디서나 누구나 다" 믿는 그러한 유대교의 대변자로 간주한다. "정통," "표준," "이단"에 붙여진 바, 그토록 무거운 신학적 변증적 짐을 피하는 유일한 길은 그러한 것들이 포함하고 있는 용어와 개념을 피하는 일이다.

페르시아 시대의 원시-종파주의

제1성전 시대에도 종교적 갈등이 없었던 때가 없다. 예언자와 왕 사이, 예언자와 제사장 사이, 제사장과 왕 사이, "참" 예언자와 "거짓" 예언자 사이, 혼합주의자와 유일신론자 사이, 이스라엘 전역에서 예배할 수 있다는 사람과 예루살렘에서만 예배할 수 있다는 사람들 사이 등등. 그러나 이러한 갈등들이 종파를 만들어내지는 않았다. 어떠한 때도 예언자들이 나름의 "종파"나 "비밀 집회"를 결성하기 위해 국가로부터 이탈한 적이 없다.

유배 이전 사회에는 어떤 식으로든 후대의 종파들과 비슷한 단체를 구성한 예가 단 한번 있었다. 이것이 "레갑 사람들의 집"이었다. 포도주를 마시거나, 집을 짓거나, 땅을 경작하지 말라는(렘 35장) "아버지"(창건자?) 요나답 벤 레갑의 명령으로 구성된 씨족(집단?)이었다. 중세 초기에 이르러서는 유대교와 기독교의 상상으로 인해 레갑인들이 엣세네파와 동일시되었다. 그러나 예레미야가 묘사하는 레갑 사람들에게는 그들이 씨족이 아니라 경건한 사람들로 구성된 집단이었다 하더라도 종파의 특징적인 요소들이 결여되어 있다.

왜 제1성전 시대의 종교적 갈등이 종파를 탄생시키지 않았는가?

이 문제에 대해서는 여러 가지로 대답할 수 있다. 그러나 나는 여기서 앞에서 논한 요점을 발전시키는 제의를 하겠다. 유배 이전 시대에는 이스라엘의 정체성을 구성하는 지배적인 요소가 국적이었다. 제2장에서 논한 대로, 유대교로 개종하는 것이 유배 이전 시대에는 존재하지 않았다. 출생에 근거한 사회는 외부인들이 귀화하는 정규적인 과정을 수립할 수 없기 때문이다.

유대교로 개종하는 제도는 유대교 정체(政體) 안에 들어가는 시민권이 출생보다는 종교의 문제임을 전제한다. 종파주의도 유대교 정체 안에서의 시민권을 종교적 측면에서 정의한다. 종파가 볼 때, 대부분의 유대인들이 유대교를 바르게 지키지 않기 때문에, 그들은 유대인으로서의 지위를 상실했다; 그들은 더 이상 "이스라엘"이 아니다. 국적에 근거한 정체성에서 종교에 근거한 정체성으로 이동함으로써 개종과 종파주의가 출현할 수 있게 되었다. 개종이나 종파나 모두 유배-이전 시대에는 전혀 없었고, 페르시아 시대에 나타나기 시작하여, 기원전 2세기에 그 절정에 달했다.

페르시아 시대 바빌로니아와 이스라엘에 있는 유대교 공동체 내에서 여러 가지 종교적 논쟁들이 일어났다. 이러한 논쟁들로부터 많은 면에서 후대의 종파들의 전신이 된 집단들이 출현했다. 에스라와 느헤미야의 활동을 간략히 논한 후에, 나는 가장 잘 증언된 세 가지 원시-종파를 점검하겠다: 에스라서에 언급된 "잡혀갔다 돌아온 백성"; 느헤미야 10장에 제시된 집단; 이사야 65장에 제시된 집단이다.

에스라와 느헤미야

유대교 종파주의의 세 가지 요점인 율법, 성전, 성서는 또한 에스라와 느헤미야의 활동의 요점들이기도 했다. 후대의 종파들처럼, 이 두 개혁자는 좀더 큰 사회가 결혼, 안식일 및 절기, 그리고 성전과 정결례에 관련된 율법을 지키는 방식에 대해 공격했다. 에스라나 느헤미야나 모두 국제 결혼을 금하는 법령을 강화했다. 이것은 주로 제사장들 및 귀족 계층이 어기고 있었다. 느헤미야는 안식일을 준수하라는 율법을 강화하고 십일조와 성전 제물에 관한 체계를 재정비했다. 그는 또 성전 경내를 정화하였는데 이 과정에는 대제사장의 초대로 성전의 방 가운데 하나에 들어와 살던 "암몬 사람" 도비야를 축출하는 일도 포함되었다(느 13:7-8).

에스라와 느헤미야의 활동의 주요 표적은 제사장들 및 이들과 결탁한 자들이었다. 에스라는 사람들 앞에서 "모세의 교훈(토라)의 책"을 읽고 레위인들의 도움을 받아 그 의미를 설명했다(느 8장). 사실 에스라는 대중이 토라에 접근할 수 있도록 토라를 "출간"했다. 이것은 제사장들이 누리던 정치적 주도권에 대한 직접적인 위협이었다. 토라라는 말은 교훈을 의미한다. 그러나 유배-이전 시대에는 이 말의 일차적인 의미가 "제사장들의 가르침"이었다(예를 들면, 렘 18:18). 그러나 에스라는 백성들이 "토라의 책"에 직접 접근할 수 있게 함으로써, 백성과 거룩한 전승 사이의 중재자 역할을 한 제사장을 제거하려고 했다.

로마인들은 기원전 451년(아주 우연한 일이지만, 에스라 시대와 거의 일치한다) 12 서판의 발간을 귀족들의 권력이 점차 해체되는 중요한 계기로 간주했다. 변하지 않게 확정되고 대중이 접근할 수 있는 법은 행정가들이 마음대로 기분내키는 대로 통치할 수 있는 가능성을 축소시키기 때문이다. 대중이 토라에 마음대로 접근할 수 있게 함으로써, 에스라는 제사장들의 통치력을 통제할 수 있었다. 그는 자신의 일을 위해, 제2성전 시대 내내 제사장들과 원만하지 못한 관계에 있던 레위인들의 도움을 받았고(느헤미야도 레위인들의 도움을 받았다), 토라를 성전이 아니라 수문(water gate)에서 읽었다. 아마 성전 제사장들이 에스라의 개혁에 참여하기를 원치 않았기 때문일 것이다.

  에스라와 느헤미야에게 제사장들과 맞서 싸우고, 그들의 결혼을 취소시키고, 그들의 친구들을 성전에서 몰아내고, 성전 제물과 제사를 재정비할 권위를 부여한 것은 무엇인가? 에스라나 느헤미야나 모두 페르시아 정부의 관료들이었으며 따라서 페르시아 국가 권력의 지지를 받았다. 에스라는 그에게 유대인 문제들을 다스리라고 임무를 부여한 왕으로부터 특별한 허가를 받은 사람이고(스 7장) 느헤미야는 유대 지방 통치자였다. 이러한 외적인 합법성 이외에 에스라의 권위는 내적으로도 확증되었다. 그는 대제사장 가문의 제사장이었다고 한다(스 7:1-5). 그러나 에스라에 관한 서술 어디서도 이 사실은 아무런 역할을 하지 않는다. 아마 그가 대제사장으로 일하지 않았기 때문에 이들 계층의 이익에 맞서 활동하려 했을 것이다.

  에스라의 권위에 정통성을 부여하는 데 있어서 좀더 중요한 것은 "모세의 율법에 능통한 학자"(스 7:6)로서 갖는 그의 지위이다. 고대 근동 전역에서 학자(서기관)는 정부를 위해 일하고, 국가의 일을 돌보며, 연락과 계약을 준비하는 기능인이었다. 에스라는 고대 근동의 일반 법이 아니라 모세의 가르침에 능통한 "유대인" 서기관이었다. 그의 권위는 그러면 교육에 근거해 있었다. 그는 탁월한 전문성 때문에 토라를 가르칠 수 있었고, 귀족들이 혼인으로 맺은 관계의 타당성 여부를 결정할 수 있었다.

  느헤미야는 제사장도 서기관도 아니었다. 그러나 우리는 그도 자신의 권위에 대해 탁월한 전문성과 신앙에서 내적인 정통성을 찾았을 것이라고 생각할 수 있다. 성전의 제사장들조차도 그에게 복속된 것은 제사장들이 성전을 하나님의 눈에 들도록 관장하는 데 있어서 느헤미야만큼 잘 알지 못했기 때문이다.

  후대의 종파들과 마찬가지로 에스라와 느헤미야는 결혼, 안식일,

성전, 정결례에 관한 율법; 제사장, 특히 대제사장들의 권력에 대한 공격을 강조하고, 모세의 토라에 대한 탁월한 전문성에 의존하여 자신들의 권위를 정당화한다. 제사장들이 무능하거나 부패하다고 간주하면서도, 성전을 존중하고 자신들의 종교의 중심에 위치시켰다. 성서의 설화자에게 있어서 에스라와 느헤미야를 지지한 유대인들은 별도의 집단이 아니라 유대 공동체 전체를 구성했다. 여기서는 에스라와 느헤미야의 행동을 상세히 논하거나 이러한 견해의 타당성을 평가할 수 없다. 여기서 관련된 것은 이 설화가 그 자체의 논제와 어긋나게, 에스라와 느헤미야가 유대인 전체가 아니라 일부 유대인들의 지도자였으며, 이들을 따른 사람들이 독특한 집단의 구성원들이었음을 보여준다는 사실이다. 이제 페르시아 시대 원시-종파 조직에 대해 논할 차례이다.

"잡혀갔다 돌아온 백성"과 느헤미야 10장

에스라書는 스룹바벨과 에스라 시대에 바빌로니아에서 이스라엘로 돌아온 사람들(즉, 이들은 유배지 안에 있는 유대인들이 아니라 유배지에서 온 유대인들이다)을 언급하기 위해 "유배당한 사람들," "유배의 사람들," "잡혀갔다 돌아온 백성"이라는 말을 사용한다. 나는 "잡혀갔다 돌아온 백성"을 조직되고 훈련된 집단, 진정한 유대교의 구현체(다른 말로 "교회")로 본다. 이러한 유대인들이 성전을 재건하고, "유다와 베냐민의 대적자들"(스 4:1)을 축출하고 성전을 봉헌하고, 유월절을 기리며(6:19-20), 이스라엘 열두 지파를 위해 제사를 드린다(8:35).

이들의 지위는 "그 땅에 살던 이방 사람들에게서 부정을 탔다가 그 부정을 떨어버리고, 주 이스라엘의 하나님을 예배하기 위해 찾아온 이들"(6:21)에 의해 높아졌다. 이것은 이들 공동체에 연합한 "개종자들"(이방인들? 유대인들?)에 대한 언급이다. "유배당한 사람들" 가운데 일부가 이방 여인들과 결혼했다는 보고를 에스라가 들었을 때, "유배당했던 모든 사람들"은 성전 앞에 있는 광장에 모이라는 포고령이 선포되었다. 삼일 안에 순종하지 않는 사람들은 누구나 재산을 몰수당하고 "잡혀갔다 돌아온 백성"으로부터 축출될 것이라고 했다(10:7-8). 백년 이상에 걸쳐 국제 결혼한 사람들이 발견되었고, 이들은 이방 여인들과 이혼하고 자녀를 버리라는 명령을 받았다(그들이 이에 순종했는지는 전혀 분명하지 않다).

느헤미야서가 "유배당한 사람들"이라는 말을 이런 의미로 사용하지는 않지만, 비슷한 유형의 집단에 대해 잘 알고 있다. 느헤미야 8장은 에스라가 "백성들"에게 토라를 읽고 가르친 것에 대해 기술한다. 한 세기 반 전에 신명기서가 발견되었을 때 온 백성이 금식하고 속죄 제사를 드렸듯이 느헤미야 9장은 토라을 읽음으로써 온 백성이 금식하고 속죄 제사를 드린 것에 대한 기록이다(학자들은 느 8장과 9-10장 사이의 연관이 본래적인 것인지 이차적인 것인지 논의하고 있다; 에스라는 느헤미야 8장에서 주요 인물로 나오지만 느헤미야 9-10장에서는 언급되지 않는다). 그 예배의 대부분은 긴 회개의 기도였다. 1인칭 복수로 되어 있고 느헤미야 10장에서 "계약" 혹은 "서약"과 함께 절정을 이룬다. 이름이 수록되어 있고 여전히 일인칭 복수로 말하는 이 문서에 서명한 사람들은 하나님의 가르침(토라)을 따르고, 하나님의 모든 계명을 지키고 특별히 "그 땅의 사람들"과 결혼하지 않고, 안식일에 "그 땅의 사람들"과 상업적인 거래를 하지 않고, 제7년("노예를 놓아주는 해")을 지키고, 다양한 제물(돈, 나무, 맏물, 맏배, 빵, 곡물)을 바침으로써 성전과 그 제사장들을 지원하겠다고 스스로 다짐한다.

"잡혀갔다 돌아온 사람들"처럼, 이 문서에 서명한 사람들은 진정한 유대교의 구현체라고 주장하며 성서의 설화자에 의해 전 백성을 나타내는 "교회"로 간주되었다(랍비 문헌은 이 서명자들에 대해

"큰 모임의 사람들"이라고 언급한다). 서명 목록은 "나머지 백성, 곧 제사장과 레위 사람과 성전 문지기와 노래하는 사람과 성전 막일꾼과 주의 율법을 따르기 위해 그 땅의 백성들로부터 스스로를 구분한 모든 사람들"(느 10:29)로 끝난다. "잡혀갔다 돌아온 사람들"처럼 이 집단도 외부인들(유대인? 이방인? 스 6:21 비교)에 의해 증가되었다.

"잡혀갔다 돌아온 사람들"이 에스라와 관련된 반면, 느헤미야 10장 뒤에 있는 집단은 서명 목록의 맨 처음에 두드러지게 나타난 느헤미야와 관련되어 있다. 계약이 느헤미야가 총독으로 두번째 다스리고 있을 때(기원전 432년) 발효시킨 것들을 수정하거나 연장시킨 율법을 강조한다: 국제 결혼을 제거하고 이방인을 성전으로부터 축출하는 일(느 13:1-9, 23-30); 십일조와 헌물을 통해 성전과 그 성직자들을 지원하는 일(13:10-14, 30-31); 안식일에 상업적 행위를 피하는 일(13:14-22). ("노예를 풀어주는 해"에 대한 계약의 관심은 아마 느헤미야가 기원전 445년 처음 직책을 맡고 있을 때 행한 행동, 느헤미야 5장에 언급된 빚의 탕감을 반영할 것이다.)

이러한 집단들은 모두 원시-종파이다. "잡혀갔다 돌아온 사람들"은 자신들이 유대교를 참되게 표현하고 있다고 생각한다; 그 반대자들은 "유다와 베냐민의 대적들"이다. 이 집단에 속하지 않는 외부의 유대인들(즉, 이스라엘의 하나님을 섬기는 사람들)은 이방인들로 간주되고 따라서 그 집단의 구성원들이 결혼할 수 없는 사람들이다(족보의 순수성을 보존하려 하면서도 제사장들이 외부인들의 딸들과 결혼한 것과 이러한 외부인들 가운데 어떤 사람들은 "도비야"처럼 유대인 이름을 갖고 있었다는 두 가지 사실은, 반박을 위한 변증적인 입장에서 "암몬 사람" "모압 사람" 등의 말을 붙이지만 이러한 사람들이 실제로 이방인은 아니었다는 것을 암시한다). 집단의 규칙을 어긴 사람들은 축출되었다. 관련된 집단의 "계약"인 느헤미야 10장은 그 양식이 쿰란 공동체 규범과 유사하다. 그것은 집단의 존재 이유(하나님의 가르침을 따르는)를 진술하고 특별히 집단의 자기-정의에 있어서 중요한 규칙들을 강조한다. 이러한 규칙들은 후대 종파의 규칙들과 마찬가지로 결혼, 안식일, 성전 헌물에 초점을 맞추고 있다(단지 정결례 규칙만 결여되어 있다).

이사야 65장

원시-종파의 한 가지 다른 종류는 이사야 65장 뒤에 있는 집단이다. 이사야서 마지막 장들을 쓴 무명의 저자는 현대 학계에 제3 이사야(Third Isaiah 혹은 Trito-Isaiah)로 알려져 있다. 이사야 63-64장은 예루살렘 멸망을 두고 통곡하며 하나님께 진노를 푸시라고 간청하는 탄식시이다. 65장에서 하나님이(혹은 하나님을 대신하여 일인칭 단수로 말하는 예언자가) 응답한다. 하나님이 자기 백성에게 소리쳐 불렀으나 그들은 듣기를 거부했다.

> 나는 나를 구하지 아니하던 자에게 물음을 받았으며 나를 찾지 아니하던 자에게 찾아냄이 되었으며 내 이름을 부르지 아니하던 나라에게 내가 여기 있노라 내가 여기 있노라 하였노라 내가 종일 손을 펴서 자기 생각을 좇아 불선한 길을 행하는 패역한 백성들을 불렀나니 곧 동산에서 제사하며 벽돌 위에서 분향하여 내 앞에서 항상 내 노를 일으키는 백성이라(1-3절)

여기에 이어 그들의 혐오스러운 행동에 대한 묘사가 뒤따른다. 그들은 돼지고기를 먹고 여러 가지 금지된 의식(우상숭배)을 행한다. 그러므로 하나님이 그들을 멸할 것이다. 그러나 그들을 다 멸하는 것은 아니다.

> 나도 내 종들을 위하여 그같이 행하여 다 멸하지 아니하고 내가 야

곱 중에서 씨를 내며 유다 중에서 나의 산들을 기업으로 얻을 자를 내리니 나의 택한 자가 이를 기업으로 얻을 것이요 나의 종들이 거기 거할 것이라…오직 나 여호와를 버리며 나의 성산을 잊고…내가 너희를 칼에 붙일 것인즉 다 구푸리고 살륙을 당하리니…나의 종들은 먹을 것이로되 너희는 주릴 것이니라 보라 나의 종들은 마실 것이로되 너희는 갈할 것이니라 보라 나의 종들은 기뻐할 것이로되 너희는 수치를 당할 것이니라…너희의 끼친 이름은 나의 택한 자의 저줏거리가 될 것이니라 주 여호와 내가 너를 죽이고 내 종들은 다른 이름으로 칭하리라(8-15절)

여기에는 하나님의 거룩한 산 주위에서 유토피아적으로 살 "내 백성"을 위해 "새 하늘과 새 땅을 창조할 것"이라는 약속이 뒤따른다.

죄 때문에 하나님이 이스라엘 사람들을 벌하고 의인과 악인을 구분한다는 사상은 별로 새로운 것이 아니다. 그러나 하나님의 "종들"과 백성 전체를 이렇게 날카롭게 대조하는 것; 백성 대중이 자신들의 사악함 때문에 멸망당할 것이라는 데 대해 예언자가 만족해하는 것; 예언자가 백성을 맹렬히 정죄하는 것; 하나님의 "종들"과 "선택된 자들"이 단순히 지위가 아니라 집단이라는 암시; 그리고 미래가 악인들에 대한 의인들의 주장을 증명하리라는 사상, 이 모든 것들은 새로운 것들로 모두 후대 종파주의의 전망을 예기(豫期)한다(그러므로 이 장이 쿰란 두루마리와 초대 교회, 특히 롬 10:20-21에 빈번하게 인용되거나 암시되는 것은 놀라운 일이 아니다). 하나님은 자신이 선택한 자기 백성에게 진노한다. 이들은 더 이상 그의 이름으로 불리워지지 않는다. 그들이 하나님의 말에 귀를 기울이지 않았기 때문이다. 단지 그의 종들, 그의 선택된 사람들만이 하나님의 축복을 받고 가까운 장래에 옳다고 증명될 것이다.

이 장의 저자를 자극한 문제들 그리고 "종들"과 "선택된 자들"이 독특한 집단을 구성하는 범위는 확실하게 결정될 수 없다. 어떤 학자들은 제3 이사야가 예루살렘 성전과 페르시아 시대에 복구된 공동체를 위해 제사장들이 저버린 강령을 발전시켰다고 주장하기도 한다. 성전이 이방인들에게 개방되어 있음을 반복해서 강조하는 것(사 56:6-7; 60:1-14; 66:12-24)은 이것이 "학파"나 공동체마다 서로 분분한 의견을 갖고 있던 문제였음을 암시한다.

에스라와 느헤미야는 성전 제사장들이 "이방인들"이 유대인과 결혼하고 성전 경내에 들어오도록 지나치게 관대하게 허락한 것에 대해 비난한다. 제3 이사야가 대표하는 집단은 성전 제사장들이 이방인들이 성전에 들어와 주를 예배하지 못하도록 지나치게 엄격한 것에 대해 비난한다. 제사장들에 의해 축출된 후 예언자 "학파"는 좀더 큰 공동체의 멸망을 예고하고 그 학파가 하나님의 보상을 받을 때를 꿈꾸고 있었다.

이와 같이 페르시아 시대에는 원시-종파주의에 대한 세 가지 좋은 예가 있었다. 느헤미야 10장의 "잡혀갔다 돌아온 사람들"과 "계약 체결자들"은 후대 종파들의 엄격한 조직과 법률적인 강조점들을 예기했고, 이사야 65장의 예언자 "학파"는 그들의 사회적 소외와 종말론적 꿈을 예기한다. 세 집단 모두 성전을 자신들의 종교의 중심으로 보지만 제사장들의 통치에는 반대한다. 이들은 성전을 어떻게 관장해야 하고 어떻게 해야 하나님의 은혜를 받는지에 대해 대제사장보다 더 잘 알고 있다고 주장한다. 이러한 집단들 가운데 어느것도 위에 제시된 종파에 대한 정의에 들어맞지는 않는다. 이들 가운데 어떤 것이든 매우 조직화되어 있고 분명히 구분되어 있었는지 의심스럽기 때문이다. 그러나 어느 집단이나 장차 형성될 종파들에 대한 선구자들이었다.

바리새인, 사두개인, 엣세네파

유대교 종파주의의 전성기는 기원전 2세기 중엽부터 기원후 70년 성전이 파괴될 때까지이다. 몇몇 구절에서 요세푸스는 당시 유대인들 사이에서 볼 수 있었던 세 가지 "사상 학파"로 바리새인, 사두개인, 그리고 엣세네파에 대해 묘사한다. 이 세 집단에 대한 요세푸스의 증언은 신약성서, 쿰란 두루마리, 그리고 랍비 문헌에 의해 보충된다(필로와 한두 사람의 이교 작가들이 엣세네파에 대한 몇 가지 다른 증거를 더 제공한다; 아래를 보라). 나는 이러한 증거들에 대해 각각 개괄하고, 이 세 집단에 대한 종합적인 윤곽을 제시할 것이다.

그리스어로 씌어진 자료: 요세푸스

바리새인들을 사두개인들로부터 구분하기 위해, 그리고 이 둘을 엣세네파로부터 구분하기 위해, 요세푸스는 종파들이 서로 상이성을 보이는 세 가지 영역을 강조한다. 이러한 영역들은 철학, 사회적 지위와 정치, 그리고 생활 방식이다.

철학

요세푸스는 세 집단을 *haireseis*("사상 학파" 혹은 "철학 학파")라고 부른다. 세 집단은 각각 운명, 자유 의지, 그리고 영원불멸에 대한 나름의 교리를 주창한다. 이것은 정확히 철학 학파들이 다루는 문제들이다. 요세푸스는 바리새인들을 스토아 학파와, 그리고 엣세네파를 피타고라스 학파와 명시적으로 비교한다. 사두개인들은 인간사에 있어서 "운명"이 아무런 역할도 하지 않는다고 생각했다. 그리고 영혼 불멸 사상과 부활을 부인했다. 엣세네파는 인간의 모든 행동에 운명의 힘을 인정하고 영원불멸과 부활을 믿었다. 바리새인들은 중간 입장을 취하여 운명과 인간의 자유 의지를 모두 인정하고 영원불멸과 부활을 믿었다(그러나 분명히 엣세네파와는 다른 방식으로 믿었다—이 점은 명확하지 않다).

위에서 지적한 대로, 요세푸스가 세 집단을 "철학 학파"로 제시한 것은 실제적인 바리새인, 사두개인, 엣세네파에 대해 그리고 이들이 서로 달리 주장하는 문제에 대해 별로 관심이 없는 비-유대교 독자들을 위해 행한 것이다. 세 "학파"는 아마 신학적인 그리고 철학적인 문제들을 두고 논쟁을 벌였을 것이다. 그러나 이러한 논쟁들이 종파의 성격을 규정하는 데 중심적인 문제였는지는 분명하지 않다.

사회적 지위와 정치

이러한 "학파들"은 또 정치에도 연루되었다. 바리새인들을 지지하다가, 요한 힐카누스는 나중에 사두개인들에게 충절을 보였다. 각 계각층의 백성들로부터 반발을 산 알렉산더 야내우스(Alexander Jannaeus)는 죽음을 맞이하는 자리에 누워 부인이며 후계자인 살로메 알렉산드라(Salome Alexandra)에게 "이러한 사람들이 동료 유대인들에게 엄청난 영향을 미치고 있어 밉보인 자들에게는 해를 입히고 마음에 드는 사람들은 누구라도 도울 수 있으며, 백성들의 절대적인 신망을 얻고 있으니" 바리새인들과 친하게 지내라고 권고했다(『유대 고대사』 13.15.5, §401). 알렉산드라는 그의 충고에 귀를 기울여 바리새인들이 마음대로 통치하게 했다. 그들은 대적자들을, 특히 야내우스를 지지했던 귀족들을 많이 죽였다. 살로메의 아들 아리스토불루스(Aristobulus)는 바리새인들에게 대적하고 그들이 자기 어머니에게 영향력을 행사하던 것을 싫어했다.

헤롯이 권좌에 올랐을 때, 폴리오(Pollio)라는 바리새인은 백성들에게 헤롯을 그들의 지도자로 받아들이라고 권고했다. 그 결과 폴리오와 6000명에 달하는 바리새인들은 헤롯이 정중하게 대접했다.

요세푸스는 더 나아가 바리새인들이 헤롯 궁정에 있는 여인들에게 특별한 영향력을 행사했다고 기록한다. 바리새인들이 정치 무대에 마지막으로 나타난 것은 반란이 발발하기 직전, "주요 시민들"(principal citizens)과 주요 제사장들의 행동에 참여하여, 승리할 수 없는 전쟁을 시작하지 말라고 혁명가들에게 탄원한 기원후 66년이다. 이 충고는 무시되었다. 전쟁 첫 해에 바리새인 시몬 벤 가말리엘은 예루살렘에서 열린 혁명 간부회의의 일원이었고 이들 가운데 다른 바리새인 세 명이 포함되어 있던 것으로 언급된다.

이와 같이 "바리새인들"은 요한 힐카누스 시대(기원전 137-104년), 살로메 알렉산드라 시대(기원전 76-67년), 헤롯 대왕 시대(기원전 37-34년), 그리고 대반란 첫 해(기원후 66-67년)에 "정치적 집단"으로 나타났다. 헤롯 시대와 반란 발발 때부터 정치적으로 중요한 몇몇 인물들이 바리새인이라고 불리우기 시작했다. 이와 대조적으로 사두개인들은 힐카누스가 이들과 연합하고 바리새인들을 저버리던 때만 정치적 집단으로 나타난다. 그리고 기원후 1세기의 대제사장 가운데 단 한 사람만이 사두개인이라고 불리운다.

개인으로서는 가끔 언급되어도 엣세네파가 정치적 집단으로 나타난 적은 한 번도 없다. 어느 엣세네파 사람은 그의 제자들에게 아리스토불루스의 동생이 암살될 것에 대해 예고했다(기원전 104-103년). 또 한 사람은 헤롯 대왕의 출세가도를 정확하게 예고했고, 또 어떤 사람은 헤롯의 아들이 아버지가 죽은 후에 꾼 중요한 꿈을 해석했다. 엣세네파의 요한이란 사람은 66-70년 전쟁의 초기 단계에 전투를 지휘하기도 했다. 그러면 엣세네파에 속한 이 네 사람 가운데 셋은 정치인이라기보다는 "성인" 혹은 "예언자"였던 셈이다.

바리새인들은 "백성들의 절대적인 신망"을 얻고 있었다. 이러한 것은 다른 구절에도 표현되어 있다. 바리새인들은 "대중에게 엄청한 영향력을 행사하고 있다. 그리고 모든 기도와 하나님 예배의 거룩한 의식들은 그들의 설명에 따라 수행되었다…사두개인들이 어떤 자리를 차지하려 할 때마다, 그들이 마지못해 그리고 부득이 수그리기는 하지만, 어쨌든 그들은 바리새인들의 지시에 따라야 했다. 그렇게 하지 않고는 대중들이 그들을 받아들이지 않았기 때문이다." 사두개인들은 단지 "높은 지위에 있는 사람들"로부터만 지지를 받았다(『유대 고대사』 18.1.3-4, §15-17). 헤롯 시대에 6000명에 달한 바리새인들은 대중의 정당이었고, 사두개인들은 귀족계층의 정당이었다. 이와 같이 요세푸스에 따르면 바리새인들은 기원전 2세기 말부터 대반란이 일어날 때까지 유대 사회에 엄청난 힘을 행사했다. 반면 사두개인들은 그렇지 못했다. 바리새인들의 권력에 대한 이러한 주장들이 단지 기원후 93/4년에 완성된 『유대 고대사』에만 나오고, 십년 내지 십오년 더 일찍 씌어진 『유대 고대사』에는 나오지 않는다는 사실은 중요한 의미를 띤다. 4000명에 불과했던 사두개인들은 분명히 정치적 정당이 아니었다.

생활 방식

고대의 "철학 학파"는 흔히 추종자들이 영향을 준 생활 방식에서도 그 학설에서만큼 두드러진 특징을 갖고 있었다. 제4장에 개괄한 엣세네파를 길게 묘사하면서, 요세푸스는 이들의 공동 생활이 갖는 심미적 신앙적 특징을 강조한다. 바리새인들과 사두개인들의 공동 생활에 대해 대비하여 묘사하지는 않지만, 요세푸스는 두 집단이 서로 다른 한 가지 중요한 측면에 대해 언급한다(『유대 고대사』 13. 10.6, §297-298):

바리새인들은 조상들로부터 이어받았으나 모세의 율법에 기록되지는 않은, 이로 인해 사두개인들이 배척한 어떤 규정들을 백성들에게 전해 주었다. 사두개인들은 단지 기록된 규정들만 타당한 것으로 간주해야 하고 조상들이 전해준 것은 지킬 필요가 없다고 주장했다. 이러한 문제들에 대해 두 집단이 서로 논쟁을 하고 심각한 견해 차이를 보이게 되었다.

"조상들의 전승"을 따르기 때문에, 바리새인들은 장로들에게 경의를 표했다. 반면 이와 대조적으로 사두개인들은 그들의 스승들과 논쟁을 벌였다. 요세푸스는 어디서도 "조상들의 전승"에 대한 예를 제시하거나 그 의미를 정의하지 않는다. 그래서 그것이 정확히 무엇을 의미하는지는 알기 어렵다. 사두개인들이 "단지 (성서에) 기록된 규정들만" 따랐다는 개념은 수긍하기 어렵다. 성서만 따라 사는 생활이란 모호성과 모순으로 가득찬 삶이기 때문이다(다음 장을 보라). 이런 문제를 제외하면, 이 구절은 바리새인들이 기록된 전승인 토라를 보충하는 조상들의 전승에 대한 충절로 잘 알려졌으며, 사두개인들은 바리새인들의 전승을 부정한 것으로 잘 알려졌음을 보여준다.

요세푸스의 증거

요세푸스는 바리새인, 사두개인, 엣세네파를 세 가지 다른 전망에서 묘사한다. 그러나 이러한 전망들이 서로 어떻게 들어맞는지는 설명하지 않는다. 바리새인들이 운명과 자유 의지의 힘을 모두 인정한 사실과 그들이 조상들의 전승의 타당성을 승인한 사실 사이에는 어떤 연관이 있는가? 이러한 두 사실 가운데 어느 하나와 그들이 대중의 지지는 누리면서도 귀족계층의 지지는 받지 못했다는 사실 사이에는 어떤 연관이 있는가? 똑같은 문제가 사두개인들에게도 적용된다. 이러한 묘사가 정확한 것이라 하더라도 분명히 일관성이 있는 것 같지는 않다.

명백한 한 가지 사실은 요세푸스가 이 세 집단 중 어느것도 위에 제시한 의미의 "종파"로 간주하지 않는다는 점이다. 『유대 전쟁사』나 『유대 고대사』나 모두 바리새인들을 이 세 집단 가운데 가장 두드러진 집단으로 간주한다. 그러나 『유대 고대사』는 바리새인들이, 어느 정부고 유대인을 성공적으로 다스리기 위해서는 반드시 지지를 받아야 하는 대중의 지도자들이었다는 중요한 주장을 첨가한다. 사두개인들은 바리새인들에 대해 반대하는 귀족계층이었다. 엣세네파는 유대인들이나 비-유대인들이나 모두 경탄하게 하는 그러한 종류의 유토피아적 삶을 살던 종교적 그리고 철학적 대가들의 집단이었다. 요세푸스는 삼 년에 걸친 이들의 교리학습 과정, 집단에 대한 충성 서약, 그리고 동료 유대인들로부터의 격리, 정결례와 세정(洗淨)을 강조하는 것에 대해 언급한다. 그러나 이들을 "종파"로는 생각하지 않고 경건주의 엘리트들로 간주한다.

그리스어로 씌어진 자료: 신약성서

신약성서, 특히 복음서에는 바리새인들에 관한 자료가 풍부하다. 그러나 사두개인들에 대한 자료는 별로 없고 엣세네파에 관한 것은 하나도 없다. 여기 언급된 것들도 요세푸스의 증거에 대해 논할 때 사용했던 것과 똑같이 세 가지 부류로 분류할 수 있다: 철학, 사회적 지위와 정치, 그리고 생활 방식.

철학

사두개인들은 죽은 자들의 부활을 부인하고, 바리새인들은 그것을 인정했다. 이 사실은 복음서(마 22:23-33 및 병행)와 사도행전 23장에 모두 잘 알려져 있다. 사도행전은 사두개인들이 또 "천사도 없고 영도 없다"고 말한다고 덧붙인다. 이것은 아마 천상적 존재가 사람들과 직접 교통하지 않는다는 것을 의미할 것이다(바울은 그들이 직접 교통한다고 주장했다). 이러한 부인은 다른 어디서도 증언되지 않는다. 이것을 제외하면, 신약성서는 바리새인과 사두개인의 신학적 학설에 대해 실질적으로 아무것도 말하지 않는다.

사회적 지위와 정치

요세푸스는 바리새인들이 대중의 지지를 받고 있었으며 대중의 종교적 문제에 대해 큰 영향력을 행사했으며 사두개인들은 단지 귀족 계층으로부터만 지지를 받았다고 명시적으로 말한다. 같은 주장이 신약성서에도 암시되어 있다. 사두개인들이 대제사장 및 그와 관련된 사람들의 집단이었지만(행 4:1; 5:17) 복음서, 특히 마태복음이 맞서서 변증하는 일차적인 표적은 사두개인들이 아니라 바리새인들이다. 예수와 그의 제자들에 맞서 싸우고 또 그 위선과 다른 여러 죄 때문에 맹렬히 비난받는 것은 바리새인들이었으며 이들은 종종 "서기관들"과 같이 비난받는다(마 23장).

> 율법학자들과 바리새파 사람들은 모세의 자리에 앉은 사람들이다. 그러므로 그들이 너희에게 말하는 것은 무엇이든지 다 실행하고 지켜라. 그러나 그들의 행실은 따르지 말아라. 그들은 말만 하고, 실행하지는 않는다. 그들은 지기 힘든 무거운 짐을 묶어서 남의 어깨에 지우지만 자기들은 그 짐을 나르는 데, 손가락도 꼼짝하려고 하지 않는다. 그들이 하는 행실은 모두 사람들에게 보이려고 하는 것이다. 그들은 경문 곽을 크게 만들어서 차고 다니고, 옷술을 길게 늘어뜨린다. 그리고 잔치에서는 윗자리에, 회당에서는 높은 자리에 앉기를 즐기고, 장터에서는 인사받기와, 사람들이 자기들을 선생이라고 불러 주기를 즐긴다.

위선에 대한 비난은 아마 종파 내의 변증 활동의 결과일 것이다. 그러나 이 구절은 분명히 복음서, 특히 마태복음을 형성하고 전달한 집단 안에 바리새인들이, 가장 두드러지지는 않아도 두드러진 한 부류의 유대인 집단이었음을 보여준다. 유대교의 권위있는 인물들에 대해 단순히 "유대인들"이라고만 부르기를 좋아하는 요한 복음도 이에 상응하는 것으로서 "바리새인들"이라는 말을 흔히 사용한다(서기관이라는 말은 전혀 언급하지 않는다).

이와 같이 신약성서에 의하면, 바리새인들은 유대교 사회 안에서 막강한 힘을 가진 집단이었다. 그러나 이러한 힘의 근원은 그들이 국가 제도를 통합하는 데 있지 않았다. 즉, 바리새인이나 사두개인이나 모두 산헤드린에 자리를 차지하고 있었다. 그러나 어떠한 집단도 정당은 아니었다. 바리새인들(과 사두개인들)은 네 복음서의 수난사화에서 두드러진 역할을 하지 않는다. 바리새인들의 힘은 그들의 경건과 지식의 연장이었다. 그들은 유대교의 권위있는 해설자들이기 때문에 모세의 자리에 앉았다(비록 그들이 자신들이 선포하는 것을 실행하지 않는다고 여겨졌어도).

생활 방식

바리새인들의 위선, 외식, 그리고 탐욕에 대한 복음서의 서술을, 이러한 비난이 유대교의 한 집단이 그 주요한 대적자들에 대해 행한 증명되지도 않고 증명할 수도 없는 공격이기 때문에, 도외시하거나 최소한 모두 믿지는 않는다 하더라도, 복음서는 또 바리새인들을 동료 유대인들로부터 구분짓는 생활 방식에 대해 유용한 자료를 제공한다(기독교인들이 바리새인들의 누룩과 마찬가지로 "사두개인들의 누룩"을 조심하라는 경고를 받았지만, 복음서는 실제로 사두개인들의 관행에 대해 아무것도 말하지 않는다).

바리새인들은 "장로들의 전승"에 충실하며, 율법을 세심하게 지킨 것으로 잘 알려져 있다. 바리새인들의 "장로들의 전승"은 마태복음 15장(막 7장의 평행 요소)에서 예수에 의해 맹공격을 받는다. 바울이 조상들의 전승에 대한 자신의 열심을 자랑할 때(갈 1:14), 그는 아마 그가 이전에 추구했던 바리새파의 경건을 자랑하고 있는 것으로 보인다. 이 경건에는 전승에 대한 충성뿐만 아니라 율법을 세심하게 준수하는 것도 포함되어 있었다. 네 장(chapters)의 공간에서 사도행전의 바울은 그가 과거에 바리새인이었으며 그리고 현재도 여전히 바리새인이라고 세 번 선포한다. 한 구절은 죽은 자들의 부활에 관한 바리새인과 사두개인 사이의 논쟁(행 23:6)에 대해 언급한다. 다른 두 선포는 사두개인에 대해 무시하며 바울이 바리새인으로서 율법에 대해 가졌던 열심을 자랑한다. 첫째 것은 사도행전 22:3이다.

> 나는 유대인으로 길리기아 다소에서 났고 이 성에서 자라 가말리엘의 문하에서 우리 조상들의 율법의 엄한 교훈을 받았고 오늘 너희 모든 사람처럼 하나님께 대하여 열심하는 자라

물론 가말리엘은 잘 알려진 바리새인이었다(행 5:34). 둘째 것은 사도행전 26:5이다: "내가 우리 종교의 가장 엄한 파(*hairesis*)를 좇아 바리새인의 생활을 하였다." 이러한 자랑들은 자신의 자질들을 열거하는 바울 서신 속의 바울에 의해 확증된다. "내가 팔일만에 할례를 받고 이스라엘의 족속이요…율법으로는 바리새인이요…율법의 의로는 흠이 없는 자로라"(빌 3:5-6).

복음서의 몇 구절에서 바리새인들은 예수에게 그의 메시아적 지위에 대해 묻는다. 그러나 대부분 그들은 예수나 그의 제자들에게 그들의 율법에 관한 행실에 대해 묻는다. 이러한 율법 논쟁의 주제들은 안식일(벼이삭을 훑고 병을 고치는 일), 정결례법(음식을 먹기 전에 손을 씻는 일, 부정한 사람들과 식사하는 일, 그릇을 깨끗이 닦는 일), 서약, 그리고 이혼에 관한 것들이다.

바리새인들을 비판할 때, 예수는 분명히 그들의 율법과 관련된 행실을 비판한다. 마태복음 23:15-26은 예수가 부인한 바리새인들의 행태에 대한 목록을 제시한다: 개종시키는 일, 여러 가지 서약을 서로 구분하는 일, 십일조와 정결례에 대한 강조. 그러면 여기서 "장로들의 전승"을 구성하고 바리새인들이 그토록 세심하게 지킨 몇몇 율법에 대해 살펴볼 수 있다.

신약성서의 증거

신약성서에 따르면 1세기 유대 안에서 제도적 권력은 대제사장, 제사장, (요세푸스가 간과하는) 서기관, 장로들이 잡고 있었다. 엣세네파는 분명히 별로 중요하지 않아 언급할 필요도 없었다. 사두개인들은 죽은 자들의 부활을 부정하고 대제사장과 귀족 계층의 지지를 받은 사상 학파였다.

바리새인들은 훨씬 더 큰 영향력을 발휘한 집단으로 대중으로부터 크게 존경을 받았다. 그들은 "장로들의 전승"에 대해 충실하고 율법을 섬세하게 준수하는 것으로 잘 알려져 있었다. 바리새인과 예수의 추종자들이 논쟁을 벌인 율법은 주로 느헤미야의 추종자들이 벌인 논제들과 같은 것이었다: 안식일, 정결례와 십일조, 결혼(이 경우는 이혼). 새로운 면모는 서약의 타당성에 관한 논쟁이다. 바리새인들(혹은 사두개인들)이 "종파"를 구성했다는 암시는 전혀 없다.

나는 바리새인들의 위선, 등등에 대한 예수의 공격을 라이벌간의 맹렬한 싸움의 결과로 그리고 바리새인들과 이러한 말과 이야기들을 전수하고 편집한 예수의 초기 추종자들 사이의 불일치의 결과로 해석했다. 어떤 학자들은 기독교의 변증이 종파간의 경쟁의 결과라기보다는 대중이 권위있는 인물에 대해 종종 느끼는 적대감의 결과라고 제의해 왔다. 이러한 견해에도 일리는 있을 것이다. 이 견해는 결과적으로 종교 역사에 있어서 널리 증언된 역설을 초래한다. 대중은 종교적 엘리트들을 존경하기도 하고 또 멸시하기도 했다. 대중은 그들의 말을 존중하기도 하고 무시하기도 했다. 랍비 문헌은 많은 유대인들이 2세기와 3세기 랍비들에 대한 이 모순된 태도를 갖고 있었음을 보여준다(제7장을 보라). 그리고 신약성서는 어떤 유대인들은 이미 1세기에 바리새인들에 대해 이러한 태도를 갖고 있었음을 암시한다.

히브리어로 씌어진 자료: 쿰란 두루마리

쿰란 "도서관"의 작품들

유대 광야에서 발견된 두루마리들(흔히 사해 두루마리로 알려져 있다)은 고대 유대교에 대한 풍부하고도 가장 당혹스런 자료들이다. 두루마리들이 키르벳 쿰란(Khirbet Qumran)의 정착촌에 인접한 동굴에서 발견되었다(그래서 쿰란 두루마리란 이름이 나왔다). 도편(陶片)들을 볼 때 동굴에서 발견된 이 두루마리들은 정착촌과 연관이 있다. 그래서 대부분의 학자들은 두루마리가 그 정착촌에 살았던 사람들의 도서관을 구성했으며 두루마리 가운데는 실제로 쿰란에서 기록된 것도 있다고 생각한다.

두루마리에 보존된 문헌의 기원은 어떠한가? 이 물음은 훨씬 더 어렵다. 두루마리에는: (1) 그 기원이 어떠하든 유대인 사회에서 널리 읽혀지고 널리 접할 수 있던 책, (2) 쿰란 외부에 있는 밀교, 경건주의자, 혹은 종파 내에서 비롯된 책, 그리고 (3) 쿰란 종파 자체의 산물들인 책들이 포함되어 있다. 나는 모든 학자들이 다 이렇게 세 부류로 분류하는 것을 받아들이면서도 어떤 책이 어떤 부류에 속한다고 하는 데 대해서는 논란을 벌일 것이라고 생각한다.

가장 단순한 부류는 (1)인데, 여기에는 (히브리어, 아람어, 혹은 그리스어로 된) 성서의 책들과 『토빗』이나 『벤 시라』와 같은 책들이 포함된다. 레위기나 이사야서는 그 많은 사본들이 거기서 발견되었다 하더라도 쿰란에서 기록되었다고 주장하는 사람은 아무도 없을 것이다. 『유빌리』, 『레위의 증언』, 그리고 『에녹』은 아마 (2) 부류에 속할 것이다. 이러한 책들은 밀교적인 책들 같다. 그러나 그 기원에 대해서는 아무것도 짐작할 수 없다. 아마 쿰란에서 작성되지는 않았을 것이다(혹은, 쿰란에서 작성되었다 하더라도 그 집단의 독특한 역사나 이데올로기는 반영하지 않는다). 마지막으로, (3) 부류는 두 가지 유형의 책들로 이루어진다. 쿰란에서 작성된 어떤 책들은 쿰란 집단의 독특한 역사와 이데올로기를 반영하며 종파의 두드러진 특징을 띠고 있다. 『공동체 규범』, 『다메섹 계약』, 『빛의 아들들이 어두움의 아들과 맞서 싸운 전쟁』, 『나훔 주석(Pesher)』, 『하박국 주석』 다른 여러 가지 면에서는 일치하지 않아도, 이 모든 책들은 집단의 구성원들과 외부인을 강렬하게 대조하는 느낌을 준다. 그러나 쿰란의 신학과 관행에 너무도 잘 들어맞아 아마 쿰란에서 기원한 것으로 보이는 『성전 두루마리』, 『찬양시』, 그리고 『천사들의 전례』와 같은 다른 책들은 종파의 자의식을 전혀 반영하지 않는다.

학자들은 이제 겨우 이 문헌을 분류하기 시작했다. (2) 부류에 속하는 책들의 기원을 더 정확히 알게 되면 쿰란 종파주의자들이 그들보다 앞선 『에녹』이 기록된 기원전 3세기의 종파주의자들과 어떠한 관계를 갖는지 밝힐 수 있게 될 것이다. (3) 부류에 속하는 서로 다른 두 유형의 책들을 좀더 정확히 알게 되면 종파의 역사를 좀더 잘 알 수 있게 될 것이다.

종파의 자의식을 강렬하게 드러내는 책들은 아마 그렇지 않은 책들보다 후대에 나온 것이거나 아마 염두에 둔 독자가 서로 달랐을 것이다(최근 어떤 학자는 『다메섹 계약』 안에 다른 유대인들이 그 종파에 가입하도록 확신시키기 위한 "선교적" 문서의 잔재가 포함되어 있다고 주장했다). 이러한 것들은 현재 연구 대상이 되고 있는 질문들이다. 좀더 복잡한 것은 중요한 문서들 가운데 발간되지 않은 것이 많다는 사실이다.

요약하면, 학자들의 논제가 되는 항목의 수가 엄청나게 많으며 여기서는 이러한 것들을 다 상세히 다룰 수 없다. 제3장에서 나는 당시의 유대교 종교를 서술하기 위해 쿰란 텍스트를 많이 인용했고, 제4장에서는 쿰란 공동체의 사회 조직에 대해 묘사했다. 여기서는 엣세네파와 쿰란 두루마리 사이의 연관에 초점을 맞출 것이다.

쿰란과 엣세네파

『공동체 규범』(『훈련 교범』이라고도 불리운다)을 만들어낸 집단은 요세푸스와 필로가 묘사한 엣세네파와 여러 가지 특징을 공유한다: 재산의 공동 소유, 3년의 수습 기간, 입문시의 서약, 거룩한 식사, (흰 옷 입는 것을 포함하는) 정결례에 대한 강조, 엄격한 조직과 훈련, 순결, 그리고 예정론에 대한 믿음. 그러므로 『공동체 규범』이 엣세네파를 대표하는 것 같다. 그리고 이 문서와 다른 쿰란 텍스트들 사이의 여러 가지 연관성을 고려할 때, 쿰란 공동체가 엣세네 공동체였던 것 같다. 이렇게 둘을 동일시하면, 쿰란의 다양한 문서들 사이의 대조점들을 어느 정도 설명할 수 있을 것이다.

『공동체 규범』은 동료 유대인들로부터 격리되어 살고 있는 동정남들의 사회를 바라보며, 『다메섹 계약』은 집단의 구성원들이 아닌 다른 유대인들과 이방인들 사이에 살고 있는 남자, 여자, 자녀들의 공동체를 바라본다. 이와 유사하게, 『성전 두루마리』가 바라보는 이상 사회에서는 여자들이 국가의 모든 도시에 살 수는 있지만 성전이 있는 성읍에서는 살 수 없다. 여자들이 그 성읍을 방문할 수는 있어도 그 안에 들어가 살 수는 없다. 성전 성읍에서는 성관계가 허용되지 않는다.

요세푸스와 필로는 엣세네파가 국가 전체에 살고 있었다고 한다. 그러나 우리 시대 1세기의 이교 저자 두 사람은 엣세네파를 사해 근처에, 정확히 쿰란의 자리에 위치시킨다.[4] 엣세네파가 순결을 지킨다는 점에 주목한 뒤, 요세푸스는 어떤 엣세네파는 자녀를 낳기 위해 결혼한다고 지적한다. 이와 같이 쿰란 두루마리와 역사적 기록에 의하면, 순결을 지킨 종파주의자도 있었고 그렇지 않은 사람들도 있었다. 어떤 사람들은 사해 근처에 고립되어 살고 있었고, 어떤 사람들은 그렇게 살지 않았다. 쿰란의 유대인들은 엣세네파였다.

쿰란 도서관의 "종파주의자" 두루마리는 또 요세푸스와 필로가

이 집단의 본질적인 특징 가운데 많은 것을 생략한다는 점을 보여준다. 그 중 간과할 수 없는 것이 종파의 성격이다. 쿰란 집단은 365일로 된 태양력을 따라 절기를 지켰다. 그 외의 다른 유대인들은 대략 354일로 된 태음력을 지켰다(쿰란 두루마리가 몇 가지 다른 태양력을 갖고 있었다고 주장하는 학자들도 있다). 이 집단은 동료 유대인들을 죄인들, "어두움의 아들들"로 비난하고 이원론적 신학을 가지고 이원론적 사회 전망을 강력히 주장했다. 죄가 횡행하는 시대에 살면서 쿰란의 유대인들은 예루살렘 성전은 부패되었다고 간주하고 제사장들은 죄인들로 간주했다. 종말이 오면 세상의 악이 제거되어 정화되고, 죄인들은 멸망하고, 새로운 성전이 건립되고, 종파는 영광스럽게 될 것이다. 그 중간 시기에는 종파가 성전을 대신하며, 그 의식이 제사를 대신한다. 예루살렘 성전과는 달리 이 집단은 참된 제사장들, 사독의 아들들의 인도를 받는다.

이러한 특징들이 모두 요세푸스와 필로의 문헌에는 전체적으로 혹은 부분적으로 생략되어 있다. 엣세네파가 "종파"였다는 유일한 암시는 "그들이 성전에 제물을 보내긴 했지만 그들이 행하는 정결례 규정이 달랐기 때문에 제사를 드리진 않았다. 이런 이유로 그들은 공동체의 성전 경내에 들어갈 수 없었다. 그들은 자신들만 따로 의식을 거행했다"(『유대 고대사』 18.1.5, §19). 이 구절의 그리스어는 매우 난해하다. 아마 텍스트가 부패되어 있는 것 같다. 그러나 이것이 요세푸스가 주목하게 된 엣세네파의 세계관을 특징지운 분리와 배타성에 대해 가장 근접한 것이다.

쿰란 두루마리의 증거

쿰란 종파의 두루마리들은 이 장 첫 머리에 논한 바 종파들이 주장하는 논쟁의 세 가지 요점을 잘 드러낸다. 엣세네파는 동료 유대인들의 율법과 관련된 관행들(특히 결혼, 안식일, 절기, 역법(曆法), 정결례를 관장하는 율법의 준수)을 공격하고, 예루살렘 성전의 신성을 부정하고, 성서를 나름의 독특한 방식으로 해석하고 자신들에게만 알려진 어떤 책들을 권위있는 것으로 수용했다.

이들의 성서 주석 가운데는 집단의 역사를 제시하는 것도 있다(특히 나훔 주석). 그러나 그 역사는 암호로 씌어졌다. 제시된 인물들 가운데는 "사악한 제사장," "의의 교사," "진노의 사자", 그리고 "부드러운 것들을 찾는 자들"이 포함되어 있다. 학자들은 이러한 구절들이 무엇을 의미하는지 파악하려고 오랫동안 열심히 노력했다(그래서 "사악한 제사장"은 아마 하스모니아家의 요나단, "진노의 사자"는 알렉산더 야내우스, "부드러운 것들을 찾는 자들"은 바리새인들일 것으로 추정한다). 그러나 이 문제는 CIA 암호 해독자들에게 맡기는 것이 가장 좋다. "의의 교사"는 몇몇 두루마리에 언급되는 인물로 아마 집단의 창건자에게 붙여진 칭호인 것 같다. 불행히도 교사에 대해서나 그 주된 대적자인 사악한 제사장에 대해서나 신빙성 있는 자료가 별로 없다.

쿰란 두루마리에는, 그리고 의의 교사(?)가 사악한 제사장(?)에게 보낸 아직 발간되지 않은 서신에도 설명되지 않은 것으로 핵심적인 것은 이 집단이 사회의 나머지 부분으로부터 이탈해야 한다고 느낀 이유가 무엇이냐 하는 점이다. 성전과 동료 신앙인들의 율법 준수에 관한 공격은 결코 명시적으로 언급되지 않은 바, 소외의 진정한 근원을 감추고 있다.

마지막으로, 종파주의자들은 자신들을 종파주의자로 보지 않는다. 쿰란의 유대인들은 자신들을 결코 "엣세네파"로 언급하지 않았다. 그들은 하나님의 선택된 자, 공동체, 다수, 하나님의 공동체, 이스라엘의 회개자들, 계약의 구성원들, 새 계약의 구성원들, 유다, 이스라엘 등이었지만, "엣세네파"는 아니었다(아래에서 논하겠지만, "엣세네"라는 이름의 의미는 알려지지 않고 있다). 그러나 쿰란의 유대인들은 분명히 위에 묘사한 의미에 있어서 한 종파였고, 요세푸스나 필로에 의해 숨겨진 중요한 사실이 쿰란 두루마리에서 분명하게 드러난다.

히브리어로 씌어진 자료: 랍비 문헌

쿰란 엣세네파와 마찬가지로 미쉬나와 그리고 관련된 문헌들을 만들어낸 집단은 자신을 밝히는 이름을 남기지 않았다. 랍비 문헌들은 바리새인, 사두개인, 그리고 다른 여러 집단들에 대해 언급한다(하지만 "엣세네파"에 대해서는 언급하지 않는다). 그러나 어디서도 랍비들은 자신들이 제2성전 시대의 이러저러한 집단의 후예라고도, 그렇게 스스로 간주한다고도 천명하지 않는다. 그리고 어디서도 "바리새인 누구" 혹은 "사두개인 누구"라고 개인의 이름을 들어 거론하지 않는다.

그럼에도 불구하고, 실제로 거의 모든 학자들이 랍비들을 바리새인들의 후예로 간주한다. 요세푸스나 신약성서가 묘사한 바리새인들처럼, 랍비들은 "조상들의 전승"(때로는 구전[口傳]이라고도 불리운다)에 충실하고 계명들, 특히 정결례, 안식일, 절기, 결혼에 관한 율법들을 세심하게 지키려 했다. 그들은 부활을 믿고 운명과 자유 의지가 결합되어 있다고 믿었다. 랍비들은 대중의 지도자들이라고, 또 과거에도 그러했다고 주장한다. 그들은 제2성전 시대 바리새인들을 영웅시한다. 요세푸스와 신약성서에 의해 바리새인으로 잘 알려진 가말리엘 가문은 기원후 100년경 랍비들을 이끄는 지도력을 발휘했다. 그러므로, 70년 이전의 바리새인들은 70년 이후의 랍비들과 어떤 긴밀한 관련을 맺고 있었음에 틀림없다. 그러나 이러한 연관이 두 집단이 모든 측면에서 동일했다든가 랍비 집단이 바리새인들로만 구성되었다는 것을 의미하지는 않는다.

바리새인과 사두개인에 대한 랍비들의 증거로는 두 가지 종류가 있다. 첫째 증거는 이 두 집단 가운데 어느 하나에 대해 명시적으로 언급하는 텍스트들로 이루어진다. 둘째 증거는 제2성전 시대의 상황에 대해 묘사하거나 어떤 말들을 그 시대에 살았던 사람이 한 것으로 보는 텍스트들로 구성된다. 이제 이 둘을 차례로 살펴 보겠다.

명시적 증거: 바리새인과 사두개인

랍비 히브리어에서 문자적인 뜻은 "분파주의자"를 의미하는 파루쉬(*parush*, 복수는 *perushim*)란 어휘는 흔히 부정적인 의미를 담은 것으로 사용된다. 예를 들어, 제4장에 간략히 언급되었고 제7장에서 다시 논의할, 이단을 비난하는 한 전례(liturgical condemnation)가 한 랍비 문헌에서 "분파주의자들(*perushim*)에 반대한 축복"이라 불리운다.[5] 이 어휘는 가끔 부정적인 의미를 담지 않은 채 "경건주의자"라는 뜻으로도 사용된다. 그러나 다른 구절에서는 퍼루쉼(*perushim*)이라는 어휘가 집단의 이름으로 사용되고, 그 집단은 요세푸스와 신약성서가 바리새인들이라고 부르는 집단과 동일하다. 바리새인과 사두개인에 관한 미쉬나의 주요 구절을 발췌해 본다(*Yadayim*, 4:6-7):

> 사두개인들이 말한다. 우리가 당신들에게 맞서 소리친다. 오, 바리새인들이여, 당신들은 "성서는 손을 부정하게 하지만, 호머(Homer)의 글은 손을 부정하게 하지 않는다"고 말하기 때문이다. …
> 사두개인들이 말한다. 우리가 당신들에게 맞서 소리친다. 오, 바리새인들이여, 당신들은 (정결한 그릇을 부정한 그릇에 연결시키는) 끊임없이 흐르는 물줄기를 정결하다고 선포하기 때문이다. 바리새인들이 말한다. 우리가 당신들에게 맞서 소리친다. 오, 사두개인들이여, 당신들은 묘지에서 흐르는 물줄기를 정결하다고 선포하기 때문이다.
> 사두개인들이 말한다. 우리가 당신들에게 소리친다. 오, 바리새인들이여, 당신들이 "내 소나 내 당나귀가 손해를 입혔으면, (주인인)

내게 책임이 있다. 그러나 내 남종이나 여종이 해를 입혔으면, (주인인) 내게 책임이 없다"고 말하기 때문이다.

관련된 구절들과 마찬가지로 이 구절은 바리새인들과 사두개인들에 관한 랍비들의 관점을 밝혀준다.

(1) 바리새인들이 갖고 있다고 하는 입장은 항상 랍비들 자신의 입장이다. 이러한 논쟁에서 바리새인들은 항상 승자이며, 사두개인들은 항상 패자이다.

(2) 논쟁의 주제는 항상 율법과 관련된 것이다. 때때로 매우 전문적이거나 사소한 종류의 논쟁일 수도 있다. 그리고 대부분은 성전 제의와 정결례에 관한 것들이다. 랍비 텍스트들은 어디서도 두 집단을 구분하는 근본적인 원칙을 설정하지 않는다. 그들은 사두개인들이 바리새인들이 인정한 조상들의 전승을 부정한다는 요세푸스의 주장도 지지하지 않는다. 사두개인과 보에투시아인(Boethusians: 랍비 문헌에만 언급된 신비스러운 집단)의 기원에 관한 역사를 서술하려는 랍비 문헌의 한 구절은 내세(來世)의 보상과 형벌이 없고 죽은 자들의 부활이 없다고 그릇되게 결론을 내렸기 때문에 이러한 집단들이 "토라에서 떨어져 나갔다"고 주장한다.[6] 이 구절의 전망은 사두개인들을 주로 영원불멸과 부활을 부정하는 "철학적인" 학파로 간주하는 신약성서의 전망과 비슷하다. 그러나 다른 곳에서는 언제나 랍비들이 신학이 아니라 율법을 집단간의 논쟁의 초점으로 간주한다. 이러한 율법 논쟁에 참여하는 "사두개인들"이 항상 그리스 자료에 알려진 제사장 가문의 귀족 계층인 것은 아니다. 때로는 쿰란 공동체의 사독 가문 제사장들도 있다(아래를 보라).

(3) 바리새인들은 "종파"가 아니라 사두개인들과 보에투시아인들도 수긍해야 하는 진정한 유대교의 주창자들이다. 성전의 공공 의

식들은 사두개인들과 보에투시아인들의 판단을 무시하는 방식으로 수행된다. 랍비-바리새인들이 명령하고 대중이 승인한 관행을 따르기를 거부하다가 죽은 대제사장들에 대한 세 가지 이야기가 있다 (두 사람은 초자연적 수단에 의해, 한 사람은 분노한 군중에 의해 살해되었다).[7] 이와 같이 랍비들은 요세푸스의 보고를 확증한다: 사두개인들은 바리새인들의 판단에 따라야 했기 때문에 힘이 없었다(그러나 랍비들은 요세푸스가 주장하지 않은 것도 더 나아가 주장한다. 그들은 산헤드린이 랍비 현자들에 의해 구성되고 관할되었다고 주장한다. 반면 신약성서와 요세푸스는 그것이 다양한 집단의 구성원들로 이루어졌고 대제사장에 의해 관할되었다고 주장한다).

암시적 증거: 과거에 대한 랍비들의 해석

미쉬나의 논문인 『선현들의 가르침』(*Chapters of the Fathers*)은 모세를 2세기와 3세기의 랍비들과 관련시키는 일련의 전승으로 시작한다. 랍비 전승은 세대를 통하여 스승에서 제자로 전수되었다. 첫 스승은 하나님이며, 첫 제자는 모세였다. 모세는 또 여호수아의 스승이며 등등. 미쉬나가 랍비 유대교를 지금까지 존재한 유일하고 진정한 형태의 유대교로 간주하기 때문에, 미쉬나는 각 세대마다 미쉬나를 지지한 사람들이 있었으며 이러한 지지자들이 국가의 지도자들이었다고 생각한다.

미쉬나와 랍비 전승 전체는 제2성전 시대에 살았다고 생각되는 랍비-이전 시대의 현자들에 대해 거의 아무것도 모른다. 이들 중 몇몇, 특히 대략 헤롯 시대의 힐렐(Hillel)과 샴마이(Shammai)는 역사성이 의심스러운 일화를 가진 영웅들인데, 이들 중 어느 누구도, 힐렐과 샴마이조차도 미쉬나의 핵심을 형성한 율법 전승에 두드러진 인물로 나타나지 않는다. 힐렐, 샴마이, 그리고 나머지 모든 사람들이 다 성서의 예언자들과 미쉬나의 랍비들을 연결시키는 기능을 가지고 있는 사람들이다. 랍비 문헌이 이들 중 어느 누구도 바리새인이라고 부르지도 않지만, 요세푸스와 신약성서의 책에 나오는 몇몇 바리새인들이 랍비 전승 속에서 연결 고리로 이해되는 것은 놀라운 일이다. 신약성서에 알려진 바리새인 가말리엘과 요세푸스의 책에 알려진 시몬 벤 가말리엘은 분명히 같은 이름을 가진 랍비 시대 인물과 동일하다.

70년 이전 시대 사람들이 미쉬나에서 이름만 겨우 알려졌다면 "힐렐의 집"이나 "샴마이의 집"은 흔히 인용되는 실질적인 실체들이다. "집"이란 어휘는, 어떤 랍비 텍스트도 이 용어 뒤에 있는 사회적 조직을 묘사하지 않지만, 아마 "학파"라는 어휘에 해당될 것이다. 미쉬나에서 두 집이 아주 빈번하게 거의 언제나 나란히, 그리고 거의 언제나 논쟁을 벌이는 것으로 인용된다. 두 집 사이의 중요한 논쟁점은 정결례, 안식일, 절기, 식탁 친교(식사는 어떤 순서로 하는 것이 옳은가? 어떤 축복을 어떤 순서로 암송해야 하는가? 지켜야 할 예의범절은 어떤 것인가? 식사하는 동안 정결례 규칙은 어떻게 지켜야 하는가?)와 관련된 율법에 관한 것이다. 이 모든 문제에 있어서, 샴마이의 집이 "부정하다" "금지된 것이다"라고 말하면, 힐렐의 집은 "정결하다" 혹은 "허락된 것이다"라고 말한다고 간주할 수 있다.

학자들은 대부분 두 집안을 바리새인들의 양측 혹은 분파로 간주한다. 그들의 관심이 다른 곳에서 특별히 바리새인, 그리고 전반적으로는 유대교 종파들에 대해 알려진 것과 일치하기 때문이다(단지 식탁 친교에 대한 것만 추가되고 성전 율법이 거의 생략된 것은 주목할 만하다). 그러나 이러한 관심사들의 실제 성격이 무엇인가 하는 것이 중요한 문제이다. 종파간에 의견이 다른 바로 그 문제에 대해 어떻게 바리새인들 사이에서 의견이 다를 수 있는가? 바리새인들이 사두개인들의 정결례법을 거부한다면, 다시 다른 종파로 더 분리되지 않고 어떻게 힐렐의 집이 샴마이의 집의 정결례법을 거부할 수 있는가? 미쉬나는 집들이 별도의 분파로 쪼개지지 않았다는 것을 확신시켜 준다(*Yebamot* 1:4):

> 이들이 다른 사람들이 허락하는 것을 금하고, 또 이들이 다른 사람들이 (결혼) 가능하다고 선포한 사람들에 대해 (결혼) 불가하다고 선포하지만, 그래도 샴마이의 집의 사람들도 힐렐의 집의 여자들과 결혼하지 않으려 하지 않았고, 힐렐의 집의 사람들도 샴마이 집의 여인들과 결혼하지 않으려 하지 않았다. 무엇이 정결하고 무엇이 부정한가에 관한 모든 논쟁에도 불구하고, 한쪽이 부정하다고 선포한 것을 다른 쪽이 정결하다고 선포하면서도, 정결례와 관련된 문제에 있어서 다른 사람들에게 속하는 어떠한 것도 사용하기를 꺼리지 않았다.

두 집이 각각 나름의 결혼법과 정결례법을 발전시켰지만, 그럼에도 불구하고 미쉬나는 그들이 서로 하나의 행복한 대가족으로서 살았다고 주장한다. 두 집이 어떻게 이러한 일을 성취할 수 있었는가? 바리새인과 사두개인 사이의 논쟁은 왜 사회적 장벽을 창조하고 두 집 사이의 이러한 논쟁은 그러하지 않았는가? 두 집과 바리새인들 사이의 관계는 무엇인가? 미쉬나나 다른 랍비 텍스트는 이러한 물음 가운데 어느것에 대해서도 대답하기는커녕 아예 다루지도 않는다. 바리새인들이 하나는 진보적 혹은 개방적이며(힐렐의 집) 다른 하나는 보수적이거나 엄격한(샴마이의 집) 두 학파 혹은 두 날개로 구성되어 있었다는 흔히 반복되는 주장만 되풀이하기보다는 나는 차라리 무지를 인정하려고 한다. 우리는 두 집이 대표한 사회적 실체에 대해서도, 두 집이 바리새인들에 대해 갖었던 관계도 알지 못한다.

랍비들의 증거

2세기의 그리고 그 후의 랍비들은 그들이 실제로 그렇지 않아서든 종파의 구성원들이 자신들을 실제 그대로 보지 않아서든 자신들을 종파의 구성원들로 간주하지 않았다. 랍비들은 그들의 조상들도 종파주의자로 보지 않고 유대인 백성의 합법적인 지도자들로, 또 진정한 유대교의 주창자들로 보았다. 십일조와 정결례에 관한 율법을 섬세하게 지킨 경건주의자 집단인 하버림(haberim, 협회)은(제4장을 보라) 어디서도 바리새인들과 연관되지 않았고 종파적인 조직으로 간주되지도 않았다.

사두개인과 보에투시아인은 "토라로부터 떨어져 나가" 율법의 여러 가지 문제에 대해, 주로 정결례와 성전 제의에 대해 바리새인들과 논쟁한다. 그러나 대중과 그 지도자들인 랍비들에 대해 마구잡이로 공격하기 때문에 아무런 충격도 주지 못한다. 사두개인들 및 보에투시아인들과 논쟁하면서 바리새인들은 랍비들 자신들이 옳다고 수용하는 입장을 대표한다. 그러므로 랍비들은 어느 정도 자신을 제2성전 시대 바리새인들과 일치시킨다. 이러한 일치는 암시적인 증거에 의해(미쉬나의 랍비들은 요세푸스와 신약성서가 묘사하는 바리새인들과 공통되는 특징들을 많이 갖고 있다), 그리고 두드러지게는 가말리엘과 그의 아들의 전승에서 확증된다.

랍비들이 실제로 바리새인들의 후예였다면, 그들이 조상들에 대해 별로 알지 못했다는 것은 놀라운 일이다. 율법의 판단에 관한 것이든, 어떤 역사적 가치를 가진 설화에 관한 것이든 랍비 전승은 제2성전 시대의 대가들과 관련시키는 것이 거의 없다. 현대의 거의 모든 학자들이 랍비 유대교의 많은 부분이 제2성전 시대에서 비롯되었다고 보지만, 랍비들은 이러한 사실을 문서화하는 데 관심이 없다. 단지 힐렐의 집과 샴마이의 집만 많이 인용되고, 이러한 꿈같은 집단들은 주로 정결례, 안식일과 절기, 음식에 관한 율법을 두고 논쟁한다.

바리새인, 사두개인, 엣세네파의 이름

바리새인, 사두개인, 엣세네파라는 이름들은 이름 이외에 다른 증거를 거의 제공하지 않는다. 실제로 거의 모든 학자들이 지금 "바리새"라는 이름이 "분리해 나간 사람"을 뜻하는 히브리어와 아람어의 파루쉬(parush) 혹은 퍼루시(perushi, 복수는 perushim)에서 비롯된 것으로 본다. 그러나 그 분리가(에스라와 느헤미야가 "땅의 민족들의 불결로부터 스스로를 격리시킨" 사람들에 대해 말하듯이; 마카비 상 1:11 비교) 이방인들로부터인지, 의식적 불결의 원천으로부터인지, 혹은 신앙심없는 유대인들로부터인지 분명하지 않다. 이 용어가 처음에는 경멸적으로 부르기 위해("분파주의자!"라고 불렀다) 그 집단의 대적자들에 의해 사용되었으며 그것이 집단의 자기-정의와는 아무런 관련이 없는 것 같다. 최소한 미쉬나나 랍비 전승에는 그렇게 나타나지 않는다.

지금 학자들은 대부분 사두개라는 이름이 "사독 제사장의 후예"를 뜻하는 히브리어 저두키(Zeduqi)에서 비롯되었다는 데 동의한다. "사독의 아들들인 제사장들"은 에스겔서 후반부에 흔히 나오는 어구이다. 이것은 아마 자기-정의일 것이다. 사두개인들은 자신을 사독 제사장의 후예로, 즉 성전에서 직무를 맡아야 하는 참된 제사장들로 간주한다.

"사독 사람들" 가운데 두 집단이 알려져 있다. 첫째는 쿰란 공동체로 사독의 아들들인 제사장들에게 탁월한 지위를 인정하고 그들의 권력를 부여했다. 둘째는 요세푸스와 신약성서에 의해 "사두개인"이라고 알려진 사회적 귀족 및 제사장 계층에 속하는 사람들이다. "사두개인"을 언급하는 랍비 문헌 가운데 어떤 것은 그리스적 근원이 있는 귀족 계층 제사장들을 의미하는 것 같고, 어떤 것은 쿰란의 종파주의적 신앙인들을 의미하는 것 같다. 예를 들면, 위에 인용한 미쉬나에서 부정이 끊이지 않은 물줄기를 통해 옮겨질 수 있다고 주장하는 사두개인들은 쿰란 공동체의 사독 계열 제사장들인 것 같다. 랍비 문헌은 사두개인들의 서로 다른 유형을 구분하지 않는다. 그러나 쿰란 문헌을 보면 이 점은 어느 정도 확실한 것 같다(랍비 문헌에만 알려진 보에투시아인도 그 성격이 모호하다. 어떤 맥락에서는 사두개인처럼 귀족적인 제사장 집단으로 나타나고 어떤 경우는 쿰란 종파와 비슷한 행동을 하는 극단적 경건주의자로 나타난다).

엣세네파라는 이름은 집단 그 자체만큼이나 모호하다. 어떤 히브리 자료에도 나오지 않기 때문에 그 본래의 발음이나 사용한 언어조차(그리스어? 아람어? 히브리어?) 알려지지 않고 있다. 필로와 요세푸스는 그 이름을 "Essene" 혹은 "Essaean"으로 표기한다. 그리고 현대 학자들은 "경건한 사람들," "치유자들" 등등으로 추측하기도 한다. 어원이나 의미는 논란이 되고 있다.

요약: 페르시아 시대부터 바리새인, 사두개인, 엣세네파까지

페르시아 시대에 재건된 이후 성전은 유대에서 예배의 중심지일 뿐만 아니라 사회의 중심지였다. 제사장들은 성전에서 일하는 사제들일 뿐만 아니라 유대인들의 공식적인 지도자들이었다. 그러나 성전의 새로운 지위는 그것이 솔로몬이 지은 것보다 진정한 것이 못 된다는 의미에서 퇴색되었다. 제사장들의 새로운 지위는 그들이 충분히 경건하지 못하다는 의미에서 퇴색되었다. 사회적 현실과 종교적 인식 사이의 불일치로 제사장과 성전의 타당성을 긍정하는, 그러나 이들을 대체하거나 관장하려는 종파와 같은 집단들이 탄생되는 계기가 마련되었다. "잡혀갔다 돌아온 사람들"과 느헤미야 10장의 계약 체결자들은 성전을 지지하면서도 제사장들의 권위는 자신들의 권위 아래 복속시켰다. 그들은 대중 앞에서 토라를 가르쳤고, 제사장들이 따른 것보다 훨씬 더 엄격한 결혼법을 채택했으며, 자기 나름의 해석에 따라 정결례와 십일조에 관한 율법을 지켰다. 이러한 유대인들은 아마 자신들의 탁월한 교육과 경건에 의존하여 자신들의 행동을 정당화했던 것 같다. 에스라는 토라에 대해 교육받은 서기관이었고, 따라서 그를 지지하는 사람들의 궁극적인 권위였다. 또 다른 집단으로 제3 이사야의 예언자 학파도 제사장과 회복된 공동체가 추구하는 방식에 불만을 느꼈다. 그러나 제사장들의 정치적 주도권을 공격하는 대신 새로운 창조의 날이 돋고, 예루살렘 성전이 참된 하나님의 집이 되고, 선택된 자들(공동체 구성원들)이 마침내 옳다고 증명되는 날을 꿈꾸었다.

헬레니즘 시대에 이러한 집단들에 어떤 일이 일어났는지는 알려지지 않고 있다. 예루살렘 대제사장들은 여전히 많은 권한을 행사하고 있었다. 그러나 종교의 민주화(제3장을 보라)가 빠르게 진행되었다. 기도, 토라 연구, 일상 생활에서의 계명의 수행, 내세에서의 개인적 보상에 대한 약속, 이 모든 것들이 유대교의 특징적 요소들이 되었다. 그리고 이 모든 것들이 성전과 제사장 중심으로 되어 있는 체제를 최소화하거나 적어도 감소시켰다.

기원전 3세기에는 성서를 익힌 평신도 집단인 서기관들이 출현했다. 이들이 사회적으로 정확히 어떤 기능을 발휘했는지는 불분명하다. 이 과정의 이중적 결과는 성전을 대체한 새로운 사회 조직(회당과 종파)의 창조와 제사장들을 대체한 새로운 사회 엘리트들(교사, 현자, 그리고 "랍비")의 창조이다. 회당이 이집트에서는 기원전 3세기에, 이스라엘 본토에서는 기원후 1세기에 나타난다. 종파들은 마카비 시대에 출현한다.

에피파네스의 성전 모독과 유대교 박해, 대제사장들의 완연한 부패, 마카비 반란과 무력에 의한 성전 갱신, 하스모니아 가문 요나단의 대제사장직 찬탈, 이 모든 일들이 성전의 지위가 위태로운 지경에 이르렀음을 잘 드러낸다. 성전이 합법적인 것인가? 성전이 정말 하나님의 집인가? 성전이 전에는 합법적이었다 하더라도, 그것이 정화되었다는 것은 어떻게 하나님의 눈에 인정될 수 있는가? 실제와 인식 사이의 불일치는 이전보다 더 심했다. 정열적인 홍보를 통해 마카비 왕가는 자신들과 새로 얻은 성전을 정당화하려고 했다. 그러나 많은 유대인들은 믿지 않았다. 의심을 가장 많이 품은 자들이 종파를 형성했다.

그러한 첫 집단은 에피파네스와 예루살렘의 부패한 제사장들에 맞서 싸울 때 마카비 가문을 지지한 하시딤(*Hasidim*, "경건한 자들")이었다. 대대적인 승리를 거두고 성전을 다시 봉헌한 다음에는 이들이 셀류커스 왕가와 싸우지 않았다. 그들은 마카비 가문이 왕조를 형성하는 것을 전혀 원치 않았기 때문이다. 이것이 실제로 하시딤에 대해 알려진 모든 사실이다. 현대의 많은 학자들은 하시딤이 바리새인과 엣세네파의 조상들이었다고 제의해 왔다. 그러나 그러한 제의에는 뒷받침할 증거가 결여되어 있다. 그 제의가 사실이라 하더라도 이 집단에 대해 별로 알려진 것이 없기 때문에 별 다른 도움이 되지 않는다. 그것이 종파였는지도 불분명하다.

요세푸스는 셀류커스 왕좌를 노리던 사람들 가운데 하나에 의해 대제사장으로 임명된 요나단이 다스리던 시기에 처음으로 세 종파에 대해 언급한다. 그리고 고고학적 증거는 쿰란 공동체가 기원전 2세기 중엽에 창건되었음을 확증한다. 초기 단계의 엣세네파 사이에 두드러진 인물들은 "사독의 아들들인 제사장들," 즉 "참되고" "정통성이 있는" 제사장들이었다. 그들은 다른 것보다도 성전은 오염되었고, 성전 제사장들은 정통성이 없으며, 성전 제의는 바른 역법에 따라 혹은 바른 정결례법에 따라 거행되지 않으며, 유대인들은 안식일을 제대로 지키지 않는다고 불평했다. 그들은 악의 세력이 기승을 부리는 진노의 때에 자신들이 살고 있지만 가까운 장래에 언젠가는 빛의 세력이 승리를 거두고 종파가 그 대적들을 정복하게 될 것이라고 믿었다. 이들 중 그렇게 과격하지 않은 몇몇 사람들은 가족을 부양하고 세상사에 연루된 채 좀더 큰 공동체 안에 살았다. 좀더 엄격한 사람들은 따로 떨어져 살면서, 여인, 이방인, 비-종파적 유대인들(모두 불결의 근원이었다)을 접촉하지 않았다. 밀교적인 것이든 공교(公敎)적인 것이든 다양한 문헌을 읽고, 작성하고, 복사하고, 연구했다. 또 큰 전쟁을 예상하면서 천사들에게 기도를 드리기도 했다. 쿰란 공동체의 종말은 큰 전쟁으로 인해 일어났다. 그러나 아마 엣세네파가 상상했던 그런 식으로 종말을 고하지는 않았을 것이다. 이 공동체는 기원후 68년 로마인들에 의해 멸망당했다.

사독 계열의 다른 제사장들은 아마 1세기에 사두개인으로 알려진 집단의 조상들이었을 것이다. 그들의 역사는 매우 모호하다. 요세푸스에게나 신약성서에서나 사두개인들은 죽은 자들의 부활을 부정하는 대제사장과 귀족 계층이었다. 이들 이외에도 다른 사두개인들이, 특히 독특한 집단으로 처음 등장하던 때에 있었을 것이다. 그러나 이를 밝혀줄 자료가 하나도 없다. 모든 제사장, 대제사장, 귀족들이 다 사두개인이었던 것은 아니다. 그들 가운데는 바리새인들도 있었고, 어떤 집단에도 속하지 않는 사람들도 있었다.

우리 시대 1세기에 이르러 바리새인들은 조상들의 전승이 문서화된 모세의 토라만큼 구속력을 갖는다고 믿은 제사장 및 평신도들이었다. 조상들의 전승에는, 정결례(즉, 평신도들에게 이전된 제사장적 신앙), 십일조(이것 역시 제사장들의 관심사), 서약, 안식일, 결혼과 관련된 율법의 세세한 내용의 준수가 포함되었다. 신약성서에 따르면 바리새인들은 율법에 대한 전문적 지식을 갖고 있는 서기관들과 밀접한 관계가 있었다. 핵심적인 역사적 질문은 바리새인들이 유대교 사회 전체에 대해 어떤 관계를 갖는가 하는 점이다. 그들이 종파였는가? 엘리트였는가? "운동"이었는가? 수도회였는가? 이러한 가능성들은 각각 나름대로 현대 학자들의 지지를 받고 있다.

고대 자료 중 어느것도 바리새인들을 종파로 간주하지 않는다. 또 1세기 바리새인들이 종파의 특징인 배타적인 이데올로기, 엄격한 조직, 집단 정향적인 종말론을 갖고 있었다는 증거도 없다. 그러나 "분파주의자"를 뜻하는 바리새라는 이름, 정결례와 (힐렐의 집과 샴마이의 집이 바리새인들이었다면) 식탁 친교에 대한 율법의 강조, 하버림(*haberim*)이라는 랍비 협회, 비교적 소수인 점(헤롯 시대에 6000명), 이 모든 것들은 바리새인들이 다른 유대인들과 표준적인 사회적 교류를 하려 하지 않은 독특한 집단이었다는 점을 암시한다. 그러면 아마 이들은 좀더 높은 단계의 정결례와 신앙을 이루기 위해 어느 정도 자신들을 동료 신앙인들로부터 분리해 나간, 그러나 자신들을 진리의 배타적 소유자들이 아니라 대단한 사람이나 엘리트들로 간주하고 또 남들도 그렇게 본 신앙인들이었다.

물론 신약성서, 요세푸스, 그리고 랍비 문헌에는 우리가 이들을 그 이상의 존재로 믿게 하는 부분들이 있다. 신약성서에 의하면 바리새인들이 모세의 자리에 앉아 있고, 회당에서 영예로운 자리를 차지했고, 거리에서 "랍비"("나의 선생님")라고 불리웠던 것 같다. 요세푸스에 의하면 사두개인들은 부득이하게 바리새인들에게 순종해야 했기 때문에 아무것도 차지하지 못했던 것 같다. 대중이 바리새인들을 지지했기 때문에, 유대인을 다스리려는 사람은 누구나 바리새인들의 지지를 얻어야 할 정도였다. 랍비들은 바리새인들의 지배를 조롱한 사악한 대제사장들이 하나님의 벌을 받거나 대중이 던진 돌에 맞아 죽었다고 한다. 바리새인-현자들이 산헤드린 및 국가의 여러 자리를 관장했다.

바리새인들의 권력에 대한 이러한 묘사가 얼마나 정확한 것인지는 가늠하기 매우 어렵다. 한편으로 이러한 모든 자료들이 기원후 70년 성전이 파괴된 이후에 기록되었으며 따라서 자신들이 살던 시대의 상황을 이전 세대에 투사한 것일 수도 있다. 70년 이후 종파들은 사라지고, 대부분 바리새인들의 후예들로 구성된 랍비 운동이 일어났다.

기원후 93/4년 완성된 『유대 고대사』에서 요세푸스가 바리새인들의 권력을 강조하지만, 10년 내지 15년 더 일찍 완성된 『유대 전쟁사』에서는 강조하지 않는다. 70년 이후 복음서의 반-바리새적 변증이 이전 자료에 추가되었다고 주장하는 학자들이 많이 있다. 그러면 아마 세 자료의 일관된 증언은 바리새인들의 상속자인 랍비들이 기원후 70년 이후 차지한 지위에 대해서는 많이 말하지만, 기원후 70년 이전의 바리새인들에 대해서는 별로 말하지 않는 셈이다. 다른 한편으로 세 자료가 모두, 특히 요세푸스와 신약성서가 완전히 지어낸 것이라고 믿기는 어렵다. 이들이 아마 과장하고 있기는 하겠지만, 그래도 이들의 보고에 최소한 어느 정도는 사실이 포함되어 있는 것 같다. 바리새인들은 기원후 70년 이전에도 중요한 집단이었을 것이다. 그들이 국가의 제도를 관장하지는 않았고 자신들의 견해를 실현할 능력(그들의 "권력")도 제한되어 있었다. 그러나 그들은 분명히 비정치적인 면에서는 "권력"을 갖고 있었다. 그들이 큰 영향력을 발휘했고 높이 존경받았기 때문이다.

이것이 기원후 1세기의 바리새인들이다. 기원전 2세기와 1세기에 살았던 그들의 조상들에 대해서는 더 알기 힘들다. 종파들이 2세기에 걸쳐 발전했을 가능성에 대해 알지 못하는 요세푸스는 하스모니아 시대의 바리새인들을 1세기의 바리새인들과 동일시한다. 그들은 조상들의 전승을 지켰고, 대중에게 영향력을 행사했다는 등등. 유일하게 새로운 것은 그들의 정치적 적극성이다. 기회가 주어지면 그들은 조상들의 전승을 강요하고, 반대하는 자들을 암살하거나 축출했다. 바로 이 시기부터 "부드러운 것들을 추구하는 사람들"이라는 말(아마 바리새인들을 겨냥한 쿰란 두루마리의 변증)이 나타난다. 그러나 불행히도 이러한 두루마리는 암호처럼 씌어 있어서 별다른 자료를 제공하지 않는다. 아마 더 이상 성전 제의만 적절한 것이 아니라고 믿었기 때문에 초기 바리새인들은 조상들의 전승에 충실했던 것 같다. 또 한창 전성기가 되어서는 자신들의 강령을 백성들에게 적극적으로 강요하려 했던 것 같다. 이것이 요세푸스가 제시한 묘사이나, 그것이 옳은지 옳지 않은지 알 길이 없다.

다른 종파 및 집단들

나는 바리새인, 사두개인, 엣세네파에 대해 많이 집중해 왔다. 이들이 고대 자료와 현대 학계에 두드러지게 나타나기 때문이다. 그러나 왕가와 기원후 70년 성전의 파괴 사이의 유대교에는 이 세 "종파" 혹은 "학파" 이외에도 다른 것들이 많이 있었다. 요세푸스 자신도 "제4의 철학" 및 다른 다양한 혁명적 집단들에 대해 언급한다. 그는 또 (그 구절이 개찬된 것이 아니라면) "기독교인 지파"에 대해 한번 언급한다. 사마리아인들에 대해서는 "종파"나 "학파"로 언급한 적은 한번도 없지만 여러 차례 언급한다. 필로는 이집트의 테라퓨타(Therapeutae) 집단에 대해 묘사한다. 이제 이러한 것들을 각각 간략히 논하겠다.

"제4의 철학," 시카리와 열심당

바리새인, 사두개인, 엣세네파에 대해 묘사한 뒤, 요세푸스는 제4의 철학 학파를 다룬다. 처음 세 학파에 정통성이 있다면, 제4의 학파에 대해서는 요세푸스가 "주제넘게 나서는" 것으로 "고대의 방식에서는 혁신과 혁명"이었다고 말한다(『유대 고대사』 18.1.1, §9). 갈릴리(혹은 골란, Gaulanite) 사람 유다와 바리새인 사독에 의해 창건된 이 집단의 기본적인 주장은 "하나님 외에는 왕이 없다"였다. 이 슬로건은 그 성격상 무정부주의적인 것 같다. 그것이 모든 정치적 제도의 제거를 정당화하기 때문이다. 그러나 실제로는 유다와 그의 추종자들이 단지 로마인들, 그리고 로마의 통치를 지지하거나 협력하는 유대인들만 공격했다.

이 집단은 로마에 대항하여 반란을 일으킨 기원후 6년에 처음으로 나타났다. 이 반란은 진압되었다(행 5:37). 다음 세대에는 유대가 평온했다. 칼리굴라(Caligula)가 성전 안에 동상을 세우겠다고 위협했을 때도 아무런 반란이 일어나지 않았다. 그러나 그 직후 유대에는 "강도들"(brigands)이 들끓었다. 그리고 기원후 40년대 중엽부터 전쟁 발발까지의 사건들에 대해 서술하면서 요세푸스는 "강도들"과 이들이 끼친 해악에 대해 자주 언급한다. 기원후 50년대에는 새로운 유형의 반란자들이 나타났다. 이들이 "시카리"(Sicarii ; 문자적인 뜻은 "단검의 사람들")로, 특히 예루살렘의 군중 가운데 숨어들어가 로마의 지배를 지지한 유대인들을 찔러 죽였다. 전쟁이 발발하자, 특히 기원후 67년부터 성전이 파괴될 때까지 요세푸스의 책에 다른 이름이 나타나기 시작했는데 그것이 열심당(Zealots)이라는 이름이다.

최근까지 대부분의 학자들은 "제4의 철학," 강도들, 시카리, 그리고 열심당이 하나의 혁명적 집단들에 대한 네 가지 다른 이름이었다고 생각했다. 1세기 초 유다에 의해 창건된 이 집단은 기원후 70년 성전이 파괴되고, 기원후 73년 혹은 74년 마사다(Masada)가 몰락할 때까지 계속 로마인들과 맞서 싸웠다. 이들을 가르쳐 학자들은 "혁명주의자들"이라는 뜻으로 "열심당"(Zealots)이라는 이름을 사용했다. 그러나 최근의 학계는 이러한 해석이 잘못된 것이라고 강조했다. 시카리는 유다가 창건한 "제4의 철학"의 후예들이었지만, 어느 집단도 강도들, 열심당, 혹은 다른 집단과 동일시되지 않는 것 같다. 각 집단마다 그 나름의 역사가 있다.

시카리는 기원후 40년대에 갑자기 두각을 나타냈으며, 항상 도시에서 활동하고, 사람 죽이는 일을 단지 동료 유대인들, 특히 귀족과 부유한 사람들에 한정했다. 전쟁 초기에 잠깐 이들은 혁명군을 지휘했다. 그러나 그 후에는 동료 유대인들에 의해 예루살렘으로부터 축출됐다. 이들은 전쟁의 나머지 기간을 마사다에서 보냈고, 물자를 공급하기 위하여 유대인 마을을 몇 차례 습격하는 것 이외에는 전쟁을 방해하거나 지원하지 않았다. 결국 이들은 로마에 의해 함락되기 전에 자결했다. 이와 대조적으로 열심당은 요세푸스가 우연히 세 차례 언급하는 것을 제외하고는 기원후 67년의 사건들과 연관하여 처음으로 나타난다. 이들은 주로 로마인들이 갈릴리로부터 남쪽을 향해 휩쓸고 내려갈 때 예루살렘으로 도망친 농민들로 구성되었다.

시카리나 열심당과 달리, "강도들"은 절대로 "집단"이 아니었다. 강도 행위는 고대 세계를 통틀어 지방에 나타나는 현상이었다. 이것은 경제적 압박과 사회적 혼란의 결과로 일어났다. 유대인 강도들 가운데는, 그들이 세금 징수자들이나 로마의 지지를 받는 지주들을 싫어했기 때문에 반-로마인적 태도를 취하는 사람들이 많았다. 그러나 대부분은 이데올로기와 무관했다. 이들의 목표는 돈을 버는 일이었다. 그들이 공격하는 여행자나 마을 사람이 유대인이든 로마인이든, 평화론자이든 전쟁론자이든 크게 상관하지 않았다. 현대 정치 용어의 "테러리스트"라는 말처럼, "강도"는 상대적인 의미를 가진 어휘이다. 어떤 사람에게 "테러리스트" 혹은 "강도"인 사람이 다른 사람에게는 "자유의 투사" 혹은 "영웅"이 되기도 한다(로

빈 홋 비교). 요세푸스와 로마인들이 "강도"라고 비난하는 사람들 가운데는 실제의 혁명가들뿐만 아니라 실제의 강도들도 포함되어 있었다.

로마에 대항해 싸운 혁명가들은 시카리, 열심당, 강도들만이 아니었다. 반란의 첫 행동은 성전 어느 제사장들이 일으켰다. 전쟁 초반에는 제사장들 가운데 혁명주의적인 사람들이 중요한 역할을 했다 (그 중에는 대제사장 계열도 있는 이러한 제사장들은 열심당과 시카리의 숙적들이었다). 다양한 귀족들이 나름의 수종자들 및 지지자들을 데리고 합류했다. 헤롯 대왕의 출생지인 이두메아 출신 유대인 집단은 대제사장 및 귀족들과 맞서 싸우는 전쟁에서 잠시 열심당을 지지했다. 요약하면, 전쟁은 서로에 대한 반감보다는 로마인에 대한 집단적인 반감이 더 심한 다양한 집단과 파당들이 참여했다.

이러한 집단들 가운데 종파라 할 수 있는 것도 있었는가? 이 질문은 분명히 좀더 잘 조직된 집단들, 특별히 시카리와 연관된다. 이 물음에 답할 만큼 자료가 충분하지는 않다. 혁명주의자들 전체 그리고 특별히 시카리가 종교적 목표를 향해(예를 들면, 메시아 시대의 도래를 앞당기거나 구현하기 위해, 하나님, 토라, 성지를 위해 싸우기 위해, 성지에서 이방의 오염을 막기 위해, 하나님의 토라에 대한 열심으로) 동기부여를 받았을 것이다. 물론 요세푸스는 로마에 대한 혁명을 유대교의 합법적인 표현으로 인정할 수 없기 때문에 이 사실을 부인한다. "하나님 외에는 왕이 없다!"는 슬로건은 잘 발전된 종교적 강령을 요약한 것임에 틀림없다. 그러나 혁명주의자들이 명시한 목표들이 종교적 성격을 갖는다 하더라도 서로 경쟁하는 혁명 집단들이 서로 경쟁하는 종파적 이데올로기를 나타냈다는 증거가 거의 없다. 게다가 전쟁의 진정한 원인이 전혀 다른 데 있었던 것 같다. 66-70년의 전쟁은 제국주의 세력에 대항한 원주민들의 반란이기도 한 사회적 혁명의 고전적인 예이다. 그것은 표준이 되는 패턴을 따른 것으로 유대교의 독특한 현상이 아니다(제2장을 보라). 유대교 종파주의는 아마 지배적인 역할을 하지 않았던 것 같다.

기독교인

여기서는 초기 기독교를 상세히 논할 수 없다. 여기서는 단지 초기 기독교(즉, 부활 이후 공동체)를 유대교 종파주의 세계 안에 위치시키는 몇 가지 특징들을 지적하는 데만 관심이 있다.

사도행전 앞 부분에 묘사된 기독교 공동체는 그것이 "좀더 큰 종교 조직으로부터 이탈한 작은 조직화된 집단"이라는 의미에서 종파이다. 열두 명의 사도들이 집단을 관장하고, 재산을 공유하고, 신실한 사람들이 공동의 궤에서 돈을 지불하고, 윗 사람에게 순종하지 않는 사람은 용서하지 않았다(행 5:1-11). 이 집단은 같이 모여 식사하고 기도했다. 새로운 구성원들은 세례와 회개를 통해 "허입"(회개, converted)되었다(행 2:38-42).

엣세네파와 마찬가지로 초기 기독교인들은 유토피아적 공동체를 창조하려 했다(그리고 엣세네파에 대한 요세푸스나 필로의 묘사와 마찬가지로, 초기 기독교인들에 대한 누가의 묘사도 매우 이상화된 것이다). 사회의 나머지로부터의 소외감이 회개하라는 많은 권유 속에, 그리고 집단의 종말론적 열정 속에 명백히 드러난다(신약성서 정경의 다른 책들, 특히 에베소서나 골로새서는 우주의 질서에 대해 쿰란 엣세네파와 비슷하게 이원론적 견해를 갖고 있다). 집단의 지도자들은 제사장들의 권위를 부정했고 성전을 계속 존중한 기독교인들도 일부 있었지만(행 3:1), 대부분 성전을 격렬하게 배척했고, 성전이 파괴될 것이라고 예고했다(행 6-7장).

사도행전의 중심 주제 가운데 하나는 기독교가 유대교를 바르게 발전시켰으며, 당시의(그리고 후대의!) 유대인들이 기독교를 배척하는 것은 잘못이었다고 한다. 그러나 초점이 곧 이방인 선교로 변하기 때문에(행 10-11장), 누가는 기독교라고 알려진(행 11:26) 이 새로운 형태의 유대교가 옛 유대교에 대해 어떤 관계를 갖는지 상세하게 설명하지 않는다. 갈라디아서와 로마서에서 바울은 이 문제를 다룬다. 그러나 두 서신이 일치하지 않는다(갈라디아서가 로마서보다 훨씬 더 과격하게 유대교를 배척한다).

지난 30년 동안 에큐메니컬 운동이 일어나고 점차 신약성서에서 "반-셈족주의"적 주장을 제거하려 하면서, 많은 학자들은 바울이 유대교의 율법을, 그리고 어느 정도는 유대교 자체를 배척한 것이 이방인 청중들을 위한 것이었다고 강조해 왔다. 이러한 학자들은 바울이 이방인이 유대교 율법에 따르려 한다면 반대했지만, 태생 유대인이 그리스도를 믿은 후 율법을 계속 준수하려는 경우에는 반대하지 않았다고 주장한다. 더 나아가 이러한 학자들은 바울이 "이스라엘"이라는 칭호를 이방인 기독교인들에게만 붙이지 않고 이 개념 안에는 육체를 따른 이스라엘인, 유대인도 포함시켰다고 주장한다. 바울의 비슷한 해석은 이미 사도행전에서도 볼 수 있다. 사도행전의 바울이 결코 율법에 반대하여 변증하지 않으며 종종 할례를 포함하여, 유대교 의식의 요구사항들을 지키기 때문이다(행 16:3).

바울에 대한 이러한 해석이 옳다 하더라도, 바울이 서신에서나 사도행전에서나 유대교의 유일하고 참된 표현에는 그리스도에 대한 신앙, 즉 기독교가 포함된다고 믿었다는 사실은 그대로 남는다. 이것이 첫 기독교인들에 대한 누가의 묘사에도 암시되어 있다. 그리스도에 대한 믿음은 엘리트 계층의 신앙 행위가 아니라 유대교의 새로운 표준이라는 것이다. 그리스도를 받아들이지 않는 유대인은 죄인이다. 이것이 종파적 전망이 아니라 하더라도 거기에 매우 가까운 것임에는 틀림없다.

예수의 부활과 메시아로서의 지위에 대한 믿음은 기독교 유대인과 비-기독교 유대인을 구별하는 요점이었다. 좀더 큰 유대교 공동체가 막 하늘로 올라간 사람의 중요성을 인식하지 못해 이를 믿는 집단은 좀더 큰 공동체로부터 소외되었다고 느꼈다. 나는 이 장 전체를 통하여 고대 유대교에서 종파적 소외는 그 기원이 무엇이든지 일반적으로 사회의 중심된 제도(특히 성전), 권위있는 인물(주로 제사장들), 종교적 관행(특히 정결례, 안식일, 결혼에 관한 율법)에 맞서 행한 변증 속에 표현되어 있다고 주장해 왔다.

종파주의를 "구분짓는 선"은 신학이 아니라 관행이었다. 초기 공동체의 어떤 사람이 예수가 정확히 이런 문제에 있어서 바리새인들이 행한 종교적 관행을 공격하는 논쟁 사회를 보존하고(만들어내고?), 성전의 파괴와 재건에 대한 예언을 보존했다(만들어냈다?). 그리스도에 대한 믿음으로 인해 분명히 초기 기독교인들은 독특한 의식(세례, 성만찬)과 관행(영에 사로잡히는 일, 방언)을 갖게 되었고 유대인들이 지키는 종교적 행위(유월절, 오순절, 기도)에 대해 독특하게 해석했다.

초기 기독교는 유대교 관행들을 지키지 않으면서 더 이상 유대교 종파로서 존재하지 않았다. 초기 기독교는 할례를 철폐하고 그 성분이나 성격에 있어서 이교적 요소가 강한 종교 운동이 되었다. 이러한 과정에서 예수가 유대교의 어떤 중재적 인물들이 차지했던 것보다 훨씬 더 높고 중요한 자리에 올려졌다. 그 관행은 더 이상 유대인들의 관행이 아니었고, 그 신학은 더 이상 유대인들의 신학이 아니었으며, 그 성분은 더 이상 유대인적인 것이 아니었다.

기원후 2세기 초의 기독교는 더 이상 유대교의 한 현상이 아니라 별도의 종교였다. 유대교-기독교인들(좀더 정확히 말하면, 소규모의 기독교 유대인들) 집단들이 기원후 첫 5 내지 6세기 동안 계속 존속했지만, 그들은 유대인에 의해서나 기독교인에 의해서나 계속

"종파"로 간주되었다. 4세기의 어느 교부는 "그리스도를 믿기 때문에 그들은 유대인이 아니었다. 유대교 율법을 준수하기 때문에 그들은 기독교인이 아니었다"고 한다.[8] "이단들에 반대한 축복"이라는 제도를 통해 기독교인들을 축출하는 데 랍비들이 얼마나 관여했는지는 마지막 장에서 살펴볼 것이다.

사마리아인

사마리아인들에 대해 가장 잘 알려진 한 가지 사실은 예수가 선한 사마리아인에 대해 언급한 것이다(눅 10:29-37). 그러나 비유의 요점은 어느 집단도 다른 집단을 "이웃"이라는 감정으로 바라보지 않기 때문에 유대인들이 사마리아인들에 의해 좋은 대접을 받을 것으로 기대하지 않는다는 점이다. 초기 기독교의 역사와 마찬가지로 사마리아인들의 역사도 너무 복잡해 여기서 상세히 다룰 수 없다.

먼저 이름에 대해 살펴보자. "사마리아인"이라는 이름에는 두 가지 다른 의미가 들어 있다: 사마리아 지역의 주민("갈릴리인," "유대인," "이두메아인" 비교), 혹은 세겜이나 그리심 산을 중심으로 하여 사는 종교 공동체의 일원. 혼란을 줄이기 위해 어떤 학자들은 "Samaritan"이라는 말은 둘째 의미로만 사용하고, 첫째 의미로는 "Samarian"이라는 용어를 사용한다. 북왕국의 동쪽 수도인 고대의 쇼므론(Shomron)인 그리스-로마 시대의 사마리아 성읍은 이교 도시였고, 지방의 많은 사람들도 이교도들이었다. 이러한 이교도들은 남북으로 있는 유대인들을 싫어했고 대반란의 전주곡이 된 기원전 1세기의 몇 차례 격렬한 사건에 연루되었다. 여기서 우리가 관심을 갖는 사람들은 이러한 이교도들이 아니라 세겜과 거룩하게 숭배되고 있는 그리심 산에 살았던 공동체이다.

이 집단의 역사는 기원전 4세기의 마지막 부분에 시작된다. 기원전 334년 알렉산더 대왕이 이 나라를 정복한 후, 사마리아 성읍은 마케도니아의 통치에 대해 반란을 일으켰다. 이에 대한 복수로 성읍이 파괴되고 이전의 거주자들은 제거되고, 이교도들이 정착하게 했다. 고고학적 증거를 볼 때 사마리아의 이전 거주자들은 세겜으로 도망가 거기서 산 것 같다. 그리심 산의 성전은 새로운 공동체를 위해 새로 지어진 것 같다. 그러나 새로 성전을 건립한 것이 예루살렘 성전을 숭배하는 유대의 유대인들과 결별하는 것을 의미하지는 않았다.

두 공동체 사이에는 물론 긴장이 있었다. 그러나 "분리"(schism)는 없었다. 사마리아인들이 사용한 알파벳과 그들의 토라의 텍스트 양식은 기원전 2세기 유대에 널리 퍼진 것과 같았다. 에피파네스의 포고는 유대(Judea)의 유대인(Judeans)과 마찬가지로 사마리아인에게도 적용되었다. 이것은 국가가 보기에는 두 집단이 모두 유대인(Jews)이었다는 것을 말해주는 사실이다. 그러나 유대의 유대인과는 달리 사마리아인들은 왕의 강령을 받아들였고 성전을 제우스에게 봉헌했다. 아마 이러한 행위에 대한 복수로, 요한 힐카누스는 기원전 129년에는 그리심 성전을, 기원전 109년에는 세겜 성읍을 파괴했던 것 같다. 이로 인해 두 공동체 사이에는 사라지지 않는 긴장을 갖게 되었다. 사마리아인들은 단지 토라만 포함시킨 자신들의 정경을 창조하고, 많은 면에서 동료 유대인들의 것과 일치하나 또 많은 면에서 일치하지 않는 의식 및 관행들을 개발하고, 그리심 산 성전의 복구를 포함하여 나름의 종말론을 발전시켰다.

그리심 산을 숭배한 사마리아인들은 누구였는가? 이것은 고대에 많은 논쟁을 일으킨 문제이며 아직도 해결되지 않고 있다. 요세푸스는 몇 가지 서로 다른 대답을 제시한다. 한 구절에서 그는 사마리아인들이 북왕국 열 지파의 후손들이라고 한다. 다른 구절에서는 그들이 왕하 17장에 묘사된 혼합주의 제의를 행하던 쿠테아인들(Cutheans)의 후손들이라고 한다(요세푸스와 랍비들은 종종 사마리아이들을 "쿠네아인들" *Kutim*이라고 부른다). 요세푸스는 또 대제사장의 동생이 사마리아 총독인 산발랏(Sanballat)의 딸과 결혼했다는 이유로 예루살렘에서 축출되었다는 흥미로운 이야기를 전해준다. 그는 자신이 맡아 관장할 성전을 얻을 수 있을 것으로 확신한 뒤 도망쳐 장인에게로 갔다. 산발랏은 알렉산더 대왕으로부터 그리심 산에 성전을 세워도 좋다는 허가를 얻어냈다. 이 이야기에는 그리심 산의 성전이 이집트 헬리오폴리스의 성전과 마찬가지로 그리고 아마도 쿰란 엣세네 종파와 마찬가지로 예루살렘에서 도망친 제사장들에 의해 창건되었음을 암시한다.

헬레니즘 시대의 사마리아인들은 자신을 "세겜에 사는 시돈 사람들"이라 불렀다. 즉, 가나안과 페니키아의 후손들로 여겼다. 중세의 작품에서 사마리아인들은 사악한 제사장 엘리(삼상 1장)의 지도 아래 실로에서 그리고 나중에는 예루살렘에서 예배하기 위해 세겜과 그리심을 버릴 때 다른 모든 이스라엘 사람들이 죄를 지었기 때문에 단지 자신들만이 참된 이스라엘이라고 주장한다.

사마리아인들이 "종파"였는가? 한편으로 그들은 종파적 특징을 많이 갖고 있다. 한편으로, 그들의 성전이 그리심 산에 서있는 한, 그들은 자신들을 이스라엘의 하나님을 예배하는 좀더 큰 공동체의 일원으로 간주했던 것 같다. 그러나 그들의 성전이 파괴된 후에는 예루살렘 성전이 잘못된 자리에 건립되었기 때문에 하나님에게 전혀 받아들여질 수 없으며, 새롭고 참된 성전이 언젠가 그리심 산에 재건될 것이라고 주장했다. 그들이 예루살렘 제사장들을 비난했다고 생각할 수도 있다.

요약하면, 그들은 자신들을 참 이스라엘로 간주했다. 다른 한편으로, 사마리아인들은 종파로 말할 수 없는 여러 가지 특징을 갖고 있다: 그들의 기원이 단일하지 않고; 세겜과 그리심 산에 대해 민족적으로 연관되어 있고; 그리고 널리 흩어진 디아스포라(어떤 학자들은 이 디아스포라가 유대인 디아스포라와 비슷한 규모라고 생각한다)를 구성한 것이 그러하다. 종파이든 아니든, 사마리아인들은 제2성전 시대에 점진적으로 등장한 독특한 집단 혹은 공동체였다. 이제 학자들은 유대인과 사마리아인 사이의 구분이 유대교나 기독교 사이의 구분과 마찬가지로 하나의 사건이 아니라 오랜 기간에 걸친 과정이었다고 하는 데 동의한다.

테라퓨타인

유대교 종파주의는 모국에 한정된 현상이었다. 종파가 초점을 갖기 위해선 성전과 제사장들로부터 소외되어야 했다. 그리고 이스라엘 본토 이외의 지역에서는 그러한 초점이 존재하지 않았다. 모든 유대인들이 다 똑같이 성지로부터 멀리 떨어져 있어 거룩한 것과 접촉할 수 없었기 때문이다. 바리새인, 사두개인, 엣세네파, 그리고 다른 종파들에 대해 말하는 모든 자료들이 (가끔 전쟁이나 박해로 도망친 사람들을 제외하고는) 그들을 배타적으로 이스라엘 본토 안, 대부분은 유대 안에 위치시킨다(바울은 바리새인이 되었고 다소가 아니라 이스라엘에서 가말리엘의 문하에 들어가 배웠다). 초기 기독교 이외에 유일한 예외가 있다면 필로가 묘사한 집단으로, 테라퓨타인들(Therapeutae, 그리스어로 "치유자들" 혹은 "수종자들")이다.

테라퓨타인은 엣세네파와 비슷하게 이집트 전역에 흩어진 남녀로 구성된 집단이었다. 이들은 결혼을 금하고, 절제와 극기를 행하고, 공동으로 식사하고, 기도하고, 연구했다. 이들은 매일 아침 기도를 드렸고, 안식일과 절기에는 찬송가를 부르고, 공동 식사를 하고, 탈혼적인 춤을 추고, 성서를 연구하는 것으로 이루어진 매우 정교한 예배를 드렸다. 구성원들은 연령에 따라 구분되었고, 어린 사람들은 연장자를 항상 공손히 대했다. 이들은 하나님과 진리에 대해 명상하는 데 전념했다. 여러 가지 상세한 부분에서 테라퓨타인들은 엣세네파와 달랐다(테라퓨타인은 고기를 먹거나 포도주를 마시지 않았지만, 엣세네파는 먹고 마셨다. 테라퓨타인들은 매일 금식했지만, 엣세네파는 그렇지 않았다. 테라퓨타인들은 의식에 남녀가 모두 참여했지만, 엣세네파는 남자만 참여했다). 그러나 전반적으로 이 두 집단은 놀라우리 만큼 서로 유사하다.

최소한 테라퓨타인들은 몇 가지 중요한 면에서 엣세네파와 유사한 이집트의 경건주의자 집단이었다. 그것이 존재한다는 사실은 거룩한 생을 추구하기 위해 세상으로부터 도피하려는 충동이 이스라엘 본토뿐만 아니라 해외에 있는 유대인들에게서도 발견된다는 것을 보여준다. 그러나 필로에게서는 이 종파의 자기-정의에 대한 암시가 전혀 없다. 어떤 학자들은 테라퓨타인들이 엣세네파의 이집트 지류였다고 제의한다. 그러나 이 문제에 대해서는 답을 얻을 수 없다.

결론

종파는 소규모의 선별된 엘리트 집단이다. 그 구성원들의 사회적 지위는 관계가 없다. 종파의 구성원들은, 가난한 사람이든 부자이든, 평민이든 귀족이든 사회의 주류로부터 떨어져 스스로를 특별한 존재로 만든다. 엣세네파와 초기 기독교에서 재산을 공동으로 소유한 것이 이 점을 뒷받침한다. 구성원들에게 엘리트의 지위를 부여하는 것은 이전의 경제적 혹은 사회적 지위가 아니라 종파 내의 구성원 자격이었다. 집단들은 제사장적 성격을 갖고 있다. 그들은 주로 제사장들, 그리고 스스로 제사장으로 간주하는 평신도들로 구성되어 있다. 이들의 공동체가 성전이며, 그 전례는 제사 제의이다. 그들은 자신들을 구원받은 자들로 생각하고 다른 사람들과 구분하기 위해 정결례법을 준수한다. 종말이 도래할 때까지 오직 종파만이 하나님께 나아가는 길이다. 기원후 1세기에 엣세네파와 초기 기독교인들은 그리고 아마 사마리아인들도 종파였다. 최소한 1세기에는 바리새인들이 종파가 아니라 큰 영향력을 발휘하면서 독특한 존재로 남아 있는 무형의 집단이었던 것 같다. 물론 다른 집단들도 많이 있었다.

종파주의는 유대교를 민주화하는 과정의 절정이다. 그 본질적인 목표는 토라의 명령을 항상 준행하고 하나님과 하나님의 일에 대해 완전한 명상에 잠김으로써 인간과 하나님 사이의 간격을 연결하는 일이었다. 종파적 신앙은 기도, 성서 연구, 정화를 통해 성전을 대체하거나 보완하고, 제사장들의 권력을 배척하거나 희석시킨다. 종교의 민주화(혹은 개별화)는 제3장에서 논한 대로 제2성전 시대 모든 형태의 유대교에 영향을 미친 과정이었다. 그러나 그 중에서도 종파에 가장 큰 영향을 미쳤다.

대부분의 유대인들은 어떤 종파의 구성원도 아니었다. 그들은 안식일과 절기를 지키고, 안식일에 회당에서 성서의 가르침을 듣고, 금지된 음식을 삼가고, 성전 경내에 들어가기 전에 몸을 정하게 하고, 생후 8일째 되는 날 자식들에게 할례를 행하고 민속적 신앙의 "윤리적 표준"에 집착했다. 제사장들이나 성전에 대해 어떻게 생각했든지, 그들은 한 해에 몇 차례씩 성전을 순례했고 아마 항상 제사 제의를 지킴으로써 간구할 일이 있을 때는 제사장에게 의존했던 것 같다. 고대의 "평범한" 유대인들이 어느 시대 어느 곳에서나 볼 수 있는 "평범한" 시민들과 같았다면, 그들은 신학이나 종교보다는 비가 잘 내릴지 추수가 잘 될지에 더 관심이 있었다. 이러한 "평범한" 유대인에게 있어서 종교의 민주화가 준 일차적인 혜택은 그것이 하나님을 섬기고 하나님의 축복을 확신하는 수단을 한 가지 더 제공했다는 점이었다. 종파주의자들 및 다른 신앙인들은 개인의 경건에 훨씬 더 많이 의존하고 성전 제의에는 적게 의존할 것을 요구했다. 그러나 이렇게 그칠 줄 모르는 요구는 광란적인 소수가 외치는 소리로 무시되었다.

주(註)

1) Irenaeus, *Refutation of All the Heresies* 3
2) H. Chadwick의 번역 (Cambridge: University Press, 1953) 속에 있는 *Against Celsus* 3.12, p. 135.
3) 이 구절은 Vincentian Canon (Vincent of Lérins, *Commonitorium* 2.3)에서 인용.
4) Stern, *Greek and Latin Authors* I, no. 204에 있는 Pliny, *Natural History* 5.73과 Stern, *Greek and Latin Authors* I, no. 251, p. 539에 있는 Dio Chrysostom.
5) Saul Lieberman의 편집 속에 있는 Tosefta *Berakhot* 3:25, p. 18.
6) *Fathers According to Rabbi Nathan*, version A ch. 5 (Judah Goldin, *The Fathers According to Rabbi Nathan*; New Haven: Yale University Press, 1955, p. 39를 보라) 혹은 version B ch. 10 (Anthony Saldarini, *The Fathers According to Rabbi Nathan;* Leiden: E. J. Brill, 1975, pp. 85-86을 보라).
7) Saul Lieberman의 편집 속에 있는 Tosefta *Yoma* (혹은 *Kippurim*) 1:8, p. 222; Tosefta *Sukah* 3:16, p. 270: M. S. Zuckermandel의 편집 속에 있는 Tosefta *Parah* 3:8, p. 632.
8) Jerome, *Epistle* 112, in A. F. J. Klijn and G. J. Reinink, *Patristic Evidence for Jewish-Christian Sects* (Leiden: E. J. Brill, 1973), p. 201.

제6장
정경화 작업과 그 의미

서론

 기독교인들은 "구약 성서"라 부르고 유대인들은 "타낙"—타낙이란 토라(Torah; 모세 5경), 느비임(Nebiim; 예언서), 크투빔(Ketubim; 성문서)의 머리글자를 모아 만든 말이다—이라고 부르는 문헌을 제2성전 시대 유대인들이 만들어 냈다. 곧 성서를 만들어낸 것이다. 페르시아 시대에 이르러 토라의 다양한 가닥들이 최종적으로 한데 엮어졌고 그 결과로 나온 산물이 온갖 형태의 유대교의 "헌법" 혹은 기초 자료가 되었다. 이제는 어느 누구도 (현대 성서학자들이 J, P, E, D라고 부르는) 유대교를 구성하는 데 사용된 문헌들을 더 이상 감히 수정할 수 없게 되었다. 상호 모순되거나 모호한 것이 그렇게도 많은데 그러한 것들을 조화시키거나 좀더 명확하게 하는 일조차 시도하지 못하게 되었다. 유대교를 구성한 자료들을 단편적으로라도 더 발견하여 토라를 "다시 열려고" 하려는 사람도 없었다. 토라의 텍스트가 일단 기원전 마지막 몇 세기에 이르러 확고하게 형성된 후에는 사마리아인들을 제외하고는 어느 누구도 감히 그것을 바꾸려 하지 않았다. 토라가 씌어진 양피지(혹은 파피루스)마저도 거룩한 것으로 간주되었다.

헬레니즘 시대에 이르러서는 예언자들의 말이 비슷한 과정을 통해 선별되고 편집되었다. 이사야, 예레미야, 에스겔, 그리고 "열두 예언자들"의 예언들은 수많은 무명의 선견자, 개찬자(改竄者)에 의해 몇 세기를 걸쳐 첨가되었다. 이들 가운데 가장 유명한 사람들이 바로 "제2 이사야," "제3 이사야"이다. 그러나 이제는 텍스트가 얼마 동안은 여전히 유동적이긴 하였어도 이러한 책들이 모두 닫혀졌다. 무명 선견자들의 말도 이름이 알려진 예언자들의 책에 첨가되지 않았다. 이전 시대의 사람들처럼 하늘의 환상을 보던 사람들도 없고 하늘의 소리를 듣는 사람들도 이제는 더 이상 없었다. 예언이 계속 존재하기는 했지만 그 방식과 메시지가 이사야, 예레미야, 에스겔의 그것과 달랐고 예언을 말하는 사람들이 이제는 가명을 쓰면서 숨어버렸다. 소위 "위경"(pseudepigraphy)을 만들어 내는 행태인 것이다.

이렇게 선별하고, 편집하고, 그리고 과거 서적을 숭상하는 과정을 일컬어 "정경화 작업"(canonization) 혹은 "성서 정경의 형성"이라고 부른다. 그리스 말로 캐논(canon)이란 "곧은 나무" 혹은 "막대"를 말하며, 여기서 "자," "기준," "규범"이라는 뜻도 갖게 되었다. 기원후 제2세기의 기독교인들이 쓰던 그리스어에서는 이것이 "신앙의 규율"을 의미하게 되었다. 곧 교회에 계시된 진리를 의미한다. 제4세기에 이르러서는 권위있는 책들이라고 분명하게 선별해 놓은 것을 나타내기 위해 그리스 교회나 라틴 교회나 모두 캐논이라는 명사를 정규적으로 사용하고 있었다. 이러한 책들은 하나님의 영감

아래 씌어졌으며 따라서 교회의 거룩한 문서(성서: 구약성서와 신약성서)를 구성한다고 믿어졌다. 정통 신앙의 견지에서 볼 때 거룩하다거나 영감을 받았다고 여겨지지 않는 책들을 이단자들이 이러한 책들(특히 신약성서)에 무수히 포함시켰기 때문에 기독교 성서의 정경을 규정하는 일은 이단 추종자들에게나 교회 공의회에나 모두 중요한 과제가 되었다.

정경에서 제외되었다고 해서 모두 이단적인 것으로 간주되지는 않았다. 단지 "아류에 속하는"것이나 혹은 "외경에 속하는"것들도 있었다. 이러한 것들은, 최소한 전례(liturgy)로서 읽혀져서는 안되기 때문에 "감추어 놓아야" 했다. 대부분의 교부들에게 있어서는, 외경(apocrypha)이란 어느어느 책이라고 분명히 지정해 놓기보다는 지위가 의심스러운 책들에 대해 어떤 유동적인 범주를 정해 놓은 것으로 보았다.

현대의 어법에서는, 외경(the Apocrypha; 혹은 the Apocrypha of the Old Testament)이란 흔히 교회가 사용하는 구약성서 가운데 그리스 말이나 라틴 말로는 기록되었지만, 히브리어로 기록된 유대인들의 타낙에는 없는 유대교의 책들을 의미한다. 곧 『벤 시라』, 『솔로몬의 지혜』, 『마카비상, 하』, 『유딧』, 『토빗』 등이다. 외경을 이러한 의미로 사용하게 된 것은 마틴 루터가 이러한 책들을 구약성서에서 제거하고 『외경』(The Apocrypha)이라는 제목으로 편집해 별도의 수집물로 만든 뒤에야 생긴 일이다(가톨릭에서는 이러한 책들을, 최소한 이러한 책들의 대부분을, "제2경전"[deuterocanonical]이라고 부르고 "apocryphal"이라는 말은 교회가 경전에서 완전히 제거한 책들을 지칭하는 데 사용한다).

고대 유대인들에게는 분명히 이 "경전"이라는 말이 없었다. 필로, 요세푸스, 신약성서는 모두 "성서"(scripture, scriptures, sacred scriptures, the sacred books 등)라는 말을 사용한다. 그리고 유대인들은 이에 상응하는 히브리어를 사용한다. 그러나 어느 누구도 "정경"이라는 말은 쓰지 않았다. 랍비들이 최소한 "정경적이다" (canonical)라는 말에 기능적으로 상응하는 어구를 사용하기는 했다: "손을 더럽게 하는" 책은 "거룩하다." 곧, 우리의 용어로 말하자면 정경적이다. "손을 더럽게 하지 않는" 책은 거룩하지 않다. 우리의 용어로 말하자면, 정경적인 것이 되지 못한다(사두개인들은 성서가 손을 더럽게 한다는 사상에 반대했다. 앞장에 인용된 미쉬나 *Yadayim*, 4:6을 보라). 교부들과 마찬가지로 랍비들도 "감추어진," 혹은 "감추어야 하는" 책들에 대해 언급한다. 곧 전혀 읽혀져서는 안되는, 혹은 최소한 회당에서 읽혀져서는 안되는 책들이다.

아마도 고대 유대교에는 정경이라는 것이 완전한 개념으로 존재하지 않았기 때문에 그러한 말이 없었다고 주장하려는 사람도 있을 것이다. 이러한 과격한 주장도 근거가 없는 것은 아니다. 아담과 하와부터 기원후 66년 유대 전쟁 발발시까지 유대인 역사를 개괄한 『유대 고대사』(*Jewish Antiquities*)에서 요세푸스는 정경 자료와 비-정경 자료를 구분하지 않는다. 언제 성서를 풀어 인용하는지 언제 비-성서를 풀어 인용하는지 독자에게 말하지 않는다. 성서 자료가 마감된 부분에 이르러서도 그가 어떤 큰 경계를 넘어서고 있다는 것을 전혀 나타내지 않는다. 성서 자료를 인용할 때나 비-성서 자료를 인용할 때나 아주 똑같은 기술을 사용하고 있다. 『유대 고대사』에서 요세푸스가 어떤 형태로든 정경이란 개념을 갖고 있었는지 알아내기란 불가능하다. 이러한 사실들은 요세푸스가 다른 책에서 성서의 정경에 대해 현존하는 것으로는 가장 오래된 묘사를 제시하기 때문에 더욱 주목할 만하다. 요세푸스가 『유대 고대사』에서는 이러한 묘사를 무시하고 있다.

쿰란의 유대인들도 정경이란 것에 대해 분명한 의식을 갖고 있지 않았다. 이들이 토라, 예언서, 그리고 시편을 정경으로 간주했다는 점은(물론, 이들이 토라를 대체할 목적으로 『성전 두루마리』를 보존하고 있었지만) 이러한 책들이 그들의 문헌에 인용되고 해석된 방식에서 볼 때 분명히 알 수 있다. 그러나 그들이 어떤 형태로든 "성서"(Bible)라는 개념을 갖고 있었다는 흔적은 찾아볼 수 없다. 여러 동굴에서 성서적 자료와 비성서적 자료의 단편들이 발견되었지만 두루마리가 그대로 남아 있다고 해서 거기에 씌어진 텍스트들이 정경적인 것이었는지 아니었는지 판별하기란 불가능하다. 필기구, 필사법, 보존 방식, 이 모든 것들이 성서적 자료에서나 비성서적 자료에서나 본질적으로 동일하다.

고대 유대인들이 "정경" 혹은 그에 상응하는 어휘를 사용하지는 않았지만, 그리고 『쿰란』 문헌이나 요세푸스의 『주저』(主著)에 정경으로서의 성서가 존재하지 않았지만 나는 고대 유대인들이 대부분 "정경"이나 "정경적"이란 말이 의미하는 개념을 잘 인식하고 있었을 것으로 생각한다. 이러한 어휘들은 우리가 앞으로 보겠지만 그 개념을 정의하기가 매우 까다롭다. 특히 모든 유대인들이 다 반드시 동일한 정의를 공유해야 했던 것은 아니라는 사실을 인정할 때 더욱 그러하다. 그러나 철저히 분석해 보면 이러한 용어들이 고대 유대교의 어떤 현실을 반영하고 있는 것을 볼 수 있다. 이와 대조적으로 나는 "외경"이나 "외경적"이란 어휘를 사용하지 않을 것이다. 랍비들이 후자의 어휘를 사용하고 있지만, 이러한 어휘들이 필연적으로 "제2정경"이라는 목록이 확정되어 있었다는 인상을 심어줄 수밖에 없기 때문이다. 이러한 목록은 고대 유대교에서 어떠한 형태로든 전혀 존재하지 않았던 것이다

"정경" 그리고 "정경적"

정경(canon)이란 책들의 목록이다. 보통의 목록과는 달리 정경에는 때에 따라 확장되거나 축소될 수는 있지만 확정된 수의 구성 요소들이 있다. 정경적(canonical)인 책은 세 가지 측면에서 비정경적인 책과 구분된다: 정경적인 책은 이전 세대에 창조되었다, 대개는 정경의 지위를 얻기 훨씬 전에 창조되었다; 정경의 텍스트는 확고하게 고정되었고 학자들이 정확한 텍스트를 재구성하려고 한 것 이외에는 어떠한 형태로든 변화되지 않는다; 정경은 공동체에 의해 "권위있는 것"으로 간주된다. "정경"과 "정경적"이란 말에 대해 이런 식으로 정의하는 것은 유대인들의 타낙이나 기독교인들의 신·구약성서에만 적용되는 것이 아니다. 문자를 사용하는 모든 문화가 정경과 정경 문헌을 만들어 낸다. 유대교나 기독교에서도 유대교 성서나 기독교 성서가 창조된 훨씬 이후에도 권위있는 책들에 대한 정경화 작업은 지속되었다. 게다가 조금 수정하면 이 정의는 책뿐만 아니라 인간이 창조한 다른 산물(미술, 음악, 건축 등)에도 적용될 수 있다.

예술가들의 창조물들은 모두 모방과 독창성의 산물이다. 화가, 저자, 조각가, 작곡가들이 모두 이전 사람들을 모방한다. 자신의 독창성을 주장하려 할 때에도 그러하다. 예술가들이 이전 사람들을 모방하기 때문에 우리는 상당한 기간에 걸쳐 사용된 어떤 양식들(styles)을 인식할 수 있다(예를 들면 바로크 양식의 건축, 낭만주의 음악). 예술 발전의 어떤 시점에 이르면 더 이상 모방할 수 없게 될 때 모방이 그치게 된다. 옛 양식이 그 한계에 도달했으며 이제는 더 이상 모방하거나 발전할 수 없다고 하는 의식이 형성된다. 옛 양식이 새로운 양식으로 바뀌는데, 이것은 옛 양식을 의식적으로 거부하거나(예를 들면, 19세기의 프랑스 인상파 화가들이 전통적

기법의 미술을 거부한 일), 수정에 수정을 거듭함으로써 나오는 산물(예를 들면, 고전주의 음악에서 낭만주의 음악으로 이전하는 것)이다. 후자는 나중에 이르러서야 옛 양식의 절정이면서 동시에 새로운 양식의 시작이었다고 간주된다. 어떤 양식의 절정기에 이르면, 좀더 정확히 표현하면, 특히 그 양식이 쇠퇴하기 시작하는 한 두 세대 동안 어떤 예술가나 그 작품들은 그러한 양식의 대표자나 대표작으로 간주된다. 이러한 작품들은 지속적인 가치를 가진 "고전"(classics)이 되며 다른 사람들이 공부하거나 모방한다. 다시 말해 이러한 것들은 "정경적"인 것이 된다.

제2성전 시대 후반기의 유대 문화도 선조들의 문헌 가운데 가장 훌륭하다거나 가장 지속성을 가진 작품을 선별하고 이러한 것들에 "정경적" 지위를 부여하는 일에 특별히 다른 점이 거의 없었다. 그리스 세계의 동시대인들도 같은 과정을 겪고 있었다. 고대 그리스 로마에서 모방술은 단지 개인적인 취향으로만 남아 있지 않았다; 수사학 교본들은 인정된 방식을 연설가, 역사가, 그리고 시인에게 가르쳤는데 이들은 이러한 방식을 통해 이전의 대가들을 모방해야 했다. 그 교본들은 어떤 양식의 완벽한 모델이 되는 사람들의 목록을 전해주었다. 이러한 대가들의 작품은 연구하고 모방하고 보존했지만 다른 사람들의 작품은 무시했다.

기원전 4세기(곧 에스라의 시대)에 이전 세기의 극작가들인 이실루스(Aeschylus), 소포클레스(Sophocles), 유리피데스(Euripides)가 "정경적" 지위를 얻었다. 이들은 "3대 비극작가"(the three tragedians)로 인식되었다. 기원전 200년 무렵(대략 벤 시라의 시대) 알렉산드리아의 한 학자가 서정시 분야에서 가장 뛰어난 사람들로 9명의 시인을 꼽았는데 모두 몇 세기 전에 살았던 사람들이었다. 다음 세대의 학자들이나 수사학자들도 다른 분야의 대가들의 목록을 작성하거나(예를 들면, 10명의 아티카 연설가들) 이전에 만들어진 목록을 수정했다. 그러나 어느 경우든지, 선별된 저자들은 로마 시대에 이르러 집단적으로 classici(가장 훌륭한 사람들, 일류의 사람들)이라는 라틴 명칭을 받았는데 모두 그러한 선별이 이루어지기 훨씬 이전에 살았던 사람들이다.

이러한 선별 과정이 타낙을 만들어낸 과정과 너무도 유사하기 때문에 18세기 중엽부터 현재까지의 학자들은, 그리스 사람들 자신이 그 용어를 이러한 의미로 사용한 적이 전혀 없지만, 그리스의 선별된 작품들을 "정경"이라고 부르는 데 주저하지 않았다.[1] 유대인들이나 헬레니즘 시대의 그리스인들이나 모두 자신들이 고전 이후 시대(postclassical age)에 살고 있으며, 국민 문학을 가장 훌륭하게 표현한 것이 이미 쓰여졌다고 생각했다.

유대교 성서와 기독교 성서의 정경화 작업은 단지 유대교와 기독교 내에서 이루어진 첫 정경화 작업이었다. 두 종교에 모두 신실한 사람들에게 교리와 신앙 생활을 가르치는 성서에 못지않은, 그리고 많은 측면에서 성서보다 더 나은, "정경적" 저자와 문헌들이 무수히 많이 있다. 기독교에서는 이러한 저자들은 고대의 교부들, 중세의 스콜라 학자들, 그리고 종교개혁과 반종교개혁의 지도자들이다. 1298년에 라틴 교회는 교회의 네 스승들(암브로우스, 제롬, 어거스틴, 그레고리)을 기념하는 축일을 기념하기 시작했다. 그때부터 가톨릭 교회는 이 "정경"을 확대하여 30명 이상의 저자들을 포함시키기에 이르렀다. 랍비 유대교에서는, 이러한 작품들을 미쉬나(the Mishnah), (중세 초기 이스라엘에 사는 유대 민족의 운명이 쇠하기 시작하면서, 팔레스틴 탈무드가 독 랍비 정경에서 떨어져 나갔지만) 두 개의 탈무드(two Talmudim)라 부른다. 그리고 중세와 근대 초기에도 이러한 일들을 지속시켜나갔다.

미쉬나 그리고 다른 랍비 작품들과 교회의 스승들이 쓴 책들은 유대교와 기독교에서 각각 정경적 지위를 차지하고 있다. 이러한 것들이 뒤에 나타난 종교적 전통을 형성하여 숭상되고 연구되었다. (최소한 종교개혁 시대까지의) 기독교 교리는 바울보다는 어거스틴의 영향 아래 형성되었다. 좀더 정확히 말하면, 바울 자신보다는 어거스틴이 이해한 바울에 의해 형성되었다. 이것은 유대인들의 관습이 토라보다는 미쉬나의 영향을 더 많이 받은 것과 같다. 혹은 덜 정확하게 말하자면, 토라 자체보다는 미쉬나에 이해된 토라의 영향을 더 받았다.

정경화 작업 과정을 이렇게 간략히 개괄함으로써 타낙이나 기독교 성서의 정경적 지위가 독특한 것이 아니라는 사실이 드러난다. 그것은 다른 문화 속에서도 또 후대의 유대교나 기독교에서도 얼마든지 찾아볼 수 있는 현상이다. 그러나 타낙과 기독교 성서의 정경적 지위가 한 가지 다른 측면에서는 독특하다. 성서는 분명히 다른 정경적 작품들이 누리지 못하는 탁월한 권위를 누렸고 지금도 누리고 있다. 그리고 이 권위는 타낙이 계시된 말씀 혹은 하나님의 영감으로 씌어진 말씀이라는 독특한 지위와 연관되어 있다. 그러나 타낙의 특별한 권위와 특별한 지위 사이의 연관이 어떠한 본질을 갖고 있는가? 어느 것이 원인이고 어느 것이 결과인가? 타낙이 계시된 말씀 혹은 하나님의 영감으로 씌어진 말씀으로서 갖는 지위 때문에 특별한 권위가 형성되었는가 아니면, 타낙의 특별한 권위 때문에 그 신성한 지위가 생겨났는가? 그 대답은 아마 이 두 가지 주장 사이의 어느 곳에 있을 것이다.

고대의 유대인들(그리고 기독교인들)은 타낙의 책들이 계시되거나 하나님의 영감으로 씌어졌기 때문에 권위를 갖게 되었다고 믿었다. 이러한 믿음은 1세기 문헌에 증거되고 있으며, 기독교와 랍비 유대교에서도 채택되었다("정통"과 "이단"에 관해 제5장에서 논한 것을 보라). 유대인들이 어떤 책에 신성(divinity)이 포함되어 있다고 믿는다고 해서 그 믿음이 그 책이 타낙에 속할 수 있는 근거를 제공하는 충분 조건이 되는가 하는 것은 역사가가 증명할 수 있는 문제이며, 그 대답은 "아니다"이다(그것이 필요 조건인가 하는 것은 아래에서 논할 것이다).

고대의 많은 시인과 저자들이 아폴로나 뮤즈로부터 영감을 받았다고 주장했다. 자신들이 만든 법에 권위를 부여하기 위해 입법자들이 그 법의 기원을 상투적으로 신에게 돌렸다는 사실을 어느 고대 그리스 학자는 면밀히 관찰했다. 그는 자신의 법을 제우스가 만들었다고 한 크레테의 입법자 미노스(Minos), 아폴로가 만들었다고 한 스파르타의 입법자 리쿠르구스(Lycurgus), "야오"(Iao)가 만들었다고 한 유대의 모세를 인용함으로써 이 논제를 증명한다.[2] 게다가 타낙에 들어오지 못한 많은 유대교 서적들(대표적인 것들이 묵시문학)도 하나님 혹은 다른 어떤 천상의 존재에 의해 영감을 받거나 계시되었다고 주장한다. 최소한 어떤 유대인들은 이러한 문학을 권위있는 것으로 간주하며 거기에 "성서적" 지위를 부여하기도 한다. 기원후 1세기의 묵시문학 작품인 『제4 에스라』(제2 에스드라라고도 불리운다)는 이러한 책들이 타낙의 책 24권보다 더 권위가 있다고까지 암시한다(14:46-47). 이교도 책이나, 이교도 율법, 그리고 유대교 묵시문학도 하나님의 계시를 수집해 놓은 것이라고 주장한다. 따라서 타낙의 비슷한 주장도 그것만 따로 고려해서는 안될 것이다. 그러면 타낙의 책들을 다른 정경적 책들과 구분짓는 독특성은 무엇인가?

역사가에게 있어서 타낙과 신약성서가 특별한 이유는 그것들이 하나님에 의해 계시되거나 영감을 받아 기록되었기 때문도 아니고, 하나님에 의해 계시되거나 영감을 받아 기록되었다고 믿어지기 때문도 아니다. 단지 그것들이 신앙 공동체 내에서 특별한 지위를 누리고 있기 때문이다. 타낙의 정경적 책들은 유대교 공동체에 있어서 실존적인 가치를 보유하고 있다. 이러한 책들은 그것이 형성된 시기를 초월하며, 공동체의 정체성을 형성하고 그 존재 목적과 의미를 제공함으로써 공동체의 요구를 채워준다.

이러한 책들은 매우 직접적인 의미에서 관련성을 갖고 있다. 거기에는 여전히 구속력을 가지며 누구나 따라야 하는 법; 처음에 선포된 뒤 몇 세대가 지나서도 여전히 현재와 미래를 향해 의미있게 말하는 영원한 진리를 제시하는 예언; 인과응보의 모범이 되는 역사, 인간사를 하나님이 통제한다는 모범적인 가르침; 언제나 유익하고 고상하게 하는 지혜; 어느 세대나 인류를 하나님께 가까이 나아가게 하는 찬양과 시편이 들어 있다. 고대의 어떤 자료도 이러한 정의를 내리지 않는다. 고대 유대교의 어떤 자료도 정경이란 말을 사용하지 않는다. 그리고 유대인들이 모두 언제 어디서나 자신들의 정경 문헌에 대해 이러한 태도를 견지한 것도 아니다. 그러나 "실존적" 정의는 내가 보기에, 고대부터 현대에 이르기까지 유대교 내에서 "성서적"이라는 말의 의미를 정확히 반영하는 것 같다.

토라, 예언서, 그리고 최소한 성문서의 몇몇 책들(특히 시편)이 영원한 가치를 지니며 실존적으로 의미가 있는 것으로 간주되었기 때문에, 이러한 책들은 다른 정경적 문헌보다 더 숭상되었다. 이러한 것들이 기록된 두루마리조차 거룩한 것으로 간주되었다(랍비들이 말하듯이 이러한 책들은 "손을 부정하게 한다"). 토라가 예언서보다 더 권위가 있고, 예언서가 성문서보다 더 권위있듯이, 토라의 두루마리는 예언서의 두루마리보다 더 거룩하며, 예언서 두루마리는 성문서 두루마리보다 더 거룩한 것으로 간주된다. 이와 대조적으로 미쉬나 두루마리에는 어떠한 거룩성도 없다(쿰란의 유대인들이 자신들의 두루마리에 대해 얼마나 거룩하게 생각했는지는 알려지지 않고 있다).

토라 두루마리의 거룩성은 이스라엘 본토 유대인에게든 해외 유대인에게든 그들의 신심에 있어서 중요한 요소이다. 아우구스투스 황제는 유대인들의 "거룩한 책들"을 훔치다 잡힌 사람들은 누구나 중벌을 받아야 한다는 명을 공포했다. 기원후 1세기에 유대에 있던 어느 로마 군인이 토라 두루마리를 모독했는데, 로마인들이 이로 인해 유대인들 사이에 발생된 혼란을 수습할 수 있는 유일한 길은 그 범죄자를 처단하는 일뿐이었다.[3]

영원히 유효한 것으로 간주되기 때문에, 토라와 예언서는 매주 예전에 사용되는 구절을 제공한다. 반면에 성문서와 미쉬나는 그렇지 못하다. 최소한 이론적으로, 토라는 하나님이 모세에게 계시한 것을 기록한, 궁극적인 권위이다. 토라의 율법 가운데 난해하거나, 비윤리적이거나, 냉혹하거나, 비이성적인 것이라고 간주되는 것들에 대해서는 해석하기에 따라 유대인들이 자신들을 해방시킬 수 있었다. 그러나 성서를 뒤엎어버리는 일은 거의 상상할 수도 없었다. 그들은 단지 성서를 "해석"한다고 주장했을 뿐이다.

미쉬나에 대해 탈무드가 접근하는 방법에서도 똑같은 태도를 흔히 발견할 수 있다. 그러나 많은 랍비들은 예나 지금이나 미쉬나의 권위를 전체적으로 인정하면서 그것을 시내산에서 모세에게 계시된 "구전 율법"을 포함하고 있는 것으로 간주하기는 했지만, 미쉬나 율법의 지나친 주장을 거부하는 데 주저하지 않았다. 미쉬나는 "정경적" 문헌이지만 그것이 영원히 유효한 것은 아니다. 그 권위는 "성서적" 문헌의 권위와는 다른 것이다.

타낙의 정경화 작업이 가져온 가장 주요한 결과는 그것이 하나님에 의해 영감을 받았다거나 계시되었다고 간주된 사실이다. 아마 토라와 예언서(이사야, 예레미야, 에스겔, 12 소예언자)는 하나님의 영감을 통해 기록된 것으로 간주되었기 때문에 정경이 되었을 것이다(즉, 영원히 유효하며 실존적으로 의미있는 것으로 간주되었다). 그러나 성서 정경의 나머지 부분에 있어서는 그 과정이 뒤바뀌었을 것이 거의 분명하다(정경화 작업으로 인해 하나님의 영감에 대한 믿음이 생겨났다). 히브리 정경의 반 이상을 구성하는 책들은 그 저자가 하나님의 영감을 받았다고 주장하지 않는다(여호수아-열왕기, 그리고 다니엘書를 제외한 성문서의 거의 전체). 그래서 이 모든 책들이 하나님의 영감으로 기록되었다는 믿음은 예언서와 토라에서 유비적으로 추론한 것이다. 기원후 1세기에 이르러서는 영원한 진리를 담고 있는 고대 문헌이면 어느 것이나 영감을 받아 기록된 것임에 틀림없다고 믿는 유대인들이 많았다. 모든 가능성을 고려해 볼 때 성문서는 그것이 신성한 것으로 간주되기 이전에 타낙에 포함된 것 같다. 신적 기원이 성서적 지위를 얻는 데 필요 조건은 아니기 때문이다.

요약해 보자: 통속적인 어법에서, "정경적"이란 말과 "성서적"이란 말은 동의어이다. 그러나 나는 이 둘을 구분한다. 유대교를 포함하여, 문자를 사용하는 모든 문화는 찬양되고, 연구되고, 모방되며, 권위있다고 간주되는 "정경적" 혹은 "고전적" 문헌을 만들어냈다. "정경화 작업"이란 현상은 유대교나 고대에 한정되지 않는다. 유대교의 정경 문헌은 고대부터 현대에 이르기까지 기록되어 왔다. 그리고 유대교가 살아있는 문화로 남아 있는 한 앞으로도 계속될 것이다.

이러한 정경적 작품 가운데 특별한 소수만이 고대에 선별되어 타낙, "성서"(the Bible, scripture, the scriptures)를 구성했다. 이러한 책들은 유대교의 기본 문헌(the basic writings)으로 간주되었고, 특별히 숭상되었다. 그리고 기원후 1세기에 이르러서는 전체가 다 그런 것은 아니라 하더라도 대부분의 유대인들이 그러한 책들이 하나님에 의해 영감이 주어지거나 계시되었다고 믿었다. 성서의 책들은 한층 더 높은 권위를 지녔다는 점에서 다른 책들과 구분되었다. 그 책들은 실존적으로 의미있고 영원히 유효한 것이다. 미쉬나나 두 개의 탈무드와 같은 유대교의 다른 정경적 저작들도 타낙의 권위에 근접했지만 단연코 거기에는 미치지 못하는 것이다.

이제 성서의 정경화 작업의 역사를 살필 차례이다. 가능한 한 혼란을 줄이기 위해 히브리 성서인 타낙에 집중하여 논할 것이며, 헬레니즘계 유대인들의 성서만 간략하게 다룰 것이다. 일반적인 어법을 떠나 "정경적"이란 말을 "성서적"이란 말과 동의어로 사용할 것이다. 이 둘은 "실존적으로 의미있고 영원히 유효한 것으로 믿어지는 책들의 특별한 수집물을 구성하는"이란 의미로 사용된다.

성서 정경의 역사

토라

고대의 모든 유대인에게 있어서 정경의 핵심은 토라(문자적 의미는 "가르침" 혹은 "교훈")였다. 그리스어를 사용하는 유대인들은 "율법"(the law, the laws)이라고도 불렀다(오경[Pentateuch; 다섯 두루마리]이란 말은 그리스 교회 교부들로부터 유래했다). 토라의 첫 4권(창세기-민수기)의 화자는 알려지지 않고 있다. 하나님이 때로는 족장들에게(창세기), 때로는 모세와 이스라엘 민족에게(출애굽기-민수기) 말한다. 그러나 본문 어디에서도 그 화자나 저자를 밝히지 않는다.

이와 대조적으로 신명기는 모세의 작품이라고 주장하고 있다. 신명기는 모세가 자신에 대해 일인칭으로 말하는 일련의 긴 연설문들이다(어떤 부분에서는 무명의 화자가 모세에 대해 삼인칭으로 말하기도 한다). 성전에서 발견된 문서로 존재하기 시작한 신명기가 문서와 기록된 말씀을 존중하는 것은 우연이 아니다. 신명기는 그 자체를 "토라의 책"(예를 들면, 신 29:20)이라고 일컬으며 왕에게 자신을 위해 토라의 사본을 기록하라고 명령한다(신 17:18). 신명기 전승 안에서 기록된 역사서(여호수아-열왕기)는 흔히 "모세의 토라"라고 불리우는 책에 대해 언급하며(예를 들면, 수 8:31; 왕하 14:6) "토라의 책에 기록된 대로"(예를 들면, 수 8:34) 혹은 "모세의 토라에 기록된 대로"(예를 들면, 수 23:6; 왕상 2:3)와 같은 표현을 사용한다. 이러한 구절에서 "토라"라는 말은 "교훈" 혹은 "가르침"이라는 본래의 의미를 보존하고 있다. 그러나 이것이 고유명사화되어가기 시작한다.

모세가 성서를 기록했다는 신명기의 사상은 유배 이후 시대에 뿌리를 깊게 내렸다. 페르시아 시대의 문헌에서 "모세의 토라"라는 표현은 때때로 단지 "모세의 가르침"을 의미하기도 하지만(말 3:22은 백성들에게 "내 종 모세의 토라를 기억하라"고 명령한다), 대개는 책을 가리킨다. 이제 이 책은 더 이상 "모세의 책"을 가리키는 느헤미야 13:1에서처럼 신명기만을 의미하지 않고 제사장 전승도 의미하게 되었다. "P"와 "D"가 결합되었다. 신명기에는 없고 레위기에만 있는 율법들도 "하나님의 종 모세의 토라에 기록"되었다고 언급된다(스 3:2; 대하 23:18; 35:12). "모세의 토라에 능통한 서기관"(스 7:6)인 에스라는 "모세의 토라의 책"을 읽는다(느 8:1). 이 책은 "하나님의 토라의 책"(느 8:18)이라고도 불리운다. 그런데 에스라는 이 책에서 제사장 전승에 속하는 숙곳 절기(초막절)에 대한 명령을 발견한다(느 8:15-16을 레 23:40과 비교하라).

페르시아 시대에 "모세의 토라"라고 알려진 책이 출현했다. 이것은 수세기에 걸친 문서 및 구전 전승의 산물이었다. 그러나 지금은 여러 갈래의 전승들(J, E, P, D, 그 외 여러 전승)이 최종적으로 엮어졌고 그 후에는 편집 활동이 끝났다. 해석을 위한 주해가 이 책에 더 이상 첨가되지 않았다. 이 책은 모세가 기록한 것으로 믿어졌다. 그리고 하나님을 올바로 섬기려는 사람은 누구나 이 책을 연구하고 그 명령에 순종했다. 다시 말하면, 토라의 정경화 작업이 시작되었다. 그러나 이 과정은 아직 끝나지 않았다. 그 텍스트가 아직 확고하게 고정되지 않았고 그 권위가 도전받지 않는 것은 아니었다.

바빌로니아 탈무드(Sanhedrin, 21b)와 제4 에스라가 대표하는 유대교 전승은 에스라가 토라를 "편집"했다고 한다. 즉, 이스라엘 시대의 "원형" 문자(흔히 "고대 히브리어"라고 부른다)로부터 오늘날도 사용하는 "정방형" 문자로 바꾸었다. 이 전승은 아마 에스라가 "서기관"으로서 갖는 지위에, 그리고 토라를 가르치는 교사로서 행한 활동에 근거한 것 같다. 에스라가 토라의 정경화 작업이나 편집 작업에 어떻게 관여했는지는 알 수 없다. 쿰란 두루마리 중에는 헬레니즘 시대에 나온 토라의 사본이 몇 가지 발견되었는데 이 가운데는 고대 히브리어로 된 것도 있다. 이러한 사본들은 그리스나 사마리아의 번역본들과는 달리 읽혀지는 부분도 있어서, 우리가 잘 알고 있는 토라의 텍스트가 기원전 2세기까지는 확고하게 고정되지 않았다는 사실을 보여준다. 그 이전에, 그리고 어느 정도는 그 이후까지도, 토라는 최소한 세 번은 개정되었다.

이와 유사하게 하나님이 모세에게 계시한 유일한 문헌적 표현이라는 면에서 토라가 갖는 지위는 기원전 2세기까지도 여전히 도전받고 있었다. 어떤 유대인들은 모세가 기록했다고 하는 설화나 율법조차 재구성할 수 있다고 믿고 있었다. 이러한 유대인들이 『성전 두루마리』와 『유빌리』를 썼다. 사해 두루마리 가운데 발견된 전자는 엣세네파의 저작으로 아마 그 창시자가 초기에 쓴 것(기원전 2세기 중엽?)이거나 엣세네파가 이전의 집단이나 학파로부터 전수한 저작(아마 기원전 3세기)일 것이다. 『성전 두루마리』는 토라의 율법을 재기술하고, 순서를 바꾸고, 재구성하고, 상술(詳述)하거나 본래 없던 새로운 율법들을 첨가하기까지 했다. 그러나 『성전 두루마리』는 단순히 토라를 풀어 쓴 것이 아니다. 『성전 두루마리』는 그 자체를 토라(the Torah)로서 제시한다. 토라에서는 이름을 밝히지 않은 어떤 설화자가 하나님이 모세에게 혹은 이스라엘 백성에게 말했다고 한다. 그러나 『성전 두루마리』에서는 하나님이 모세에게 직접 말한다. 토라에서 하나님을 삼인칭으로 언급하는 율법들이 『성전 두루마리』에서는 하나님을 일인칭으로 언급한다. 이 책은 저자가 하나님이라고 주장하는 것이다.

기원전 160년에 씌어진 『유빌리』는 창세기에서 출애굽기 12장(『성전 두루마리』가 정확히 이 부분부터 시작한다)까지 나오는 토라의 설화 부분을 다시 썼다. 이 책은 토라를 아주 상세히 기록하고 태양력이 참된 것이며 계명들이 시내 산 사건 이전에 비롯된 것임을 증명하려고 한다. 이 책은 하늘의 다양한 서판(書板)들에 담긴 내용을 모세에게 계시한 천사가 썼다고 주장한다.

『성전 두루마리』나 『유빌리』가 토라를 정경으로 받아들이고 있는가? 나는 아래에서 성서의 정경화 작업으로 인해 유대인들은 그들이 이전에 거룩한 전승을 다룰 때 누리던 것보다 더 많은 자유를 누리게 되었다는 것을 역설적인 방식으로 논증할 것이다. 기원전 2세기에 이스라엘과 해외에서 활발히 행해진 일로서 성서, 특히 토라를 환상적인 방식으로 다시 이야기한다는 것은 새로운 자유를 얻었다는 것을 말해주고 있다. 그러나 『성전 두루마리』와 『유빌리』는, 특히 전자는 이러한 전망에서 씌어지지 않은 것 같다. 이 두 책의 목적은 성서를 보완하거나 대체하려는 것이 아니다. 이러한 해석이 옳다면, 토라는 기원전 2세기 중엽에도 이스라엘 땅에서 절대적인 권위를 누리지 못했다.

그러나 해외에서는 토라의 권위가 아무런 도전을 받지 않았다. 기원전 3세기에 알렉산드리아의 유대인들은 토라를 그리스 말로 번역했다. 그들이 그것을 자신들의 거룩한 헌법으로 간주했기 때문임이 분명하다. 이 번역에 관한 허구적 이야기로 기원전 100년경 이집트의 유대인이 쓴 『아리스테아書』(*Letter of Aristeas*)에는 현존하는 것 가운데, 토라를 "책"(the Book, the Bible) 그리고 "성서" (scripture)로 언급하는 가장 오래된 구절이 있다(『아리스테아書』 155, 316). 해외 유대인들은 곧 이러한 용어들을 그리스 말로 번역된 토라에도 사용했다. 그리고 이 번역으로 인해 모세가 기록한 바로 그 말씀을 그대로 읽게 되었다고 하는 데 아무런 의심을 가지지 않았다. 기원후 1세기에 이르러서는 이스라엘 내에서나 해외에서나 "성서"(scripture, the Book)라는 말이 토라뿐만 아니라 모든 거룩한 문서를 다 포함하게 되었다.

예언서

기원전 200년 무렵 벤 시라는 서기관에 대해 이렇게 기록한다: "그러나 온 정력과 정신을 기울여 지극히 높으신 분의 율법을 연구하는 사람들은 옛 성현들의 지혜를 탐구하고 예언을 연구하는 데 전념한다"(벤 시라 39:1). 에스라는 모세의 토라에 정통한 서기관이었다. 그러나 250년이 흐른 뒤에는 서기관이 "지혜"와 "율법"도 알아야 했다. 벤 시라의 책을 그리스 말로 번역한 책의 서문에 그의 손자가 증언하는 대로 벤 시라 자신이 그러한 사람이었다: "우리 할아버지 예수께서는 율법과 예언서 그리고 우리 선조들의 다른 책들을 읽는 데 전념하여 이러한 것들에 대해 상당히 능통하게 되신 후에, 몸소 교훈과 지혜에 속하는 어떤 것을 쓰고자 하는 마음을 갖게 되셨다."

벤 시라는 유명한 사람들을 찬양하는 이스라엘 영웅들에 대한 개괄적 역사에 이사야, 예레미야, 에스겔, 그리고 "열두 예언자들"을 포함시켰다(벤 시라 49:10). 벤 시라가 단순히 과거의 중요한 인물들을 언급하는 것인지 혹은 정경적 책들을 언급하고 있는 것인지는 잘 알 수 없다. 그가 이러한 사람들의 예언이 영원히 유효한 것으로 믿었다거나 그들이 처음 선포하던 당시에 필요한 말을 전한 것이 아니라 어느 때나 필요한 것에 대해 언급한 것으로 믿었음을 나타내는 표지는 없다. 벤 시라는 서기관이나 교육받은 유대인이라면 예언과 지혜를 아는 것이 중요하다고 생각했다. 그러나 그렇다고 해서 그 책들이 반드시 "정경적"이었다는 뜻은 아니다.

기원전 2세기 중엽 종교적 위기가 최고조에 달할 때, 다니엘書의 저자는 당시 일어나고 있던 사건들의 비밀을 캐어 보려고 했다. 그 대답은 예레미야에게서 발견할 수 있었다(단 9:2): "나 다니엘이 서책으로 말미암아 여호와의 말씀이 선지자 예레미야에게 임하여 고하신 그 년수를 깨달았나니 곧 예루살렘의 황무함이 칠십년만에 마치리라 하신 것이니라." 바빌로니아에 유배당한 사람들에게 몇백년 전에 예레미야가 예언한 회복의 약속에 대해 다니엘書의 저자는 안티오쿠스 에피파네스가 침략한 이후 이스라엘이 회복될 것을 약속하는 것으로 이해했다. 이로써 예레미야의 예언의 말씀은 계속 생명력을 갖게 되었고, 그 잠재력과 진정성은 그것이 선포된 이후에도 오랫동안 줄어들지 않았다. 예언자들에 대한 이와 똑같은 태도가 쿰란에서 나온 주해서들(*pesharim*, 아래를 보라), 신약성서, 랍비 문헌에서도 잘 증거되고 있다. 그러므로 예언서(세 권의 대예언서와 열두 권의 소예언서)는 벤 시라 시대 이전에 편집되어 기원전 2세기 및 1세기에 정경이 되었다. 기원전 2세기 말 유대 공동체에서 떨어져나간 사마리아인들은 예언서를 정경으로 받아들이지 않았다.

성문서

어떤 유대인들, 특히 이스라엘 본토 유대인들에게 있어서는 성서의 둘째 부분이 아직 완결되지 않았다. 그것은 예언서의 서문 역할을 하는(혹은 토라의 후기[epilogue] 역할을 하는), 여호수아부터 열왕기에 이르는 역사서와 예언서 자체로 구성되어 있었다. 이 정경에 첨가된 부분들이 마침내 단순히 "성문서"(the Writings)라고 알려진 제3부를 구성하게 되었다. 기원전 160년대에 씌어진 다니엘書가 정경이 될 때, 그것이 이미 완결된 예언서에 포함되지 않고 성문서에 포함되었다.

최근까지 학자들은 야브네(혹은 얌니야: Yavneh or Jamnia)의 랍비 회의(synod)가 기원후 100년경에 히브리 성서의 정경화 작업을 종결지었다고 말해 왔다. 그러나 이러한 견해는 주로 증거가 없다는 이유로 설득력을 잃었다. 이러한 학자들 또 야브네의 랍비들이 기독교를 울타리에서 몰아내고 기독교 서적 및 묵시문학 작품들을 정경에서 제외시키려는 동기에서 회의를 했다고도 주장한다. 이러한 해석도 최근 그 설득력을 잃었다. 이에 대해서는 다음 장에서 좀더 상세하게 다룰 것이다. 어쨌든, 기원후 1세기 이후에는 정경 성서에 아무것도 첨가되지 않았다.

3세기와 4세기의 랍비들이 여전히 여러 가지 책들의 거룩성에 대해 논의하기는 했다. 특히 에스더書는 정경에 들어오기 위해 많은 고초를 겪었다. 쿰란의 유대인들은 에스더書를 읽지 않았다(이 책은 조그마한 단편조차 발견되지 않았다). 에스더書는 기원후 2세기 후반에 기록된 것으로, 현존하는 가장 오래된 교부들의 성서 목록에도 에스더書는 나오지 않는다. 그리고 1, 2세기가 더 지난 후에도 랍비들은 이 책에 대해 여전히 분명한 견해를 갖지 못했다. 그러나 결국 에스더書가 승리했다.

성문서는 여러 책을 나름대로 분류해 모아 놓은 것이다. 대부분 지혜에 관한 책이며, 벤 시라에 따르면 서기관들의 커리큘럼 가운데 제3부를 구성한다. 그러나 이외에도 찬양, 역사, 간단한 이야기 등도 포함된다. 가장 기이한 책은 세속적 연가의 수집물로 보이는 아가書이다. 기원후 1세기에 이르러서는 이러한 책들이 수집되고 하나님의 영감으로 기록된 말씀으로 간주되었다. 아마 이러한 책들도 영원히 유효하고 실존적으로 의미가 있는 것으로 간주되었을 것이다. 최소한 랍비 시대에 이르러서는 성문서의 모든 책들이 그렇게 간주되었을 것이다. 그러나 그러한 태도는 기원후 1세기에는 시편에 대해서만 증거되고 있다(다음 단락을 보라). 아가書를 정경에 포함시킨 사람은 누구든지 아마 2세기의 랍비들이 그러했듯이, 그 책을 하나님과 이스라엘 사이의 거룩한 사랑 노래로 해석했을 것이다.

이로써 세 부분으로 구성된 정경이 탄생되었다: 토라, 예언서, 성문서. 이 정경은 이스라엘 본토 유대인과 해외 유대인이 모두 받아들였다. 그러나 쿰란의 유대인들과 같이 어떤 사람들은 전혀 정경을 규정하려 하지 않기도 했다. 또 어떤 사람들은 제4 에스라의 저자와 마찬가지로 24권으로 된 정경과 나란히 묵시문학 수집물들을 따로 갖고 있었다. 그런가 하면 해외 유대인들 가운데 어떤 이들은 토라는 분명히 규정하지만, 그 외에 예언서와 성문서, 영감받은 책과 그렇지 못한 책, 영원히 유효한 것과 일시적인 것을 구분하지 않는, 그러면서도 권위를 지닌 문헌 수집물을 보존하기도 했다.

삼부로 구성된 정경

벤 시라는 서기관의 교과 과정을 율법, 지혜, 예언으로 구분했다. 이러한 분류법은 고대에 제사장, 현자, 예언자를 구분한 것을 반영한다. 벤 시라보다 400년 전에 이스라엘 사람들은 재앙에 관한 예레미야의 예언을 거부하고 자신들은 계속 정상적인 삶을 살 것이라고 주장했다: "우리에게는 율법을 가르쳐 줄 제사장이 있고, 지혜를 가르쳐 줄 현자가 있으며, 말씀을 전하여 줄 예언자가 있다"(렘 18: 18). 예레미야 시대에는 토라, 권면, 그리고 하나님의 말씀을 얻고자 할 때, 살아있는 사람들로부터 구했다. 벤 시라 시대에는 이러한 것들을 얻고자 할 때, 책을 연구함으로써 구했다. 그리고 이것을 전문적으로 연구하는 사람이 서기관이다. 벤 시라의 손자는 할아버지의 분류법을 개정하여, 셋째 부류를 "지혜"가 아니라 "다른 책들"이라고 고쳐 부르며 예레미야書에 나와 있는 순서를 따르지 않는다. 이 손자는 "율법, 예언서, 그리고 우리 선조의 다른 책들"에 대해 말한다. 벤 시라도 그의 손자도 삼부로 구성된 "정경"에 대해서는 잘 알지 못한다. 그러나 그 기초는 이미 놓여졌으며 삼부로 구성된 정경은 기원 1세기에 분명히 나타난다.

고대 선현들의 문헌을 세 부분으로 구분하는 것에 대해 묘사하는 구절이 기원후 1세기의 세 문헌에 나오는 데, 이 중 두 구절은 정경에 대해 분명히 언급한다. 이 세 구절 모두 시편(혹은 "찬양")이 제3부의 가장 중요한 구성 요소로서 지혜 문학 뒤에 위치한 것으로 묘사한다. 필로는 테라퓨타인들(Therapeutae)에 대해 그들이 "율법, 예언자들의 입을 통해 전해진 신탁, 시편, 그리고 지혜와 신심을 배양하고 완성시키는 것이면 그 어느 것이나(혹은 시편 및 지혜와 신심을 배양하고 완성시키는 다른 책들을)" 공부한다고 기술한다(*On the Contemplative Life*, 3, §25). 이것이 "정경"인지는 분명하게 알 수 없다. 필로 자신은 토라를 영감을 받아 전한 모세의 말(혹은 하나님의 계시된 말씀)이라고 간주하여, 토라를 해석하는 데 엄청난 정력을 쏟는다. 그는 실제로 성서의 나머지 부분은 그것이 정경이든 아니든 무시한다.

둘째 구절은 눅 24:44인데, 여기서 부활한 예수가 제자들에게 "모세의 율법과 예언자의 글과 시편에 나를 두고 기록한 모든 일이 반드시 이루어져야 한다"고 말한다. 여기서 시편도 예언의 책으로 간주되어 거기에 기록된 말이 "이루어져야" 한다고 말한다. 신약성서는 종종 시편을 이런 식으로 이해했다. 구약성서 가운데 시편과 이사야서가 신약성서에 가장 많이 인용되고 있다. 쿰란의 유대인들은 하박국이나 다른 예언자들에 대해 그러했듯이 시편에 대해서도 주석서를 썼다.

셋째 구절이 가장 중요한데, 그 이유는 그것이 고대 유대인들이 "정경적"인 것과 "비정경적"인 것에 대해 명료하게 언명한 이론을 갖고 있었다는 명시적인 증거로는 가장 오래된 것이기 때문이다. 이 구절은 요세푸스의 *Against Apion*, 1.8, §38-41에 나온다.

> 우리[유대인들]는 서로 모순이 되며 일치하지 않는 수많은 책들을 갖고 있지 않다. 우리의 책들은 올바르게 공인된 것들[혹은: 신성한 것이라고 옳게 믿어진]로 단지 22권뿐이며, 모든 시대의 기록을 다 담고 있다. 물론 다섯 권은 모세의 책으로, 율법 그리고 인간의 창조부터 모세의 죽음에 이르기까지의 전승을 담고 있다. 이 시대는 3000년이 조금 못된다. 모세의 죽음으로부터 페르시아의 크세르크세스(Xerxes)를 계승하여 왕이 된 아르타크세르크세스(Artaxerxes)에 이르기까지, 모세 이후의 예언자들은 자신들이 살던 시대의 사건들을 13권의 책에 역사로 기록했다. 나머지 네 권에는 하나님에 대한 찬양과 인생살이의 교훈이 담겨 있다. 아르타크세르크세스로부터 우리 자신의 시대에 이르기까지도 완전한 역사가 기록되었지만 그것이 이전의 기록에 견줄 만큼 가치있는 것은 아니다. 예언자들을 정확히 계승하지 못했기 때문이다.

"정경"이라는 말은 사용하지 않지만, 요세푸스는 우리가(그리고 4세기의 교부들도) "정경적"이라고 부르는 책들의 수집물에 대해 묘사하고 있다. 이 구절을 담고 있는 문맥은 그리스의 역사편찬법에 대해 공격하면서 "역사로서의 성서"를 특별히 강조한 것에 대해 설명하고 있다. 그리스의 역사는 오류와 모순으로 가득하다. 진리나 정확성에 대해 개의치 않는 사람들이 기록했기 때문이다. 반면, 유대의 역사는 모두 참되며 모순이 없다.

요세푸스에 따르면, 정경 24권의 책이 모두 하나님의 영감을 받아 기록되었다(그러므로 권위를 지니며 모순이 없다). 이러한 책들은 아르타크세르크세스(기원전 465-425년, 에스라 시대)가 통치하기 이전에 살았던 예언자들(이전 시대에 대해 하나님으로부터 배우고 자신들의 시대에 대해 경험을 통해 배운 사람들)이 썼으며, 제사장들이 그대로 전수해 받았다. 이 정경은 삼부로 나뉜다: 모세의 다섯 권의 책, 열 세 권의 예언서, 그리고 네 권의 찬양 및 교훈이다.

이 구절은 모든 유대인들이 5-13-4로 배열된 22권의 책으로 된 정경을 갖고 있었음을 암시한다. 그러나 요세푸스는 무언가 잘못 알고 있거나 아니면 의도적으로 그릇되게 인도하고 있다(결국 그는 유대교의 일치된 견해를 강조하려 하고 있다!). 바빌로니아 탈무드의 구절(*Baba Batra*, 14b-15a)에 묘사된 랍비 정경은 요세푸스의 22권 대신 24권의 책으로 구성되어 있다. 그러나 이렇게 서로 일치하지 않는 것은 아마 서로 다른 정경을 반영하기 때문이 아니라 정경적 책을 계수하는 방식이 다르기 때문일 것이다(더 적게 계수한 것은 룻기를 사사기의 일부로, 또 애가를 예레미야의 일부로 간주한다). 이와 비슷하게, 제4 에스라도 24권으로 된 정경을 알고 있다. 좀더 의미있는 것은 랍비들이 정경을 세 부분으로 분류하는 방식이 다르다는 사실이다: 토라 다섯 권; 예언서 여덟 권; 성문서 열 한 권이다, 곧 5-8-11이다.

그러나 가장 흥미로운 증거는 그리스어로 번역된 성서의 사본에서, 그리고 교부들의 정경 목록에서 발견된다. 이 두 자료가 모두 기독교계에서 비롯된 것이지만, 많은 학자들은 이 자료가 최소한 어느 정도는 그리스의 해외 유대인들이 사용한 성서 정경을 반영한다고 논증한다. 이러한 자료에 증거된 정경 가운데는 삼부로 나뉘어진 것들도 있다. 그러나 그 어느것도 요세푸스나 랍비들의 정경과 완전히 일치하지는 않는다(예를 들면, 어느 교부는 열두 권의 역사서, 다섯 권의 시편, 다섯 권의 예언서, 곧 12-5-5로 분류한다). 전혀 세 부분으로 구분하지 않는 정경도 많다(예를 들면, 어느 교부는 네 개의 오경[율법서, 시편, 성문서, 예언서 각 5권]과 말미에 에스라와 에스더를 덧붙여 5-5-5-5-2로 분류되는 22권으로 묘사한다). 배열 방식을 전혀 알 수 없는 정경을 갖고 있는 사람들도 있다. 이러한 정경을 달리 모아 놓은 것을 보면(거의 모든 사본과 몇몇 교부들의 목록) 지금까지 알려진 한 요세푸스도 랍비도 본토 이스라엘의 다른 어느 누구도 포함시키기에 적합하다고 생각하지 않은 "외경"(apocryphal)의 책들을 포함시킨다.[4]

이러한 기독교계의 증거가 그리스의 해외 유대인들의 관행을 반영한다면, 요세푸스가 모든 유대인들이 어느 곳에서나 22권의 책을 삼부로 분류한 정경을 갖고 있다고 말한 것은 오류이다. 모든 유대인들이 다 정경의 첫 다섯 권을 토라라고 부른다. 대부분의 유대인들이 토라에 이어 여호수아-열왕기의 역사서가 뒤따른다고 한다. 이렇듯 거의 통일된 듯한 견해가 그 뒷부분에 대해서는 통일성을 전혀 갖지 못한다(물론, 쿰란의 사람들처럼 정경에 대해 분명한 개념을 갖고 있지도 못한 유대인들도 있었다).

선별 기준

정경에 대한 요세푸스의 묘사는 또 한 가지 중요한 측면에서 오류를 범했다. 요세푸스는 성서 정경의 모든 책들이 아르타크세르크세스 시대 이전에 기록되었다고 한다. 그의 이러한 견해는 제4 에스라와 랍비 전통도 지지한다. 유대인들이 어떻게 이러한 견해를 갖게 되었는지는 쉽게 알 수 있다. 히브리 정경에 들어 있는 그 어느 책도 명백하게 에스라 및 느헤미야 이후 시대를 명시적으로 언급하지 않기 때문이다. 그러나 사실, 성서의 책들이 이 시대보다 훨씬 늦게 기록된 경우가 많다. 늦게 나온 책들로는 분명히 역대기, 룻기, 전도서, 에스더, 그리고 물론 첫 부분에서 좀더 일찍 씌여진 자료를 이용하지만 기원전 160년대에 가서야 기록된 다니엘이 포함된다. 늦게 씌여진 책들은 이외에도 또 있다: 욥기, 아가, 요나, 요엘, 그리고 잠언의 일부, 스가랴 하반부, 그리고 많은 시편. 기원후 1세기에 이르러서는 이러한 책들이 언제 씌여졌는지 알 수 없게 되었다. 그래서 요세푸스는 성서 전체가 아르타크세르크세스의 통치보다 앞서서 기록되었다고 주장할 수 있었다.

기독교계 성서 정경을 만든 유대인들은 요세푸스나 랍비 전통과 견해를 달리한다. 이러한 유대인들은 다니엘보다 더 늦게 씌여진 책들(마카비상하, 솔로몬의 지혜서)도 자신들의 성서에 포함시킨다. 그리고 다니엘처럼 페르시아 시대의 산물이라고 주장하지 않는 책들(벤 시라, 마카비상하)도 포함시킨다. 게다가 이러한 유대인들은 어떤 책이 성서에 포함되기 위해 반드시 하나님의 영감으로 기록되어야(혹은 영원히 유효한 것이어야) 한다고 믿지 않았음이 분명하다.

타낙의 정경화 작업 전(全) 과정을 볼 때 한 가지 문제가 제기된다. 왜 이러한 책들은 정경에 포함되고 다른 책들은 되지 않았는가? 왜 전도서는 포함되고 『벤 시라』는 포함되지 않았는가? 왜 룻기는 포함되고 『토빗』은 포함되지 않았는가? 왜 에스더는 포함되고 『유딧』은 포함되지 않았는가? 왜 다니엘은 포함되고 『에녹』은 포함되지 않았는가? 왜 역대기(사무엘-열왕기의 재기술)는 포함되고 『성전 두루마리』(출애굽기-신명기의 재기술)는 포함되지 않았는가? 정경에 포함된 책들과 포함되지 않은 책들을 구분짓는 객관적이고 절대적인 기준은 없다. 성서의 책들만 하나님의 영감을 통해 기록되었다고 주장하는 것은 아니다. 성서에 포함되지 않은 몇몇 책들(토빗, 제1 에녹, 벤 시라)은 페르시아 및 헬레니즘 시대 초기에 기록된 것으로 실제로 성문서에 포함된 많은 책들과 저작 시기가 실질적으로 같다. 성서 가운데 가장 늦게 기록된 다니엘은 『유빌리』, 유딧, 그리고 다른 많은 책들과 같은 시기에 씌어졌다. 왜 어떤 책들은 정경에 포함되고 다른 책들은 포함되지 않았는가?

이 대답은 그 문헌의 사회적 배경에서 일부 찾아볼 수 있다. 제4 에스라는 타낙의 24권의 책을 "적합한 사람이나 부적합한 사람이나" 모두 읽어야 하며, 반면 에스라가 하나님의 영감을 통해 다시 창조한 70권의 다른 책들은 단지 "너희 백성 가운데 지혜로운 사람들만" 읽어야 한다고 한다(제4 에스라 14:45-46). 다시 말해, 성서의 책들은 기이한 책이 아니다. 이사야 65장, 느헤미야 10장, 다니엘 11-12장이 본래 소규모의 독특한 집단에서 나온 산물이라 하더라도, 이러한 책들이 성서 정경에 들어온 이후로는 소수의 엘리트들만의 소유가 아니라 전 백성의 자랑스러운 소유인 것이다.

종파나 이와 유사한 집단의 밀교(密敎)적 소유물로 남아 있는 책들은 결코 정경화되지 않는다. 고대의(특히 동양) 많은 문화가 "거룩한 책들"을 숭상했다. 그리고 이러한 책들은 대개 비밀스러운 것이거나 이집트에서처럼 제사장들만이 배타적 영역을 이루어 관장했다. 그러나 유대교에서는 "거룩한 책들"이 어느 한 집단이 욕심 사납게 혼자 보존하려 한 것이 아니라 전 공동체의 소유였다. 그래서 『유빌리』나 『성전 두루마리』, 쿰란에서 나온 에세네파의 문헌, 그리고 다니엘을 제외한 "묵시" 문학들은 성서에 들어오지 못했다. 『벤 시라』나 『유딧』같은 공교(公敎)적 문헌이 포함되지 않은 이유는 분명하지 않다. 물론, 유배 이전 시대에도 어떤 책들은 막 형성되고 있는 성서적 전승으로부터 제외되었다.

타낙 자체도 지금은 없어진 몇몇 책에 대해 언급한다. 예를 들면, 『야살의 책』(수 10:13; 삼하 1:18); 주의 전쟁기(민 21:14); 『유다 왕들의 역대기』(왕상 14:29 등); 이스라엘 왕들의 역대기(왕상 14:19 등). 왜 아무도 이러한 책들을 보존하려 하지 않았을까? 왜 이러한 책들은 "정경화"되지 않았을까? 몇 세기 지나서 왜 『토빗』, 『벤 시라』, 『유딧』은 정경화되지 않았는가? 우리는 알 수 없다.

결론

고대 세계에서 "성서 정경"이 어떤 개념으로 쓰였는지는 파악하기가 쉽지 않다. 요세푸스, 랍비, 그리고 이들을 따르려는 현대의 학자들에게 있어서, 이 정의는 간결하고도 명확하다: 정경은 하나님에 의해 영감을 받았거나 계시된 책들로 구성된다. 그러나 모든 유대인들이 이 신학적 정의를 받아들인 것은 아니다. 어쨌든 기원후 1세기 이전에는 이러한 정의를 찾아볼 수 없다. 그래서 나는 정경성에 대해 "실존적" 정의를 제시했다. 그러나 나는 이것 역시 고대의 모든 유대인들이 반드시 받아들였던 것은 아니었음을 인정한다. 사실, 고대 유대인들은 정경이 무엇이라고 정의하는 데 관심이 없었다. 그들은 "정경"이라는 말이 없어도 또 성서의 정경화 작업의 역사에 대해 논의하지 않아도 잘 지낼 수 있었다.

이 주제가 파악하기 어려운 것임에도 불구하고 몇 가지 중요한 점은 명백하다. 정경화 작업은 사건이 아니라 과정이다. 모든 분석을 종합해 볼 때 정경성을 결정한 것은 어떤 특수 계층이 아니라 유대 공동체이다. 어떤 책이 정경이 되려면 공동체가 권위있는 것으로 받아들여야 했기 때문이다.

공동체마다 다른 정경을 갖고 있었고 정경에 대한 견해가 달랐다. 요세푸스의 『Against Apion』에 나타난 타낙과 랍비들은 가장 부피가 작은 정경을 주장했고(에스더만 포함시키지 않는다면, 가장 짧은 정경이다), 쿰란의 유대인들, 묵시문학적 선견자들(이 두 집단이 자신들의 문헌을 성서의 한 부분으로 간주했다면), 그리고 해외 유대인들(기독교계 정경이 유대교 자료에서 비롯되었다면)의 성서는 훨씬 더 길었다.

정경화 작업의 의미

제2성전 시대 유대인들은 자신들이 고전 이후 시대(a postclassical age)에 살고 있다고 보았다. 그들은 하나님이 자신들에 게보다는 선현들에게 좀더 직접적으로 그리고 좀더 명확하게 말했다고 생각하여 선현들이 남긴 글을 수집하고 귀히 보존했다. 이들은 더 이상 토라나 고전적 예언서, 혹은 한두 가지 예외는 있지만 사사기나 열왕기같은 양식의 역사를 쓰려고 하지 않았다. 이러한 것들은 이미 지난 시대의 장르에 속하는 것이었다. 그들은 자신들이 기록한 책에서도, 자신들의 정체를 밝히지 않았다. 이름을 밝히며 글을 쓴 마지막 유대인이 기원전 200년경에 살았던 벤 시라이다. 그 외에는, 제2성전 시대 말기에 이스라엘 본토에서 형성된 모든 문헌이 다 이름을 밝히지 않거나 가명을 썼다.

타낙의 정경화 작업이 일어난 후 성서 연구에 대한 이상(ideal)이 발전되었고(제3장을 보라) 자신들이 성서에 정통하다는 것에 근거하여 정치적 종교적 권위를 주장하는 사람들이 나타났다(제5장을 보라). 성서 연구로 인해 세 가지 새로운 문학 장르가 출현했다: 성서 번역, 성서 풀어쓰기(paraphrase), 주석. 이러한 장르가 존재한다는 사실 자체에서 성서가 권위있는 책으로 간주되었음을 알 수 있다. 그리고 그 내용을 보면 성서가 "정경적" 텍스트로 간주되었음을 알 수 있다. 성서의 율법을 해석하고 현실성 있게 관련시키고, 예언을 당시의 사건 혹은 최근의 사건에 적용시키고, 경건에 관한 (그리고 불경에 관한 것도!) 본보기와 하나님이 인간사를 다루는 전형적 방식을 얻기 위해 설화들을 열심히 탐구했다.

그러나 성서에 충실하다고 선포하면서도, 유대인들은 역설적으로 자신들을 성서로부터 해방시켰다. 제2성전 시대와 랍비 시대에 나온 것으로 현존하는 성서 번역, 풀어쓰기, 주석 가운데 많은 것들이 환상적이거나 일관성이 없으며 원문을 정확하게 해석했다고 주장하는 사람들조차 때때로 그러한 주장대로 살지 않았다.

정경화된 문헌이 출현함으로써 유대인들은 그들의 거룩한 전승들을 자유롭게 해석할 수 있게 되었다. 전승이 유동적 형태로 유포되고 있을 때는 이러한 자유를 누릴 수 없었다. 원문이 아직 변화될 가능성이 있다고 우려될 때에는, 텍스트와 해석을 명확하게 구분할 수 없었다. 거룩한 원문을 보존하는 사람들은 기분내키는 대로 수정하는 데 대해 경계했다. 그들은 여러 가지 주석적 목적을 가진 주해와 해석을 본문 속에 포함시켰다. 그러나 그들이 갖고 있던 원래의 문헌에 긴밀히 관련되지 않는 첨가나 주석들은 제외시켰다. 그러나 일단 전승이 고정되고 불변의 형태로 확고하게 형성된 후에는 온갖 형태의 상상을 할 수 있게 되었다. 마음대로 혹은 모험적으로 해석한다고 해도 더 이상 문제될 것이 없었다. 거룩한 원문은 건드릴 수 없기 때문이다. 일반 대중이 상상력을 발휘하면서 성서에 전혀 알려지지 않은 이야기나 전설들이 출현했고, 학자들이 상상력을 발휘하면서 때로는 원문의 의도를 완전히 무시하거나 파괴하는 해석도 해볼 수 있게 되었다.

창조적인 해석을 할 수 있게 만든 것은 정경의 텍스트가 다양한 의미를 담고 있다(multivalent)는 믿음이었다. 즉 정경이 여러 가지 의미를 담고 있다는 믿음이다. 그 어느 해석도 텍스트가 전하는 모든 의미를 다 정확하게 반영할 수는 없기 때문에(현대의 문학 평론가나 고대의 유대교 주석가들이나 공통되게 갖고 있던 태도), 본문에 어느 정도 연관되는 한 온갖 형태의 해석을 다 할 수 있게 되었다. 자신들만이 타낙의 참된 의미를 이해하고 있다고 주장한 것은 오직 종파들(sects)뿐이다. 이들도 대부분 단지 율법과 관련된 문제에서만 배타적인 진리를 소유하고 있다고 주장했다. 다른 귀절들은 다양하게 해석될 수 있었다. 정경이 창조됨으로써 유대인들은 거룩한 전승들을 해석하는 데 더 많은 자유를 누리게 되었다.

이로써 타낙의 정경화 작업은 창조적인 영들을 질식시켰다기보다는 그 방향을 다른 곳으로 돌렸다. 헬레니즘 시대와 로마 시대에 기록된 유대교 문헌은 모두 타낙의 이미지와 관념을 사용한다. 고대 유대교는 "세속적"이거나 비종교적인 문헌을 거의 남기지 않았다. 어떤 경우에는 성서적 모델의 영향이 너무 커서 후대의 작품은 이전 것의 모방에 지나지 않았다: 마카비상은 사사기와 열왕기를 모방하며, 이 당시의 수많은 기도와 찬양(예를 들면, 쿰란 찬양시)이 때때로 새로운 내용이 있기도 하지만 타낙의 시편이나 다른 전례 구절들을 반영한다.

성서적 모델의 모방보다 더 일반적인 것은 타낙에는 알려지지 않은 문체나 장르의 문헌이다. 헬레니즘 시대의 단편적 이야기나 모험담은 대단히 대중적인 것이어서 그리스어(예를 들면, 제3 마카베오), 히브리어(예를 들면, 유딧), 아람어(예를 들면, 『외경 창세기』 [*Genesis Apocryphon*])로 기록된 문헌에 영향을 주었다. 유딧書는, 민족주의적 내용을 담고 있고 마카비시대에 기원했지만(이것은 거의 분명히 토라와 주를 위한 싸움을 찬양하기 위해 마카비가문의 지지자가 기록했을 것이다), 아름답고 덕스러운 여주인공, 사악한 악당, 그리고 유혹적인 장면이 헬레니즘 모험담의 전형적인 작품이다(한 가지 결여된 요소는 여주인공에 어울리는 멋진 신랑이 없다는 점이다).

그리스어를 사용하는 유대인들은 잠언이나 욥기보다 그리스의 논쟁(diatribes), 대화, 격언시(gnomic poetry)에 더 많이 의존하는 지혜서(예를 들면, 솔로몬의 지혜서, 위경-포킬리데스, Pseudo-Phocylides); 이사야나 아모스보다 호머나 유리피데스에게 더 많이 의존하고 있는 시편(예를 들면, 시인 필로, 비극작가 에스겔); 열왕기나 역대기보다 헤로도투스, 투치디데스, 헬레니즘 역사편찬에 더 많이 의존하는 역사; 성서의 예언보다 그리스의 예언에 더 많이 의존하는 예언 신탁(시빌의 신탁, the Sibylline Oracles)을 썼다. 히브리어를 사용하는 유대인들은 예언 문학을 쓰지는 않았지만 묵시문학은 썼다(아래를 보라). 그리고 이들은 증언(testaments)이라는 장르를 개발했다(예를 들면, 『모세의 증언』, 『레위의 증언』).

제2성전 시대 후반기에 나온 문학은 두 가지 상호 모순되는 경향을 지닌다. 첫째 중요한 경향은 과거에 비해 열등하다거나 과거에 종속된다는 느낌이다. 유대인들은 자신들이 고전 이후 시대 혹은 "이류"(silver) 시대에 살고 있으며, 선조들이 갖고 있던 종교적 권위와 진정성이 결여되어 있다고 느꼈다. 대부분 그들은 더 이상 성서의 양식으로 글을 쓰지 않았다. 또 최소한 히브리어를 쓰는 사람들은 자신들의 작품에 이름을 남기지 않았다. 살아있는 예언자들을 통하여 하나님을 찾기보다는 그들은 옛 예언자들이 남긴 말씀을 연구함으로써 하나님을 찾았다. 그러나 그러한 경우 대개 그러하듯이, 열등 의식이 새로운 영역에 창조적으로 접근하는 자극제 역할을 했다.

타낙의 정경화 작업은 한편으로는 제한 요소가 되기도 했지만 다른 한편으로는 자극제가 되기도 했다. 하나님의 말씀에 이제 튼튼한 테두리가 쳐졌기 때문에 정경화 작업으로 인해 상상력이 자유롭게 발휘되었다. 또 정경화 작업으로 유대인들은 새로운 문학 장르를 개발하게 되었다. 유대인들은 창조적인 주석을 통해 자신들이 거룩한 문헌에 충실히 복종하고 있다고 주장하면서도 동시에 그 문헌이 폭군처럼 통제하는 것으로부터 벗어날 수 있었다. 선현들의 유산에 접근할 때, 제2성전 시대 후반기의(그리고 다음 장에서 논의할 랍비 시대의) 유대인들은 자신들이 복종하면서도 자유로운 존재로, 열등하면서도 자율적인 존재로 보았다.

여기서는 이러한 복잡한 문제들을 상세하게 다 논할 수 없기 때문에, 단지 정경화 작업의 주요한 의미 가운데 두 가지만 간략히 다룰 것이다: 예언이 묵시문학으로 변형된 일과 성서 해석이 증대된 일이다.

예언의 변형
예언과 묵시문학의 비교

예언은 끝났다기보다는 변형되었다. 기원전 8세기부터 6세기까지의 고전적 예언에서 예언자는 하나님으로부터 직접 계시를 받으며, 이 계시를 백성들에게 전달한다. 예언자들이 즐겨 사용한 문구가 "주께서 이렇게 말씀하신다"와 "하나님의 말씀"이다. 때때로 하나님의 메시지는 이미지나 상징을 통해 제시되기도 한다. 대부분 이러한 이미지들은 일상적인 대상이나 현상에서 따온 것이다. 그리고 예언자에게 그러한 이미지의 의미를 알려주는 것은 하나님의 음성이다(예를 들면, 암 8:1-3; 렘 1:11-15). 예언자는 공개적으로 명료하게 말한다. 그에게는 하나님으로부터 신탁을 받는 독특한 특권이 주어졌다.

예언자의 기능은 그 정보를 남모르게 감추어두는 것이 아니라 들으려고 하는 모든 사람들에게 다 알리는 일이다. 하나님의 계획을 선포함으로써 예언자는 백성들로 하여금 회개하도록 인도한다. 예언 가운데는 회개의 가능성이나 그 실효성을 최소화하면서, 하나님이 공포하는 것이 필연적임을 강조하는 것도 있다(예를 들면, 렘 27장). 그러나 고전적 예언의 주된 기능은 그 자의식(self-conception)에 따르면(특히 겔 33장을 보라), 어떤 피할 수 없는 운명을 예고하는 것이 아니라 신심을 자극하여 올바른 행동을 하도록 부추기는 일이다(제3장을 보라). 그러므로 예언자의 또 다른 기능은 하나님께 탄원하여 그의 백성을 용서하고 예언자가 위협한 대로 그들을 벌하지 않게 하는 일이다(이러한 행동의 고전적인 모델이 모세이다; 출 32장과 민 14장을 보라).

 예언자가 하나님과 인류 사이에 자리한 그토록 중요한 중재인이기 때문에, 그가 누구인지 아는 것은 매우 중요하다. 성서 정경에 있는 모든 예언서는 어떤 이름을 밝힌 사람들이 쓴 것으로 되어 있다. 현대 학계가 어떤 부분(사 40-66장처럼)은 실제로 이름을 밝히지 않은 사람이 삽입하거나 첨가한 것이며 이름을 밝힌 몇몇 예언자가 썼다고 하는 주장이 잘못된 것임을 증명했다 하더라도, 고전적 예언은 여전히 대부분 말씀을 보존했을 뿐만 아니라 자신이 누구라고 이름도 밝힌 사람들의 책이다.

 기원전 2세기에 이르러서는 고전적 예언이 발전하여 묵시(*apocalypse*)가 되었다. 학자들은 "묵시"라는 용어가 장르를 나타내는 것인지, 동기(motif)를 나타내는 것인지, 혹은 어떤 사고 방식을 나타내는 것인지에 대해 오랫동안 토의해 왔다. 이 용어는 장르를 나타내는 것으로 사용하는 것이 가장 유용하다:

 "묵시"는 천사나 어떤 영감받은 사람이 기록한 문헌이다. 그들은 비밀을 드러내거나 신비로운 것을 밝힐 수 있었다(그리스 어휘 *apocalyptein*은 "계시하다, 드러내다"라는 뜻을 갖고 있다). 밝혀진 비밀에는 여러 가지 유형이 있을 수 있다. 『에녹』의 한 구성 요소인 「거인들의 책」은 기원전 3세기에 써어진 것이 분명한데, 한 천사가 에녹에게 천문학적 혹은 우주론적 지식을 계시하는 묵시이다. 기원전 160년대에 써어진 『유빌리』에서는 한 천사가 모세에게 천상 서판의 내용을 계시해 준다. 위에서 간략하게 논했던 것처럼, 『유빌리』는 근본적으로 토라의 첫 부분을 다시 쓴 것이다. 그러나 『유빌리』의 목적 중의 하나는, 그것이 주된 목적은 아니라 하더라도, 태양력을 합법화하려는 것이다. 마카비시대 이전에는 묵시의 내용이 본질적으로 신비스러운 것이었다. 이러한 사실은 초기의 묵시와 지혜 사이에 어떤 연관이 있었음을 암시한다(욥 28장을 보라). 묵시문학은 우주론에 대한 관심을 전혀 버리지 않았다. 그러나 에피파네스가 성전을 모독하고 유대교를 박해한 데 대한 반응으로, 묵시문학은 역사와 종말론의 비밀로 그 관심을 돌렸다. 이러한 유형의 묵시로 대표적인 것이 다니엘書인데 고전적 예언이 변하여 된 마지막 과정을 나타낸다.

고전적 예언처럼 묵시도 삶, 죽음, 죄, 신정론(神正論) 등 인간의 상태에 대한 근본적인 관심과 관련되는 하나님의 계시이다. 예언자처럼 환상가는 하나님의 길을 설명하려 하거나 그렇게 할 수 없는 자신의 무능함에 대해 한탄한다. 묵시의 많은 구절, 동기(motifs), 사상이 고전적 예언자들로부터 나온 것이어서 이전에 활동한 예언자들을 명시적으로 언급하지 않더라도 묵시문학적 환상가들은 자신들이 예언자들을 승계하고 있다고 간주했다. 그러나 기원전 8세기부터 6세기까지가 예언의 황금시대라면, 기원전 2세기와 1세기는 예언의 아류 시대(age of silver or bronze)이다.

예언자들과는 달리 묵시문학 환상가들은 인류와 하나님 사이의 직접적인 중재자로 활동하지 않았다. 그들은 하나님으로부터 직접적인 계시를 받지 않았기 때문이다. 그들은 "주께서 이렇게 말씀하신다"라고 선포하지 않는다. 오히려 이들은 천사가 자신에게 계시한 내용을 전달한다. 그래서 중재자 역할을 하는 것은 천사이다. 하나님의 메시지가 이미지나 상징을 통해 전해지기도 한다. 이러한 이미지는 대부분 환상적이거나 기이하며 그 의미를 밝혀주는 것은 천사이다(예를 들면, 단 7장). 예언자와 달리 묵시문학 환상가는 사람들 앞에서 명료하게 선포하지 않는다. 천사가 환상가에게 말하고 그 환상의 의미를 설명해 준 뒤에도, 메시지는 여전히 모호하다. 단지 현자들만이 이해할 수 있다(단 12장). 계시가 주어지기 이전에 신비스러웠던 것은 계시가 주어진 이후에도 별차이가 없이 여전히 신비롭다.

묵시는 밀교(密敎) 문학이다. 제4 에스라는 그것이 단지 현자들만을 겨냥한 것이라고 한다. 다니엘 12:3은 현자들이 계시된 비밀을 백성에게 전달할 것으로 간주하지만 그것이 종파적인 문헌이었는지는 분명하지 않다. 묵시문학 환상가들의 사회적 배경이 알려지지 않고 있기 때문이다. 최소한 쿰란의 유대인들은 그들이 종말이 가까운 시기에 살고 있다고 믿고 종말론적으로 사색하는 데 관심을 많이 기울였다. 그러나 묵시에는 별로 관심을 기울이지 않았다. 그들은 『빛의 아들들과 어두움의 아들들의 전쟁』과 같은 비묵시문학적 책에서, 그리고 특별히 성서 주석(pesharim)에서 종말론적인 꿈을 표현했다.

이와 대조적으로, 초기의 기독교인들은 묵시에 관심이 많았다. 그들은 제2성전 시대의 유대교 묵시들을 많이 보존했고 스스로 새로운 묵시를 기록했다. 예언자들은 대중을 그 청중으로 삼았지만, 묵시문학 환상가들은 청중으로 단지 현자들만을 겨냥했다.

묵시의 분명한 메시지는 우주적 혹은 민족적 규모의 사건들이 하나님에 의해 이미 결정되어 있으며 그러면서도 환상을 통해 미리 경고를 받은 사람은 회개하여 의롭게 됨으로써 하나님의 세력과 연합할 수 있다는 것이다. 세계사에 대한 하나님의 계획은 지금부터 수세기 전 혹은 몇천 년 전에 이미 결정되었다. 사람들이 어떻게든 그 과정에 영향을 미칠 수 있는 것은 아무것도 없다.

특별히, 당시 널리 퍼진 한 가지 견해는 네 제국에 관한 이론이다. 이 이론에 의하면, 이스라엘이나 세상이 연속적으로 네 제국의 지배를 받게 되는데 각 제국이 점점 더 억압적인 통치를 하게 된다. 마지막 제국은 하나님의 선민에 대해 대대적인 박해를 시작하게 되는데 이렇게 위기가 그 절정에 이를 때 하나님과 천상의 군대가 세상에서 정의를 회복할 때 네 제국들이 종언을 고하게 된다. 이 이론은 다니엘이 처음으로 천명한 것인데(2장과 7장) 고대의 유대인과 기독교인, 그리고 중세에까지 엄청난 영향을 미쳤다. 이러한 구도 속에서 죄와 의, 형벌과 보상, 완악함과 회개는 별 관련이 없다. 이 일련의 제국들이 하나님에 의해 불변하는 우주적 질서에 속하는 것으로 선포된다. 묵시문학 환상가들은 현재 "의인"과 "선민"에게 닥친 위기의 본질에 대해 이렇게 설명한다. 그들이 계속 하나님께 충실하면, 번영을 누릴 때가 올 것이다. (민족 혹은 세계의) 운명 혹은 예정과 (개인의) 자유 의지 혹은 회개 사이의 이러한 긴장은 제2성전 및 랍비 유대교에 빈번하게 나타난다(제3장을 보라). 예언자들은 개인의 삶과 죽음에 대해서는 관심이 없었지만 묵시문학가들은 관심을 기울였다.

거의 언제나 저자가 누구인지 분명하게 밝힌 예언서와는 달리, 묵시문학적 작품은 절대로 저자를 밝히지 않았다. 이러한 책들은 저자를 밝히지 않거나 혹은 그런 경우가 더 많은데, 이들은 가명을 썼다. 즉, 실제 저자가 아닌 다른 사람이 쓴 것으로 했다(*pseudepigraphic*: 그리스어 *pseudo*, 거짓된, *epigraphos*, 돌림[ascription]). 이러한 위경은 저자를 밝히지 않은 책에 대해, 어쩌다가 저자를 잘못 밝힌 결과로 생긴 것이 아니라 저자가 의도적으로 다른 사람이 썼다고 주장함으로써 생긴 것이다. 이러한 책들의 저자는 자신의 신분을 밝히지 않고 이 세상의 시초에 살았던 사람들의 얼굴 뒤로 숨는다. 아담, 셋, 에녹, 노아가 이들이 특별히 선호하던 인물들이다. 물론 때로는 후대 사람들의 이름도 사용했다(예를 들면, 아브라함, 모세, 이사야, 바룩).

위경(*pseudepigrapha*)이라는 용어는 외경(*apocrypha*)이라는 용어와 마찬가지로 잘못 이해되어 왔다. 소수의 교부들은 "위경" 서적, 곧 다른 사람의 이름을 빌은 책에 대해 언급한다. 이것이 내가 사용하는 의미이다. 현대 학자들은 흔히(필로, 요세푸스, 쿰란 두루마리, 랍비 문학 이외에) 타낙에도 "외경"에도 나오지 않는 이러한 유대교 서적을 나타내기 위해 "위경"(The Pseudepigrapha)이라는 말을 사용한다. "위경"에 포함된 몇몇 책들은 정말로 위경이다, 곧 다른 사람의 이름을 빌어 쓴다. 그러나 그렇지 않은 것들도 많다. 그래서 혼란이 생기고 "위경"이라는 용어를 한 가지 특별한 문학적 현상에 대한 정확한 표현으로 사용하지 못하게 되었다(현재 쓰고 있는 것과 같은 의미로 쓰는 것은 단지 20세기에 들어와서야 널리 사용되었으며, 가급적 사용하지 않으려 한다).

이름을 밝히지 않거나 가명을 쓰는 것은 묵시문학에만 한정된 일이 아니다. 증언(testaments), 모험담, 주석, 지혜문학, 찬양, 율법, 이 모든 것들도 다 제2성전 시대 말기에 익명(匿名)으로 혹은 가명(假名)으로 기록되었다. 자기 이름을 밝히고 글을 쓴 마지막 유대인이 벤 시라이다. 히브리어를 말하는 같은 신앙인들보다 그리스어를 사용하는 유대인들은 작품에 자기 이름을 남기기를 더 좋아했다. 이 현상은 여러 가지로 설명할 수 있다. 별 의미가 없는 것으로 제쳐 놓을 수도 있다. 그러나 현대의 문헌 비평가들은 한 가지 흥미로운 설명을 제시한다. 글쓰는 일은 어느 것이나, 더구나 자기가 쓴 글에다 '내가 썼네' 하고 내세우는 것은 오만을 드러내는 행동이다. 저자는 자신의 책에서 무언가 성취했다고 주장하고 독자들에게 이전 사람이나 경쟁자의 책과 자기의 책을 비교해 보라고 한다. 기원후 2세기 말의 교부인 알렉산드리아의 클레멘트는 자신의 주저인 『잡록』(Stromata)에서 자기의 생각을 글로 남기려 한 것에 대해 길게 변명하는 것으로 시작한다. 결국, 기독교인들에게 필요한 책은 신약성서 한 권뿐이다. 그러나 이단들은 이미 자신들의 복음서를 기록했다.

그러면, 왜 기독교 교인들이 이교도들의 복음서는 읽어도 되고 클레멘트가 가르치려고 한 기독교의 진리는 읽을 수 없는가? 다시 말해, 클레멘트가 글쓰는 일을 주저하는 것은 부분적으로는 복음서와 경쟁할까 두려워 해서이다. 아마 모세와 이사야의 언어로 글을 쓴 사람들도 비슷한 것을 느꼈을 것이다. 그들이 기록된 토라, 곧 "성서"와 어떻게 경쟁할 수 있는가? 기원후 3세기와 4세기에는 랍비들이 "구전(口傳) 율법", 곧 랍비들의 율법과 성서 해석은 문서로 기록해서는 안되었다(혹은 최소한 랍비들의 학교 수업 중에 문서 형태로 사용되어서는 안되었다). 그렇게 한다면 문서로 된 토라에 도전하는 것이기 때문이다. 고전적 예언자들의 아류(亞流)인 묵시문학의 선견자들은 자신들의 사상을 글로 남길 용기는 가졌어도, 자신들의 이름을 밝힐 만한 용기는 갖지 못했다.

그러나 묵시문학계 선견자들은 대개 단순히 이름을 밝히지 않는 것으로 만족하지 않았다. 그들은 점차 가명을 쓰기 시작했다. 그리스어를 사용하는 해외 유대인들은 자기들이 남긴 문헌을 과거의 걸출한 이교도들이 쓴 것으로 만들었다. 아마 유대교가 영웅들의 눈에도 인정될 만큼 훌륭한 종교라는 인상을 심어주기 위해서였을 것이다. 그러나 묵시문학계 선견자들 가운데 본토 이스라엘 사람들이 가명을 사용한 의미가 무엇인지는 분명하지 않다. 저자가 독자들을 속이려 했다거나 실제로 독자들이 속았을 가능성은 거의 없다.

아담이나 에녹과 같이 홍수 이전 시대의 인물들을 선호한 것을 볼 때 가명을 사용한 것은 시대의 시초와 종말 사이의 연관을 강조하기 위함이었던 것 같다. 종말론적 구도 가운데는 시대의 종말을 새로운 창조로 제시하는 것이 많다. 그래서 가명을 쓰면 첫 창조의 증인들이 둘째 창조도 묘사할 수 있게 된다. 그것은 또한 하나님이 인간 역사의 과정을 예정했으며, 모든 사건들이 세계 창조시에 놓여졌던 우주적 질서에 속한다는 사상을 강조한다. 그러나 어떻게 설명하든지, 가명은 묵시문학계 선견자의 참된 정체가 중요하지 않다는 것을 보여준다. 예언자는 인간과 하나님 사이의 중재자로서 권위를 갖고 있었다. 그러나 묵시문학계 선견자들은 그렇지 못했다.

예언에서 묵시문학으로, 예언자에서 "성인"(聖人)으로

스가랴의 예언에서 볼 수 있듯이, 예언이 묵시문학으로 바뀌어가는 것은 이미 페르시아 시대에 진행되고 있었다. 스가랴는 세 차례에 걸쳐 "이전의 예언자들"에 대해 언급하며(1:4, 7; 7:12), 한 시대는 지나가고 다른 시대가 막 시작되려 한다는 의식을 드러낸다. 스가랴의 동시대인인 학개는 "만군의 주께서 이렇게 말씀하신다"라고 선포하며 여전히 고전적 스타일의 예언을 남겼다. 그러나 스가랴는 그렇지 않았다. "주께서 이렇게 말씀하신다"라고 말하는 것은 예언자가 아니라 천사이다(예를 들면, 슥 1:16). 하나님의 메시지를 전달하고 해석하는 중재자 역할을 한 예언자는 천사에 의해 대체되고 있었다. 이와 유사하게 예언자가 이미지나 상징을 볼 때도, 그것을 제시하고 해석하는 것은 하나님이 아니라 천사이다(예를 들면, 슥 1:7-15). 스가랴가 본 상징적 환상 가운데는 후대의 묵시문학의 경우와 마찬가지로 환상적이거나 비현실적인 것들도 있었다(예를 들면, 슥 6장).

후대의 유대인들은 페르시아 시대에 이르러 예언이 그쳤다고 믿었다(우리가 "그쳤다"라는 말보다는 "변형되었다"라는 말을 사용해도, 크게는 그들의 말이 옳다). 요세푸스, 제4 에스라, 그리고 랍비들이 "예언자들을 그대로 계승하는" 일이 에스라 시대에 이르러 그쳤다는 자신들의 믿음에 기초하여 성서의 정경을 규정했다. 정경에 대해 좀더 광의의 혹은 좀더 유동적인 개념을 가졌던 유대인들조차도(예를 들면, 쿰란의 유대인들과 초대 교회에 자신들의 정경을 남겨준 그리스 유대인들) 아르타크세르크세스 통치 이후에 살았던 자로 이름을 남긴 예언자들의 말을 보존하지 않았다.

변형이 기원전 2세기 중엽까지는 이미 이루어졌다. 이 시대에 묵시문학의 초점이 우주론에서 신정론과 종말론으로 옮겨졌으며, 예언서의 정경화 작업이 이루어졌음을 볼 수 있다. 같은 시대에 많은 유대인들이 고전적 예언이 그쳤음을 명시적으로 밝히는 첫 증언을 찾아볼 수 있다. 두 구절에서 마카비상은 유대인들이 "참 예언자가 나타날 때까지" 그리고 그가 달리 지시할 때까지 유효한 일련의 행동을 취했다고 기록한다(마카비상 4:46; 14:41). 참 예언자들은 과거와 미래의 현상이지 현재의 현상은 아니다.

예언은 묵시가 되고, 예언자는 묵시문학계 선견자가 되었다. 예언 전승을 이어받은 사람으로 "성인들"(holy men), 기적 수행자들, 카리스마적 치유자들, 미래를 점치는 사람들, 그리고 신비가들(mystics)이 있다. 이러한 인물들이 기원전 2세기부터 고대 말기까지 성행했다. 예언자들은 항상 "하나님의 사람," 곧 어떤 식으로든 아무런 방해를 받지 않는 특별한 능력을 부여받은 사람으로 간주되었다(렘 26장). 엘리야와 엘리사의 예에서 볼 수 있듯이 기적을 행하고 병을 고치는 것이 예언이 "문자로 기록되기 이전의" 국면이 가진 특징이었다. 그러나 고전적 예언자들도 때에 따라서는 병을 고치기도 했다(사 38:21).

하나님으로부터 예언자 역할을 수행하라는 명령을 받았을 때 이사야와 에스겔이 모두 하나님이 보좌에 앉아 있고 불을 가진 천사들이 (이사야에 따르면) "거룩하시다, 거룩하시다, 거룩하시다, 만군의 주님"이라고 노래하는 가운데 그 주위에 있는 것을 보았다. 이러한 환상들(사 6장; 겔 1장)은 물론 "신비적"인 것이라고 부를 수 있다. 미래에 대해 예고하는 것은 언제나 예언의 가장 두드러진 측면 중의 하나였다. 일반 대중의 생각 가운데는 더욱 두드러진 것이어서 고대에도 이 둘은 실제로 동일했다. 일련의 예언자들이 이러한 전통을 계승했다.

유대인들은 그리스인들이나 로마인들 사이에서 마술이나 기적을 행하는 자로, 특히 병을 고치는 자로 널리 알려져 있었다. 기원전 1세기와 기원후 1세기의 유대인 사회에는 미래에 대해 점치는 사람,

성인, 병고치는 사람들이 수없이 많았다. 3세기와 4세기에 이스라엘이나 바빌론에 살았던 많은 랍비들은 비상한 능력을 부여받은 사람들로 여겨졌다. 어떤 경우에는 이러한 인물들이 "예언자"였다고 혹은 예언의 은사를 소유하고 있었다고 일컬어진다. 요한 힐카누스를 찬미하는 사람들은 그에게 예언의 은사가 있었다고 믿는데 두 가지 놀라운 사건에서 그가 미래에 대해 정확하게 예고했기 때문이다. 예수를 본 갈릴리의 유대인들은 그가 "예언자들 가운데 하나"였다고 생각했다. 아마 그가 많은 기적을 수행했기 때문일 것이다(마 16:14 병행).

이러한 인물들 가운데 몇몇이 예언자로 불리워졌지만, 그들의 권위와 명망은 다른 원천(예를 들면, 대제사장이나 법관의 지위)에 의해 확대되지 않으면, 고전적 예언자들이 누리던 것에는 훨씬 못 미치는 것이었다. 복음서와 후대의 기독교 전통 속에서 예수의 이미지는 고전적 예언이 다시 출현하고 예수가 모세와 같은 예언자였다는 믿음에 의해 형성되었다. 그러나 이러한 생각이 얼마만큼 예수의 동시대인들로부터 나온 것인지는 쉽게 알 수 없다(그리고 물론 예수는 그의 추종자들로부터 왕, 대제사장, 메시아, "하나님의 아들"로 간주되었다).

성서 해석

타낙의 정경화 작업은 성서적으로 정향(定向)된 사회의 창조를 의미했다. 사람들은 성서를 연구하고, 암기하고, 성서에 따라 살려고 노력했다. 하나님의 길을 이해하기 위해서 그들은 성서를 묵상했다. 기도할 때 성서를 자유롭게 인용하고 함께 모여 예배드릴 때 성서를 읽고 연구했다. 그들은 당시 일어나던 사건들의 의미를 찾으려 할 때 역사를 기술하지 않고 성서를 연구함으로써 찾았다(단지 요세푸스와 같이 그리스어를 쓰는 유대인들만 역사를 기술했다.

마카비상이 기록된 후 1000년이 지나서야 한 유대인이 히브리어로 다른 역사를 기술했다). 율법, 신학, 종말론, 이 모든 것이 다 성서의 각 페이지에 기록되어 있다.

유대교 안에서 타낙, 특히 토라가 행한 역할은 그리스 로마 문화 안에서 호머가 행한 역할과 피상적으로는 유비를 이룬다. 그리스인들과 로마인들은 모두 최소한 『일리아드』와 『오딧세이』에 대해 어느 정도는 알고 있었다. 제대로 교육받은 사람들은 그 시들을 암송하고, 세밀히 연구하고, 자신들의 대화에 마음대로 인용하고, 글을 쓰면서 거기에서 영감을 끌어냈으며, 바른 텍스트를 고정하여 많은 모호한 부분들을 밝히려고 오랫동안 열심히 노력했다.

그리스 문학은 호머로부터 시작한다. 로마 문화는 기원전 3세기에 호머를 라틴어로 번역하는 것으로 시작한다. 이 모든 것과 타낙이 유대교 안에서 차지하는 위치 사이에 비슷한 점이 수없이 많고 현저하다. 유대인들은 누구나 최소한 타낙에 대해, 특히 토라에 대해 어느 정도 알고 있었다. 제대로 교육받은 사람들은 타낙을 암송하고, 세밀히 연구하고, 자신들의 대화에 마음대로 인용하고, 글을 쓰면서 거기에서 영감을 끌어냈으며, 바른 텍스트를 고정하여 많은 모호한 부분들을 밝히려고 오랫동안 열심히 노력했다. 유대교 문학은 타낙으로부터 시작한다. 그리스어를 말하는 유대인들의 문학은 기원전 3세기에 토라를 그리스어로 번역하는 것으로 시작한다.

그러나 이것으로 유사성은 끝난다. 얼마 안되는 철학자들을 제외하고는 그리스인이나 로마인들은 호머를 인생의 지침, 율법과 관습의 근원, "헌법" 혹은 받아들이거나 "내면화"시켜야 할 텍스트로 간주하지 않았기 때문이다. 그들은 호머의 작품을 영원히 유효하거나 실존적으로 의미있는 것으로 보지 않았다. 유대인들에게 있어서 타낙은 이 모든 역할을 감당했고 또 그 이상이었다. 그것은 하나님의 말씀이었으며, 하나님의 말씀을 연구할 때 하나님께 더욱 가까이

가고 그 명령을 준행할 때 인간의 척도로 잴 수 없는 보상을 받는다. 요세푸스가 유대인들이 토라를 위해 죽을 준비가 되어 있음을 보았지만(*Against Apion*), 반면 어떤 그리스인이 그리스 문학의 고전을 위해 죽을 준비가 되어 있었는가?

성서를 연구하고 해석할 때, 유대인들은 규격화된 문헌을 읽는 것이 아니다. 성서의 모든 책들이 동등하게 창조되지 않았다. 토라는 분명히 가장 높은 자리를 차지했다. 토라는 가장 먼저 정경이 되었고 그 첫 자리를 차지했다. 토라에서 매주 읽는 성구를 찾아냈다. 토라는 하나님의 종이며 예언자들 가운데 가장 위대한 예언자인 모세가 기록했다. 필로는 단지 토라에만 관심이 있었고 성서의 다른 책에서는 거의 인용하지 않았다. 필로도 아마 예언서들도 하나님의 영감으로 기록되었다고 믿었겠지만 거기에 대해서는 아무런 주의를 기울이지 않았다. 이와 비슷하게, 3세기와 4세기의 랍비들도 성서의 세 부분이 모두 하나님의 영감으로 기록되었다고 분명히 믿었지만 율법은 예언서나 성문서가 아니라 단지 토라에서만 나올 수 있다고 진술한다. 초대 기독교인들은 아마 토라의 탁월한 위치를 받아들였을 것이다. 그러나 예언서와 성문서를 랍비들이 위치시켰던 것보다는 훨씬 더 높은 자리에 놓았다. 이것은 신학이나 종말론의 문제에서 뿐만 아니라 율법의 실천에 대해서도 그렇게 했다(예를 들면, 마 12:5-6과 대조되는 12:3-4).

그러나 토라가 첫 자리를 차지했다고 해서 토라의 지위에 대해 모호한 점이 전혀 없었다는 의미는 아니다. 이 장의 첫 머리에서 나는 성서의 책들을, 특히 토라를 묘사할 때 "하나님의 영감으로 씌어진 혹은 계시된"이라는 어구를 판에 박은 듯 사용했다. 이 두 가지 개념 사이에는 엄청난 차이가 있다. 전자는 토라를 기록하는 데 있어서 모세가 차지하는 중요성을 강조한다. 랍비들이 모세를 "우리의 주" 혹은 "우리의 스승"(*rabbenu*)이라고 하듯이, 그리스 유대인들은 언제나 모세를 "율법 제정자"로, 토라를 "헌법"(politeia)으로 일컫는다. 다른 예언자들이 자신들의 신탁에 대해 그렇게 했듯이, 모세가 토라를 기록했지만 하나님의 영감 아래 그렇게 한 것이다. 이렇게 생각할 때 인간의 행위(human agency)는 하나님의 메시지를 창조하고 전달할 때 중요한 역할을 할 수 있게 된다.

둘째 개념은 토라가 하나님의 계시된 말씀으로서 갖는 지위를 강조한다. 그리고 제2성전 시대와 랍비 시대의 많은 책들이 토라를, 그리고 타낙의 다른 책들을 하나님의 말씀으로 인용한다. "성서가 말한다"라는 말과 "하나님께서 말씀하신다"라는 말은 같은 뜻을 담은 표현이다. 이러한 책에서 말씀하시는 분은 인간 행위자가 아니라 하나님이다. 이렇게 생각할 때 인간의 행위는 하나님의 메시지를 창조하고 전달할 때 상대적으로 좀더 작은 역할을 수행하게 된다.

내가 알기로 이 문제를 명시적으로 다룬 제2성전 시대의 문서는 하나도 없다. 그러나 암시적으로 다룬 것은 몇 가지 있다. 예를 들어, 필로는 어떤 구절에서 토라가 신성할 수밖에 없는 것은 그것이 완전하기 때문이라고 주장한다. 다른 곳에서 필로는 또 토라가 완전한 것은 그것이 신성하기 때문이라고 주장한다. 첫째 관점은 토라의 신성함이 그것의 완전성의 결과라고 본다. 율법 제정자요 철학자인 모세는 완전한 율법을 기록했다. 이러한 관점을 발전시킨 논문인 『모세의 생애』(Life of Moses)는 시내 산에서의 신현현을 생략하는데 토라의 신성이 그 현현에 의존하지 않기 때문이다. 둘째 관점은 토라의 신성을 그 완전성의 근원으로 본다. 토라는 하나님의 영감을 받아 기록되었을 뿐만 아니라 계시되었다. 이러한 전망은 토라에 대한 필로의 주석에 흔히 나온다.

그러나 영감에 의해 씌어졌든 계시되었든, 성서의 텍스트는 해석되어야 한다. 해석의 행위가 언제나 거기에 담긴 의미를 밝혀주는가? 아니면 텍스트에 새로운 의미를 추가하는가? 모세와 예언자들이 단순히 자신들이 완전히 이해하지 못한 메시지를 전달하는 도구에 불과했는가? 이러한 중요한 문제에 대해서도 서로 대조되는 견해들이 있다. 필로는 자신의 글 전체를 통하여 모세가 토라의 말씀이 갖는 모든 의미를, 문자적 의미와 철학적 의미, 공교(公敎)적 의미와 밀교(密敎)적 의미를 모두 인식하고 있었다고 주장한다. 팔레스틴 탈무드의 랍비들은(*Peah*, 2:6, 17a) "스승과 함께 공부하면서 제자가 발전시킬 수 있는 참신함은 어느 것이나 이미 하나님에 의해 시내 산에서 모세에게 기록하라고 지시되었다"고 진술한다.

이와 대조되게 쿰란의 유대인들은 하박국 2:1-2을 해석할 때 "하나님이 하박국에게 마지막 세대에 일어날 일을 기록하라고 명령했지만 마지막 때가 언제 성취될지는 그에게 알리지 않았다"고 생각했다. 다시 말해 하박국은 자신의 예언을 완전히 이해하지 못했었다! 랍비들의 이야기(바빌로니아 탈무드 *Menahot*, 29b)에 따르면, 어느 날 모세가 저 세상으로부터 되돌아와 랍비 아키바(*Aqiba*)의 학교에 참석했다. 강의 내용을 이해할 수는 없었지만 모세는 랍비가 강의 내용 전체를 시내 산에서 모세에게 주어진 계시에서 도출했다는 결론의 말을 들을 수 있었다. 이 이야기의 전망에서 모세 자신도 그가 쓴 말씀의 완전한 의미를 파악하지 못했었다. 이와 유사하게 랍비들은 결코 "구전(口傳) 토라"와 "서전(書傳) 토라"의 관계를 명확하게 규정짓지 않는다. 구전이 서전으로부터 나왔는가? 서전을 보충하는가 혹은 해석하는가? 대답은 이 세 가지 모두이다.

아마 고대 유대인 사상가들 사이에서 벌어진 이러한 논쟁의 결과로 어떤 문헌들은 타낙을 거의 인용하지도 언급하지도 않으며 타낙과는 완전히 별개로 독자성을 띤다. 그런가 하면 어떤 책들은 토라에 완전히 의존한다. 예를 들어, 다니엘 9장과는 달리 묵시를 성서의 예언의 "성취"로 제시하지 않는 묵시문학과, 성서 주석을 통해 쿰란 공동체의 종말론적 희망을 묘사하는 쿰란 주해서(*pesharim*)를 대조해 보라. 또 겨우 몇 차례 토라에 대해 언급하면서 나름의 율법을 제시하는 미쉬나와, 미쉬나의 율법들이 주석을 통해 토라에서 추론될 수 있음을 보여주는 것을 목표로 하는 다른 여러 가지 랍비들의 책을 대조해 보라. 그리스 유대인 문헌에서도 때때로 이와 똑같은 대조를 볼 수 있다. 대부분의 논문에서 필로는 자신의 신학적 도덕적 교훈을 성서의 구절이나 이야기와 연관시키지만, 몇 가지 논문에서는 원하면 그렇게 할 수 있었을 텐데도 그렇게 하지 않는다.

이러한 물음들은 고대 유대교가 스스로를 어떻게 정의했는지 이해하는 데 있어서 중요하다. 그러나 그러한 물음에 대해 여기서는 상세히 다룰 수 없다. 하나님이 사람들로 하여금 성서에 담긴 계시 이외에 무언가를 추가할 수 있도록 혹은 원래의 저자들에게는 알려지지 않았던 의미를 찾아내도록 허락했다고 고대 유대인들이 믿었다 하더라도 이러한 믿음이 성서의, 특히 토라의 독특한 지위를 손상시키지는 않는다. 유대인들은 성서의 책들에 견줄 만한 새로운 책을 쓸 수 있다는 희망을 갖지 못한다. 그러나 해석 작업을 통해 성서에 정통할 수는 있다.

성서 해석의 여러 가지 방식

미드라쉬(*misrash*)라는 히브리 말은 문자적으로 "조사" 혹은 "탐구"라는 뜻을 갖고 있다. 그러나 랍비들의 용법에 있어서 이 용어는 성서 연구를 뜻하게 되었다. 성서에 대한 주석, 성서 해석의 한 단편, 성서 구절에 대한 희미한 암시, 성서적 자료에 대한 새로운 서술, 이 모든 것들이 미드라쉬(복수는 미드라쉼, *midrashim*)라고 불리운다. 이 용어는 최근 매우 폭넓게 알려져서 현대의 어법에서 이것은 실제로 "주석"(exegesis)이라는 말과 동의어로 사용되며, 자료에 완전히 충실하지 않은 본문 해석에도 "미드라쉬"라는 이름이 붙여질 정도이다(그리고 현대 문헌 비평가들에 의하면, 어떠한 텍스트도 그 원래의 자료에 완전히 충실할 수는 없다. 그러므로 텍스트 해석은 어느 것이나 미드라쉬이다).

"미드라쉬"라는 용어의 뜻이 모호하고 파악하기가 까다롭기 때문에 여기서는 그 말을 피하고 대신 주해(commentary), 암시(allusion), 주석(exegesis), 알레고리와 같은 좀더 전문화된 영어 어휘를 사용할 것이다. 그러나 이 어휘의 역사는 중요한 의미를 갖고 있다. 미드라쉬라는 명사는 타낙에 단지 두 번 나온다. 두 경우 모두 역대기 사가가 인용한 상실된 책의 제목으로 언급된다: "예언자 잇도의 미드라쉬"(대하 13:22)와 "열왕기 미드라쉬"(대하 24:27)이다. 이 용어는 아마 여기서는 "이야기" 혹은 "역사"로 번역해야 할 것이다.

그리스 어휘인 히스토리아(historia)가 히브리어 미드라쉬(조사, 탐구)와 동일한 문자적 의미를 갖고 있다. 그러나 그리스 어휘는 "과거에 대한 탐구"라는 뜻을, 그래서 "과거에 대한 연구 결과를 제시하는 일"이라는 뜻을 갖게 되었다. 반면 히브리 어휘는 "성서 탐구"라는 뜻을, 그래서 "성서에 대한 연구 결과를 제시하는 일"이라는 뜻을 갖게 되었다. 역대기에서 이 용어는 그리스어에서 일반적으로 쓰인 것과 유사한, 그러나 히브리어 용법에서는 결여된 의미를 갖고 있는 것 같다.

다라쉬(darash)라는 동사는 명사 미드라쉬에서 나온 말로 역시 그 의미가 크게 변했다. 성서 히브리어에서는 종종 하나님을 "찾는"(seeking or searching for) 혹은 하나님께 "묻는"(enquiring) 사람들에 대해 언급한다. 때때로 이 어구는 분명히 "하나님으로부터 신탁을 구하다"라는 뜻을 갖기도 한다(예를 들어, 창 25:22; 출 18:15; 삼상 9:9). 여기 사용된 동사가 '다라쉬'이다. 그러나 페르시아(혹은 초기 헬레니즘) 시대의 두 텍스트에서는 이 동사의 목적어가 하나님이 아니다. "에스라는 주의 율법을(토라를) 찾는 데(*lidrosh*) 마음을 쏟았다"(스 7:10). "악인은 주의 율례를 찾지 않으니, 구원은 악인과는 거리가 멉니다"(시 119:155). 에스라는 하나님을 찾은 것이 아니라 하나님의 토라를 찾는다. 악인은 하나님을 찾지 않는다고 비난받는 것이 아니라 하나님의 율례를 찾지 않는다고 비난받는다(사 9:12; 렘 10:21). 토라의 경전화 작업과 함께 유대인들은 더 이상 하나님을 직접 찾지 않게 되었다. 그들은 토라를 통해 하나님을 찾는다. 이 과정이 미드라쉬이다.

주석의 요체는 "X=Y"라는 개념이다. 성서가 X라고 말할 때, 그것은 실제로 Y를 의미한다. 어떤 경우에는 "X+Y"라는 공식을 제시할 수 있는데, 곧 주석이 성서의 X에 Y를 추가할 때이다. 여러 가지 주석의 방법을 구분짓는 것은 X의 성격(즉, 본문이 어떠하고 어떤 문제 때문에 주석이 필요한가?), X가 Y에 상응하는 것으로 설명하는 방식, 그리고 Y의 성격(곧, 수행해야 할 주석의 내용은 무엇인가?)이다. 대개 주석은 어떤 어려움이 있기 때문에 필요하다: 두 개의 율법 혹은 이야기가 서로 모순되는 것 같다든가, 성서의 영웅들이 그들의 신심이나 위대함에 어울리지 않는 방식으로 행동한다든가, 성서의 설명이 미흡하거나 모호하거나 초점이 없거나 부조리하다든가 등이다.

이러한 종류의 문제는 그리스어를 쓰는 해외 유대인들에게나 히브리어를 쓰는 이스라엘 본토 유대인들에게나 동일하게 부담이 되는 것이다. 해외 유대인 가운데 알려진 최초의 주석가로 기원전 3세기 후반 이집트에 살던 데메트리우스(Demetrius)는 성서의 연대 설정이 서로 일치하지 않는 것이 분명하기 때문에 번민하면서 야곱이 창세기가 그에게 할당한 시기 안에 모든 자녀를 다 낳을 수 있었으며, 아브라함이 그두라를 통해 낳은 자손인 십보라가 실제로 그의 남편 모세와 동시대 인물이었다고 증명하는 데 최선을 다했다. 성서에 기록된 연대와 족보의 정확성에 대한 데메트리우스의 관심은 이스라엘 본토에서 나온 여러 가지 책에도 드러난다(특히 『유빌리』와 몇몇 랍비 문헌). 다른 구절에서 데메트리우스는 무장도 하지 않고 이집트에서 도망친 이스라엘 사람들이 어떻게 그 많은 전쟁을 수행하기 위해 무기를 구할 수 있었는가 묻는다. 그들이 갈대 바다에서 이집트군의 시체로부터 무기를 탈취해 무장할 수 있었다는 그의 대답은 주석가가 성서에 없는 중요한 정보를 추가하는 X+Y 방식의 좋은 예가 된다. 똑같은 주석법이 이스라엘 본토에서 나온 주석에도 흔히 발견된다. 성서를 좀더 분명하고, 극적이며, 흥미롭게 만들기 위해 그리스어, 히브리어, 아람어로 기록된 책들이 성서에 상세한 부분들을 첨가한다(예를 들어, 요세푸스의 『유대 고대사』, 『레위의 증언』, 그리고 쿰란의 『외경 창세기』를 보라).

아마 성서 주석의 가장 근본적인 기능은 주석을 통해 유대인들이 아주 다른 정황 아래 살았던 아주 다른 사회를 위해 수세기 전에 기록된 텍스트에 완전히 충실해야 한다는 주장을 인정한 일일 것이다. 그들은 성서를 해석함으로써 성서로부터 자유로울 수 있었을 때에도 성서의 본문에 충실할 것을 주장할 수 있었다. 살아 있는 문화는 부동의 텍스트에 명령된 것에 일치하여 살 수 없다. 성서에 융통성을 도입하는 방식을 발견하거나 텍스트를 조만간 거부해야 할 것이다.

미국에서 대법원의 해석은 정부로 하여금 일단의 18세기 정치인들에 의해 기록된 문헌에 일치하여 기능할 수 있도록 해준다. 대법원은 헌법을 "해석"하는 것 같이 행동한다. 그러나 물론 그것을 늘 헌법 제정자들을 놀라게 하는 방식으로 해석한다. 문제될 것이 없다. 역사가는 18세기의 정황 속에서 헌법이 무엇을 의미했는지 결정해야 한다. 그러나 대법원은 그것이 오늘날의 사회에 무엇을 의미하는지 결정해야 한다. 미국은 몇 세대 못가서 다시 새로운 헌법을 제정하기보다는, 대법원으로 하여금 헌법을 공동의 선을 위해 그릇되게 해석할 수 있는 권위를 부여한다. 이와 유사하게, 고대 유대인들은 흔히 반대할 만하다고 생각되는 율법이나 사상을 제거하기 위해, 또 자신들에게 필요한 것을 충족시키는 새로운 율법과 사상을 도입하기 위해 성서를 그릇되게 해석했다(흔히 재해석이라고 하는 것은 완곡어법이다). 그리스에 사는 해외 유대인들은 이스라엘 본토에 사는 사람들과 처해 있는 상황이 달랐고 그들의 성서 해석도 흔히 매우 달랐다. 그러나 그들은 모두 같은 과정을 따르고 있다.

해외 유대인들의 특성은 그들이 토라를 철학적으로 수용할 만하고 납득할 만한 것으로 보이게 만들려 했다는 사실이다. 기원전 2세기의 그리스 유대인인 아리스토불루스는 하나님에 대한 토라의 신인동형론(神人同形論)적 묘사에, 그리고 전혀 비철학적인 개념에 당황해 했다. 필로는 모세가 하나님과 40일 밤낮을 함께 보내고는 고대 어느 씨족의 가내 문제에 대한 비교훈적 이야기로 가득찬 책 한 권만 갖고 돌아왔다는 것을 믿기가 불가능하다고 생각했다.

족장들에 대한 창세기의 이야기들은 분명히 무언가 중요한 것을 드러내려고 한다. 필로에게 있어서 이 이야기들은 실제로 보이는 형상의 세계로부터 원형, 혹은 단자(Monad)의 세계로 영혼이 비상하는 것에 관한 이야기였다. 족장들의 삶에 관한 에피소우드들은 실제로 영혼의 여행에 있어서 정류장과 같은 것이다. 율법 또한 처음 보면 이상하고 불합리한 것 같으나 그 내적인 의미를 드러낼 수 있다. 그래서 이미 『아리스테아스書』에서 금지된 음식물들이, 유대인들이 피해야 할 악을 나타내며 허용된 음식은 유대인들이 추구해야 할 덕을 나타낸다고 설명하고 있다. 필로에게 있어서 율법은 피하거나 추구해야 할 도덕적 자질을 나타낼 뿐만 아니라 하나님과 그 피조물에 대한 철학적 원칙들도 가르친다: 토라의 율법은 세계를 창조할 때 하나님이 설정한 자연의 율법과 일치한다.

성서적 율법 및 영웅을 철학적 원칙이나 도덕적 자질과 일치시키는 것은 "알레고리"라고 알려져 있다. 이러한 유형의 주석은 기독교에 잘 알려져 있다. 그리고 기독교인들이 "구약성서"의 율법에 순종하지 않는 이유를 설명할 때 즐겨 쓰는 방식 중의 하나이다. 기독교인들은 율법의 알레고리적 의미(Y)에 순종하기 때문에 그 문자적 의미(X)에 순종할 필요가 없다. 사실, 기원후 2세기의 어떤 기독교 변증가들은 율법은 절대로 문자 그대로 따르라는 의도로 기록되지 않았다고 주장했다.[5] 필로는 같은 주장을 발전시킨 알레고리주의자들을 알고 있었다. 그리고 이들에 반대하여 필로는 알레고리적 의미가 문자적 의미를 부정하지 않는다고 주장했다(On the Migration of Abraham, 16, §89-93).

할례에 대한 명령은 육욕에 가득찬 경향을 제거하는 것을 의미한다. 그러나 육욕의 경향을 제거한다 하더라도 여전히 생후 8일이 되면 아들은 할례를 시켜야 한다. 필로에게 있어서 성서는 외적인(문자적) 의미와 내적인(알레고리적) 의미 등 여러 층의 의미를 갖고 있다. 이들이 상호 배타적인 것은 아니다. 랍비들은 필로처럼 성서에는 여러 층의 의미가 있다고 주장한다. 그러나 그들은 제2성전 시대의 유대인들처럼 대개 알레고리적 주석에 전념하지는 않았다. 하나님의 비철학적 형상과 성서의 율법의 비합리성이 본토 이스라엘의 유대인들에게는 문제가 되지 않았고 따라서 알레고리적으로 해석할 필요가 거의 없었다.

본토 이스라엘의 유대인들은 해외 유대인들보다 훨씬 더 많이 주석적 역량을 토라에 있는 율법의 상세한 부분에 쏟았다. 이러한 활동은 쿰란, 『유빌리』, 그리고 복음서 전통의 논쟁 사화에, 그리고 물론 랍비 문헌 전체에서 많이 볼 수 있다. 많은 문제에 있어서 토라에 의해 개괄된 율법은 비현실적이거나 부적절하거나 문제가 많다. 관습과 사회가 급변했기 때문이다. 토라에 언급되지도 않은 새로운 제도와 의식이 생겨났다. 주석의 과제 중의 하나는 이러한 문제들을 바르게 해 놓는 일이다: 토라의 율법을 제2성전 시대의(그리고 후에는 랍비 시대의) 법률적, 사회적, 제도적 현실과 화해시키는 일이다.

팔레스틴계 주석에 있어서 또 하나 특징적인 것은 성서의 예언과 이야기가 성취될 당시의 상황을 발견함으로써 그 예언과 이야기가 계속 유효하다고 인정하려는 노력이다. 성서의 텍스트에는 유형(types) 혹은 패러다임(paradigms)이 있다. 느부갓네살이 예루살렘을 파괴한 것이 미래의 모든 파괴에 대한 유형이듯이 이집트로부터 탈출한 것은 미래의 모든 구속(救贖)에 대한 한 유형이다. 이러한 사건들은 독특한 일은 아니지만 이후의 역사를 통하여 다른 방식으로 재현된다. 예를 들어, 에피파네스가 예루살렘을 모독한 일, 기원전 63년에 로마인들이 예루살렘을 정복한 일, 그리고 기원후 70년에 예루살렘이 파괴된 일에 대해 많은 유대인들이 기원전 587년 사건의 "재현"으로 간주했다. 안티오쿠스나 베스파시안은 새로운 느부갓네살이고, 시리아인이나 로마인은 새로운 바빌론인이고 등등이다. 예표론적(typological) 주석은 신약성서나 랍비 유대교에서 중요한 역할을 한다.

같은 논리로, 예언은 단 한 가지 형태의 사건들을 언급하는 것이 아니라 미래의 시대들도 의미하는 것으로 믿어졌다. 단 한 가지 필요한 것은 당시의 상황에 어떤 예언이 유효한 것인지 분간하는 일이다. 때때로 이것은 쉬운 일이다. 요세푸스는 예레미야가 "우리 시대에 일어난" 예루살렘의 멸망을 예고했다고 지적한다(『유대 고대사』10.5.1, §79). 그러나 대개는 훨씬 더 어렵다. 초기 기독교인들은 이사야의 메시아 예언이 예수를 통해 "성취"되었다고 믿었다. 그러나 대부분의 다른 유대인들은 그렇게 믿지 않았다. 쿰란의 유대인들은 *pesharim*("해석")이라고 알려진 일련의 주석에서 하박국과 나훔의 예언이 시편의 "예언"과 마찬가지로, 이 종파의 역사를 통해 일어난 사건들로 성취되었으며, 이 종파가 곧 영광스럽게 되고 그 적들이 멸망함으로써 더 성취될 것이라고 주장했다. 쿰란 밖에 사는 다른 유대인들은 이러한 주석을 거부했다. 모든 유대인들은 예언자들의 말이 영원한 진리를 포함하고 있다는 데 동의했다. 이 믿음은 정경화 작업의 특징 중의 하나이다. 그러나 어떤 진리가 당시의 사건을 언급하는 것인가 하는 물음에는 논란이 일었다.

이러한 주석법과 관심 가운데는 성서 자체 안에 발견되는 것들도 많다. 성서의 저자들은 서로 동기(motifs)와 생각(ideas)을 빌리고 그러면서 재해석한다. 타나 전체를 통하여 개찬자들이나 편집자들은 모순을 최소화하고, 모호한 것들을 밝히고, 신학적으로 어려운 문제들을 제거하려고 노력했다. 토라를 구성하는 문서들과 예언서의 말씀을 보존한 사람들은 그것을 해석할 수단들도 갖고 있었음에 틀림없다. 다시 말해, 성서의 정경화 작업이 마지막으로 이루어지기 이전에 고대 이스라엘의 성서 해석에는 긴 역사가 있다.

그러나 정경화 작업으로 말미암아 해석 작업이 필연적으로 필요하게 되었고 분명한 특징을 갖게 되었다. 필연적이라는 것은, 분명하게 모순되는 점이 많고 모호한 것 투성이인 책에 대해, 해석하지 않고, 어떻게 그 통일성(unity)을 수용할 수 있겠는가? 규범에 벗어나고 비교훈적인 것으로 보이는 율법과 관념으로 가득한 책에 대해, 해석하지 않고, 어떻게 그 권위를 수용하겠는가? 분명하다는 것은, 성서의 정경화 작업으로 인해 더 이상은 성서 속에 개찬이나 해설을 집어넣는 일이 허락되지 않기 때문이다. 이제 분명한 작업으로서 해석은 나름의 독특한 성격을 띠게 되었다. 때로는 놀라우리 만큼 자유로운 것으로, 거의 일관성이 없어 보일 정도이며, 또 어떤 경우는 매우 절실하며 거의 훈계적이다. 성서의 정당성을 인정한 유대인들은 누구나 주석 작업에 임해야 했다. 그들이 항상 동의한 것은 아니지만 —사두개인들은 바리새인들의 전통을 거부했다— 모든 같은 활동에 관여되었다.

성서 주석은 고대 유대교의 남아 있는 문헌 전체에 흩어져 있다. 나는 성서 해석의 가장 직접적인 결과로 생긴 세 가지 문학 장르에 대해 간략히 고찰하는 것으로 이 장을 마무리지으려 한다.

번역

최초의 성서 번역은 『70인역』(*Septuagint*)이다. 기원전 2세기 말엽에 떠돌던 이야기에 따르면, 왕립 도서관에 유대인들의 율법을 한 부 소장하려던 프톨레미 필라델푸스 왕(기원전 285-246년)이 72명의 학자들(여기서 라틴 말로 70을 뜻하는 *Septuagint*라는 말이 나왔다)을 예루살렘으로부터 알렉산드리아로 초대하여 토라를 그리스어로 번역하게 했다. 학자들이 이 일을 수행했고 그 결과에 대해 왕뿐만이 아니라 알렉산드리아의 모든 유대인들도 기뻐했다.

대부분의 학자들은 이 전설을 유대인들의 선전으로 간주하며 많은 사람들이 토라를 원문으로 읽고 연구할 만큼 히브리어를 충분히 알지 못하게 되었기 때문에 알렉산드리아의 유대인들이 스스로 번역할 필요를 느꼈다고 생각한다. 그 다음 몇 세기가 흐르면서 타낙의 다른 책들도 번역되었고 히브리어 원문이 보존되지 않은 혹은 원래 그리스어로 씌어진 책들을 포함하여 책 전체가, 부정확하지만 70인역(*Septuagint*, 흔히 LXX라는 약어로 표시)이라고 알려졌다.

이러한 번역이 있다는 사실 자체가 의미를 갖는 것은, 그것이 유대교가 "책" 종교임을 암시하기 때문이다. 다른 고대인들 가운데 자신들의 경전을 그리스어나 라틴어로 번역한 경우가 거의 없다. 그렇게 할 필요가 없었기 때문이다. 유대교는 성서에 기초한 종교가 되고 있었으며, 그리스어를 쓰는 알렉산드리아의 유대인들은 현대화의 물결 속에 필요성을 느껴 어쩔 수 없이 토라를 모든 사람들이 이해할 수 있는 언어로 번역하게 되었다. 번역의 목적은 그러면 유대교를 비유대인들도 접할 수 있게 하기 위함이 아니라 유대교가 유대인에게 접근할 수 있게 하기 위함이었다. 그리고 『70인역』에 이어 대부분의 그리스 유대교 문헌이 이와 똑같은 목적으로 인해 출현했다. 아마 요세푸스는 다른 민족들(페르시아인, 이집트인, 바빌론인, 리디아인 등)이 수세기 동안 자신들의 고유한 문화에 대해 그러했던 것처럼 『유대 고대사』에서 성서를 풀어쓰면서 유대교를 이방인에게 매력적인 것으로 보이게 하려고 했던 것 같다. 그러나 이러한 것들 가운데 어느 것도 번역이라 할 수 있는 것은 없다. 『70인역』은 사실 매우 독특한 현상이다.

 동방의 해외 유대인들에게는, 그리고 어느 정도는 이스라엘 본토의 유대인들에게도 번역 성서가 필요했다. 그리스 말이 아니라 아람어로 된 번역이다. 이러한 번역들은 타르굼밈(*targumim*; 단수 *targum*)으로 알려졌다. 느헤미야 8:7-8에 근거한 랍비 전통(바빌론 탈무드 *Megillah*, 3a)은 이러한 번역이 에스라에게서 비롯되었다고 한다. 그러나 이것이 사실이라 하더라도 우리가 알 길이 없다. 현존하는 최고의 타르굼은 쿰란 두루마리 가운데 발견된 욥기의 번역이다.

 유대교 필사 전통에는 토라에 대한 몇 가지 서로 다른 타르굼밈, 율법서와 성문서에 대한 완전한 타르굼, 그리고 다른 몇 가지 단편들이 있다. 『70인역』과 마찬가지로 타르굼밈은 분명히 전례(典禮)적 배경에서 비롯되었다. 하나님의 말씀을 모든 사람이 다 이해하도록 하기 위해 히브리어로 된 토라를 읽는 대신, 혹은 읽고 난 뒤, 성구(lection)를 번역본으로 읽었다. 최근 많은 학자들은 이러한 타르굼밈을 우리 시대 제1세기 유대인들의 신심을 볼 수 있는 창으로 이용했다. 그러나 현존하는 타르굼밈 가운데 쿰란에서 나온 것 이외에는 그 어느것도 중세 초기 이전에 사용된 형태를 갖는 것은 없다. 모든 주석적 변화나 차이를 고대 전승의 산물로 간주할 이유는 없다. 랍비 문헌의 다른 것들과 마찬가지로 타르굼밈은 오랜 세월에 걸쳐 기록된 수집물이다.

『70인역』과 몇몇 타르굼밈(특히 *Targum Onqelos*)은 "글자 그대로 옮긴 직역"이다. 번역자들은 텍스트를 풀어쓰거나 확대한 적이 거의 없다. 모호한 것은 모호한 채로 까다로운 구절은 까다로운 그대로 두었다. 기원후 1세기에 이르러 이스라엘 본토에 타낙의 새로운 표준 텍스트가 출현한 뒤 몇몇 유대인들은 『70인역』이 더 이상 정확한 것이 아니라고 느끼고 그것을 텍스트에 좀더 가깝게 일치하도록 만들기 위해 수정하기 시작했다.

이러한 활동이 2세기까지 계속되었고 그 결과로 교부인 오리겐 시대(3세기 전반)에 이르러서는 타낙의 몇 가지 다른 번역이 있었다. 그리고 오리겐은 교회를 위하여 이러한 번역들을 편집하여 그 차이점들을 밝히려 했다. 히브리어와 아람어를 사용하는 유대인들에게는 이러한 번역들이 아무 쓸모가 없어서 그것을 그리스도인들에게 내어주었다. 히브리어를 거의 모르는 그리스도인들에게 있어서는 『70인역』이 "구약성서"였다. 6세기의 어떤 유대인들은 여전히 2세기에 『70인역』을 수정한 『아퀼라』(*Aquila*)를 사용하고 있었다. 그러나 이러한 유대인들이 얼마나 되었는지는 매우 어려운 문제이다.

그러나 아람어 번역 가운데 어떤 것은(특히 *Targum Jonathan*) 매우 자유롭게 번역했다. 한 구절을 그대로 번역하다가도 다음 구절에서는 크게 확대하기도 한다(생략보다는 첨가가 이 번역의 특징이다). 이러한 "자유역" 타르굼밈이 원문에 일관되게 충실한 것보다 후대에 나왔다고 생각할 이유는 전혀 없다. 타르굼밈의 두 가지 서로 다른 유형은 서로 다른 번역 이론의 산물이다. 어느 수준에 가면, 자유역은 풀어쓰기와 구분할 수 없게 된다.

풀어쓰기

번역의 사회적 배경은 전례(liturgy)이다. 공회나 기타 여러 가지 공중 예배에서 성서를 원문으로 그리고 번역본으로 읽고 연구했다. 이와 대조적으로 풀어쓰기는 민속적 신심이 그 본래적인 배경이었던 것 같다. 학교 선생님이나 이야기꾼들이 성서의 이야기와 율법을 다시 쓰면서 살도 붙이고 재미도 더하게 했다. 민속적 신심에서 이것은 지식인들의 문학 장르에 들어갔다.

번역과는 달리 풀어쓰기는 원문을 글자 그대로 따르지 않는다. 풀어쓰기를 하면서 원문의 말을 그대로 보존하기도 한다. 그러나 거기에 살을 붙이거나 원문을 부풀리는 경우가 너무 많아 이러한 것들을 쉽게 분별할 수 없다. 히브리어로 씌어졌든지(예를 들면, 『유빌리』, 『성전 두루마리』, 가명 필로의 『성서 고대사』(Biblical Antiquities), 아람어로 씌었든지(『외경 창세기』), 혹은 그리스어로 씌어졌든지(요세푸스의 『유대 고대사』, 필로의 『모세의 생애』) 제2 성전 시대의 많은 책들이 성서를 풀어쓴 것이다.

좀더 많은 것은 다른 것보다도 성서를 풀어쓴 부분이 포함된 책들이다(예를 들면, 『12 족장의 증언』). 풀어쓴 글을 읽는 사람은 풀어쓴 것이 원문을 충실하게 따르고 있는지 그렇지 않은지 알 길이 없다. 예를 들어, 가명 필로는 사사기에 케나스(Kenaz)의 영웅적 행동을 묘사하는 전설을 덧붙인다. 아르타파누스(Artapanus)는 모세가 에디오피아에 들어간 일에 대한 복잡한 이야기를 토라에 덧붙인다. 요세푸스는 가끔 똑같은 이야기를 달리 기록한다. 눈에 띄는 것은 영웅과 결혼하는 아름다운 공주에 대한 이야기를 덧붙인 일이다(이것이 이야기의 기원인가? 민 12:1을 보라). 『외경 창세기』는 노아와 아브라함의 생애에 놀라운 에피소드를 수없이 덧붙인다. 『12 족장의 증언』 가운데 어떤 것은 야곱의 아들들이 세운 위대한 전공(戰功)을 만들어 낸다. 성서를 부풀리는 것 이외에 이러한 풀어쓰기는 또한 성서에 수없이 많은 변화를 가져온다(첨가, 생략, 수정). 풀어쓰기라고 해서 원문을 마음대로 고쳐 말하는 것은 아니다. 그러나 현존하는 것으로 성서를 풀어쓴 것은 대부분 성서를 상당히 자유롭게 고쳐 썼다. 성서의 정경화 작업은 상상력의 샘을 솟구치게 했다.

고대 랍비들은 성서 풀어쓰기를 피했다. 그들은 타르굼밈과 주해서를 쓰고 보존하면서 풀어쓴 것은 쓰지도 보존하지도 않았다. 풀어쓰기가 랍비 문헌에 영향을 미치기 시작한 것은 중세 이후의 일이다. 그렇게 된 이유는 분명하지 않다.

주해

주해(commentary)는 본래의 텍스트 밖에 있으며 거기에 종속된다는 특징을 지닌다. 주해는 원문을 인용하고(인용하거나 제목을 붙이는 일은 그리스 말로 "취해진 어떤 것"이란 뜻을 가진 레마[lemma]라고 불리운다), 논의하고, 그 다음 텍스트로 발전시킨다. 레마는 길 수도 있고 짧을 수도 있다. 문단 전체가 될 수도 있고 단어 하나가 될 수도 있다. 텍스트와 주해는 분명하게 구분할 수 있다. 이와 대조적으로 번역과 풀어쓰기는 원문에 대해 명시적으로 언급하지 않는다. 그것은 독립된 작품이며 문자적 관점에서 원문을 대체한다. 주해는 이와 전혀 다른 분위기를 갖고 있다. 번역은 전례적 배경에서 나왔고, 풀어쓰기는 (분명히) 민속적 신심에서 또 이야기꾼에게서 나왔고, 주해는 학교에서 지식인들 사이에서 나왔다.

유대인들은 아마 주해 쓰는 것을 그리스인들에게서 배운 것 같다. 호머 및 다른 "정경적" 저자들에 대한 주해는 헬레니즘 학문의 산물이었다. 그리고 위에 언급한 대로 최초의 그리스 유대인 주석가인(주해가라기보다는 논설가인) 데메트리우스는 헬레니즘 문학 양식의 영향을 드러낸다. 현존하는 최고의 주해서는 쿰란에서 출토된 주해서들(pesharim)이다. 이것은 토라뿐만 아니라 예언사와 시편에 대해서도 얼마간 주해를 붙인다. 필로의 논문 가운데 많은 것이 주해 양식으로 기록되었다. 이러한 것들은 모두 토라만 취급한다. 랍비들도 최초에는 단지 토라에 대해서만 주해를 썼다. 랍비들이 쓴 최고의 주해서는 출애굽기-신명기에 관한 것이다. 후대에 창세기가 첨가되었고(애초에 창세기가 생략되어 있는 것에 대해 필로는 놀랬다) 성서의 다른 책들도 몇 권 다루어졌다(대부분 전례에 사용되는 것들이다). 히브리 성서 전체에 대한 최고의 주해는 10세기에 바빌론의 랍비에 의해 씌어졌다.

결론

제2성전 시대 유대교 문헌은 두 가지 모순되는 경향의 산물이다. 한편으로 유대인들은 자신들이 고전 이후 시대에 살고 있으며, 위대한 선현들의 저작을 수집하고, 경외하고, 연구하는 것을 자신들의 의무라고 느꼈다. 이러한 경향은 궁극적으로 성서를 산출시켰으며 고전적 예언이 더 이상 가능하지 않다는 의식을 갖게 되었다. 다른 한편으로 선현들이 위대하고 자신들은 난장이같이 미미한 존재이기 때문에 과거와 경쟁할 수 없다는 생각에서 자신들의 문학적 창조성을 새로운 양식으로 표현했다: 묵시, 증언, 모험담, 역사, 시, 찬양, 신탁, 번역, 풀어쓰기, 주해 등등이다. 문헌적 변화에 사회적 종교적 변화가 수반되었다. 예언자들은 묵시문학계 선견자들, 치유자들, 마술사들에 의해 대체되었고, 제사장들은 서기관들, 평신도 학자들에 의해 대체되었으며, 성전은 종파에 의해 대체되었고, 제사는 기도와 토라 연구로 대체되었다. 신학과 종말론도 혁명적인 변화를 겪었다. 이 모든 종교적 사회적 격변이 하나님을 발견하기 위한 새로운 길을 모색한 결과이다. 유대인들은 아류 시대에 살고 있었지만 황금 시대를 추구하고 있었다.

주(註)

1) Rudolf Pfeiffer, *History of Classical Scholarship from the Beginnings to the End of the Hellenistic Age* (Oxford: Clarendon Press, 1968), pp. 203-208.
2) Stern, *Greek and Latin Authors* I, no. 58, pp. 171-172에 게재된 Diodorus of Sicily 1.94.1-2 (from Posidonius?).
3) Josephus, *Jewish Antiquities* 16.6.2, 164; *Jewish War* 2.12.2, 228-231; *Jewish Antiquities* 20.5.4, 113-117.
4) 이러한 정경 목록에 대해서는 H. B. Swete, *An Introduction to the Old Testament in Greek*, rev. by R. R. Otley (Cambridge: University Press, 1902; repr. New York: Ktav Publishing House, 1968), 201-204를 보라.
5) 특히 *Epistle of Barnabas*를 보라.

제7장
랍비 유대교의 출현

제1장에서 설명한 대로, 이 책에서는 "랍비 시대"가 기원후 70년에 시작하여 기원후 6세기에 끝난 것으로 본다. 고대 세계를 다루는 사가들은 대개 이러한 세기들을 "고대 후기"(late antiquity)로 언급하는 데 이때가 고전적 세계의 끝을 나타내기 때문이다. 이 시기에 로마 제국이 기울어가다가 몰락했고, 기독교가 국가의 공식 종교가 되면서 이교를 대체했다. 고대 세계의 특징이었던 제도와 사회 패턴들이 중세의 특징을 띤 제도와 사회 패턴들로 대체되었다. 유대교를 다루는 사가들에게 있어서 이러한 세기들은 또한 한 세계의 종말과 다른 세계의 시작을 나타낸다. 제2성전 시대에서 랍비 시대로 변천한 것은 단순한 연대적인 전이가 아니라 실질적인 변화였다.

"랍비들"과 "랍비 시대"

"랍비"라는 용어는 기원후 2세기와 6세기 사이에 미쉬나 및 다른 많은 책들, 특히 팔레스틴 탈무드와 바빌로니아 탈무드(복수는 탈무딤)를 만들어 낸 특별한 사회의 구성원을 지칭한다. 교육, 어휘, 가치, "문화"를 공유함으로써 서로 연관된 랍비들은 분명히 통일된 집단을 구성한다.

랍비 문헌은 놀라우리 만큼 동질성을 갖고 있다. 만일 어떤 마술을 통해 2세기의 팔레스틴 랍비를 데려다 5세기의 바빌로니아 학원에 세운다면, 물론 몇 가지 적응해야 할 문제들도 있겠지만(바빌로니아 아람어와 팔레스틴 아람어는 서로 다른 방언이다), 곧 아무런 불편을 느끼지 않게 될 것이다. 이러한 사실 때문에 랍비 문헌은 흔히 이음새가 없는 전체를 구성하는 것처럼, 모든 책들이 하나의 구전 토라(Oral Torah)를 구성하는 것처럼 연구해 왔다. 이러한 사실들 때문에, 이 책 전체를 통하여 나는 "랍비들" 그리고 "랍비 시대"에 대해 언급해 왔다.

그러나 이러한 사실들은 랍비 문헌이 실제로 이음새가 없다거나 고대 랍비들이 모두 같은 방식으로 생각하고 행동했다는 것을 의미하지 않는다. 랍비 공동체의 동질성은 지리적, 연대기적, 문헌적 다양성에 의해 어느 정도 퇴색된다. 팔레스틴 지역의 문헌들은 바빌로니아 지역의 문헌에 결여된 독특한 특징들을 갖고 있으며, 그 반대도 마찬가지이다. 랍비들은 세대마다 나름의 독특한 관심을 갖고 있었다. 특히 미쉬나 및 다른 문헌들을 남긴, 타나임(tannaim; 문자적인 뜻은 "반복자들" 혹은 "교사들")이라고 알려진 2세기의 랍비들은 아모라임(amoraim; 문자적인 뜻은 "말하는 사람들")이라고 알려진 3세기부터 5세기까지의 랍비들과 구별된다. 랍비들의 "정경"에 들어 있는 문헌들이 각각 나름의 특징적인 방법, 논제, 메시지를 갖고 있다.

랍비 유대교를 정확하게 해석하기 위해서는 통일성과 다양성에 관한 사실들을 모두 평가해야 한다. 이러한 학문적 연구는 아직 더 해야 할 부분들이 많이 남아 있다. 여기서 이런 연구를 대체할 수는 없다. 다음의 논의에서 나는 계속 "랍비들," "랍비 시대," 그리고 "랍비 문헌"에 대해 논할 것이다. 그러나 나는 또 2세기 랍비 유대교의 독특한 특성에 대해, 그리고 랍비 유대교의 주요한 문헌인 미쉬나에 대해 몇 가지 밝힐 것이다(간략히 다루기 위해 단지 팔레스틴 유대교와 그 역사에 대해서만 언급하겠다).

제2성전 시대 유대교에서 랍비 유대교로

70년이라는 기간 안에 팔레스틴 유대교는 두 차례 주요한 재앙을 겪었다. 기원후 66-70년 전쟁의 결과로 성전이 파괴되고 예루살렘이 황폐해졌으며 수십만 명의 사람들이 살해되거나 노예가 되었고 전국에 걸쳐 토지와 재산이 로마인들에 의해 징발되었다. 바 코흐바 전쟁이 미친 영향도 마찬가지로 심각한 것이었다. 유대는 황폐화되었고, 수천 명의 사람들이 살해되거나 노예가 되었고, 예루살렘은 이교 성읍으로 재건되었고, 나라는 유대("유대인들의 땅") 대신 팔레스틴("블레셋 사람들의 땅")이라는 이름을 갖게 되었다.

많은 면에 있어서 제2성전 시대 유대교는 이미 성전, 제사장, 제사 제의가 없는 유대교의 기초를 놓았다. 그러나 그렇지 못한 부분도 많아서 이제 이러한 견해를 보완할 필요가 있다. 이 책 제2장부터 제6장까지의 순서를 따라 나는 랍비 유대교와 제2성전 시대 유대교의 주된 패턴들을 간략하게 비교할 것이다.

이방인들과의 관계

이방인들과 맺은 정치적, 문화적, 그리고 사회적 관계에 대한 랍비들의 태도는 실질적으로 제2성전 시대 유대교가 취했던 것과 동일했다. 이 두 재앙을 통해 예레미야의 정치적 지혜가 옳은 것임이 확증되었다. 무장 반란이 유대인들을 이방 통치자들의 손아귀에서 벗어나게 하지 못했다. 대신 그들은 그들이 살고 있는 국가의 평화를 위해 기도하고 정해진 때 하나님으로부터 올, 구원을 기다려야 했다. 아마 소수의 랍비들은 바 코흐바를 지지했을 것이나 대부분은 지지하지 않았다.

66-70년과 132-135년 전쟁에 대한 랍비들의 이야기는 혁명가들을 제대로 인도받지 못한 바보들이나 사악한 죄인들로 묘사한다. 의로운 라반 요하난 벤 자카이(Rabban Yohanan ben Zakkai)는 성읍이 포위되어 있을 때 예루살렘 성읍에서 도망쳐 베스파시안을 황제와 정복자로 찬양했다. 하나님이 적으로 하여금 통치하게 했다면, 적의 대적자들인 유대인들이 죄인이라면, 적들과 협력하는 것은 죄가 아니었다(랍비들은 어느 정도까지 로마인들과 협력할 수 있거나 협력해야 하는지에 대해 논란을 벌였다. 그러나 협력한다는 원칙은 분명히 수립되었다). 유대인들에게는 하나님의 포고를 받아들이는 것 이외에 선택의 여지가 없었다.

많은 학자들이 기원후 70년과 135년에 겪은 재앙의 결과로 랍비들이 외부 세계에 등을 돌리고 이방인과 이방인 문화로부터 스스로를 격리했다고 제의해 왔다. 그러나 문제는 그렇게 단순하지 않다. 탈무드가 말하듯이(제2장을 보라) 야벳의 아름다움(헬레니즘)이 셈의 장막(랍비 유대교) 안에 거했다. 미쉬나에는 수많은 그리스어와 라틴어가 포함되어 있다. 탈무딤 및 다른 책에도 많이 포함되어 있다. 랍비들의 논쟁 방식과 학문적 분석은 헬레니즘 수사학자들의 것이었다. 랍비들의 문자적 표현의 주된 양식 중의 하나인 주해

(commentary)는 그리스에 기원을 둔 것이다. 랍비들의 윤리는 스토아 학파의 윤리와 매우 흡사하다. 랍비들이 그 영적 조상을 모세에게서 찾는 "전승 고리"(chain of tradition)조차 그리스 철학 학파들이 자신들의 창건자인 현자들(플라톤, 아리스토텔레스 등등)의 후손인 것을 보여주기 위해 만든 전승 고리를 모델로 삼은 것이다. 이러한 그리고 이와 비슷한 여러 가지 유사성들을 볼 때, 랍비들이 그들이 살던 사회의 문화적 조류로부터 고립되어 있지 않았으며 학자들 및 철학자들이 행하는 것으로 생각되는 것을 나름의 방식으로 행하는 전형적인 학자 및 철학자 집단이었음이 드러난다. 그래서 랍비들은 분명히 어느 정도 "헬레니즘화"되었다.

그러나 반대의 측면을 논증하는 증거도 많이 열거할 수 있다. 고대의 어느 랍비도 플라톤이나 아리스토텔레스의 글을 읽은 것 같지 않다(랍비 문헌 어디서도 이들에 대한 언급을 찾아볼 수 없다); 이들에 대해 이름도 들어보지 못한 랍비들이 분명히 있었을 것이다. 그 어느 랍비도 그리스 철학의 전문적인 술어에 대해 알지 못했다. 아마 어떤 랍비들은 로마 장교와 또 그리스어를 쓰는 유대인들과 소통하기에 필요한 정도의 그리스어는 알았을 것이다. 그러나 이 언어를 정말 능숙하게 구사할 수 있는 사람은 극히 드물었다. 그리고 가장 중요한 것은 미쉬나와 탈무딤의 내용이 고전 문헌의 어떤 내용과도 달라 미쉬나나 탈무딤의 저자들이 고전 문화에 활발히 참여했다는 것은 상상하기 어렵다.

랍비들이 이방인들로부터 얼마나 고립되어 있었는지는 가늠하기 쉽지 않다. 랍비들이 사람들을 찾아다니며 활발히 유대교로 개종시키지는 않았어도 개종하는 사람들은 그대로 받아들였다. 어떤 랍비들은 개종에 대해 부정적인 태도를 갖고 있었다. 그러나 지배적인 견해는 긍정적이었다. 랍비 문헌에는 이교도와 이교를 무시하는 견해로 가득하다. 미쉬나는 한 논문 전체(*Abodah Zarah*)를 할애하여,

우상숭배를 위한 목적으로 사용될 가능성이 있는 어떤 대상도 이용하지 않기 위해 유대인들이 지켜야 할 규칙들을 다룬다(우상에게 바쳐진 고기에 대한 바울의 규칙을 비교하라). 이러한 규칙들은 유대인과 이방인 사이의 사회적, 그리고 성적 접촉을 금하려는 좀더 큰 노력의 일환이다. 이 모든 것이 성전이 파괴된 것에 비추어 내부를 향해 관심을 전환하게 된 것을 나타 내는지 분명하지 않다. 제2성전 시대의 많은 팔레스틴 유대인들, 그리고 일부 해외 유대인들도 랍비들이 이교를 무시하고 유대인과 이방인 사이에 사회적 장벽을 세우려는 노력에 동의했을 것이다.

이방인들과 이교에 대한 좀더 에큐메니칼한 태도를 나타내는 것은 2세기의 랍비들이 만들어 낸 "노아의 율법"(Noahide laws)이라는 개념이다. 의로운 이방인들은 내세에 한몫끼기 위해 유대교로 개종할 필요가 없다. 그들은 단지 하나님이 노아에게 계시하여 노아의 후손들, 즉 이방인들이 모두 지키게 한 어떤 최소한의 것만 지키면 된다. 랍비들은 이러한 율법의 숫자와 성격에 대해 자기들끼리 논란을 벌였다(일반적으로 그 숫자는 7이었다).

지배적인 견해에 따르면, 이러한 율법들 가운데 하나는 우상숭배의 금지이다. 곧 이교도들은 내세에 구원을 얻기 위해 이교를 부정해야 한다는 것을 의미했다. 그럼에도 불구하고, "노아의 율법"이라는 관념 자체가 자기 문화 이외의 타문화와의, 문명화된 모든 민족과의 공통된 연대를 인정하는 일이 타당하다는 것을 인정하려는 놀라운 경향을 보여준다. 어떤 형태로든 사도행전 15장의 배경에 숨어있는 것 같은 노아의 율법은 16세기와 17세기의 국제법과 자연법이라는 개념이 발전하는 데 심원한 영향을 주었다.

랍비 종교

어떤 유대인들에게 있어서 성전의 파괴는 기원전 587년 제1성전이 파괴되었을 때, 그리고 기원전 160년대에 제2성전이 모독되었을 때 느꼈던 신학적 위기 못지않게 심각한 신학적 위기를 가져다 주었다. 하나님은 왜 유대인을 버리고 이방인들로 하여금 승리하게 했는가? 왜 세계가 악의 지배를 받는 것 같은가? 하나님이 아직도 자기 백성에게 충실한가? 이러한 문제들은 모두 기원후 70년 직후에 씌어진 『제4 에스라』와 『시리아어 바룩 묵시록』(*Syriac Apocalypse of Baruch*)에 제기되었다(매우 다른 종류의 반응을 요세푸스가 그의 『유대 전쟁사』에 기록했다).

이와 대조적으로 미쉬나는, 그리고 일반적으로 2세기의 랍비들은 이러한 문제에 전혀 관심이 없었던 것 같다. 그들은 분명히 성전의 부재에 대해 반응을 보였다. 그러나 『제4 에스라』나 『시리아어 바룩 묵시록』에 팽배한 위기감이나 절박감은 없었다. 랍비들이 4, 5, 6세기에 이러한 문제들에 관심을 돌렸을 때, 그들은 묵시록을 쓰거나, 세세한 종말론적 사색에 빠지거나, 이 세계를 사탄의 세력이 지배한다고 주장하지 않았다. 그들은 대신 전쟁의 공포에 대해 이야기하고 시편 기자의 방식을 따라 하나님의 용인에 대해 놀라워했다.

랍비들의 반응은 왜 그렇게 온건했고 왜 그렇게 제한된 것이었나? 왜 그렇게 미미했고 왜 그렇게 늦었나? 제2성전 시대 유대교의 신앙이 랍비들로 하여금 성전이 없는 세상에 살도록 준비시켰기 때문임이 분명하다. 랍비들의 조상이 바리새인들이었다면, 그리고 바리새인들이 종파였다면, 랍비들은 분명히 성전이 없이도 살 수 있도록 준비되어 있었을 것이다. 성전이 서 있을 때도 종파들은 성전에 대해 매우 모호한 태도를 가졌었기 때문이다. 그러나 종파들은 단순히, 종파주의자들이나 비종파주의자들이나 모두에게 영향을 미친, 유대교 민주화의 극단적인 예였다. 매일의 기도, 토라 연구, 회당 예배의 참석, 계명 준수가 성전 외부에서의 삶을 거룩하게 했고, 이러한 것들이, 새로운 학자 계층인 서기관 및 다른 사람들이 사실상 제사장들과 겨루었듯이, 사실상 성전 제의와 겨루었다. 성전이 파괴된 일은 백성 모두에게 예민하게 느껴졌음에 틀림없다. 이 성전이 파괴된 이후에 이전 몇 세기 동안 성전과 무관하게 발전된 신앙을 받아들이고 그 신앙이 성전 제의와 동일하다거나 그것을 대체한다고 간주하는 일보다 더 자연스러운 일이 있었겠는가? 이러한 전망은 두 탈무딤 및 다른 여러 작품에 명시적으로 발전되어 있다. 예를 들면, 신명기에 대한 2세기의 랍비 주석은 "하나님을 사랑하고 그 분을 섬기라"는 구절에 제사 제의뿐만 아니라 토라 연구와 계명도 포함된다고 한다.[1]

미쉬나의 반응은 훨씬 더 정교하다. 미쉬나가 성전과 성전 제의가 복구될 때를 확신하며 기다리고 있었기 때문이든, 혹은 성전 제의가 하나님에 의해 인준되고 이제 그 제의 규정들에 대한 연구가 제의를 거행하는 일과 동등시되었기 때문이든, 혹은 랍비들이 마음속에 그들이 주변에서 보는 불완전한 세상으로부터 도피할 수 있는 이상적이고 완전한 세상을 창조하려 했기 때문이든지(똑같은 일을 아주 다른 방식으로 하고 있는 묵시록들을 비교하라), 미쉬나의 반 이상이 성전과 그 제의의 여러 가지 측면에 대해 다룬다. 미쉬나가 존재한다는 것 그 자체로 말하고 있는 것은 하나님의 율법을, 일상생활에서 지킬 수 없는 그러한 율법들까지, 연구하는 일을 통해 하나님을 발견할 수 있다는 것이다. 미쉬나는 기도에 대해 별로 말하지 않고, 회당에 대해서는 거의 아무 말도 하지 않는다. 처음에는 랍비들이 토라 연구가 기도보다 더 중요하다고 믿었기 때문이다. 나중에 가서 자신들의 힘을 회당에까지 미치게 하기 시작할 때야 비로소 기도도 하나님과 교통하는 똑같이 중요한 수단이라고 보았다.

미쉬나 율법의 기원과 의도에 대해서는 학자들이 논란을 많이 벌이나 분명한 것은 별로 없다. 내가 생각하기에 모든 학자들이 다음의 주장에는 동의하는 것 같다. 어떤 율법들은 제2성전 시대에 비롯되었고, 어떤 율법들은 기원후 2세기 랍비들의 혁신이다; 어떤 율법들은 "종파"적 기원이 같거나 본질적으로 랍비들의 유대교에 속하고, 어떤 율법들은 모든 유대인들의 유대교에 속한다; 어떤 율법들은 일반 대중이 하든 엘리트들이 하든 당시 사회의 일상적 관행에 적용하기 위한 것이고, 어떤 율법들은 완전히 사색을 위한 것이거나 유토피아적인 것이다. 문제는 어떤 율법이 어떤 범주에 속하는지 헤아리는 방법이다. 쉬운 문제가 아니다. 대부분 정결례, 안식일과 절기, 그리고 식사(제5장을 보라)와 관련된 것으로 힐렐의 집과 샴마이의 집에서 비롯되었다고 하는 율법들을 제외하면, 제2성전 시대의 것으로 보이는 율법들은 거의 없다.

결과적으로 미쉬나 율법의 역사와 사회적 배경을 재구성하려면, 학자들은 미쉬나 자체가 제공하는 실마리들이나(내가 쉐마에 관해 논할 때 이에 의존했다) 다른 유대교 자료들 가운데 이에 상응하는 것(예를 들면, 『유빌리』, 『성전 두루마리』, 필로), 혹은 타 문화 가운데 이에 상응하는 것(예를 들면, 시민 생활에 대한 미쉬나의 법 가운데 많은 것을 밝혀주는 동부 셈족의 고대 법전), 혹은 율법의 논리와 의도에 대한 추론과 분석에 의존해야 한다. 말할 필요도 없이 방법과 결론에 대해 모든 학자들 사이에 이견이 많다. 이러한 질문들은 여기서 다룰 수도 없다.

이제 율법에서 신학으로 눈을 돌리자. 제3장에서 논한 대로 유대교는 교의 종교(creedal religion)가 아니다. 미쉬나의 단 한 논문도 신학적인 주제를 전적으로 다루지 않는다. 우리는 2세기 랍비들이 내세, 죽은 자들의 부활, 메시아의 구원, 집단과 개인에게 행해지는 보상과 벌, 회개의 효능성, 하나님과 이스라엘 사이의 계약을 믿었다고 확신할 수 있다. 그러나 한 장(chapter)과 몇몇 단락을 제외하고는 미쉬나가 이러한 문제들에 대해 관심을 보이지 않는다. 탈무딤은 신학에 대해 놀랄 만큼 큰 관심을 보인다. 그러나 랍비들의 저작은 유대교의 도그마나 본질적인 신앙 내용을 제시하지 않는다. 신학적 주제들을 다루는 미쉬나의 유일한 장은 다음과 같이 시작한다(*Sanhedrin*, 10:1):

이스라엘 전체가 다가올 세계에 참여한다…그러나 다음과 같은 사람들은 다가올 세계에 참여하지 못한다: 죽은 자들의 부활이 없다고 하는 사람[혹은: 죽은 자들의 부활에 대한 교리가 토라에서 추론될 수 없다고 말하는 사람]; 토라가 하늘로부터 오지 않았다[고 하는 사람]; 에피쿠로스派 사람.

이 미쉬나는 랍비 유대교의 세 가지 핵심적 교리에 대해 언급한다: 죽은 자들의 부활, (서전 및 구전) 토라가 하나님에게서 기원했다는 점; 그리고 하나님이 인간사를 관장한다는 점(이것은 에피쿠로스파 사람들이 부정한다). 그러나 미쉬나는 이러한 믿음들을 도그마의 차원으로까지 올려놓지 않으며, 이러한 믿음들이 유대교의 자기-정의에 얼마나 본질적인 것인지 보여줄 어떠한 신경(creed)도 만들지 않는다. 미쉬나는 완전한 것이 되려고도 하지 않는다; 예를 들어, 이 미쉬나는 메시아에 대한 믿음을 다루지 않는다(이 믿음이 생략된 것은 탈무딤도 감지했다). 이러한 랍비들의 교리를 부정하는 사람들은 회당에서 축출되거나 저주를 받지 않는다. 단지 다가올 세계에서 제외된다. 이것은 인간이 아니라 하나님이 관장할 벌이다. 이러한 믿음들을 부정한다고 해서 사회적으로 처벌받지 않는다.

랍비들의 신학과 제2성전 시대의 신학 사이의 주요한 차이점들 가운데 하나는 랍비들이 묵시문학이나 종말론적 사색에 전혀 관심이 없다는 사실이다. 묵시록을 쓰는 대신, 환상을 보고 천상의 소리를 들은 랍비들은 하늘 보좌에 앉아 천사들이 커두샤(Qedushah)를 노래하는 것을 듣는 하나님을 보기 위해 7층천으로 올라가는 것을 묘사하는 신비주의적 작품들을 썼다. 헤칼로트(*hekhalot*; 천상 궁전의 "방들") 혹은 메르카바(*merkabah*; 하나님의 "보좌" 혹은 "전차"[戰車]) 문학이라고 알려진 이러한 작품들은 쿰란의 『천상 전례』(angelic liturgy)나 묵시문학들과 많은 것을 공유한다.

그러나 또한 현저한 차이점을 드러낸다. 쿰란의 『천상 전례』는 쿰란 공동체의 유대인들이 암송했다. 종파주의자들이 자신들의 기도를 자신들에 상응하는 천상의 존재들의 기도와 연결시키려는 목적을 가졌기 때문이다. 그러나 랍비들의 신비주의 문학은 지금까지 알려진 한 공동체적 배경을 갖거나 전례적 기능을 갖지 않는다. 어떤 묵시록들(특히 제1 에녹 14장)에는 환상을 보는 이가 하늘에 올라가 하늘의 놀라운 것들을 보는 것이 묘사되어 있다. 이러한 묘사들은 랍비들의 헤칼로트 문학과 매우 흡사하다.

그러나 대체적으로 묵시문학에서는 운동의 방향이 하늘에서 땅으로 향한다: 천상의 세력들이 땅으로 내려와 인간사와 연루된다. 천사가 하늘의 비밀을 환상가에게 밝혀준다. 하나님이 세계를 새롭게 창조하고, 악의 세력에 맞서 우주적 전쟁을 수행하고, 혹은 하늘의 예루살렘이 땅에 내려오게 할 때 역사가 종언을 고한다. 그러나 랍비들의 신비주의 문학에서는 운동의 방향이 배타적으로 땅에서 하늘로 향한다. 신비가가 7층천에 올라가 하나님께 가까이 갈 수 있는 즐거움을 누린다. 이스라엘과 바빌로니아의 랍비들 가운데 얼마나 이런 식으로 하나님과 교통하려 했는지 또 그들이 미쉬나 및 관련 작품들을 만들어 낸 랍비들과 어떤 관계가 있는지는 아직 대답할 수 없는 문제이다.

사회와 제도

기원후 70년, 성전은 파괴되고, 대제사장과 산헤드린은 더 이상 존재하기 않게 되고, 제사장들은 일자리뿐만 아니라 자신들의 세력을 과시할 제도적 기반을 상실했다. 이스라엘 본토의 유대인 공동체에는 더 이상 사회적 엘리트 혹은 "기존 체제"가 존재하지 않았다. 해외 유대인들에게는 더 이상 그들을 결속할 중심이 없었다. 이 공백을 랍비들이 채우려 했다. 궁극적으로 그들은 성공했다. 그러나 이 승리는 오랜 싸움을 거친 뒤에야 얻을 수 있었다.

랍비들은 부유한 사람들과 제사장 계층의 다양한 분파들로부터, 또 팔레스틴과 해외의 많은 대중들로부터 심한 반대를 받았다. 지역 특히 도시의 귀족 계층은 자발적으로 새로운 권력 집단의 지도권에 머리를 굽히려 하지 않았다. 제사장들은 여전히 자신들을 백성의 지도자로 생각하고 있었다. 대중들은 랍비들이 주장하는 신앙의 많은 측면에 대해 관심이 없었다. 랍비들은 대중 속에 파고들어 감으로써 혹은 최소한 이들과 결탁함으로써 귀족 계층과 제사장 계층에 속하는 반대자들에 대해 승리를 거두었다. 랍비들이 점차 학교와 회당을 관장하게 되면서 대중들의 무관심을 극복한 이 승리가 언제 이루어졌는지 정확하게 알 수는 없다. 그러나 그것이 기원후 7세기 이전에 이루어지지는 않았다.

성전 파괴 이후 팔레스틴 유대인 정체(政體)의 주된 정치적 직책은 나씨(nasi: 히브리어) 혹은 족장(patriarch: 그리스어 및 라틴어)이었다. 족장은 주로 그 직책이 처음 나타난 2세기부터 4세기 말까지 그 권위를 주장하고 권력을 행사했다. 2세기 초에 족장은 중앙 랍비 학원의 장(長)(다른 랍비들은 제자들을 거느리고 있었다); 랍비 산헤드린(대제사장이 의장이었던 제2성전 시대 산헤드린을 대체하려 한 랍비들의 회합)의 의장; 역법(曆法)을 관장하는 책임자(전에는 성전 제사장들이 행사한 기능)였다.

2세기 말에 이르러서는 족장이 로마 정부에 의해 팔레스틴 유대인들의, 법적으로는 아니더라도, 사실상의 지도자로 인정되었다. 그가 자신의 행정 체제를 유지하기 위해 팔레스틴 유대인들로부터 세금을 징수하고; 팔레스틴 유대인 공동체 내의 사법 체계에 판관들을 임명하고 있었다. 그리고 중요한 인물에 어울리게 자신이 다윗 왕의 후손이라고 주장하고 있었다. 3세기에는 족장이 시리아와 팔레스틴의 몇몇 유대인 공동체에서 학교의 교사들과 공동체의 직원들을 임명했다. 그리고 교부 오리겐에 의해 틀림없는 "유대인들의 왕"으로 묘사되었다.[2]

4세기에 들어서서 족장은 기독교인인 로마 황제들로부터 회당과 회당 직원들을 포함하여 제국의 모든 유대인들을 관할할 수 있는 권위를 부여받았다. 또 황제들로부터 원로원 의원의 지위를 얻었다. 또 팔레스틴 유대인들뿐만 아니라 제국의 모든 유대인들로부터 세금을 징수했다. 대략 기원후 425년경 불분명한 상황 가운데 이 직책이 폐지되었을 때 모든 것이 와해되어 가고 있었다.

족장이라는 지위는 랍비 세계의 직책으로서 시작되었다. 가장 오랫동안 남아있는 산물은 랍비들 최초의 문헌인 미쉬나이다. 미쉬나는 대략 기원후 200년경 족장인 랍비 유다(Rabbi Judah the Patriarch, 흔히 "Rabbi"라고만으로도 불리운다)에 의해 편집되었다. 그러나 이 직책이 그 권위와 명망을 확장해가자 그것은 랍비적 특성을 잃어가게 되었다. 족장의 목표는 더 이상 랍비들의 목표와 같지 않았다. 우리가 미쉬나 및 다른 2세기 랍비 문헌들의 증거를 믿는다면, 2세기의 랍비들은 대부분 마을이나 작은 도읍에 살았던 부유한 지주들이었다.

미쉬나의 시민법(그리고 종교법 가운데 일부도)은 이러한 경제 계층의 관심이 되는 문제들을 다루었다. 그러나 3세기에는 랍비 계층에 가난한 사람들도 포함되기에 이르렀다. 이들은 생존을 위해 자선에 의존하거나 공무원이 되었다. 그리고 점차 가이사랴, 티베리아, 세포리스(Sepphoris)에 중심을 두고 도시인들이 되기 시작했다. 다시 말해, 족장직은 랍비뿐만 아니라 팔레스틴 유대인 정체(政體)

전체의 지도자가 되고 있었다. 그리고 랍비의 직책은 사회 엘리트로 허울좋게 뽑내는 것뿐만 아니라 직업이 되어가고 있었다. 이러한 전이는 대체로 족장 유다(Judah the Patriarch)와 그의 직계 후계자들에 의해 일어났다. 본래 랍비들의 지도권에 반대한 도시 엘리트들도 점차 족장의 정부에 들어오게 되었다. 많은 랍비들이 이러한 변화에 저항했다. 두 탈무딤이 3세기 랍비들과 족장 사이의 위태로운 긴장에 대한 이야기를 많이 보존하고 있다. 그러나 이러한 변화는 랍비 유대교가 궁극적으로 승리하는 데 본질적인 것이었다. 그러한 변화로 인하여 랍비들이 공동체 생활에 다다르고 그 중심부를 차지하게 되었기 때문이다.

랍비들이 회당을 통제하기까지는 좀더 많은 시간이 걸렸다. 제3장에서 설명한 대로 회당은 랍비들이 만들어 낸 것도 아니고 랍비들에게 독특한 제도도 아니었다. 4세기의 족장에게는 로마 제국 전역에 있는 회당의 직원을 관할할 수 있는 권리가 주어졌다. 그러나 그가 이러한 권위를 실제로 어느 정도까지 행사할 수 있었는지 또 랍비들의 관심을 진척시키는 데 어느 정도까지 관심이 있었는지 불분명하다. 어쨌든 미쉬나와 두 탈무딤은 회당에 대해 거의 아무것도 규제하지 않는다. 또 랍비들이 회당에서 권위적인 인물이었다고 암시하는 설화도 거의 없다. 회당은 대중적 신심의 고향이었다. 그 결과 2세기와 그 이후의 많은 랍비들이 회당보다는 벳 미드라쉬, 랍비 학교의 안전한 영역에서 기도할 것을 권장했다. 어떤 사람들은 기도보다는 연구가 더 중요하다고 공공연히 말했다.

고고학자들은 3세기 말부터 7세기까지의 여러 팔레스틴 회당의 잔재들을 발견했다. 이러한 회당들은 다양한 양식, 크기, 형태로 건립되었다. 이들 중 많은 것이 기하학적 형태, 동물, 과실, 새, 황도대(黃道帶) 12 궁도(宮圖), (메노라 같은) 유대교 제의물, 혹은 성서적 장면들을 묘사한 모자이크나 조각을 통해 장식되었다. 가장 이목을

끄는 것은 주로 4세기부터 6세기까지 갈릴리에 건립된 회당들인데, 이런 곳에는 본당 중앙에 있는 마루에 태양 전차(戰車) 주위를 도는 황도대의 12 상징들에 대한 모자이크가 있다. 디아스포라에는 장식을 한 회당 가운데 주목할 만한 것이 하나 있다. 이것은 유프라테스 강 유역(오늘날의 시리아)에 있는 3세기의 듀라 유로포스 (Dura Europos) 회당이다. 이 회당의 네 벽이 성서적 장면들을 묘사한 그림들로 뒤덮여 있었다.

이러한 것들을 발견하기 전에는, 십계명의 둘째 계명, 형상을 새기지 말라는 금령 때문에 "유대교 미술"이 사실상 존재하지 않았다고 널리 믿어졌었다. 이러한 것들이 발견된 후로는 학자들이 금령에 대한 랍비들의 해석을 다시 연구했고, 최소한 어떤 랍비들은 회당의 이러한 장식에 반대하지 않았었다고 결론을 내렸다. 그러나 고대의 어떤 랍비들이 이러한 예술을 용인했다 하더라도 그들이 그것을 가장 중요한 자리에 장식하도록 허용했겠는가? 회당이 랍비 유대교의 요새였다면, 그들이 회당을 이런 식으로 장식했겠는가? 이러한 물음에 대한 답은 아직 고고학적 자료들이 수집되고 있는 지금 여전히 논란이 되고 있다. 그러나 그 대답은 "아니다"일 것 같다.

게다가, 많은 회당들이 누가 기부한 일에 대해 기록하거나 회중의 직원들 이름을 밝히는 비문을 갖고 있다. 랍비들은 이러한 비문에 거의 나타나지 않는다. 또 나타난다 하더라도 모두 기부자로서이지 직원으로서는 나타나지 않는다. 그러므로 랍비들이 2세기부터 6세기까지의 팔레스틴 회당을 관장하고 있었던 것 같지 않다. 어떤 회당들은 물론 그들이 좌지우지하기도 했다. 고고학자들은 최근 갈릴리 바다 남쪽 계곡에 있는 베이산(Beisan)에서 7세기 회당의 잔해들을 발굴했다. 거기서 발견된 중앙의 모자이크는 십일조에 관한 팔레스틴 탈무드의 발췌문이다. 그러나 대부분은 아니라 하더라도 많은 경우 랍비들이 그렇게 하지 못했다. 이것이 6세기 팔레스틴의 경우에도 사실이라면, 2세기 팔레스틴과 고대 전역의 디아스포라의 경우에는 더욱 그러했다. 랍비들이 회당을 지배하게 된 것은 오래고 점진적인 과정의 결과이다.

종파주의의 종언

기원후 1세기의 유대교에는 수많은 종파와 집단이 있었다: 바리새인, 사두개인, 엣세네파, 쿰란 유대인, 열심당, 시카리, "제4의 철학," 기독교인, 사마리아인, 테라퓨타인 등등. 이와 대조적으로 기원후 70년 이후의 유대교에는 종파주의가 없었다. 사마리아인들은 유대교 사회 내에서 주변적 집단으로 존재하기를 고집했다(그들의 숫자가 많고 나름의 권리를 갖고 활발히 활동했다 하더라도); 기독교인들은 주로 이방인들로 구성되었고, 궁극적으로는 별도의 종교가 되었다; 그러나 다른 모든 집단들은 랍비들이나 교부들이 가끔 제2성전 시대에 대해 언급하는 경우를 제외하고는 실제로 역사적 기록에서 사라졌다. 그들 대신 랍비들이 실질적으로 현재 우리가 아는 유일한 집단이었다.

이러한 사실들은 어떻게 설명할 수 있는가? 두 가지 가능성이 있다. 우리가 현재 갖고 있는 증거의 성격이 변하여 종파주의가 사라졌다는 잘못된 인상을 줄 수도 있다. 혹은 어떻게든 66-70년 전쟁과 성전의 파괴로 종파주의가 사라지게 되었다. 학자들은 후자가 전자보다 더 개연성이 있다는 데 의견을 같이한다. 그러나 이 문제는 복잡한 것으로 두 가능성을 다 논의할 필요가 있다.

현존 문서의 성격

70년 이후의 유대교 역사에 대한 우리의 지식은 거의 배타적으로 랍비 문헌에서 나온 것이다. 이교도 자료, 기독교 자료, 고고학적 자료들이 고립된 자료들을 제공하지만 그 이상은 아니다. "랍비 시대"라는 표현은 우리가 랍비들에 대해서는 잘 알고 있으나 다른 사람들에 대해서는 그렇지 못하다는 사실을 반영한다.

미쉬나의 주목할 만한 특성 중의 하나는 이 텍스트가 자체에 대해, 그 기원, 저자, 역사, 자료에 대해 거의 아무런 정보도 제공하지 않는다는 점이다. 두 탈무딤과 나머지 랍비 문헌들이 그러한 정보들을 더 많이 준다(그 정보가 믿을 만한 것인지는 전혀 다른 문제이다). 그러나 어떤 때도 랍비들이 자신들의 적을 정확히 밝히거나 유대교 사회 내에서 서로 겨루는 집단들을 묘사하지 않는다. 랍비들은 종종 이방인들, 이교도들, 그리고 불신자나 율법을 준수하지 않는 유대인들에 대해 언급한다. 그러나 이러한 범주들의 다양한 면모들을 묘사하는 데 관심이 없다. 랍비 문헌은 랍비에 의해, 랍비에 대하여, 랍비를 위하여 기록된 "내부" 문헌이다.

그러면 우리는 아마 종파와 집단들이 기원후 70년 이후에도 계속 활발하게 존재했었으며, 이러한 사실에 대해 별로 알려지지 않은 것은 문헌 역사상의 우연성이라고 주장할 수 있을 것이다. 쿰란 두루마리를 제외하면, 제2성전 시대 유대교의 다양성(요세푸스, 필로, 묵시문학, 어떤 장르든 위경 등)을 드러내는 문헌 가운데 대부분이 기독교에 의해 보존되었다. 그러나 2세기 초에 유대교와 기독교 사이의 거리가 증대된 것은 기원후 100년 이후에 씌어진 유대교 문헌이 이 새로운 종교(기독교)의 문헌적 유산 속에 거의 통합되지 않았다는 것을 의미했다.

비-랍비적 문헌이 랍비 시대부터 거의 존재하지 않는다는 사실은 랍비들도 기독교인들도 이러한 자료들을 보존하려 하지 않았다는 것을 증명한다. 그러나 그것이 반드시 그러한 문헌이 존재하지 않았다는 것을 증명하는 것은 아니다. 아마 종파주의가 종언을 고한 것이 기원후 70년 이후에도 오랜 세월이 흐른 뒤에야 실제로 일어났을 것이다. 그리고 사해 두루마리와 같은 것이 앞으로 더 발견되면 제2성전이 파괴된 이후에도 유대교가 얼마나 다양했었는지 증명할 수 있게 될 것이다.

앞으로 어떠한 것들이 발견될지는 물론 알 수 없다. 어느 누구도 쿰란에서 보고가 발견될 것이라고 예고하지 못했다. 그리고 어느 누구도 랍비 시대를 연구하는 사가들을 기다리고 있는 새로운 발견들을 예고할 수 없다. 그러나 지금 이용할 수 있는 증거들은 일관성이 있다. 사마리아인과 유대계 기독교인들을 제외하면, 종파들은 기원후 70년 이후에 사라졌다.

많은 유대인들, 아마 대부분의 유대인들이, 아직 랍비들을 자신들의 지도자로 간주하지 않았던 것 같다. 그리고 랍비 유대교를 행동과 신앙의 표준으로 삼지도 않았다. 랍비들 자신들이 문자적으로 "땅의 백성들"을 의미하는 암메 하아레츠(amme haares)에 대해 언급한다. 이들은 안식일 및 다른 여러 가지 계명들은 지키지만 정결례나 십일조에 관한 율법들을 가볍게 여기거나 무시한다. 혹은 단순히 랍비들의 생활 방식을 좋아하지 않았다.[3] 랍비들이 마음 편히 있을 수 없었던 회당들을 짓거나 거기에 자주 찾아오는 유대인들이 바로 그러한 사람들이었다고 생각할 수 있다. 교부들은 죽은 자들의 부활을 부정하고, 천사들에게 기도하고, 랍비들이 인정하지 않은 다른 여러 가지 일들을 하는 유대인들에 대해 언급한다.[4] 랍비들의 영역 밖에 있는 사람들로 그리스어를 사용하는 해외 유대인들이 있었다. 이들은 팔레스틴 랍비들과 별로 접촉하지 않았고 나름의 종교적 전승을 갖고 나름의 공동체 안에 잘 뿌리를 내리고 있었다.

그러므로 종파주의의 부재는 다양성의 부재를 의미하지 않는다. 그러나 어떠한 자료도 이러한 다양성을 종파와 연관시키지 않는다. 종파나 다른 조직된 집단들이 계속 존재했다는 암시도 없다. 3세기의 어느 기독교 저술가는 성전이 파괴되고 하나님에 의해 유대인들이 배척된 후 사탄이 더 이상 유대인들로 하여금 죄를 짓도록 유혹하지 않았다고 말한다. 사탄은 대신 기독교인들에게 관심을 돌렸다. 그러므로 기독교는 이단과 불일치에 사로잡혔고 유대교는 그러하지 않았다.[5] 기원후 70년 이후에, 유대교 사회에는 종파가 없었다.

성전 파괴와 종파주의의 소멸

기원후 66-70년 전쟁이 벌어지는 동안, 로마인들은 많은 종파를 제거했고 최소한 크게 약화시켰다. 혁명적 집단들(열심당, 시카리, 제4의 철학)이 멸망되었다. 시카리 집단은 마사다와 다른 여러 곳에서 몇 해 동안 버티고 있었다. 그러나 그 구성원들의 수효는 얼마 되지 않았고 그들의 행동은 아무런 영향을 미치지 못하는 것이었다. 쿰란 공동체는 기원후 68년에 파괴되었다. 사두개인들이 성전 제사장들과 대제사장들로 구성되었다면, 그들의 수효는 로마와 혁명군의 군사 행위로 심각하게 줄어들었다.

다양한 종파들을 제거하는 것 이외에 전쟁은 또 종파주의의 핵심을 제거했다. 종파주의에는 공격하고 항거할 악한 실체가 필요하다. 이런 실체가 분파주의적 에너지의 핵심 역할을 한다. 고대 유대교 종파주의의 주된 핵심은 성전이었다(제5장을 보라). 성전이 파괴되고 대제사장직이 비참한 지경에 이르면서 종파들은 그 존재 이유를 상실했다. 이렇게 해서 전쟁은 종파가 없는 사회로 가는 길을 마련했다.

바리새인들도 사라졌다. 그러나 이들은 랍비로 변신했다. 제5장에서 논한 대로 랍비들은 자신들을 "바리새인들"이 아니라 "이스라엘의 현자들"로 간주한다. 미쉬나도 그 외 다른 어떤 랍비 문헌도 바리새적인 자의식을 드러내지 않는다. 랍비들이 제2성전 시대에 대해 이야기할 때, 그들은 자신들의 적이 사두개인들(그리고 단지 랍비 문헌에만 나타나는 보에투시아인)이라고 확신했다. 그러나 그들은 그들의 조상이 바리새인들이었다고 주장하지 않았다. 랍비들이 실제로 바리새인들과 별로 관련이 없다고 결론을 내리고 싶은 유혹을 받았을 수도 있다. 이 논제는 최근 몇몇 학자들이 주장해 왔다. 그러나 두 집단 사이의 연관은 여러 가지 면에서 찾을 수 있고 그 연관성이 강하다.

랍비들은 종파적 집단이 자신들을 종파로 간주한 적이 거의 없을 뿐만 아니라 랍비들이 아무도 배제하려고 하지 않았기 때문에, 랍비들은 서로 연관이 있다고 명료하게 밝히려 하지 않은 후대의 바리새인들이었다. 새로운 랍비 운동의 모든 구성원들이 바리새인이나 바리새인들의 후손이었다는 증거도 없고 또 랍비들이 비-바리새인들을 제외시키려 했다는 증거도 없다.

최근까지 학자들은 유대교와 기독교가 마지막으로 결별한 것이 야브네(그리스어로는 얌니아)의 랍비들에 의해 야기되었다고 주장했다. 야브네의 랍비들은 성전이 파괴된 이후 예루살렘 서북서 방향에 있는 이 마을에 모인 첫 세대 랍비들이다(전설에 따르면, 야브네는 라반 요하난 벤 자카이가 예루살렘이 포위되어 있을 때 예루살렘에서 도망간 곳이다). 두 탈무딤에 따르면, 이 랍비들이 "이단들에 대한 축복"(birkat ha minim)을 제정했다. 이것은 "이단들" 혹은 "종파주의자들"을 멸하고 그들의 계획을 좌절시켜 달라고 하나님께 드린 기도이다.

이러한 "이단들"은 어떤 사람들이었는가? 학자들은 이 기도가 의도한 희생자들이 기독교인들이었다고 주장했다. 기독교인들이 이 축복문을 암송할 수 없었기 때문에, 그리고 이런 축복문을 암송하는 사람들과 한 자리에 있는 것이 편치 않았을 것이기 때문에, 이 축복을 제정한 효과는 기독교인들을 회당에서 축출하려는 것이었다. 학자들은 이러한 해석에 대한 확증을 기독교인들을 회당에서 축출했다는 요한의 언급에서(요 9:22; 12:42; 16:2), 그리고 유대인들이 그리스도와 기독교인들을 매일의 기도에서 저주했다는 여러 교부들의 주장에서 찾았다. 이러한 재구성이 옳다면, 랍비들은 라이벌들을 맹렬히 축출한 승리주의자 바리새인들이었다.

그러나 이 재구성은 보편적인 동의를 얻지 못하고 있다. 분명히 요한 공동체의 기독교인들은 그들의 지역 회당에서 축출되었다. 그러나 이것이 모든 지역의 모든 유대인들이 다 기독교인들을 추방했다는 것을 의미하는 것일 수 없다. 회당은 어떤 중심적 기구에 의존하지 않았다. 각 공동체가 나름의 방식대로 회당을 운영했다. 랍비들이 기독교인들을 제국의 모든 회당에서 축출하고 싶어했어도, 그들에게는 그렇게 할 능력도 권위도 없었다. 게다가 4세기에 이르러서는 "이단들에 대한 축복"이 기독교인 혹은 어떤 유대계 기독교 종파를 겨냥한 것이라 하더라도, 그 본래의 구절은 모든 이단들에 대한 일반적인 비난이었다. 그 의도는 기독교인들이나 다른 어떤 특정 집단을 골라 내려는 것이 아니라 종파주의의 종언을 선포하려는 것이었다.

미쉬나의 특별한 특징 중 하나가 율법 논쟁으로 가득하다는 점이다. 미쉬나 첫 단락이 세 가지 다른 대답이 주어진 질문으로 시작된다. 그리고 랍비 문헌의 거의 모든 장이 여러 가지로 변형하여 이 패턴을 반복한다. 미쉬나의 이러한 특징은 두 가지 면에서 새로운 것이었다. 첫째로, 제2성전 시대 문헌은 대부분 율법 논쟁을 개인이 아니라 종파가 행한 것으로 본다. 랍비 문헌에서조차도 70년 이전의 인물들에게 돌려진 율법 논쟁의 대부분이 개인이 아니라 힐렐의 집과 샴마이의 집을 관련시킨다. 기원후 70년 이후 두 집안 사이의 논쟁은 두 종파 사이의 논쟁과 마찬가지로 대부분 소멸되었고, 랍비 스승들이라는 개인 사이의 논쟁으로 대치된다. 둘째로, 종파들간의 논쟁은 배타성과 사회적 분열의 결과였다. 그러나 랍비들 간의 논쟁은 그렇지 않았다. 야브네 시대의 랍비들은 율법 논쟁에도 불구하고 서로 정상적인 사회적 교류를 유지할 수 있었고 힐렐의 집과 샴마이의 집이 똑같은 것을 할 수 있었을 것으로 생각했다 (제5장을 보라).

그러므로 랍비들이 그 어느 누구도 축출할 필요성을 느끼지 않았던 것 같다. 오히려 그들의 궁극적인 성공은 그들이 본래 자신들에게 대적하던 사람들까지 끌어들일 준비가 되어 있었다는 사실에서 찾을 수 있다. 랍비들이 찾아온 모든 사람들에게 요구한 것은 어떤 종파와도 연계되지 않아야 한다는 것이었다. 율법 논쟁은 용인할 것이다. 조장하기까지 한다. 그러나 종파적 논쟁은 멈추어야 한다. 이것이 "이단들에 대한 축복"의 메시지이다. 랍비들은 성전이 없는 세계에서 그리고 논쟁을 용인할 준비가 되어 있는 사회에서 종파적 아이덴터티를 유지하려 고집하는 모든 사람들을 멸망시켜 달라고 하나님께 기도했다.

이러한 재구성이 옳다면, "이단들에 대한 축복"은 랍비 유대교의 자기-정의를 향한 중요한 이정표였다. 그러나 기독교를 탄생하게 한 중요한 계기는 아니었다. 기독교가 유대교로부터 분리된 것은 사건이 아니라 과정이었다. 과정의 본질적인 부분은 교회가 점점 더 이방화되고, 유대교적 요소가 점점 더 없어져 간 사실이다. 그러나 분리는 유대교인과 기독교인이 함께 살던 각 지역 공동체 안에서로 다른 방식으로 나타났다. 어떤 곳에서는 유대인들이 기독교인들을 축출했다. 또 어떤 곳에서는 기독교인들이 스스로 적응하여 그대로 남아있었다. "이단들에 대한 축복"은 아마 왜 기독교인들이 팔레스틴 랍비 공동체 안에서 환영받지 못하고 있다고 느꼈는지 그 이유를 보여줄 것이다. 그러나 그것은 전체 과정에 대한 일부에 불과하다.

정경과 문헌

타낙의 정경화 작업은 최근까지 학자들이 야브네 랍비들이 행한 것으로 널리 인정한 또 하나의 행동이다. 이 견해에 따르면, "정통"을 정의하고, 원치 않는 요소들을 제거하려는 정책의 하나로, 야브네 랍비들이 정경에서 다니엘을 제외한 모든 묵시문학을 제거하고, 그리스어로 기록된 모든 문헌을, 억압하지는 않아도 무시했다. 오늘날 이러한 재구성에 집착하는 사람은 거의 없다. 방금 논한 대로 야브네 강령에 대한 증거가 희박할 뿐만 아니라 정경의 형성이 너무도 복잡한 과정(또 다시, 사건이 아니라 과정이다)이어서 어느 한 세대의 (사람들에 대해 권위를 갖고 있었는지 의심스러운) 학자들이 행한 것으로 간주할 수 없기 때문이다.

랍비들은 여러 가지 책의 정경적 지위에 대해 논란을 벌였다. 그러나 대부분은 그들이 정경을 창조하고 있는 것이 아니라 이미 결정된 정경을 대하고 있었다. 랍비들은 분명히 묵시문학과 그리스 유대인들의 문헌을 무시했다. 그러나 이러한 사실들은 여러 가지 방식으로 설명할 수 있으며 반드시 반-기독교적 의도에서 비롯된 것으로 생각할 필요가 없다. 묵시문학은 일반적으로 밀교적인 책이지 대중적인 책이 아니다. 그리고 미쉬나를 형성한 사람들의 대부분이 위에서 논한 대로 지방 유지들이라면, 유대교적인 것이든 이교적인 것이든 그리스어 문헌을 무시한 것은 크게 놀랄 일이 아니다.

랍비들은 타르굼과 기도를 보존하고 발전시켰다. 그러나 제2성전 시대에 방대한 양으로 씌어진 역사, 묵시문학, 증언, 모험담, 지혜문학, 찬양, 성서 풀어쓰기를 무시했다. 그들은 토라에 대해(그리고 랍비 시대 말기에는 성서의 다른 몇몇 책에 대해서도), 길이에 있어서나 섬세함에 있어서나 기원전 70년 이전에 기록된 어떤 것보다 더 뛰어난 일련의 주해서들을 썼다. 신비주의 집단은 묵시문학에서 많은 동기와 아이디어를 취해 헤칼로트(*hekhalot*) 문학을 발전시켰다. 그러나 가장 독특하고 가장 중요한 랍비 문헌, 곧 미쉬나와 두 탈무딤은 새로운 장르로 씌어졌다.

　미쉬나는 다이제스트 혹은 선집(選集)이다. 그것은 실로 기원후 533년 유스티니안 황제에 의해 발간된 로마 법의 『다이제스트』와 유사하다. 두 책이 모두 대부분 기원후 2세기와 3세기 초에 살았던 여러 권위있는 사람들의 언명(言明)들을 주제별로 수집해 놓은 것이다. 그 어느것도 법전은 아니다. 모두 역사적 회고와 설화, 호머(『다이제스트』의 경우)나 토라(미쉬나의 경우)의 인용, 변증, 그리고 물론 서로 다른 의견들을 담고 있기 때문이다. 그러나 두 책은 모두 법의 자료이다. 두 책에 모두 법률이 나온 자료들이 포함되어 있다.

　미쉬나의 의도가 본래 어떠했든지, 탈무딤은 미쉬나의 주된 목적이 법률적인 것이었다고 전제하고, 따라서 실질적인 율법들을 다루는 부분에 집중한다. 탈무딤은 어떤 문제에 대한 서로 다른 견해 가운데 어느것이 옳은지 결정함으로써 미쉬나의 율법 논쟁에 담긴 모호성을 줄인다. 탈무딤은 또 미쉬나의 모호한 부분들을 설명하고, 모순점들을 조화시키고, 그 규칙을 미쉬나가 고려하지 않은 영역까지 확대시킨다. 요약하면: 탈무드는 미쉬나에 대해 주석을 하며 그것을 율법에 관한 정경적 작품으로 취급한다. 그러나 탈무딤은 너무 산만하고, 너무 정교하고, 확장하려 하고, 나름의 의제를 따르려 하기 때문에 실제로 "주해"(commentaries)는 아니다.

　두 탈무딤에 담긴 의제의 하나는 미쉬나의 율법을 토라에 연관시키는 것이다. 미쉬나 주석을 통해 율법이 어떻게 토라의 말씀에서 추론될 수 있는지 보여주는 경우는 아주 드물다. 이보다 더 드문 것은 미쉬나가 어떤 율법이 고대 전승으로부터 받아들여졌다거나 혹은 특정한 때 특정한 랍비에 의해 개혁되었다고 주장하는 경우이다. 요약하면: 미쉬나는 전체로서든 혹은 한 구성 요소가 되는 율법에 관해서든 그 자체의 기원에 대해 밝히지 않는다. 유일하게 밝히는 구절이 있는데 그것이 『선현들의 가르침』을 시작하는 전승 고리이다: "모세가 시내 산에서 토라[혹은: 그 토라]를 받아 그것을 여호수아에게 전해 주었다. 여호수아는 그것을 장로들에게 [전해주었다]" 등. 스승과 제자의 고리는 족장의 집과 미쉬나의 선현들에게서 끝난다. 이 구절은 미쉬나가 모세가 시내 산에서 받은 토라의 한 부분이라고 주장한다. 그러나 이 주장의 정확한 성격은 불분명하다. 미쉬나의 율법이 모두, 아마 그 한 마디 한 마디가 모두, 하나님에 의해 모세에게 계시되었다는 주장일 수도 있다.

온 세대를 통틀어 유대인들은 모세가 이미 알고 있던 것을 보존하고 다시 발견해 온 것뿐이다. 혹은 미쉬나의 핵심, 그 기본이 되는 원칙과 사상—다른 말로 하면, 랍비 유대교의 독특한 특징—이 하나님에 의해 모세에게 계시되었다는 것을 의미할 수도 있다. 모든 세대를 통틀어 유대인들은 이 기초 위에 무언가를 짓거나 확장시키고 있다.

이러한 두 가능성에 대해, 탈무딤은 전자의 견해에 동의한다. 탈무딤은 판에 박힌 듯 미쉬나의 율법들을 성서에서 추론할 수 있다는 것을 보여주려 한다. 인간이 종교적 율법을 혁신할 권위를 갖고 있지 않기 때문이다. 유대인들이 해석을 통해 토라에 익숙해졌듯이, 탈무드의 랍비들은 해석을 통해 미쉬나에 능숙해졌다. 그들은 미쉬나를 보다 높은 권위를 지닌 이전의 정경적 문헌에 종속시켰다. 물론 실제로 미쉬나의 랍비들이나 탈무딤의 랍비들이나 모두 보존자들일 뿐만 아니라 혁신자들이기도 했다. 그러나 미쉬나가 이것을 암시적으로 인정한 반면, 탈무딤은 이것을 부정해야 한다고 느꼈다. 이러한 두 전망 사이의 긴장은 중세 유대교에도 계속되었다. 근본주의 유대교와 자유주의 유대교 사이에 계속되고 있는 논쟁 속에서 이 긴장은 오늘날까지 계속되고 있다.

결론

마카비시대부터 미쉬나까지는 대략 350년의 기간이다. 유대교는 점차 근대의 여명기까지 유지한 형상을 이 시기에 취하게 되었다. 유대교는 하나님을 찾되 기도와 전례뿐만 아니라 하나님의 기록된 말씀에 대한 연구에 몰입함으로써도 찾는, "책" 종교가 되었다. 연구는 종교의 요구 사항들을 배우기 위해서뿐만 아니라 그 자체를 위해서도 존재한다. 토라에서 모세는 이스라엘 사람들이 계약에 충실하기 위해 지켜야 할 규칙과 율례들을 상세히 다루었다. 제2성전 시대에 수립된 전례를 따라 랍비들은 성서의 규정을 취해 확장하고, 새로운 것들을 추가하고, 규정들을 변형시켰다. 그들은 제2성전 시대의 신학적, 율법적, 제도적 혁신들 가운데 많은 것을 수용했다. 그러나 그들의 조상들이나 후손들과 마찬가지로 랍비들은 자신들을 새로운 어떤 것의 창조자가 아니라 오래된 그 무엇의 담지자로 간주했다. 그들은 이스라엘, 하나님이 아브라함, 이삭, 야곱에게 맹세하며 준 영원한 약속의 상속자들이었다.

주(註)

1) Louis Finkelstein이 편집한 책의 *Sifre Deuteronomy* §41, pp. 87-88.
2) Origen, *Epistle to Africanus on the Story of Susanna*, in J. P. Migne, *Patrologia Graeca* 11.81, 84.
3) 특히 바빌로니아 탈무드 *Berakhot* 47b와 *Pesahim* 49a-b를 보라.
4) 예를 들면, Henry Chadwick이 번역한 Origen, *Against Celsus* 1.26, p. 26과 5.14, p. 274를 보라.
5) Arthur V bus (Corpus Scriptorum Christianorum Orientalium; Louvain: CSCO, 1979)가 번역한 *Didascalia Apostolorum* 23, p. 211.

연구를 위한 추천 도서

주: 본서는 광범위하고 다양한 주제를 다루었다. 그리고 참고할 만한 도서들도 수없이 많다. 여기에는 영어로 기술된 책과 논문만 간략하게 선별해서 제시한다. 좀더 전문적으로 연구할 분들은 영어뿐만 아니라 불어, 독어, 히브리어 그리고 그 이외의 언어로 기술된 도서들까지 샅샅이 읽고 싶어할 것이다.

텍스트

이 책 구석구석에서 나는 흔히 어느 정도 연대적으로 수록된 다음의 연구들을 인용하거나 암시했다. 이 책에 인용된 번역들을 싣고 있는 문헌들을 수록했다(가끔 수정하거나 달리 번역한 것들은 제외했다).

구약과 신약 그리고 외경(Apocrypha: 벤 시라[=시락 혹은 집회서], 마카비상하, 제4 에스라[=제2 에스드라])는 H. G. May and B. M. Metzger 편(증보판; New York: Oxford University Press, 1977), *The New Oxford Annotated Bible with the Apocrypha*의 Revised Standard Version에서 인용했다.

사해 문헌의 영어 번역은 두 가지인데 하나는 직역으로 딱딱하며 다른 하나는 의역으로 시적이다. 전자는 Geza Vermes 역, *The Dead Sea Scrolls in English*(개정판; Harmondsworth: Penguin Books, 1975)이며, 후자는 Theodore H. Gaster 역, *The Dead Sea Scriptures* (제3판; Garden

City: Doubleday & Co., 1976)이다. 최근에 일부 문헌을 번역한 것으로 유용한 것은 Maurya P. Horgan, *Pesharim: Qumran Interpretations of Biblical Books* (Washington, D.C.: Catholic Biblical Association of America, 1979); Bonnie P. Kittel, *The Hymns of Qumran: Translation and Commentary* (Chico, Calif.: Scholars Press, 1981); 그리고 Johann Maier, *The Temple Scroll* (Sheffield: JSOT Press, 1985)이 있다.

위경(Pseudepigrapha: 에녹[=*I Enoch*], 유빌리, 므낫세의 기도, 아리스테아스書, 시리아어 바룩 묵시록 포함)은 James H. Charlesworth 편, *The Old Testament Pseudepigrapha*(전2권; Garden City: Doubleday & Co., 1983-85)에서 인용했다. 최근에 발간된 H. F. D. Sparks 편, *The Apocryphal Old Testament*(Oxford: Clarendon Press, 1984)도 유용하다.

필로와 요세푸스의 저작은 이중 언어로 편집된 The Loeb Classical Library의 F. H. Colson and G. H. Whitaker 공편, *The Complete Works of Philo*(전10권 2별책; London: William Heinemann; and Cambridge, Mass.: Harvard University Press, 1929-62: 자주 재인쇄됨)와 H. St. J. Thackeray, R. Marcus, A. Wikgren, and L. H. Feldman 공편, *The Complete Works of Flavius Josephus*(전9권; London: William Heinemann; and Cambridge, Mass.: Harvard University Press, 1926-65; 자주 재인쇄됨)에서 인용했다.

미쉬나는 Herbert Danby(London: Oxford University Press, 1933; 자주 재인쇄됨)의 번역에서 인용했다.

토세프타는 Jacob Neusner(전6권; New York: Ktav Publishing House, 1977)가 번역해 왔다. 바빌로니아 탈무드의 영어 번역본으로는 Isadore Epstein이 편집한 것(London: Soncino Press, 자주 재인쇄됨)이 표준적이다.

유대인과 유대교에 관해 언급한 고전 문헌은 Menahem Stern이 *Greek and Latin Authors on Jews and Judaism* (전3권; Jerusalem: Israel Academy of Arts and Sciences, 1974-84)에 수집, 번역해 놓았다.

제1장: 고대 유대교: 연대 설정 및 정의

제2성전 시대 후반의 역사에 대해 상세히 개괄한 것으로는 다음의 표준적인 저작들 중 어느것이라도 참고할 수 있다: Emil Schürer, *The History of the Jewish People in the Age of Jesus Christ*, vol. 1, rev. and ed. by Geza Vermes, Fergus Millar, et al. (Edinburgh: T. & T. Clark, 1973); *Compendia Rerum Iudaicarum ad Novum Testamentum*, section I: *The Jewish People in the First Century*, ed. by S. Safrai and M. Stern(2 vols.; Philadelphia: Fortress Press, 1974-1976); *The World History of the Jewish People*, vol. 6: *The Hellenistic Age*, ed. by A. Schalit(1972), and vol. 7: *The Herodian Period*, ed. by M. Avi-Yonah and Zvi Baras(1975; New Brunswick: Rutgers University Press); and E. Mary Smallwood, *The Jews Under Roman Rule* (Leiden: E. J. Brill, 1976, repr. 1981).

고대 유대교의 저작에 대한 개괄적인 문헌정보를 계속 제공하는 것으로는 다음의 학술지를 보라: *New Testament Abstracts; Elenchus Bibliographicus Biblicus*(*Biblica*의 보충본); *Journal for the Study of Judaism in the Persian, Hellenistic, and Roman Periods; Revue de Qumran*. 최근 발간된 책 부피의 두 서지(書誌, bibliography)가 매우 유용하다: Menahem Mor and Uriel Rappaport, *Bibliography of Works on Jewish History in the Hellenistic and Roman Periods 1976-1980* (Jerusalem: Zalman Shazar Center, 1982; 좀더 많은 자료가 포함되기를 기대한다); Louis H. Feldman, *Josephus and Modern Scholarship* 1937-1980(Berlin and New York: Walter de Gruyter, 1984). 요세푸스에 집중하기 때문에 Feldman의 서지는 실질적으로 제2성전 시대 후기의 유대교 역사의 모든 측면을 다 다룬다.

제2장: 유대인과 이방인

모든 주제들을 다 다룬 것으로는 두 가지 표준적인 저작인 Martin Hengel: *Judaism and Hellenism* (2 vols.; Philadelphia: Fortress Press,

1974), *and Jews, Greeks, and Barbarians* (Philadelphia: Fortress Press, 1980)를 보라.

정치: 마카비반란에 대해서는 Anchor Bible 시리즈에 포함된 Jonathan Goldstein의 탁월하나 기이한 마카비상하 주해서들을 보라. 그 외에 영어로 된 가장 좋은 것은 Victor Tcherikover, *Hellenistic Civilization and the Jews* (Philadelphia: Jewish Publication Society, 1966), Elias Bickerman, *The God of the Maccabees* (Leiden: E. J. Brill, 1979)가 있다. Elias Bickerman, "The Maccabean Uprising: An Interpretation," in *The Jewish Expression*, ed. by Judah Goldin(New York: Bantam Books, 1970; repr. New Haven: Yale University Press, 1976), pp. 66-86도 보라. 66-74년의 전쟁에 관해서는 Stern의 *Greek and Latin Authors* II에 있는 그의 348 단편 및 437 단편에 대한 주해를 보라. 기원후 132-135년 전쟁에 대해서는 Glen Bowersock, "A Roman Perspective on the Bar Kochba War," in *Approaches to Ancient Judaism*, vol. 2, ed. by William Scott Green (Chico, Calif.: Scholars Press, 1980), pp. 131-142와 Benjamin Isaac and Aharon Oppenheimer, "The Revolt of Bar Kokhba: Ideology and Modern Scholarship," *Journal of Jewish Studies* 36 (1985), 33-60을 보라.

문화: Moses Hadas, *Hellenistic Culture: Fusion and Diffusion* (New York: Columbia University Press, 1959); Morton Smith, *Palestinian Parties and Politics That Shaped the Old Testament* (New York: Columbia University Press, 1971), 특히 pp. 57-81; Elias Bickerman, *Studies in Jewish and Christian History* (3 vols.; Leiden: E. J. Brill, 1976-86); J. N. Sevenster, *Do You Know Greek?* (Leiden: E. J. Brill, 1968); John J. Collins, *Between Athens and Jerusalem: Jewish Identity in the Hellenistic Diaspora* (New York: Crossroad Publishing Co., 1983).

사회: 유대교로의 개종에 대해서는 Bernard J. Bamberger, *Proselytism in the Talmudic Period* (Cincinnati: Hebrew Union College, 1939; repr. New York: Ktav Publishing House, 1968)를 보라. 개종자들

에 대한 태도에 관해서는 Joseph Baumgarten, "Exclusions from the Temple: Proselytes and Agrippa I," *Journal of Jewish Studies* 33 (1982), 215-225를 보라. 국제 결혼과 개종에 관해 내가 논의한 것은 "From the Bible to the Talmud: The Prohibition of Intermarriage," *Hebrew Annual Review* 7(1983), 23-39와 "The Origins of the Matrilineal Principle in Rabbinic Law," *Association for Jewish Studies Review* 10 (1985), 19-53에 있다. 물에 잠기는 일/세례에 관해서는 H. H. Rowley, "Jewish Proselyte Baptism and the Baptism of John," in his *From Moses to Qumran: Studies in the Old Testament*(New York: Association Press, 1963), pp. 211-235를 보라. A. Thomas Kraabel은 "하나님을 두려워하는 사람들"이 결코 존재하지 않았다고 주장한다. 그러나 이러한 입장은 유지될 수 없다. 그의 "The Disappearance of the 'God-Fearers,'" *Numen* 28 (1981), 113-126을 보라. "반-셈족주의"에 대해서는 J. N. Sevenster, *The Roots of Pagan Anti-Semitism in the Ancient World* (Leiden: E. J. Brill, 1975)와 John G. Gager, *The Origins of Anti-Semitism* (New York: Oxford University Press, 1983)을 보라.

제3장: 유대인의 "종교": 관행과 믿음

고대 유대교에 대한 고전적 연구는 George Foot Moore, *Judaism in the First Centuries of the Christian Era* (3 vols.; Cambridge, Mass.: Harvard University Press, 1927-30, 자주 재인쇄됨)이다. 좀더 최근의 연구로는 Ephraim Urbach, *The Sages: Their Concepts and Beliefs* (2 vols.; 2nd ed., Jerusalem: Magnes Press, 1979); E. P. Sanders, *Paul and Palestinian Judaism* (Philadelphia: Fortress Press, 1977); Emil Schürer, *The History of the Jewish People in the Age of Jesus Christ*, vol. 2, rev. and ed. by Geza Vermes, Fergus Millar, et al.(Edinburgh: T. & T. Clark, 1979)가 있다. 이 책들은 각각 이 장에서 논의된 주제들을 어느 정도 상세하게 다루고 있다. 좀더 전문적인 연구를 아래에 더 첨가해 놓았다.

성전 제의에 대해서는 Menahem Haran, *Temples and Temple Service in Ancient Israel* (Oxford: Clarendon Press, 1978)을 보라. 기도에 대해서는 Joseph Heinemann, *Prayer in the Talmud: Forms and Patterns* (Berlin: Walter de Gruyter, 1977)와 Jakob Petuchowski, "The Liturgy of the Synagogue: History, Structure, and Contents," in *Approaches to Ancient Judaism*, vol. 4, ed. by William Scott Green (Chico, Calif.: Scholars Press, 1983), pp. 1-64를 보라. "예루살렘의 "시민적 기도"에 대해서는 *Harvard Theological Review* 55(1962), 163-185에 있는 Elias Bickerman의 논문을 보라.

토라의 연구와 준수를 통한 삶의 성화(聖化)에 대해서는 고전적 연구인 Solomon Schechter, *Aspects of Rabbinic Theology: Major Concepts of the Talmud* (New York: Macmillan Co., 1909; repr. New York: Schocken Books, 1961)가 여전히 가치를 지니고 있다. Jacob Neusner, *The Way of Torah* (3rd ed.; N. Scituate, Mass.: Duxbury Press, 1979)도 보라.

마술사와 기적 수행자에 대해서는 Morton Smith, *Jesus the Magician* (San Francisco: Harper & Row, 1978)을 보라.

유일신론과 다신론에 대해서는 본 총서(叢書)에 포함된 Robert M. Grant, *Gods and the One God* (Philadelphia: Westminster Press, 1986)을 보라. 하나님을 찬양하거나 하나님과 겨루는 천사 및 초자연적 존재들에 대해서는 Alan F. Segal, *Two Powers in Heaven*(Leiden: E. J. Brill, 1977)과 J. E. Fossum, *The Name of God and the Angel of the Lord: Samaritan and Jewish Concepts of Intermediation and the Origin of Gnosticism* (Tübingen: J. C. B. Mohr [Paul Siebeck], 1985)을 보라. 철학자들의 하나님과 성서의 하나님에 대해서는 필로에 대한 고전적 연구인 Wolfson의 *Philo: Foundations of Religious Philosophy in Judaism, Christianity, and Islam* (Cambridge, Mass.: Harvard University Press, 1947; 자주 재인쇄됨)과 Anchor Bible판 『솔로몬의 지혜』(*The Wisdom of Solomon*:, Garden City: Doubleday & Co., 1979)에 대한 David

Winston의 서론과 주석을 보라.

부활과 죽음 이후의 삶에 대해서는 George Nickelsburg, *Resurrection, Immortality, and Eternal Life in Intertestamental Judaism* (Cambridge, Mass. Harvard University Press, 1972)과 Hans C. C. Cavallin, *Life After Death: Paul's Argument for the Resurrection* (Lund: Gleerup, 1974)을 보라. 제2성전 시대의 매장 관습은 부활과 죽음 이후의 삶에 대한 믿음이 널리 퍼져있었음을 확증한다. Eric M. Meyers, *Jewish Ossuaries: Reburial and Rebirth*(Rome: Biblical Institute Press, 1971)와 Pau Figueras, *Decorated Jewish Ossuaries* (Leiden: E. J. Brill 1983)를 보라.

묵시문학과 종말론에 대해서는 D. S. Russell, *The Method and Message of Jewish Apocalyptic* (Philadelphia: Westminster Press, 1964); Paul D. Hanson, *The Dawn of Apocalyptic* (rev. ed.; Philadelphia: Fortress Press, 1979); John J. Collins, ed., *Apocalypse: The Morphology of a Genre* (Semeia 14; Missoula, Mont.: Scholars Press, 1979); David Hellholm, ed., *Apocalypticism in the Mediterranean World and the Near East* (Tübingen: J. C. B. Mohr [Paul Siebeck], 1983); John J. Collins, *The Apocalyptic Imagination: An Introduction to the Jewish Matrix of Christianity* (New York: Crossroad Publishing Co., 1984)를 보라.

제4장: 공동체와 그 제도

고대 유대교의 사회 제도(성전, 산헤드린, 제사장, 길드, 종파)에 대한 현대의 고전적인 연구는 역시 Joachim Jeremias, *Jerusalem in the Time of Jesus* (Philadelphia: Fortress Press, 1975)이다. *The World History of the Jewish People*, vol. 8: *Society and Religion in the Second Temple Period*, ed. by Michael Avi-Yonah and Zvi Baras (New Brunswick: Rutgers University Press, 1977)와 본 총서에 포함된 John G. Stambaugh and David L. Balch, *The New Testament in Its Social*

Environment (Philadelphia: Westminster Press, 1986)도 보라. 산헤드린에 대해서는 Hugo Mantel, *Studies in the History of the Sanhedrin* (Cambridge, Mass.: Harvard University Press, 1965)을 보라. 디아스포라의 폴리테우마타(*politeumata*)에 관해서는 Aryeh Kasher, *The Jews in Hellenistic and Roman Egypt* (Tübingen: J. C. B. Mohr [Paul Siebeck], 1985)를 보라.

회당의 역사에 대해서는 Joseph Gutmann, ed., *The Synagogue: Studies in Origins, Archaeology, and Architecture* (New York: Ktav Publishing House, 1975)와 idem, ed., *Ancient Synagogues. The State of Research* (Chico, Calif.: Scholars Press, 1981); Lee Levine, ed., *Ancient Synagogues Revealed*(Jerusalem: Israel Exploration Society, 1981; Detroit: Wayne State University Press, 1982)를 보라. 하부라(*haburah*)에 대해서는 Saul Lieberman, "The Discipline in the So-Called Dead Sea Manual of Discipline," *Journal of Biblical Literature* 71 (1952), 199-206과 C. Rabin, Qumran Studies(Oxford: Clarendon Press, 1957; repr. New York: Schocken Books, 1975)를 보라. 학교에 대해서는 R. A. Culpepper, *The Johannine School* (Missoula, Mont.: Scholars Press, 1975)과 (이전의 자료도 논하는) David Goodblatt, *Rabbinic Instruction in Sasanian Babylonia* (Leiden: E. J. Brill, 1975)를 보라.

제5장: 종파와 표준

영어로 된 것 중에는 최근에 접할 수 있는 것이 없다. Marcel Simon, *Jewish Sects at the Time of Jesus* (Philadelphia: Fortress Press, 1967)는 낡았다. 제3장에 수록된 책들에 담긴 논의를 보라.

종파에 대한 정의로는 Bryan Wilson, ed., *Patterns of Sectarianism* (London: William Heinemann, 1967)을 보라. 정결례법과 성전을 초점으로 다룬 것으로는 Jacob Neusner, *The Idea of Purity in Ancient Judaism* (Leiden: E. J. Brill, 1973)을 보라. 페르시아 시대 원시-종파주의에 대해서는 Morton Smith, "The Dead Sea Sect in Relation to Ancient

Judaism," *New Testament Studies* 7 (1961), 347-360; Hanson, *The Dawn of Apocalyptic*(제3장 참고문헌에 수록된 것을 보라); Joseph Blenkinsopp, "Interpretation and the Tendency to Sectarianism," in *Jewish and Christian Self-Definition*, vol. II: A*spects of Judaism in the Graeco-Roman Period*, ed. by E. P. Sanders et al. (Philadelphia: Fortress Press, 1981), pp. 1-26을 보라.

바리새인과 사두개인에 대해서는 Jacob Neusner, *Rabbinic Traditions About the Pharisees Before 70* (Leiden: E. J. Brill, 1971), *From Politics to Piety* (Englewood Cliffs, N.J.: Prentice-Hall, 1973), Ellis Rivkin, *A Hidden Revolution* (Nashville: Abingdon Press, 1978)을 보라. 제7장의 참고문헌도 보라.

엣세네파, 쿰란 종파, 테라퓨타인에 대해서는 Schürer-Vermes, vol. 2 (제3장 참고문헌에 수록)의 상세한 논의와 J. Murphy-O Connor, "The Essenes and Their History," *Revue Biblique* 81 (1974), 215-244를 보라. 정착촌과 두루마리에 대한 고고학적 발굴에 대해서는 Roland de Vaux, *Archaeology and the Dead Sea Scrolls* (London: Oxford University Press for the British Academy, 1973)를 보라.

제4의 철학, 시카리, 열심당에 대해서는 Morton Smith, "Zealots and Sicarii: Their Origins and Relations," Harvard Theological Review 64(1971), 1-19; David Rhoads, Israel in Revolution (Philadelphia: Fortress Press, 1976); John S. Hanson and Richard A. Horsley, Bandits, Prophets, and Messiahs: Popular Movements at the Time of Jesus (Minneapolis/Chicago/New York: Winston-Seabury, 1985)를 보라.

사마리아인에 대해서는 R. J. Coggins, *Samaritans and Jews* (Atlanta: John Knox, 1975)를 보라.

제6장: 정경화 작업과 그 의미

정경의 사회적 배경에 대해서는 James A. Sanders, *Torah and Canon* (Philadelphia: Fortress Press, 1972)과 *Canon and Community: A Guide to Canonical Criticism* (Philadelphia: Fortress Press, 1984), 그리고 Brevard S. Childs, *Introduction to the Old Testament as Scripture* (Philadelphia: Fortress Press, 1979)와 *New Testament as Canon* (Philadelphia: Fortress Press, 1985)의 관련된 부분을 보라. 최근 상세하게 논한 것으로는 Roger Beckwith, *The Old Testament Canon of the New Testament Church* (Grand Rapids: Wm. B. Eerdmans Publishing Co., 1986)를 보라.

예언과 예언의 변형에 대해서는 Joseph Blenkinsopp, *Prophecy and Canon* (Notre Dame: University of Notre Dame Press, 1977)과 *A History of Prophecy in Israel from the Settlement in the Land to the Hellenistic Period* (Philadelphia: Westminster Press, 1983), David E. Aune, *Prophecy in Early Christianity and the Ancient Mediterranean World* (Grand Rapids: Wm. B. Eerdmans Publishing Co., 1983)를 보라.

묵시 문학에 대해서는 제3장 참고문헌에 수록된 것을 보라.

제2성전 시대 후기의 문헌을 개괄한 것으로는 George Nickelsburg, *Jewish Literature Between the Bible and the Mishnah* (Philadelphia: Fortress Press, 1981); Michael Stone, ed., *Compendia Rerum Iudaicarum ad Novum Testamentum*, section II, vol. 2; *Jewish Writings of the Second Temple Period* (Philadelphia: Fortress Press, 1984); J. J. Collins, *Between Athens and Jerusalem* (제2장 참고문헌에 수록)이 있다.

성서 해석에 대해서는 본 총서에 포함된 James Kugel and Rowan Greer, *Early Biblical Interpretation* (Philadelphia: Westminster Press, 1986)과 Michael Fishbane, *Biblical Interpretation in Ancient Israel* (Oxford: Clarendon Press, 1985)을 보라.

제7장: 랍비 유대교의 출현

랍비 시대의 정치사에 대해서는 Michael Avi-Yonah, *The Jews of Palestine: A Political History from the Bar Kokhba War to the Arab Conquest* (Oxford: Basil Blackwell, 1976)와 G. Alon, *The Jews in Their Land in the Talmudic Age* (2 vols.; Jerusalem: Magnes Press, 1980-84)를 보라. 랍비들이 로마인과 협력한 것에 대해서는 David Daube, *Collaboration with Tyranny in Rabbinic Law* (London: Oxford University Press, 1965)를 보라.

랍비 시대 "헬레니즘"에 대해서는 두 가지 고전적인 그러나 어려운 Saul Lieberman, *Greek in Jewish Palestine* (New York: Jewish Theological Seminary of America, 1942; repr. New York: Feldheim, 1965)과 *Hellenism in Jewish Palestine* (New York: Jewish Theological Seminary, 1962)을 보라. 좀더 쉽게 접근할 수 있는 것으로, 유용한 선집(選集) Henry Fischel, *Essays in Greco-Roman and Related Talmudic Literature* (New York: Ktav Publishing House, 1977), pp. 325-343에 포함된 그의 논문 *"How Much Greek in Jewish Palestine?"*가 있다. 노아의 율법에 관한 철학적 비역사적 연구에 대해서는 David Novak, *The Image of the Non-Jew in Judaism* (Lewiston, N.Y.: Edwin Mellen Press, 1983)을 보라.

랍비 유대교에 대해서는 제3장에 제시된 문헌들을 보라. 여러 가지 신학적 주제들에 대해 랍비들이 진술한 것을 수집해 놓은 것으로는 Claude G. Montefiore and Herbert Loewe, eds., *A Rabbinic Anthology* (London: Macmillan & Co., 1938; 자주 재인쇄됨)를 보라. 랍비 신비주의와 신비주의 문헌에 대해서는 David Halperin, *The Merkabah in Rabbinic Literature* (New Haven: American Oriental Society, 1980)를 보라.

족장(patriarch)에 대해서는 Lee Levine, "The Jewish Patriarch (Nasi) in Third Century Palestine," in *Aufstieg und Niedergang der römischen Welt*, part II, vol. 19.2, ed. by Wolfgang Haase and Hildegard Temporini (Berlin and New York: Walter de Gruyter, 1979), pp. 649-688; Marvin

Goodman, *State and Society in Roman Galilee*, A.D. 132-212(Totowa, N. J.: Rowman & Allanheld, 1983); Shaye J. D. Cohen, "Pagan and Christian Evidence on the Ancient Synagogue," in *The Synagogue in Late Antiquity*, ed. by Lee Levine(Durham: American Schools of Oriental research, 근간)를 보라.

고고학적 증거들 가운데 개척적인, 그리고 여전히 고전적인 것은 Erwin R. Goodenough, *Jewish Symbols in the Greco-Roman Period* (13 vols.; Princeton: Princeton University Press for the Bollingen Foundation, 1953-1968)이다. 처음에는 Morton Smith, "Goodenough's *Jewish Symbols* in Retrospect," *Journal of Biblical Literature* 86 (1967), 53-68부터 시작하는 것이 좋다.

야브네(Yavneh)에 대해서는 Shaye J. D. Cohen, "The Significance of Yavneh: Pharisees, Rabbis, and the End of Jewish Sectarianism," *Hebrew Union College Annual* 55 (1984), 27-53을 보라. John Bowker는 랍비와 바리새인 사이에 아무런 연관이 없다고 한다. 그의 *Jesus and the Pharisees* (Cambridge: University Press, 1973)를 보라. "이교도들에 맞선 축복"에 대해서는 Reuven Kimelman, "*Birkat Ha-Minim* and the Lack of Evidence for an Anti-Christian Jewish Prayer in Late Antiquity," *Jewish and Christian Self-Definition*, vol. 2: *Aspects of Judaism in the Graeco-Roman Period,* ed. by E. P. Sanders et al. (Philadelphia: Fortress Press, 1981), pp. 226-244; Asher Finkel, "Yavneh's Liturgy and Early Christianity," *Journal of Ecumenical Studies* 18 (1981), 231-250; W. Horbury, "The Benediction of the Minim and Early Jewish-Christian Controversy," *Journal of Theological Studies* 33 (1982), 19-61를 보라.

미쉬나의 해석에 대해서는 Jacob Neusner, *The Modern Study of the Mishnah* (Leiden: E. J. Brill, 1973)을 보라. Neusner는 랍비 정경에 들어 있는 각 문헌을 독립된 작품으로 해석해야 하며 미쉬나는 성전의 파괴에 대한 철학적 반응이라고 주장한다. 그의 *Judaism: The Evidence of the Mishnah* (Chicago: University of Chicago Press, 1981)를 보라. 탈무드의 미쉬나 해석에 관해서는 Jacob Neusner, *Midrash in Context* (Philadelphia: Fortress Press, 1983)를 보라.

전문 용어 해설

디아스포라: 이스라엘 본토 밖의 온 세계에 흩어진 유대인들.

랍비: 문자적으로는 "나의 선생님"이라는 뜻의 존칭. 본래 단지 2인칭으로만 사용되었으나 나중에는 3인칭으로도 사용되었다. "rabbi"라는 명사와 "rabbinic"이라는 형용사는 대개 미쉬나 및 관련 서적들을 만들어 낸 사회의 사람들과 문화를 나타 내는 전문 술어로 사용된다.

로마 시대: 로마인들이 예루살렘에 들어온 기원전 63년부터 동방이 페르시아인들에 의해 그리고 나중에는 아랍인들에 의해 정복된 7세기 초까지의 기간(대부분의 학자들은 4세기 이후의 로마 제국을 일컫는 데 "비잔틴"이라는 술어를 사용한다).

마카비家: 하스모니아家 마타디아와 그의 아들 유다 마카비에 의해 창건된 왕조. 기원전 160년대부터 로마인들이 들어온 기원전 63년까지 유대인들을 다스렸다.

미쉬나: 문자적으로는 "반복"이라는 뜻. 기원후 2세기의 랍비들이 쓰고 유다 족장(Judah the Patriarch)에 의해 편집된 책으로 다양한 주제에 관하여 율법적으로 진술했다. 이 책은 6부(divisions)로 배열되어 있다. 각 부마다 논문들이 포함되어 있다. 미쉬나의 개별적인 단락도 미쉬나라 불리운다.

묵시: 문자적으로는 "계시"라는 뜻. 흔히 천사의 중재를 통해, 자연

이나 역사의 어떤 비밀을 계시하는 책. 제2성전 시대의 대부분의 묵시는 종말론적 주제를 다루며, 아마 종말이 임박했다는 기대 속에 기록되었을 것이다.

벤 시라: 대략 기원전 200년에 지금 외경 속에 포함된 지혜서를 저술한 예루살렘의 교사. 이 책은 때때로 시락 혹은 집회서(Ecclesiasticus)라고도 불리운다.

선현들의 가르침(*Chapters of the Fathers*): 윤리 도덕적 권면에만 초점을 맞추고 율법의 문제는 완전히 도외시하기 때문에 어떤 논문과도 다른 미쉬나의 한 논문. 첫 두 장은 토라가 하나님으로부터 모세에게, 그리고 모세로부터 궁극적으로 미쉬나의 랍비들에게 전해지는 것을 묘사하는 전승의 고리이다.

제의(cult): 예배의 체계.

에녹書: 창 5장에 있는 홍수 이전 인물이 썼다고 하는 위경 작품집. 이러한 작품 가운데 가장 이른 것은 기원전 3세기의 산물이다.

종말론: 종말(혹은 마지막 때)에 관한 교리. 종말론에는 죽음, 부활, 최후의 심판, 민족의 회복, 메시아의 구원 등에 대한 관념이 포함되어 있다.

제4 에스라: 제2 에스드라(Second Esdras)라고도 불리운다. 기원후 70년 성전 파괴 직후 기록된 것으로 현재는 외경 속에 포함된 묵시.

요세푸스: 기원후 1세기의 유대인 사가(史家). 그가 남긴 책이 제2성전 시대 후반의 역사에 대한 주요 자료가 된다. 기원후 80년대 초에 완성된 『유대 전쟁사』는 마카베오家의 부상부터 기원후 73-4년 마사다의 몰락에 이르기까지의 유대인 역사를 다룬다. 『유대 고대사』는 기원후 93-4년에 완성되었다. 그 첫 부분은 성서를 풀어쓰고, 둘째 부분은 헬레니즘 시대부터 기원후 66년 반란이 일어나기 직전까지의 제2성전 시대를 개괄한다. 기원후 100년경에 완성된 『아피온에 대한 반박』(*Against Apion*)은 유대교를 변론하고 반-유대교 사상을 공격한다.

셀류커스家: 기원전 4세기말부터 기원전 1세기초까지 시리아와 아시아를 다스린 마케도니아(혹은 그리스) 통치자들.

쉐마(*shema*): 신 6:4-9의 "들으라, 이스라엘아!"라는 말로 시작되는 단락. 미쉬나에 따르면 이 단락은 하나의 기도를 구성하기 위해 신 11:13-21 및 민 15:37-41과 연결되었다.

신정론(神正論, theodicy): 문자적으로는 "신(神)의 정의"라는 뜻. 왜 선하고 강한 하나님이 이 세상에 악이 존재하도록 허락하는지 설명하려는 가르침.

아모라임: 문자적으로는 "말하는 사람들"이라는 뜻. 기원후 3세기부터 5세기까지 이스라엘과 바빌로니아에서 활동한 랍비들. 이들이 두 개의 탈무드를 만들어 냈다.

외경: 문자적으로는 "감추어버린 것들"이라는 뜻. 외경의 책들은 그 정경성이 불확실하거나 논란이 되고 있는 책들이다. 이러한 책들은 "감추어 두어야" 즉, 대중 앞에서 읽지 않아야 한다. 외경은 교회의 그리스어나 라틴어 구약성서에는 포함되나 유대인들의 히브리 타낙에는 포함되지 않은 유대인들의 책이다.

아리스테아스書: 프톨레미 필라델푸스의 한 이방인 정신(廷臣)이 썼다고 하는 위경적 소논문, 혹은 서신. 그러나 아마 기원전 2세기 말엽 어느 유대인이 썼을 것이다. 그 이야기는 히브리 성서를 그리스어로 번역한 것이나 그 주제는 유대교가 헬레니즘과 편안히 공존하는 것이다.

벳 미드라쉬: 문자적으로는 "연구의 집"이라는 뜻. 학교 혹은 학원.

야브네(혹은 얌니아): 예루살렘 서북서쪽의 마을. 여기서 랍비들이 성전 파괴 이후 처음으로 모였다.

오경: 토라를 보라.

위경: "남이 썼다고" 거짓으로 밝히는 책들. 실제 저자가 아닌 다른 사람이 썼다고 주장하는 책들. 현대 학자들은 "위경"에 대해 마치 그러한 책들을 수집해 놓은 것이 하나 있었던 것처럼 말한다. 그러나 그러한 수집물은 현대 학자들이 창조해 내기까지 존재하지 않았다. 현대 학자들이 "위경" 속에 포함시킨 것 가운데는 위경(남이 썼다고 주장하는 책)이 아닌 것도 많이 있다.

의무 기도(statutory prayer): 기도하는 의무를 이행하기 위해 암송한 기도. 이 기도는 어떤 것이 특별히 필요하거나 어떤 사건이 있어서 드린 기도가 아니며, 본질적으로 종교적인 의무로 간주되었다.

정결례: 오염의 근원이 되는 시체, 부정한 동물, 성적 분비물을 피하는 일.

종파: 좀더 큰 종교적 집단으로부터 이탈하고 자신들만이 하나님의 뜻을 이해하기 때문에 좀더 큰 집단의 이상을 자신들만이 구현하고 있다고 주장하는 소규모의 조직된 집단.

커두샤(*qedushah*): 상투스(*Sanctus*: 사 6:3의 "거룩하시다, 거룩하시다, 거룩하시다 만군의 주님")의 암송을 특징으로 하는 기도.

탈무드(복수, 탈무딤): 문자적으로는 "연구"라는 뜻. 미쉬나에 대한 주석. 그 규모와 산만한 성격 때문에 실제로는 주석이 아니라 독립된 책이다. 기원후 3세기와 4세기의 이스라엘 랍비들은 팔레스틴 탈무드 혹은 에루살렘 탈무드를 만들어 냈고, 기원후 3세기부터 6세기까지의 바빌로니아 랍비들은 바빌로니아 탈무드를 만들어 냈다. 때때로 이 어휘는 미쉬나와 탈무드만 포함하는 것이 아니라 랍비 문헌 전체를 이르는 말로 사용되기도 한다.

타낙(*Tanak*): 토라(Torah), 느비임(Nebiim, 예언서), 커투빔(Ketubim, 성문서)의 첫 자만 따서 만든 말. 히브리 성서 혹은 구약성서.

타나임(*tannaim*): 문자적으로는 "교사들"(혹은 "반복자들")이라는 뜻. 기원후 2세기 팔레스틴의 랍비들. 이들의 진술이 주로 미쉬나 혹은 그 외의 랍비 문헌에 포함되어 있다.

타르굼(복수, 타르굼밈): 성서의 아람어 번역.

토라: 문자적으로는 "교훈"이라는 뜻. 성서의 처음 다섯 권의 책. 제2성전 시대에 그리스어를 사용하는 유대인들이 이것을 "율법"이라 불렀다. 교부들은 문자적으로는 "다섯 두루마리"라는 뜻의 오경(Pentateuch)이라는 말을 만들어 냈다. 랍비 문헌에서 토라는 흔히 유대교와 동의어로 사용된다.

팔레스틴: 문자적으로는 "블레셋 사람들의 땅"이라는 뜻. 로마인들

이 기원후 135년 바 코흐바를 패퇴시킨 후 유대 땅에 대해 붙인 이름. 이 책에서는 "팔레스틴"과 "이스라엘 땅"이 동의어로 쓰였다.

　페르시아 시대: 페르시아 왕 고레스 대왕이 바빌로니아를 정복한 기원전 539년부터 알렉산더 대왕이 페르시아를 정복한 기원전 334년까지의 기간.

　프톨레미家: 기원전 4세기 말부터 기원전 1세기 말까지 이집트를 다스린 그리스 통치자들.

　필로: 기원전 1세기 전반에 살았던 알렉산드리아 유대인. 토라, 특별히 창세기에 대한 수많은 그리고 긴 주해와 논문으로 잘 알려져 있다.

　폴리테우마(*politeuma*): 그리스 도시 내의 자치적인 민족 공동체.

　하부라(*haburah*): 문자적으로는 "친교" 혹은 "사귐"이라는 뜻. 그들이 지킨 상세한 규정들이 랍비 문헌에 기록된 경건자 집단. 이 집단의 구성원들은 정결례와 십일조에 관한 율법들을 세밀하게 지켰다. 아마 바리새인들과 연관이 있는 것 같다.

　헬레니즘 시대: 알렉산더 대왕이 페르시아를 정복한 기원전 334년부터 마카베오家가 반란을 일으킨 기원전 160년대까지의 기간.

색 인

개종 26, 46, 53, 68-82, 110, 202, 205, 219, 319, 320
기도 17, 26, 27, 90-107, 161-163, 295, 320, 321
기독교 20-25, 30, 38, 46, 49, 53, 57, 65, 66, 178, 183, -188, 194-201, 218, 220, 240, 244-247, 250, 251, 256, 259-262, 273, 277-279, 291, 295, 305, 315, 331-336
느헤미야 14, 15, 153, 174, 202-210, 220, 233, 234
다니엘 16, 24, 36, 54, 89, 97, 117, 143, 208, 230, 266, 272, 273, 278-280, 288, 289, 337
디아스포라 90, 105, 158, 169, 249, 250, 328
랍비 20-22, 29, 30, 37, 42-45, 49, 53-55, 57-59, 73-76, 80-82, 87, 90, 96-104 108, 115-124, 155-158, 162, 166-168, 173-179, 185, 190, 191, 200, 201, 226-234, 238, 239, 261, 312, 315-340
레위기 106, 221, 268
로마 시대 30, 51, 61, 86, 152, 158, 247, 261, 284

마카비 16, 17, 19, 21, 23, 29-31, 38-41, 45, 47, 49-54, 59-61, 67-72, 75, 82, 83, 92, 94, 97, 132, 140, 148, 151, 153, 179, 193-195, 233, 235, 236
마태 78, 109, 178, 216, 217
말라기 15
묵시문학 16, 20, 29, 37, 116 124, 136, 146, 263, 273, 274, 288, 289
미쉬나 20, 54, 76, 87, 93, 98, 100, 111, 113, 139, 148, 172, 179, 226, 227, 229, 231-233, 261-266, 300
민수기 83, 89, 91, 106, 113, 139, 190, 267

바리새인 20, 79, 98, 112, 136, 137, 157, 167, 170, 173, 176, 179, 182-186, 189, 191, 194, 198, 211-220, 225-241, 246, 250, 252,
벤 시라 53, 103, 134, 175-177, 221, 256, 271, 272, 274, 279, 280
벳 미드라쉬 162, 177

사도행전 32, 77, 97, 110, 217, 219, 241, 244, 245, 320
사두개인 135, 136, 138, 156, 157, 172-174, 176, 189, 211-220, 227-238, 257, 308, 332

사사기 89, 114, 277, 311
산헤드린 156, 157, 325, 326
살로메 알렉산드라 212, 213
성전 14-16, 19-21, 25-32, 35-38, 91, 97-98 154, 188, 193, 333
셀류커스 15-17, 67
쉐마 44, 53, 93, 98-101, 103, 105, 113, 116, 126, 139
스가랴 14, 193, 293
시몬 60
시카리 23, 44, 48, 244
시편 51, 92, 93, 95, 100, 103, 112, 129, 140, 257, 274, 277, 284, 307
신명기 46, 68, 90, 91, 99, 104, 105, 113, 114, 120, 122, 267, 268, 313, 323
신정론 27, 120, 125, 127, 129, 130, 139, 147, 149, 288, 293

아리스테아스서 32, 108, 271
아모라임 316
알렉산더 아네우스 17, 212, 213
야브네 273, 334-337
어겐스트 아피온 84, 85, 87, 140, 159
에녹 24, 54, 101, 116, 131, 221, 222, 279, 288, 325
에스겔 14, 90, 91, 117, 128, 133, 134 136, 143, 208, 230
에스더 32, 53, 73, 127, 273, 278, 279, 281
에스라 15, 115, 144, 153, 193, 205, 233, 235, 268, 271, 278, 302, 309
엣세네파 20, 104, 137, 170, 172, 173, 176, 182-184, 189, 194, 196, 201, 213-216, 220, 222-226, 233-237, 240, 244, 249-252, 269, 330
역대기 92, 278, 279, 284, 301
열심당 20, 41, 240-243
열왕기 51, 54, 91, 122, 128, 138, 153, 158, 266, 272, 278, 284
예레미야 14, 35-39, 42, 44, 45, 114, 147, 201, 255, 272, 274-277, 284, 307
예수 23, 88, 96, 104, 109, 112, 134, 138, 152, 157, 165, 167, 178, 179, 198, 199, 217-220, 246, 247, 271, 295, 306
외경 256, 278, 290
요나 115, 135, 182, 201, 225, 237, 279
요나단 213
요세푸스 25, 37, 42, 45, 52, 60, 74, 79, 86, 89, 91, 99, 104, 108, 121, 132, 135-138, 146, 155, 157, 164-166, 170, 172, 174-176, 182-184, 189, 194, 211-216, 220, 223-230, 232-244, 248, 249
요한 20 118, 179, 334
요한 힐카누스 17, 154, 212, 248, 295
욥 57, 109, 119, 128-130 278, 284, 289, 309
위경 255, 284, 290, 291
유다 16, 39, 40, 60
유대 고대사 25, 42, 99, 121, 137, 182, . 212, 214-216, 224, 239, 241, 257, 303, 306, 308, 311
유대 전쟁사 89, 135, 138, 215, 239
유대인과 유대교를 향한 기독교의 태도 80, 82, 110-112, 141, 216-221, 234

이사야 13, 36, 42, 101, 115, 117, 1309, 183, 193, 202, 208, 210, 221, 235

잠언 51, 57, 109, 118, 177, 279, 286

전도서 57, 109, 131, 278, 279

정결례 87, 106, 107, 173, 174, 188-192, 194, 205, 208, 216, 219, 220, 223-224, 226, 230-232, 238, 252, 323

제4 에스라(제2 에스드라) 116, 144, 263, 269, 274, 277-280, 289, 321

제사 제의 26, 90, 91, 95-97, 108, 110, 111, 251, 252, 317, 322

족장 267, 304, 326-329

종교의 민주화 27, 146, 147, 235, 252

종말론 28, 29, 87, 139-142, 169, 170, 238, 288, 292, 293, 296, 297

종파 20, 29, 58, 106-108, 132, 141, 170-174, 182-192, 194-202, 209-212, 235-240, 244, 246, 250-252, 283, 307, 322, 330-336

지혜문학 57, 1089, 177, 291, 337

창세기 116, 117, 267

출애굽기 114, 117, 127, 146, 267

케두샤 103, 104

쿰란 53, 54, 75, 87, 91, 92, 95, 99-101, 106, 108, 129, 137, 138, 141, 143, 144, 155, 170-174, 183, 185, 188-191, 194, 196, 208, 221-226, 233, 234, 249, 258, 300, 307, 333

타검 308, 310

타나임 316

탈무드 20, 87, 120, 261, 265-266, 269, 277, 299, 316, 318, 329, 338, 339

토라 14, 27, 44, 46, 52, 57, 60, 71, 73, 76, 103-109, 111, 112, 118, 124, 175, 178, 190, 195, 196, 203-206, 235, 237, 248, 254-258, 262, 264, 265, 267-272, 274, 277, 292, 296-300, 302, 308, 309, 322, 326, 337-340

팔레스틴 19, 20, 31, 32, 47-55, 164-166, 174-176, 316, 317

페르시아 시대 14, 15, 24, 29, 30, 115, 128, 152, 189, 195, 201, 202, 205, 210, 234, 254, 268, 293

포톨레미 15, 48

폴리테우마 151, 158-161, 180

필로 32, 52, 56, 57, 60, 63, 70, 104, 108, 118, 124, 132, 155, 162, 165, 223, 224, 226, 234, , 275, 290, 297-300, 304, 305, 311-313

하부라 172-174

할례 39, 43, 44, 71-73, 79, 88, 106, 110, 219, 252, 305,

헤롯 대왕 17, 18, 29, 32, 52, 192, 193, 213

헬레니즘 시대 15, 16, 30, 49, 50, 58, 59, 66, 95, 116, 123, 128, 131, 135, 152, 153, 158, 167-169, 175, 235, 244, 255, 279, 284

회당 20, 27, 30, 53, 54, 75, 94, 95, 99, 104, 105, 106, 158, 160, 162-169, 235, 322, 324, 327-329, 335